Z 28206
10

CHEFS-D'ŒUVRE

DE LA

LITTÉRATURE

FRANÇAISE

10

CHEFS-D'ŒUVRE

LITTÉRAIRES

DE BUFFON

—

TOME PREMIER

CHEFS-D'ŒUVRE

LITTÉRAIRES

DE BUFFON

AVEC UNE INTRODUCTION

PAR M. FLOURENS

Membre de l'Académie française, Secrétaire perpétuel de l'Académie
des sciences, etc.

TOME PREMIER

PARIS

GARNIER FRÈRES, LIBRAIRES-ÉDITEURS

6, RUE DES SAINTS-PÈRES

—

M DCCC LXIV

INTRODUCTION.

« Voltaire et Montesquieu, dit Chateaubriand, ont « trouvé des modèles de style dans les écrivains du « siècle de Louis XIV ; Rousseau, et même un peu « Buffon, dans un autre genre, ont créé une langue qui « fut ignorée du grand siècle[1]. »

Le même Chateaubriand dit plus loin : « Bernardin « de Saint-Pierre manquait d'esprit, et malheureuse- « ment son caractère était au niveau de son esprit. « Que de tableaux sont gâtés dans les *Etudes de la* « *nature* par la borne de l'intelligence et par le défaut « d'élévation d'âme de l'écrivain[2]. »

Ces deux mots nous expliquent la supériorité de Buffon. Il a concouru à la création d'une langue qui

---

1. *Mémoires d'outre-tombe*, t. VIII, p. 39 (édition de 1850).
2. *Ibidem*, t. II, p. 359.

fut ignorée du grand siècle; et ses tableaux ne sont pas *gâtés par la borne de l'intelligence.*

Ce qui caractérise Buffon comme écrivain, c'est qu'aucun écrivain n'a jamais eu une intelligence plus étendue.

C'est même par la force de la pensée qu'il est pour quelque chose (Chateaubriand dit *un peu,* je crois, beaucoup) dans la belle langue que Rousseau et lui ont parlée. Dans les langues, l'heureuse innovation ne tient pas moins à la force de la pensée qu'à la force de la passion.

On me demande un choix des *Œuvres littéraires* de Buffon. Il faudrait les donner toutes. Tout est littéraire dans Buffon.

« On a détaché de son ouvrage, dit M. Villemain,
« quelques descriptions brillantes qu'on admire à part.
« C'est lui faire tort : le mérite même de ses *Vies* des
« animaux, c'est l'ensemble, c'est la manière dont la
« tradition, l'observation, la critique sont réunies et
« mêlées. A l'élégance trop pompeuse de quelques
« débuts vient se joindre la précision des détails et la
« simple netteté du récit, et c'est là surtout qu'il est
« excellent écrivain [1]. »

Ce qui, du reste, simplifie beaucoup ma tâche, c'est

---

1. *Tableau de la littérature au* XVIIIe *siècle,* t. II, p. 227 (édi-ion de 1840).

que choisir les meilleurs écrits littéraires de Buffon, c'est choisir ses meilleurs écrits scientifiques. Il n'est jamais plus parfait écrivain que lorsque, comme savant, il est plus exact et plus vrai.

Dans l'*Édition complète de ses œuvres*, je me suis attaché partout à marquer, du mieux que j'ai pu, ses erreurs et ses vues profondes. Je ne refais pas ici ce travail. Je relève à peine quelques erreurs. Je détourne, aussi peu que possible, le lecteur de son admiration.

A un siècle de distance, et surtout quand, après Buffon, on a eu Cuvier, il est facile de démêler ce qui fut erreur du temps, passée avec le temps, de ce qui est beauté réelle et qui ne passera point.

Cuvier excellait par le jugement ; c'est par là qu'il fut supérieur, dans la science, à tous ses contemporains. Il avait en outre un savoir immense, par où il a été le plus grand critique qu'ait eu l'histoire naturelle. Buffon avait plus d'imagination que de jugement ; les systèmes de Buffon faisaient sourire Cuvier. Buffon n'était d'ailleurs naturaliste que par occasion, parce qu'on l'avait nommé *Intendant* du Jardin des Plantes. Cuvier était essentiellement naturaliste ; il l'était d'instinct ; ses premières études furent l'histoire naturelle, et cette curiosité passionnée de connaître l'organisation des êtres l'a occupé toute sa vie.

L'étude de la nature ne fut, dans Buffon, que la seconde passion. Sa première passion fut d'atteindre aux beautés du style, ce beau supérieur à tous les autres beaux, cet indice le plus sûr et cette marque la plus éclatante de la grandeur intellectuelle. « Bien écrire, » dit-il lui-même, « c'est tout à la fois bien penser, bien « sentir et bien rendre ; c'est avoir en même temps de « l'esprit, de l'âme et du goût. Le style suppose la « réunion et l'exercice de toutes les facultés intellec- « tuelles [1]... »

J'ouvre ce *Recueil* par le Discours de réception à l'Académie française : « Un grand écrivain, » dit M. Villemain, « dans les questions de goût, a pour type invo- « lontaire son propre talent. Les grands écrivains n'en « sont pas moins les meilleurs critiques à étudier. Cha- « cun d'eux ne donne qu'un point de vue de l'art, mais « ces points de vue divers sont supérieurs ; et, en les « comparant, vous avez l'art tout entier. Ainsi, sur « l'éloquence, après Aristote, Platon, Cicéron, Tacite, « Bossuet, Fénelon, il y avait quelque chose à dire par « un homme de génie qui ne leur ressemble pas. Ce « sera le discours de Buffon sur le style. Fort admiré « de son temps, ce discours parut surpasser tout ce « qu'on avait conçu jamais sur un tel sujet, et on le « cite encore aujourd'hui comme une règle universelle « de goût [2]. »

Après le *Discours à l'Académie française*, vraie théorie de Buffon sur le style, je place l'*Histoire natu-*

1. *Discours à l'Académie française.*
2. *Tableau de la littérature au* XVIIIe *siècle*, t. II, p. 232.

relle de l'homme, où tout, science et style, est d'un ordre si noble, si élevé, si délicat; puis vient l'histoire des animaux domestiques. C'est, en fait de style, ce qu'il y a, dans Buffon, de plus étudié et de plus parfait. C'est là qu'il a porté le plus loin cet art admirable des nuances et cette richesse des expressions qui l'ont fait nommer le *peintre de la nature.* Pour les animaux étrangers, c'est sur des matériaux incertains, sur des mémoires, sur des notes sans vie, que Buffon travaille. Ici il peint ce qu'il voit. « Ses remarques les plus
« utiles, dit Bernardin de Saint-Pierre, lui ont été
« inspirées par les animaux qu'il avait lui-même étu-
« diés, et ses tableaux les mieux coloriés sont ceux qui
« les ont eus pour modèles, car les pensées de la nature
« portent avec elles leur expression [1]. »

Le second volume commence par les deux *Vues de la nature,* ces deux morceaux où la plus haute éloquence, et la plus neuve, s'unit à ce que la pensée a de plus abstrait. C'est là qu'il examine, avec une étonnante profondeur, ce qu'est la nature elle-même, ce qu'est l'individu pris en soi, ce qu'est l'espèce, et que, toujours créant à la fois de génie la pensée et l'expression, il est, comme il l'a si bien dit de Platon : *un peintre d'idées.*

Les *Vues de la nature* sont suivies d'un des plus

---

[1]. *Mémoire sur la ménagerie du Jardin des Plantes.*

grands travaux de Buffon : sa *distinction* des animaux des deux continents ; puis reviennent encore quelques histoires d'animaux célèbres, quadrupèdes ou oiseaux : le lion, le tigre, l'éléphant, le castor, etc., le perroquet, le kamichi, le cygne, le paon, le rossignol, l'oiseau-mouche, la fauvette, etc.

Ces dernières histoires : celles du paon, du rossignol, de l'oiseau-mouche, de la fauvette, etc., sont de Gueneau de Montbelliard ou de Bexon. Gueneau de Montbelliard et Bexon se sont si fort *assimilés* à Buffon qu'on ne pourrait les en détacher qu'avec violence : par leur similitude, et surtout par leur dissemblance, ils le font mieux connaître.

Au milieu de ses deux imitateurs, j'ai presque dit : de ses deux *simulacres* (Buffon appelle lui-même Malebranche : le *simulacre de Platon*[1]), Buffon se reconnaît toujours à son grand caractère : la force de la pensée.

Quelle profondeur dans ce simple mot sur l'*intelligence* et sur l'*esprit !* « L'éléphant est, si nous vou-
« lons ne pas nous compter, l'être le plus considérable
« de ce monde : il surpasse tous les animaux domes-
« tiques en grandeur, et il approche de l'homme par
« l'intelligence, autant au moins que la matière peut
« approcher de l'esprit. »

Et, dans l'histoire du perroquet, que de bon sens et, par suite, quelle analyse sûre et nette ! « Il ne peut

---

1. « Platon l'eût regardé comme son simulacre en philosophie... » (*Exposition des systèmes sur la génération.*)

« y avoir de langue, soit de paroles, soit par signes,
« que dans l'espèce humaine..., et l'on ne doit pas
« attribuer à la structure particulière de nos organes
« la formation de notre parole, dès que le perroquet
« peut la prononcer comme l'homme; mais jaser n'est
« pas parler; et les paroles ne font langue que quand
« elles expriment l'intelligence et qu'elles peuvent la
« communiquer. Or, ces oiseaux, auxquels rien ne
« manque pour la facilité de la parole, manquent de
« cette expression de l'intelligence, qui seule fait la
« haute faculté du langage. »

Quand Buffon avait réussi à démêler ainsi, par l'heureux choix des mots, quelque grave complication d'idées, il éprouvait une vive satisfaction; et cette satisfaction, il l'exprimait avec la plus grande naïveté.

Il écrit à l'abbé Bexon : « Vous ne me marquez
« pas si le préambule des perroquets vous a fait plai-
« sir : il me semble que la métaphysique de la parole
« y est assez bien jasée. »

Dans un livre que je viens de publier sous ce titre : *Des Manuscrits de Buffon*, j'ai fait voir avec quel soin il travaillait son style, et même celui de ses imitateurs.

Dans l'histoire de l'oie, par exemple, Bexon avait écrit : « L'oie est parmi le peuple de la basse-cour un
« habitant de distinction; sa grande taille, son port
« droit, sa démarche grave, sa plume nette et lustrée,
« et plus encore son humeur sociale, son instinct cou-

« rageux, l'espèce d'intelligence qui la rend suscep-
« tible d'un fort attachement et d'une longue recon-
« naissance, sa vigilance enfin pour laquelle les anciens
« l'ont rendue si célèbre : tout concourt à nous pré-
« senter l'oie comme l'un de nos domestiques les plus
« intéressants, comme il est un des plus utiles pour
« les usages multipliés auxquels elle sert, morte ou
« vivante... »

Il y avait là bien du négligé, bien du lourd, ne fût-ce que cette dernière phrase :

« Tout concourt à nous présenter l'oie *comme* l'un
« de nos domestiques les plus intéressants, *comme* il
« est un des plus utiles pour les usages multipliés aux-
« quels elle sert, *morte ou vivante.* »

Et d'ailleurs rien de distingué, rien de vif, aucun de ces traits qui frappent, qui restent, qui font des réputations, qui ont fait la réputation de l'*Histoire de l'oie*.

Voici Buffon.

« Dans chaque genre, les espèces premières ont
« emporté tous nos éloges, et n'ont laissé aux espèces
« secondes que le mépris tiré de leur comparaison.
« L'oie, par rapport au cygne, est dans le même cas
« que l'âne vis-à-vis du cheval ; tous deux ne sont pas
« prisés à leur juste valeur : le premier degré de l'infé-
« riorité paraissant être une vraie dégradation, et rap-
« pelant en même temps l'idée d'un modèle plus par-
« fait, n'offre, au lieu des attributs réels de l'espèce

« secondaire, que ses contrastes désavantageux avec
« l'espèce première. Éloignant donc, pour un moment,
« la trop noble image du cygne, nous trouverons que
« l'oie est, parmi le peuple de la basse-cour, un habi-
« tant de distinction : sa corpulence, son port droit, sa
« démarche grave, son plumage net et lustré, et plus
« encore son naturel social qui la rend susceptible d'un
« fort attachement et d'une longue reconnaissance,
« enfin sa vigilance très-anciennement célébrée, tout
« concourt à nous présenter l'oie comme l'un des plus
« intéressants et même des plus utiles de nos oiseaux
« domestiques ; car, indépendamment de la bonne qua-
« lité de sa chair et de sa graisse, dont aucun autre
« oiseau n'est plus abondamment pourvu, l'oie nous
« fournit cette plume délicate sur laquelle la mollesse se
« plaît à reposer, et cette autre plume, instrument de
« l'esprit, avec laquelle nous écrivons ici son éloge. »

Enfin, au moment de l'impression, Buffon corrige encore, et, au lieu de : « Cette autre plume, instru-
« ment de l'esprit, » il met : « Cette autre plume,
« instrument de nos pensées. »

A propos du macareux, Bexon avait écrit : « Le
« bec, cet organe principal des oiseaux, dans lequel
« réside la meilleure partie de leurs facultés, de leurs
« forces, de leur industrie. »

Buffon corrige très-heureusement, je veux dire très-judicieusement : « Le bec, cet organe principal des
« oiseaux, et duquel dépend l'exercice de leurs forces,

« de leur industrie et de la plupart de leurs facultés. »

Dans l'*Histoire de l'oiseau-mouche*, dont le fond tout entier est de l'abbé Bexon, gloire qui doit rester à ce jeune auteur, Bexon dit :

« Dans le genre volatile, c'est au dernier degré de
« l'échelle de grandeur que la nature a placé son chef-
« d'œuvre. Le plus petit des oiseaux en est encore le
« plus merveilleux; il réunit tous les dons partagés aux
« habitants de l'air : légèreté, rapidité, prestesse,
« grâce, beauté, brillante parure des plus riches cou-
« leurs, tout appartient au charmant oiseau-mouche.
« L'émeraude, le rubis, la topaze, éclatent sur son
« plumage : dans sa vie tout aérienne, on le voit à
« peine toucher quelques instants à la terre; il vole de
« fleurs en fleurs; il a leur fraîcheur, comme il a leur
« éclat; il vit de leur nectar; on a dit qu'il mourait avec
« elles; plus heureux, il habite des climats où elles ne
« fleurissent que pour renaître, et parent tour à tour le
« cercle entier de l'année. »

Buffon a supprimé quelques traits un peu lourds, comme le début : « Dans le genre volatile;... » comme : « brillante parure des plus riches couleurs; » et quelques autres qui lui ont paru sans doute un peu recherchés, comme : « On a dit qu'il mourait avec elles; » il a rendu le tout plus élégant, plus animé, plus vif; il a corrigé l'imagination par le goût.

Voyons le tableau conduit à sa perfection.

« De tous les êtres animés, voici le plus élégant

« pour la forme et le plus brillant pour les couleurs.
« Les pierres et les métaux, polis par notre art, ne
« sont pas comparables à ce bijou de la nature; elle
« l'a placé dans l'ordre des oiseaux au dernier degré de
« l'échelle de grandeur, *maxime miranda in minimis;*
« son chef-d'œuvre est le petit oiseau-mouche; elle l'a
« comblé de tous les dons qu'elle n'a fait que partager
« aux autres oiseaux : légèreté, rapidité, prestesse,
« grâce et riche parure, tout appartient à ce petit
« favori. L'émeraude, le rubis, la topaze brillent sur
« ses habits; il ne les souille jamais de la poussière de
« la terre; et, dans sa vie tout aérienne, on le voit à
« peine toucher le gazon par instants; il est toujours en
« l'air, volant de fleurs en fleurs; il a leur fraîcheur
« comme il a leur éclat; il vit de leur nectar et n'habite
« que les climats où sans cesse elles se renouvellent. »

Quoi de plus gracieux et de plus frais que ce tableau du *réveil* du printemps et du retour des oiseaux dans nos climats? Chacun le connaît.

« Le retour des oiseaux au printemps est le premier
« signal et la douce annonce du réveil de la nature
« vivante; et les feuillages renaissants et les bocages
« revêtus de leur nouvelle parure sembleraient moins
« frais et moins touchants sans les nouveaux hôtes qui
« viennent les animer et y chanter l'amour.

« De ces hôtes des bois, les fauvettes sont les plus
« nombreuses, comme les plus aimables : vives, agiles
« et sans cesse *remuées,* tous leurs mouvements ont

« l'air du sentiment, tous leurs accents le ton de la joie,
« et tous leurs jeux l'intérêt de l'amour. »

Je trouve les traits primitifs, et, si je puis ainsi dire, *natifs*, de ce charmant tableau dans un brouillon de l'abbé Bexon, un de ces brouillons qui, par leur négligence, leur confusion, leurs ratures, portent la marque évidente de premier jet, d'essai, de première ébauche, d'originalité certaine.

Je reproduis le brouillon de Bexon, et je marque quelques-uns des mots corrigés ou changés par Buffon.

« Le retour des oiseaux au printemps est *une des
« circonstances les plus intéressantes de ce moment* du
« réveil de la nature. Les feuillages renaissants, les
« bocages *couverts* de nouvelle verdure, sembleraient
« moins frais et moins *doux*, sans les nouveaux hôtes
« qui viennent les animer et y chanter l'amour.

« De ces hôtes des bois, les fauvettes sont les plus
« nombreuses comme les plus aimables : vives, agiles,
« légères et sans cesse *agitées*, tous leurs mouvements
« ont l'air de la *sensibilité*, tous leurs accents le ton de
« la joie, tous leurs jeux l'intérêt de l'amour. »

Je viens à celui de ses ouvrages qu'il a le plus médité pour le fond et le plus travaillé pour la forme : les *Époques de la nature*. M. Cuvier nous dit qu'il *fut obligé* de le faire recopier jusqu'à onze fois; Hérault de Séchelles dit jusqu'à dix-huit. Mais ici, ce n'était pas seulement du style qu'il s'agissait, c'était surtout des idées.

Buffon avait publié, trente ans auparavant, sa *Théorie de la terre*, et son *Système sur la formation des planètes;* mais ni dans l'un ni dans l'autre de ses deux écrits, il n'avait marqué des *époques :* c'est pourtant là qu'il voulait en venir.

« Comme, nous dit-il dans son beau langage,
« comme dans l'histoire civile, on consulte les titres,
« on recherche les médailles, on déchiffre les inscrip-
« tions antiques pour déterminer les époques des révo-
« lutions humaines et constater les dates des événe-
« ments moraux; de même, dans l'histoire naturelle, il
« faut fouiller les archives du monde, tirer des entrailles
« de la terre les vieux monuments, recueillir leurs dé-
« bris, et rassembler en un corps de preuves tous les
« indices des changements physiques qui peuvent nous
« faire remonter aux différents âges de la nature. C'est
« le seul moyen de fixer quelques points dans l'immen-
« sité de l'espace, et de placer un certain nombre de
« pierres numéraires sur la route éternelle du temps. »

Tel était le problème : il fallait *fixer quelques points;* il fallait *placer quelques pierres numéraires;* il fallait, comme le dit encore Buffon, il fallait poser quelques *fanaux* sur la route jusqu'alors si obscure de l'histoire du globe.

C'est à quoi Buffon s'applique. Il part de l'hypothèse, si grandement conçue par Leibnitz, de notre globe primitivement fondu par le feu : la première époque du globe sera donc celle de sa *fusion;* la seconde, celle de sa *consolidation;* la troisième, celle de la *chute des eaux,* reléguées jusque-là dans l'atmosphère par la chaleur du sol; la quatrième, celle de *l'action des volcans;* la cinquième, celle des *terres du nord,* habitées par les *animaux du midi;* la sixième, celle de la *séparation des deux continents;* et la septième, celle de l'*homme,* apparaissant enfin sur le globe et venant seconder par sa puissance, c'est-à-dire par son intelligence, la puissance de la nature.

Voilà les sept *époques* de Buffon, telles que nous les présente son livre.

Le fond de ce livre, c'est la *chronologie du globe.*

Ce qui fait le grand côté du tableau tracé par Buffon, c'est l'art admirable avec lequel il nous représente ce globe, « depuis le sommet de l'échelle du temps « (pour parler comme lui), jusqu'à des temps assez « voisins du nôtre » : passant du chaos à la lumière, de l'incandescence au refroidissement, du refroidissement à l'établissement de la mer universelle, à la production des premiers coquillages et des premiers végétaux, à la construction de la surface de la terre par lits horizontaux, à la retraite des eaux, au feu des volcans, à ce temps où la nature, « dans son premier moment « de repos, a donné ses productions les plus nobles. » c'est-à-dire les grands animaux terrestres, les grands animaux du midi habitant les terres du nord, et l'homme lui-même que Buffon définit si bien : « Le témoin « intelligent et l'admirateur paisible du grand spec-

« tacle de la nature et des merveilles de la création. »

Les *Époques de la nature* sont, de Buffon, l'ouvrage le plus considérable et le plus fortement conçu. Les hypothèses y sont judicieuses, les faits enchaînés, les raisonnements suivis, les déductions naturelles. On y reconnaît le grand cachet d'un esprit conséquent. On est étonné de l'audace, mais on admire la grandeur. On voudrait à l'édifice entier une base moins fragile que quelques expériences dont l'auteur est loin d'avoir soupçonné l'extrême complication ; mais on est frappé, mais on est ravi de l'aspect imposant que cet édifice nous offre. J'applique à Buffon ce que d'Alembert dit de Descartes, que, s'il s'était trompé sur les lois du mouvement, il avait du moins deviné le premier qu'il devait y en avoir. Si Buffon s'est trompé sur la durée des *âges* du globe, s'il n'a pu indiquer qu'en gros, et de loin, leurs vrais caractères, du moins a-t-il deviné le premier qu'il devait y avoir des *âges*.

Les *révolutions* de Cuvier ne sont que les *âges* de Buffon, sous une autre forme et sous la plume d'un génie différent ; et tout ce que font d'efforts tous nos géologues actuels, tout ce qu'en feront jamais les géologues futurs, pour le classement, de mieux en mieux démêlé, de leurs formations, de leurs couches, de leurs terrains, ne sera jamais qu'un remaniement incessant, et sans cesse perfectionné, des *Époques de la nature*. Ce thème sera toujours refait et ne sera jamais fini.

Voici comment Buffon a jugé lui-même son œuvre.

« J'ai fait ce que j'ai pu pour proportionner, dans
« chacune de ces périodes, la durée du temps à la gran-
« deur des ouvrages; j'ai tâché, d'après mes hypothèses,
« de tracer le tableau successif des grandes révolutions
« de la nature, sans néanmoins avoir prétendu la saisir
« à son origine et encore moins l'avoir embrassée dans
« toute son étendue. Et mes hypothèses fussent-elles
« contestées, et mon tableau ne fût-il qu'une esquisse
« très-imparfaite de celui de la nature, je suis convaincu
« que tous ceux qui, de bonne foi, voudront examiner
« cette esquisse et la comparer avec le modèle, trouve-
« ront assez de vraisemblance pour pouvoir au moins
« satisfaire leurs yeux et fixer leurs idées sur les plus
« grands objets de la philosophie naturelle. »

Après la grande vue qui nous a donné les âges du globe, la vue la plus heureuse, c'est-à-dire la plus féconde, est celle qui nous a donné la distinction des animaux des deux continents. — Cuvier l'appelle une *découverte*. « Les idées sur les limites que les climats, « les montagnes et les mers assignent à chaque espèce « peuvent être considérées, dit Cuvier, comme de véri- « tables découvertes qui se confirment chaque jour et « qui ont donné aux recherches des voyageurs une « base fixe, dont elles manquaient absolument aupara- « vant[1]. » — « Ses idées, continue Cuvier, concernant

---

1. *Biographie universelle* : art. BUFFON.

« l'influence qu'exercent la délicatesse et le degré de
« développement de chaque organe sur la nature des
« diverses espèces sont des idées de génie qui feront
« désormais la base de toute histoire naturelle philoso-
« phique, et qui ont rendu tant de services à l'art des
« méthodes, qu'elles doivent faire pardonner à leur au-
« teur le mal qu'il a dit de cet art. »

Il faut remarquer, d'ailleurs, que *le mal qu'il a dit de cet art,* il l'a dit avant qu'on eût la *méthode naturelle.*

La *méthode naturelle* n'est que l'expression abrégée de l'organisation des êtres. On n'avait jusque-là que des méthodes *artificielles* et arbitraires. La vraie méthode, en zoologie, date du jour où Cuvier, tirant sa *classification* de son *anatomie comparée,* a publié : *le Règne animal distribué d'après son organisation.*

Le vice radical des œuvres de Buffon, ce sont les systèmes. Il avait un goût singulier pour les systèmes. Il les prenait au sérieux ; il les travaillait comme Descartes avait travaillé les siens, et n'avait pas le bon esprit d'en rire comme lui : « La fable de mon monde me plaît trop pour manquer à la parachever, » disait Descartes.

Buffon n'appelait pas une *fable* son système des *molécules organiques.* Loin de là, il le mettait sous pli cacheté ; et ce pli cacheté, il le déposait à l'Académie.

Après un siècle écoulé, on a ouvert ce dépôt, fait par Buffon : qu'y trouverait-on ?... On y a trouvé tout au long, le *système des molécules organiques.*

Dans ce choix des meilleurs écrits de Buffon, je n'ai point cru qu'il y eût place pour ses systèmes. Je n'y ai même rien mis de sa *Théorie de la terre.*

La *Théorie de la terre* fut son premier ouvrage, elle parut en 1749, et c'est par là qu'il a d'abord étonné le monde. Les *Époques de la nature* ne parurent qu'en 1778 ; ce fut sa seconde *théorie*, et celle-ci a effacé l'autre.

Mais un de ses plus beaux ouvrages, et que je ne dois pas oublier, dans cette courte énumération de tout ce qu'il a fait de grand, c'est son admirable histoire des *Variétés de l'espèce humaine.*

Avant lui, l'histoire naturelle de l'homme n'existait pas. On étudiait l'homme *individu*, on n'étudiait pas l'homme *espèce*. Depuis lui, l'étude des *variétés*, des *races humaines* est devenue une science particulière ; et au milieu de toutes ces *races*, que, le premier, il a distinguées, il a nettement vu ce qui en fait le nœud : l'*unité de l'homme*. « L'homme blanc en Europe, noir « en Afrique, jaune en Asie et rouge en Amérique, n'est « que le même homme, dit-il, teint de la couleur du « climat. »

L'*Histoire des minéraux* a été son dernier ouvrage. C'est l'ouvrage de sa vieillesse. Cependant que de belles pages y rappellent encore le grand écrivain et le grand penseur !

C'est dans le chapitre sur les *Fossiles*, tiré de l'*Histoire des minéraux* et que je place ici, qu'il fait ses adieux à la nature. Jamais son éloquence ne s'était élevée plus haut.

« Les ossements conservés dans le sein de la terre
« sont, dit-il, des témoins aussi authentiques qu'irré-
« prochables, qui nous démontrent l'existence passée
« d'espèces colossales différentes de toutes les espèces
« actuellement subsistantes...

« C'est à regret, ajoute-t-il avec émotion, c'est à
« regret que je quitte ces précieux monuments de la
« vieille nature, que ma propre vieillesse ne me laisse
« pas le temps d'examiner... Ce travail sur les êtres qui
« ont disparu exigerait seul plus de temps qu'il ne m'en
« reste à vivre, et je ne puis que le recommander à la
« postérité... D'autres viendront après moi... »

FLOURENS.

CHEFS-D'ŒUVRE

LITTÉRAIRES

DE BUFFON

DISCOURS

PRONONCÉ A L'ACADÉMIE FRANÇAISE PAR M. DE BUFFON,
LE JOUR DE SA RÉCEPTION, LE 25 AOUT 1753.

Messieurs,

Vous m'avez comblé d'honneur en m'appelant à vous; mais la gloire n'est un bien qu'autant qu'on en est digne, et je ne me persuade pas que quelques essais, écrits sans art et sans autre ornement que celui de la nature, soient des titres suffisants pour oser prendre place parmi les maîtres de l'art, parmi les hommes éminents qui représentent ici la splendeur littéraire de la France, et dont les noms célébrés aujourd'hui par la voix des nations retentiront encore avec éclat dans la bouche de nos derniers neveux. Vous avez eu, messieurs, d'autres motifs en jetant les yeux sur moi : vous avez voulu donner à l'illustre Compagnie [1], à laquelle j'ai l'honneur d'appartenir depuis

---

1. L'Académie royale des sciences : M. de Buffon y a été reçu en 1733, dans la classe de mécanique.

longtemps, une nouvelle marque de considération : ma reconnaissance, quoique partagée, n'en sera pas moins vive : mais comment satisfaire au devoir qu'elle m'impose en ce jour ? je n'ai, messieurs, à vous offrir que votre propre bien : ce sont quelques idées sur le style que j'ai puisées dans vos ouvrages ; c'est en vous lisant, c'est en vous admirant qu'elles ont été conçues ; c'est en les soumettant à vos lumières qu'elles se produiront avec quelque succès.

Il s'est trouvé dans tous les temps des hommes qui ont su commander aux autres par la puissance de la parole. Ce n'est néanmoins que dans les siècles éclairés que l'on a bien écrit et bien parlé. La véritable éloquence suppose l'exercice du génie et la culture de l'esprit. Elle est bien différente de cette facilité naturelle de parler qui n'est qu'un talent, une qualité accordée à tous ceux dont les passions sont fortes, les organes souples et l'imagination prompte. Ces hommes sentent vivement, s'affectent de même, le marquent fortement au dehors ; et, par une impression purement mécanique, ils transmettent aux autres leur enthousiasme et leurs affections. C'est le corps qui parle au corps ; tous les mouvements, tous les signes concourent et servent également. Que faut-il pour émouvoir la multitude et l'entraîner ? que faut-il pour ébranler la plupart même des autres hommes et les persuader ? un ton véhément et pathétique, des gestes expressifs et fréquents, des paroles rapides et sonnantes. Mais, pour le petit nombre de ceux dont la tête est ferme, le goût délicat et le sens exquis, et qui comme vous, messieurs, comptent pour peu le ton, les gestes et le vain son des mots, il faut des choses, des pensées, des raisons ; il faut savoir les présenter, les nuancer, les ordonner : il ne suffit pas de frapper l'oreille et d'occuper les yeux; il faut agir sur l'âme et toucher le cœur en parlant à l'esprit.

Le style n'est que l'ordre et le mouvement qu'on met dans ses pensées. Si on les enchaîne étroitement, si on les serre, le style devient ferme, nerveux et concis; si on les laisse se succéder lentement, et ne se joindre qu'à la faveur des mots, quelque élégants qu'ils soient, le style sera diffus, lâche et traînant.

Mais avant de chercher l'ordre dans lequel on présentera ses pensées, il faut s'en être fait un autre plus général et plus fixe, où ne doivent entrer que les premières vues et les principales idées : c'est en marquant leur place sur ce premier plan qu'un sujet sera circonscrit, et que l'on en connaîtra l'étendue; c'est en se rappelant sans cesse ces premiers linéaments, qu'on déterminera les justes intervalles qui séparent les idées principales, et qu'il naîtra des idées accessoires et moyennes qui serviront à les remplir. Par la force du génie, on se représentera toutes les idées générales et particulières sous leur véritable point de vue; par une grande finesse de discernement, on distinguera les pensées stériles des idées fécondes; par la sagacité que donne la grande habitude d'écrire, on sentira d'avance quel sera le produit de toutes ces opérations de l'esprit. Pour peu que le sujet soit vaste ou compliqué, il est bien rare qu'on puisse l'embrasser d'un coup d'œil, ou le pénétrer en entier d'un seul et premier effort de génie; et il est rare encore qu'après bien des réflexions on en saisisse tous les rapports. On ne peut donc trop s'en occuper; c'est même le seul moyen d'affermir, d'étendre et d'élever ses pensées : plus on leur donnera de substance et de force par la méditation, plus il sera facile ensuite de les réaliser par l'expression.

Ce plan n'est pas encore le style, mais il en est la base ; il le soutient, il le dirige, il règle son mouvement et le soumet à des lois : sans cela, le meilleur écrivain s'égare, sa plume marche sans guide, et jette à l'aventure des traits irréguliers et des figures discordantes. Quelque brillantes que soient les couleurs qu'il emploie, quelques beautés qu'il sème dans les détails, comme l'ensemble choquera, ou ne se fera pas assez sentir, l'ouvrage ne sera point construit ; et, en admirant l'esprit de l'auteur, on pourra soupçonner qu'il manque de génie. C'est par cette raison que ceux qui écrivent comme ils parlent, quoiqu'ils parlent très-bien, écrivent mal ; que ceux qui s'abandonnent au premier feu de leur imagination prennent un ton qu'ils ne peuvent soutenir ; que ceux qui craignent de perdre des pensées isolées, fugitives, et qui écrivent en différents temps des morceaux détachés, ne les réunissent jamais sans transitions forcées ; qu'en un mot, il y a tant d'ouvrages faits de pièces de rapport, et si peu qui soient fondus d'un seul jet.

Cependant tout sujet est un, et, quelque vaste qu'il soit, il peut être renfermé dans un seul discours ; les interruptions, les repos, les sections ne devraient être d'usage que quand on traite des sujets différents, ou lorsque, ayant à parler de choses grandes, épineuses et disparates, la marche du génie se trouve interrompue par la multiplicité des obstacles et contrainte par la nécessité des circonstances[1] : autrement, le grand nombre de divisions, loin de rendre un ouvrage plus solide, en détruit l'assemblage ; le livre paraît plus clair aux yeux, mais le dessein de l'au-

---

1. Dans ce que j'ai dit ici, j'avais en vue le livre de l'*Esprit des Lois*, ouvrage excellent pour le fond, et auquel on n'a pu faire d'autre reproche que celui des sections trop fréquentes.

teur demeure obscur; il ne peut faire impression sur l'esprit du lecteur, il ne peut même se faire sentir que par la continuité du fil, par la dépendance harmonique des idées, par un développement successif, une gradation soutenue, un mouvement uniforme que toute interruption détruit ou fait languir.

Pourquoi les ouvrages de la nature sont-ils si parfaits? c'est que chaque ouvrage est un tout, et qu'elle travaille sur un plan éternel dont elle ne s'écarte jamais; elle prépare en silence les germes de ses productions; elle ébauche par un acte unique la forme primitive de tout être vivant : elle la développe, elle la perfectionne par un mouvement continu et dans un temps prescrit. L'ouvrage étonne, mais c'est l'empreinte divine dont il porte les traits qui doit nous frapper. L'esprit humain ne peut rien créer; il ne produira qu'après avoir été fécondé par l'expérience et la méditation; ses connaissances sont les germes de ses productions : mais, s'il imite la nature dans sa marche et dans son travail, s'il s'élève par la contemplation aux vérités les plus sublimes, s'il les réunit, s'il les enchaîne, s'il en forme un tout, un système par la réflexion, il établira sur des fondements inébranlables des monuments immortels.

C'est faute de plan, c'est pour n'avoir pas assez réfléchi sur son objet, qu'un homme d'esprit se trouve embarrassé, et ne sait par où commencer à écrire : il aperçoit à la fois un grand nombre d'idées; et comme il ne les a ni comparées ni subordonnées, rien ne le détermine à préférer les unes aux autres; il demeure donc dans la perplexité; mais, lorsqu'il se sera fait un plan, lorsqu'une fois il aura rassemblé et mis en ordre toutes les pensées essentielles à son sujet, il s'apercevra aisément de l'instant auquel il doit prendre la plume, il sentira le point de maturité de la production de l'esprit, il sera pressé de la faire éclore, il n'aura même que du plaisir à écrire : les idées se succéderont aisément, et le style sera naturel et facile ; la chaleur naîtra de ce plaisir, se répandra partout et donnera de la vie à chaque expression ; tout s'animera de plus en plus, le ton s'élèvera, les objets prendront de la couleur, et le sentiment, se joignant à la lumière, l'augmentera, la portera plus loin, la fera passer de ce que l'on dit à ce que l'on va dire, et le style deviendra intéressant et lumineux.

Rien ne s'oppose plus à la chaleur que le désir de mettre partout des traits saillants ; rien n'est plus contraire à la lumière qui doit faire un corps et se répandre uniformément dans un écrit, que ces étincelles qu'on ne tire que par force en choquant les mots les uns contre les autres, et qui ne nous éblouissent pendant quelques instants que pour nous laisser ensuite dans les ténèbres. Ce sont des pensées qui ne brillent que par l'opposition ; l'on ne présente qu'un côté de l'objet, on met dans l'ombre toutes les autres faces ; et ordinairement ce côté qu'on choisit est une pointe, un angle sur lequel on fait jouer l'esprit avec d'autant plus de facilité, qu'on l'éloigne davantage des grandes faces sous lesquelles le bon sens a coutume de considérer les choses.

Rien n'est encore plus opposé à la véritable éloquence que l'emploi de ces pensées fines, et la recherche de ces idées légères, déliées, sans consistance, et qui, comme la feuille du métal battu, ne prennent de l'éclat qu'en perdant de la solidité : aussi plus on mettra de cet esprit mince et brillant dans un écrit, moins il aura de nerf, de lumière, de chaleur et de style, à moins que cet esprit ne soit lui-même le fond du sujet, et que l'écrivain n'ait pas eu d'autre objet que la plaisanterie ; alors l'art de dire de petites choses devient peut-être plus difficile que l'art d'en dire de grandes.

Rien n'est plus opposé au beau naturel que la peine qu'on se donne pour exprimer des choses ordinaires ou communes d'une manière singulière ou pompeuse ; rien ne dégrade plus l'écrivain. Loin de l'admirer, on le plaint d'avoir passé tant de temps à faire de nouvelles combinaisons de syllabes, pour ne dire que ce que tout le monde dit. Ce défaut est celui des esprits cultivés, mais stériles ; ils ont des mots en abondance, point d'idées ; ils travaillent donc sur les mots, et s'imaginent avoir combiné des idées, parce qu'ils ont arrangé des phrases, et avoir épuré le langage quand ils l'ont corrompu en détournant les acceptions. Ces écrivains n'ont point de style, ou, si l'on veut, ils n'en ont que l'ombre : le style doit graver des pensées ; ils ne savent que tracer des paroles.

Pour bien écrire, il faut donc posséder pleinement son sujet, il faut y réfléchir assez pour voir clairement l'ordre de ses pensées, et en former une suite, une chaîne continue, dont chaque point représente une idée ; et lorsqu'on aura pris la plume, il faudra la conduire successivement sur ce premier trait, sans lui permettre de s'en écarter, sans l'appuyer trop inégalement, sans lui donner d'autre mouvement que celui qui sera déterminé par l'espace qu'elle doit parcourir. C'est en cela que consiste la sévérité du style, c'est aussi ce qui en fera l'unité et ce qui en réglera la rapidité, et cela seul aussi suffira pour le rendre précis et simple, égal et clair, vif et suivi. A cette première règle dictée par le génie si l'on joint de la délicatesse et du goût, du scrupule sur le choix des expressions, de l'attention à ne nommer les choses que par les termes les plus généraux, le style aura de la noblesse. Si l'on y joint encore de la défiance pour son premier mouvement, du mépris pour tout ce qui n'est que brillant, et une répugnance constante pour l'équivoque et la plaisanterie, le style aura de la gravité, il aura même de la majesté : enfin si l'on écrit comme l'on pense, si l'on est convaincu de ce que l'on veut persuader, cette bonne foi avec soi-même, qui fait la bienséance pour les autres et la vérité du style, lui fera produire tout son effet, pourvu que cette persuasion intérieure ne se marque pas par un enthousiasme trop fort, et qu'il y ait partout plus de candeur que de confiance, plus de raison que de chaleur.

C'est ainsi, messieurs, qu'il me semblait, en vous lisant, que vous me parliez, que vous m'instruisiez : mon âme, qui recueillait avec avidité ces oracles de la sagesse, voulait prendre l'essor et s'élever jusqu'à vous; vains efforts! Les règles, disiez-vous encore, ne peuvent suppléer au génie; s'il manque, elles seront inutiles : bien écrire, c'est tout à la fois bien penser, bien sentir et bien rendre; c'est avoir en même temps de l'esprit, de l'âme et du goût : le style suppose la réunion et l'exercice de toutes les facultés intellectuelles; les idées seules forment le fond du style, l'harmonie des paroles n'en est que l'accessoire, et ne dépend que de la sensibilité des organes; il suffit d'avoir un peu d'oreille pour éviter les dissonances, et de l'avoir exercée, perfectionnée par la lecture des poëtes et des orateurs, pour que mécaniquement on soit porté à l'imitation de la cadence poétique et des tours oratoires. Or jamais l'imitation n'a rien créé : aussi cette harmonie des mots ne fait ni le fond, ni le ton du style, et se trouve souvent dans des écrits vides d'idées.

Le ton n'est que la convenance du style à la nature du sujet ; il ne doit jamais être forcé ; il naîtra naturellement du fond même de la chose, et dépendra beaucoup du point de généralité auquel on aura porté ses pensées. Si l'on s'est élevé aux idées les plus générales, et si l'objet en lui-même est grand, le ton paraîtra s'élever à la même hauteur ; et si, en le soutenant à cette élévation, le génie fournit assez pour donner à chaque objet une forte lumière, si l'on peut ajouter la beauté du coloris à l'énergie du dessin, si l'on peut, en un mot, représenter chaque idée par une image vive et bien terminée, et former de chaque suite d'idées un tableau harmonieux et mouvant, le ton sera non-seulement élevé, mais sublime.

Ici, messieurs, l'application ferait plus que la règle ; les exemples instruiraient mieux que les préceptes ; mais comme il ne m'est pas permis de citer les morceaux sublimes qui m'ont si souvent transporté en lisant vos ouvrages, je suis contraint de me borner à des réflexions. Les ouvrages bien écrits seront les seuls qui passeront à la postérité : la quantité des connaissances, la singularité des faits, la nouveauté même des découvertes ne sont pas de sûrs garants de l'immortalité ; si les ouvrages qui les contiennent ne roulent que sur de petits objets, s'ils sont écrits sans goût, sans noblesse et sans génie, ils périront, parce que les connaissances, les faits et les découvertes s'enlèvent aisément, se transportent, et gagnent même à être mises en œuvre par des mains plus habiles. Ces choses sont hors de l'homme, le style est l'homme même : le style ne peut donc ni s'enlever, ni se transporter, ni s'altérer ; s'il est élevé, noble, sublime, l'auteur sera également admiré dans tous les temps ; car il n'y a que la vérité qui soit durable et même éternelle. Or, un beau style n'est tel en effet que par le nombre infini des vérités qu'il présente. Toutes les beautés intellectuelles qui s'y trouvent, tous les rapports dont il est composé, sont autant de vérités aussi utiles, et peut-être plus précieuses pour l'esprit humain, que celles qui peuvent faire le fond du sujet.

Le sublime ne peut se trouver que dans les grands sujets. La poésie, l'histoire et la philosophie ont toutes le même objet, et un très-grand objet : l'homme et la nature. La philosophie décrit et dépeint la nature; la poésie la peint et l'embellit; elle peint aussi les hommes, elle les agrandit, elle les exagère; elle crée les héros et les dieux; l'histoire ne peint que l'homme, et le peint tel qu'il est; ainsi le ton de l'historien ne deviendra sublime que quand il fera le portrait des plus grands hommes, quand il exposera les plus grandes actions, les plus grands mouvements, les plus grandes révolutions, et partout ailleurs il suffira qu'il soit majestueux et grave. Le ton du philosophe pourra devenir sublime toutes les fois qu'il parlera des lois de la nature, des êtres en général, de l'espace, de la matière, du mouvement et du temps, de l'âme, de l'esprit humain, des sentiments, des passions; dans le reste il suffira qu'il soit noble et élevé. Mais le ton de l'orateur et du poëte, dès que le sujet est grand, doit toujours être sublime, parce qu'ils sont les maîtres de joindre à la grandeur de leur sujet autant de couleur, autant de mouvement, autant d'illusion qu'il leur plaît; et que, devant toujours peindre et toujours agrandir les objets, ils doivent aussi partout employer toute la force et déployer toute l'étendue de leur génie.

RÉPONSE A M. DE LA CONDAMINE,

LE JOUR DE SA RÉCEPTION A L'ACADÉMIE FRANÇAISE,
LE LUNDI 21 JANVIER 1761.

Monsieur,

Du génie pour les sciences, du goût pour la littérature, du talent pour écrire; de l'ardeur pour entreprendre, du courage pour exécuter, de la constance pour achever; de l'amitié pour vos rivaux, du zèle pour vos amis, de l'enthousiasme pour l'humanité : voilà ce que vous connaît un ancien ami, un confrère de trente ans, qui se félicite aujourd'hui de le devenir pour la seconde fois [1].

Avoir parcouru l'un et l'autre hémisphère, traversé les continents et les mers, surmonté les sommets sourcilleux de ces montagnes embrasées où des glaces éternelles bravent également et les feux souterrains et les ardeurs du midi; s'être livré à la pente précipitée de ces cataractes écumantes, dont les eaux suspendues semblent moins rouler sur la terre que descendre des nues; avoir pénétré dans ces vastes déserts, dans ces solitudes immenses où l'on trouve à peine quelques vestiges de l'homme, où la nature, accoutumée au plus profond silence, dut être étonnée de s'entendre interroger pour la première fois; avoir plus fait, en un mot, par le seul

---

1. J'étais depuis très-longtemps confrère de M. de La Condamine à l'Académie des sciences.

motif de la gloire des lettres, que l'on ne fit jamais par la soif de l'or : voilà ce que connaît de vous l'Europe, et ce que dira la postérité.

Mais n'anticipons ni sur les espaces ni sur les temps : vous savez que le siècle où l'on vit est sourd, que la voix du compatriote est faible; laissons donc à nos neveux le soin de répéter ce que dit de vous l'étranger, et bornez aujourd'hui votre gloire à celle d'être assis parmi nous.

La mort met cent ans de distance entre un jour et l'autre; louons de concert le prélat auquel vous succédez[1]; sa mémoire est digne de nos éloges, sa personne digne de nos regrets. Avec de grands talents pour les négociations, il avait la volonté de bien servir l'État : volonté dominante de M. de Vauréal, et qui dans tant d'autres n'est que subordonnée à l'intérêt personnel. Il joignait à une grande connaissance du monde le dédain de l'intrigue; au désir de la gloire, l'amour de la paix, qu'il a maintenue dans son diocèse, même dans les temps les plus orageux. Nous lui connaissions cette éloquence naturelle, cette force de discours, cette heureuse confiance, qui souvent sont nécessaires pour ébranler, pour émouvoir; et en même temps cette facilité à revenir sur soi-même, cette espèce de bonne foi si séante, qui persuade encore mieux, et qui seule achève de convaincre. Il laissait paraître ses talents et cachait ses vertus; son zèle charitable s'étendait en secret à tous les indigents; riche par son patrimoine et plus encore par les grâces du Roi, dont nous ne pouvons trop admirer la bonté bienfaisante, M. de Vauréal sans

---

1. M. de La Condamine succéda, à l'Académie Française, à M. de Vauréal, évêque de Rennes.

cesse faisait du bien, et le faisait en grand : il donnait sans mesure, il donnait en silence, il servait ardemment, il servait sans retour personnel, et jamais ni les besoins du faste, si pressants à la cour, ni la crainte si fondée de faire des ingrats, n'ont balancé dans cette âme généreuse le sentiment plus noble d'aider aux malheureux.

HISTOIRE NATURELLE
DE L'HOMME

DE LA NATURE DE L'HOMME.

Quelque intérêt que nous ayons à nous connaître nous-mêmes, je ne sais si nous ne connaissons pas mieux tout ce qui n'est pas nous. Pourvus par la nature d'organes uniquement destinés à notre conservation, nous ne les employons qu'à recevoir les impressions étrangères, nous ne cherchons qu'à nous répandre au dehors et à exister hors de nous; trop occupés à multiplier les fonctions de nos sens et à augmenter l'étendue extérieure de notre être, rarement faisons-nous usage de ce sens intérieur qui nous réduit à nos vraies dimensions, et qui sépare de nous tout ce qui n'en est pas. C'est cependant de ce sens dont il faut nous servir, si nous voulons nous connaître; c'est le seul par lequel nous puissions nous juger; mais comment donner à ce sens son activité et toute son étendue? comment dégager notre âme dans laquelle il réside de toutes les illusions de notre esprit? Nous avons perdu l'habitude de l'employer; elle est demeurée sans exercice au milieu du tumulte de nos sensations corporelles, elle s'est desséchée par le feu de nos passions; le cœur, l'esprit, les sens, tout a travaillé contre elle.

Cependant, inaltérable dans sa substance, impassible par son essence, elle est toujours la même; sa lumière offusquée a perdu son éclat sans rien perdre de sa force; elle nous éclaire moins, mais elle nous guide aussi sûrement : recueillons, pour nous conduire, ces rayons qui parviennent encore jusqu'à nous, l'obscurité qui nous environne diminuera, et si la route n'est pas également éclairée d'un bout à l'autre, au moins aurons-nous un flambeau avec lequel nous marcherons sans nous égarer.

Le premier pas, et le plus difficile que nous ayons à faire pour parvenir à la connaissance de nous-mêmes, est de reconnaître nettement la nature des deux substances qui nous composent : dire simplement que l'une est inétendue, immatérielle, immortelle, et que l'autre est étendue, matérielle et mortelle, se réduit à nier de l'une ce que nous assurons de l'autre : quelle connaissance pouvons-nous acquérir par cette voie de négation? ces expressions privatives ne peuvent représenter aucune idée réelle et positive; mais dire que nous sommes certains de l'existence de la première, et peu assurés de l'existence de l'autre, que la substance de l'une est simple, indivisible, et qu'elle n'a qu'une forme, puisqu'elle ne se manifeste que par une seule modification qui est la pensée, que l'autre est moins une substance qu'un sujet capable de recevoir des espèces de formes relatives à celles de nos sens, toutes aussi incertaines, toutes aussi variables que la nature même de ces organes, c'est établir quelque chose, c'est attribuer à l'une et à l'autre des propriétés différentes, c'est leur donner des attributs positifs et suffisants pour parvenir au premier degré de connaissance de l'une et de l'autre, et commencer à les comparer.

Pour peu qu'on ait réfléchi sur l'origine de nos connaissances, il est aisé de s'apercevoir que nous ne pouvons en acquérir que par la voie de la comparaison; ce qui est absolument incomparable est entièrement incompréhensible; Dieu est le seul exemple que nous puissions donner ici : il ne peut être compris parce qu'il ne peut être comparé; mais tout ce qui est susceptible de comparaison, tout ce que nous pouvons apercevoir par des faces différentes, tout ce que nous pouvons considérer relativement, peut toujours être du ressort de nos connaissances; plus nous aurons de sujets de comparaison, de côtés différents, de points particuliers sous lesquels nous pourrons envisager notre objet, plus aussi nous aurons de moyens pour le connaître et de facilité à réunir les idées sur lesquelles nous devons fonder notre jugement.

L'existence de notre âme nous est démontrée, ou plutôt nous ne faisons qu'un, cette existence et nous : être et penser sont pour nous la même chose; cette vérité est intime et plus qu'intuitive, elle est indépendante de nos sens, de notre imagination, de notre mémoire et de toutes nos autres facultés relatives. L'existence de notre corps et des autres objets extérieurs est douteuse pour quiconque raisonne sans préjugé, car cette étendue en longueur, largeur et profondeur, que nous appelons notre corps, et qui semble nous appartenir de si près, qu'est-elle autre chose, sinon un rapport de nos sens? les organes matériels de nos sens, que sont-ils eux-mêmes, sinon des convenances avec ce qui les affecte? et notre sens intérieur, notre âme a-t-elle rien de semblable, rien qui lui soit commun avec la nature de ces organes extérieurs? la sensation excitée dans notre âme par la lumière ou par le son ressemble-t-elle à cette matière ténue qui semble propager la lumière, ou bien à ce trémoussement que le son produit dans l'air ? Ce sont nos yeux et nos oreilles qui ont avec ces matières toutes les convenances nécessaires, parce que ces organes sont en effet de la même nature que cette matière elle-même ; mais la sensation que nous éprouvons n'a rien de commun, rien de semblable ; cela seul ne suffirait-il pas pour nous prouver que notre âme est, en effet, d'une nature différente de celle de la matière ?

Nous sommes donc certains que la sensation intérieure est tout à fait différente de ce qui peut la causer, et nous voyons déjà que, s'il existe des choses hors de nous, elles sont en elles-mêmes tout à fait différentes de ce que nous les jugeons, puisque la sensation ne ressemble en aucune façon à ce qui peut la causer ; dès lors ne doit-on pas conclure que ce qui cause nos sensations est nécessairement et par sa nature tout autre chose que ce que nous croyons ? Cette étendue que nous apercevons par les yeux, cette impénétrabilité dont le toucher nous donne une idée, toutes ces qualités réunies qui constituent la matière, pourraient bien ne pas exister, puisque notre sensation intérieure, et ce qu'elle nous représente par l'étendue, l'impénétrabilité, etc., n'est nullement étendu ni impénétrable, et n'a même rien de commun avec ces qualités.

Si l'on fait attention que notre âme est souvent pendant le sommeil et l'absence des objets affectée de sensations, que ces sensations sont quelquefois fort différentes de celles qu'elle a éprouvées par la présence de ces mêmes objets en faisant usage des sens, ne viendra-t-on pas à penser que cette présence des objets n'est pas nécessaire à l'existence de ces sensations, et que par conséquent notre âme et nous pouvons exister tout seuls et indépendamment de ces objets? car dans le sommeil et après la mort notre corps existe, il a même tout le genre d'existence qu'il peut comporter, il est le même qu'il était auparavant; cependant l'âme ne s'aperçoit plus de l'existence du corps, il a cessé d'être pour nous : or je demande si quelque chose qui peut être, et ensuite n'être plus, si cette chose qui nous affecte d'une manière toute différente de ce qu'elle est, ou de ce qu'elle a été, peut être quelque chose d'assez réel pour que nous ne puissions pas douter de son existence.

Cependant nous pouvons croire qu'il y a quelque chose hors de nous, mais nous n'en sommes pas sûrs, au lieu que nous sommes assurés de l'existence réelle de tout ce qui est en nous; celle de notre âme est donc certaine, et celle de notre corps paraît douteuse, dès qu'on vient à penser que la matière pourrait bien n'être qu'un mode de notre âme, une de ses façons de voir; notre âme voit de cette façon quand nous veillons, elle voit d'une autre façon pendant le sommeil, elle verra d'une manière bien plus différente encore après notre mort, et tout ce qui cause aujourd'hui ses sensations, la matière en général, pourrait bien ne pas plus exister pour elle alors que notre propre corps qui ne sera plus rien pour nous.

Mais admettons cette existence de la matière, et quoiqu'il soit impossible de la démontrer, prêtons-nous aux idées ordinaires, et disons qu'elle existe, et qu'elle existe même comme nous la voyons; nous trouverons, en comparant notre âme avec cet objet matériel, des différences si grandes, des oppositions si marquées, que nous ne pourrons pas douter un instant qu'elle ne soit d'une nature totalement différente et d'un ordre infiniment supérieur.

Notre âme n'a qu'une forme très-simple, très-générale, très-constante; cette forme est la pensée; il nous est impossible d'apercevoir notre âme autrement que par la pensée; cette forme n'a rien de divisible, rien d'étendu, rien d'impénétrable, rien de matériel, donc le sujet de cette forme, notre âme, est indivisible et immatériel : notre corps, au contraire, et tous les autres corps, ont plusieurs formes; chacune de ces formes est composée, divisible, variable, destructible, et toutes sont relatives aux différents organes avec lesquels nous les apercevons; notre corps, et toute la matière, n'a donc rien de constant, rien de réel, rien de général par où nous puissions la saisir et nous assurer de la connaître. Un aveugle n'a nulle idée de l'objet matériel qui nous représente les images des corps; un lépreux, dont la peau serait insensible, n'aurait aucune des idées que le toucher fait naître; un sourd ne peut connaître les sons : qu'on détruise successivement ces trois moyens de sensation dans l'homme qui en est pourvu, l'âme n'en existera pas moins, ses fonctions intérieures subsisteront, et la pensée se manifestera toujours au dedans de lui-même; ôtez, au contraire, toutes ces qualités à la matière, ôtez-lui ses couleurs, son étendue, sa solidité; et toutes les autres propriétés relatives à nos sens, vous l'anéantirez; notre âme est donc impérissable, et la matière peut et doit périr.

Il en est de même des autres facultés de notre âme, comparées à celles de notre corps et aux propriétés les plus essentielles à toute matière. L'âme veut et commande, le corps obéit tout autant qu'il le peut; l'âme s'unit intimement à tel objet qu'il lui plaît; la distance, la grandeur, la figure, rien ne peut nuire à cette union; lorsque l'âme la veut, elle se fait, et se fait en un instant; le corps ne peut s'unir à rien, il est blessé de tout ce qui le touche de trop près, il lui faut beaucoup de temps pour s'approcher d'un autre corps : tout lui résiste, tout est obstacle, son mouvement cesse au moindre choc. La volonté n'est-elle donc qu'un mouvement corporel, et la contemplation un simple attouchement? Comment cet attouchement pourrait-il se faire sur un objet éloigné, sur un sujet abstrait? Comment ce mouvement pourrait-il s'opérer en un instant indivisible? A-t-on jamais conçu de mouvement sans qu'il y eût de l'espace et du temps? La volonté, si c'est un mouvement, n'est donc pas un mouvement matériel, et si l'union de l'âme à son objet est un attouchement, un contact, cet attouchement ne se fait-il pas au loin? ce contact n'est-il pas une pénétration? qualités absolument opposées à celles de la matière, et qui ne peuvent par conséquent appartenir qu'à un être immatériel.

Mais je crains de m'être déjà trop étendu sur un sujet que bien des gens regarderont peut-être comme étranger à notre objet : des considérations sur l'âme doivent-elles se trouver dans un livre d'histoire naturelle? J'avoue que je serais peu touché de cette réflexion, si je me sentais assez de force pour traiter dignement des matières aussi élevées, et que je n'ai abrégé mes pensées que par la crainte de ne pouvoir comprendre ce grand sujet dans toute son étendue. Pourquoi vouloir retrancher de l'histoire naturelle de l'homme l'histoire de la partie la plus noble de son être? Pourquoi l'avilir mal à propos et vouloir nous forcer à ne le voir que comme un animal, tandis qu'il est en effet d'une nature très-différente, très-distinguée, et si supérieure à celle des bêtes, qu'il faudrait être aussi peu éclairé qu'elles le sont pour pouvoir les confondre?

Il est vrai que l'homme ressemble aux animaux par ce qu'il a de matériel, et qu'en voulant le comprendre dans l'énumération de tous les êtres naturels, on est forcé de le mettre dans la classe des animaux; mais, comme je l'ai déjà fait sentir, la nature n'a ni classes ni genres, elle ne comprend que des individus; ces genres et ces classes sont l'ouvrage de notre esprit, ce ne sont que des idées de convention, et lorsque nous mettons l'homme dans l'une de ces classes, nous ne changeons pas la réalité de son être, nous ne dérogeons point à sa noblesse, nous n'altérons pas sa condition, enfin nous n'ôtons rien à la supériorité de la nature humaine sur celle des brutes : nous ne faisons que placer l'homme avec ce qui lui ressemble le plus, en donnant même à la partie matérielle de son être le premier rang.

En comparant l'homme avec l'animal, on trouvera dans l'un et dans l'autre un corps, une matière organisée, des sens, de la chair et du sang, du mouvement et une infinité de choses semblables; mais toutes ces ressemblances sont extérieures et ne suffisent pas pour nous faire prononcer que la nature de l'homme est semblable à celle de l'animal : pour juger de la nature de l'un et de l'autre, il faudrait connaître les qualités intérieures de l'animal aussi bien que nous connaissons les nôtres, et comme il n'est pas possible que nous ayons jamais connaissance de ce qui se passe à l'intérieur de l'animal, comme nous ne saurons jamais de quel ordre, de quelle espèce peuvent être ses sensations relativement à celles de l'homme, nous ne pouvons juger que par les effets; nous ne pouvons que comparer les résultats des opérations naturelles de l'un et de l'autre.

Voyons donc ces résultats en commençant par avouer

toutes les ressemblances particulières, et en n'examinant que les différences, même les plus générales. On conviendra que le plus stupide des hommes suffit pour conduire le plus spirituel des animaux; il le commande et le fait servir à ses usages, et c'est moins par force et par adresse que par supériorité de nature, et parce qu'il a un projet raisonné, un ordre d'actions et une suite de moyens par lesquels il contraint l'animal à lui obéir, car nous ne voyons pas que les animaux qui sont plus forts et plus adroits commandent aux autres et les fassent servir à leur usage : les plus forts mangent les plus faibles, mais cette action ne suppose qu'un besoin, un appétit, qualités fort différentes de celle qui peut produire une suite d'actions dirigées vers le même but. Si les animaux étaient doués de cette faculté, n'en verrions-nous pas quelques-uns prendre l'empire sur les autres et les obliger à leur chercher la nourriture, à les veiller, à les garder, à les soulager lorsqu'ils sont malades ou blessés? Or il n'y a parmi tous les animaux aucune marque de cette subordination, aucune apparence que quelqu'un d'entre eux connaisse ou sente la supériorité de sa nature sur celle des autres; par conséquent on doit penser qu'ils sont en effet tous de même nature, et en même temps on doit conclure que celle de l'homme est non-seulement fort au-dessus de celle de l'animal, mais qu'elle est aussi tout à fait différente.

L'homme rend par un signe extérieur ce qui se passe au dedans de lui; il communique sa pensée par la parole : ce signe est commun à toute l'espèce humaine; l'homme sauvage parle comme l'homme policé, et tous deux parlent naturellement, et parlent pour se faire entendre; aucun des animaux n'a ce signe de la pensée : ce n'est pas, comme on le croit communément, faute d'organes;

la langue du singe a paru aux anatomistes [1] aussi parfaite que celle de l'homme; le singe parlerait donc, s'il pensait; si l'ordre de ses pensées avait quelque chose de commun avec les nôtres, il parlerait notre langue, et en supposant qu'il n'eût que des pensées de singe, il parlerait aux autres singes; mais on ne les a jamais vus s'entretenir ou discourir ensemble; ils n'ont donc pas même un ordre, une suite de pensées à leur façon, bien loin d'en avoir de semblables aux nôtres; il ne se passe à leur intérieur rien de suivi, rien d'ordonné, puisqu'ils n'expriment rien par des signes combinés et arrangés; ils n'ont donc pas la pensée, même au plus petit degré.

Il est si vrai que ce n'est pas faute d'organes que les animaux ne parlent pas, qu'on en connaît de plusieurs espèces auxquels on apprend à prononcer des mots, et même à répéter des phrases assez longues, et peut-être y en aurait-il un grand nombre d'autres auxquels on pourrait, si l'on voulait s'en donner la peine, faire articuler quelques sons [2]; mais jamais on n'est parvenu à leur faire naître l'idée que ces mots expriment; ils semblent ne les répéter, et même ne les articuler, que comme un écho ou une machine artificielle les répéterait ou les articulerait : ce ne sont pas les puissances mécaniques ou les organes matériels, mais c'est la puissance intellectuelle, c'est la pensée qui leur manque.

C'est donc parce qu'une langue suppose une suite de pensées, que les animaux n'en ont aucune; car quand même on voudrait leur accorder quelque chose de semblable à nos premières appréhensions et à nos sensations

---

1. Voyez les descriptions de M. Perrault dans son *Histoire des animaux*.
2. M. Leibniz fait mention d'un chien auquel on avait appris à prononcer quelques mots allemands et français.

les plus grossières et les plus machinales, il paraît certain qu'ils sont incapables de former cette association d'idées, qui seule peut produire la réflexion, dans laquelle cependant consiste l'essence de la pensée; c'est parce qu'ils ne peuvent joindre ensemble aucune idée qu'ils ne pensent ni ne parlent; c'est par la même raison qu'ils n'inventent et ne perfectionnent rien; s'ils étaient doués de la puissance de réfléchir, même au plus petit degré, ils seraient capables de quelque espèce de progrès, ils acquerraient plus d'industrie, les castors d'aujourd'hui bâtiraient avec plus d'art et de solidité que ne bâtissaient les premiers castors, l'abeille perfectionnerait encore tous les jours la cellule qu'elle habite; car si on suppose que cette cellule est aussi parfaite qu'elle peut l'être, on donne à cet insecte plus d'esprit que nous n'en avons, on lui accorde une intelligence supérieure à la nôtre, par laquelle il apercevrait tout d'un coup le dernier point de perfection auquel il doit porter son ouvrage, tandis que nous-mêmes ne voyons jamais clairement ce point, et qu'il nous faut beaucoup de réflexion, de temps et d'habitude pour perfectionner le moindre de nos arts.

D'où peut venir cette uniformité dans tous les ouvrages des animaux? pourquoi chaque espèce ne fait-elle jamais que la même chose, de la même façon, et pourquoi chaque individu ne la fait-il ni mieux ni plus mal qu'un autre individu? y a-t-il de plus forte preuve que leurs opérations ne sont que des résultats mécaniques et purement matériels? car s'ils avaient la moindre étincelle de la lumière qui nous éclaire, on trouverait au moins de la variété si l'on ne voyait pas de la perfection dans leurs ouvrages, chaque individu de la même espèce ferait quelque chose d'un peu différent de ce qu'aurait fait un autre individu; mais non, tous travaillent sur le même modèle, l'ordre de leurs actions est tracé dans l'espèce entière, il n'appartient point à l'individu, et si l'on voulait attribuer une âme aux animaux, on serait obligé à n'en faire qu'une pour chaque espèce, à laquelle chaque individu participerait également; cette âme serait donc nécessairement divisible, par conséquent elle serait matérielle et fort différente de la nôtre.

Car pourquoi mettons-nous au contraire tant de diversité et de variété dans nos productions et dans nos ouvrages? Pourquoi l'imitation servile nous coûte-t-elle plus qu'un nouveau dessein? C'est parce que notre âme est à nous, qu'elle est indépendante de celle d'un autre, que nous n'avons rien de commun avec notre espèce que la matière de notre corps, et que ce n'est en effet que par les dernières de nos facultés que nous ressemblons aux animaux.

Si les sensations intérieures appartenaient à la matière et dépendaient des organes corporels, ne verrions-nous pas parmi les animaux de même espèce, comme parmi les hommes, des différences marquées dans leurs ouvrages? ceux qui seraient le mieux organisés ne feraient-ils pas leurs nids, leurs cellules ou leurs coques d'une manière plus solide, plus élégante, plus commode? et si quelqu'un avait plus de génie qu'un autre, pourrait-il ne le pas manifester de cette façon? Or tout cela n'arrive pas et n'est jamais arrivé : le plus ou le moins de perfection des organes corporels n'influe donc pas sur la nature des sensations intérieures; n'en doit-on pas conclure que les animaux n'ont point de sensations de cette espèce, qu'elles ne peuvent appartenir à la matière, ni dépendre pour leur nature des organes corporels? Ne faut-il pas par conséquent qu'il y ait en nous une substance différente de la matière, qui soit le sujet et la cause qui produit et reçoit ces sensations ?

Mais ces preuves de l'immatérialité de notre âme peuvent s'étendre encore plus loin. Nous avons dit que la nature marche toujours et agit en tout par degrés imperceptibles et par nuances ; cette vérité, qui d'ailleurs ne souffre aucune exception, se dément ici tout à fait ; il y a une distance infinie entre les facultés de l'homme et celles du plus parfait animal, preuve évidente que l'homme est d'une différente nature, que seul il fait une classe à part, de laquelle il faut descendre en parcourant un espace infini avant que d'arriver à celle des animaux, car si l'homme était de l'ordre des animaux, il y aurait dans la nature un certain nombre d'êtres moins parfaits que l'homme et plus parfaits que l'animal, par lesquels on descendrait insensiblement et par nuances de l'homme au singe ; mais cela n'est pas : on passe tout d'un coup de l'être pensant à l'être matériel, de la puissance intellectuelle à la force mécanique, de l'ordre et du dessein au mouvement aveugle, de la réflexion à l'appétit.

En voilà plus qu'il n'en faut pour nous démontrer l'excellence de notre nature, et la distance immense que la bonté du Créateur a mise entre l'homme et la bête ; l'homme est un être raisonnable, l'animal est un être sans raison ; et comme il n'y a point de milieu entre le positif et le négatif, comme il n'y a point d'êtres intermédiaires entre l'être raisonnable et l'être sans raison, il est évident que l'homme est d'une nature entièrement différente de celle de l'animal, qu'il ne lui ressemble que par l'extérieur, et que le juger par cette ressemblance matérielle, c'est se laisser tromper par l'apparence et fermer volontairement les yeux à la lumière qui doit nous la faire distinguer de la réalité.

Après avoir considéré l'homme intérieur, et avoir démontré la spiritualité de son âme, nous pouvons maintenant examiner l'homme extérieur et faire l'histoire de son corps ; nous en avons recherché l'origine dans les chapitres précédents, nous avons expliqué sa formation et son développement, nous avons amené l'homme jusqu'au moment de sa naissance ; reprenons-le où nous l'avons laissé, parcourons les différents âges de sa vie, et conduisons-le à cet instant où il doit se séparer de son corps, l'abandonner et le rendre à la masse commune de la matière à laquelle il appartient.

DE L'ENFANCE.

Si quelque chose est capable de nous donner une idée de notre faiblesse, c'est l'état où nous nous trouvons immédiatement après la naissance : incapable de faire encore aucun usage de ses organes et de se servir de ses sens, l'enfant qui naît a besoin de secours de toute espèce, c'est une image de misère et de douleur ; il est dans ces premiers temps plus faible qu'aucun des animaux ; sa vie incertaine et chancelante paraît devoir finir à chaque instant ; il ne peut se soutenir ni se mouvoir ; à peine a-t-il la force nécessaire pour exister et pour annoncer par des gémissements les souffrances qu'il éprouve, comme si la nature voulait l'avertir qu'il est né pour souffrir, et qu'il ne vient prendre place dans l'espèce humaine que pour en partager les infirmités et les peines.

Ne dédaignons pas jeter les yeux sur un état par lequel nous avons tous commencé ; voyons-nous au berceau, passons même sur le dégoût que peut donner le détail des soins que cet état exige, et cherchons par quels degrés cette machine délicate, ce corps naissant et à peine vivant, vient à prendre du mouvement, de la consistance et des forces.

L'enfant qui naît passe d'un élément dans un autre : au sortir de l'eau qui l'environnait de toutes parts dans le sein de sa mère, il se trouve exposé à l'air, et il éprouve dans l'instant les impressions de ce fluide actif ; l'air agit sur les nerfs de l'odorat et sur les organes de la respiration ; cette action produit une secousse, une espèce d'éternument qui soulève la capacité de la poitrine et donne à l'air la liberté d'entrer dans les poumons ; il dilate leurs vésicules et les gonfle, il s'y échauffe et s'y raréfie jusqu'à un certain degré, après quoi le ressort des fibres dilatées réagit sur ce fluide léger et le fait sortir des poumons. Nous n'entreprendrons pas d'expliquer ici les causes du mouvement alternatif et continuel de la respiration, nous nous bornerons à parler des effets : cette fonction est essentielle à l'homme et à plusieurs espèces d'animaux : c'est ce mouvement qui entretient la vie ; s'il cesse, l'animal périt ; aussi la respiration ayant une fois commencé, elle ne finit qu'à la mort ; et dès que le fœtus respire pour la première fois, il continue à respirer sans interruption : cependant on peut croire avec quelque fondement que le trou ovale ne se ferme pas tout à coup au moment de la naissance, et que par conséquent une partie du sang doit continuer à passer par cette ouverture ; tout le sang ne doit donc pas entrer d'abord dans les poumons, et peut-être pourrait-on priver de l'air l'enfant nouveau-né pendant un temps considérable, sans que cette privation lui causât la mort. Je fis il y a environ dix ans une expérience sur de petits chiens, qui semble prouver la possibilité de ce que je viens de dire ; j'avais pris la précaution de mettre la mère, qui était une grosse chienne de l'espèce des plus grands lévriers, dans un baquet rempli d'eau chaude, et l'ayant attachée de façon que les parties de derrière trempaient dans l'eau, elle mit bas trois chiens dans cette eau, et ces petits animaux se trouvèrent au sortir de leurs enveloppes dans un liquide aussi chaud que celui d'où ils sortaient ; on aida la mère dans l'accouchement, on accommoda et on lava dans cette eau les petits chiens, ensuite on les fit passer dans un plus petit baquet rempli de lait chaud, sans leur donner le temps de respirer. Je les fis mettre dans du lait au lieu de les laisser dans l'eau, afin qu'ils pussent prendre de la nourriture, s'ils en avaient besoin ; on les retint dans le lait où ils étaient plongés, et ils y demeurèrent pendant plus d'une demi-heure ; après quoi, les ayant retirés les uns après les autres, je les trouvai tous trois vivants ; ils commencèrent à respirer et à rendre quelque humeur par la gueule ; je les laissai respirer pendant une demi-heure, et ensuite on les replongea dans le lait que l'on avait fait réchauffer pendant ce temps ; je les y laissai pendant une seconde demi-heure, et les ayant ensuite retirés, il y en avait deux qui étaient vigoureux, et qui ne paraissaient pas avoir souffert de la privation de l'air, mais le troisième paraissait être languissant ; je ne jugeai pas à propos de le replonger une seconde fois, je le fis porter à la mère ; elle avait d'abord fait ces trois chiens dans l'eau, et ensuite elle en avait encore fait six autres. Ce petit chien qui était né dans l'eau, qui d'abord avait passé plus d'une demi-heure dans le lait avant d'avoir respiré, et encore une autre demi-heure après avoir respiré, n'en était pas fort incommodé, car il fut bientôt rétabli sous la mère, et il vécut comme les autres. Des six qui étaient nés dans l'air j'en fis jeter quatre, de sorte qu'il n'en restait alors à la mère que deux de ces six, et celui qui était né dans l'eau. Je continuai ces épreuves sur les deux autres qui étaient dans le lait : je les laissai respirer une seconde fois pendant une heure environ, ensuite je les fis mettre de nouveau dans le lait chaud, où ils se trouvèrent plongés pour la troisième fois ; je ne sais s'ils en avalèrent ou non ; ils restèrent dans ce liquide pendant une demi-heure, et lorsqu'on les en tira, ils paraissaient être presque aussi vigoureux qu'auparavant ; cependant les ayant fait porter à la mère, l'un des deux mourut le même jour, mais je ne pus savoir si c'était par accident, ou pour avoir souffert dans le temps qu'il était plongé dans la liqueur et qu'il était privé de l'air ; l'autre vécut aussi bien que le premier, et ils prirent tous deux autant d'accroissement que ceux qui n'avaient pas subi cette épreuve. Je n'ai pas suivi ces expériences plus loin, mais j'en ai assez vu pour être persuadé que la respiration n'est pas aussi absolument nécessaire à l'animal nouveau-né qu'à l'adulte, et qu'il serait peut-être possible, en s'y prenant avec précaution, d'empêcher de cette façon le trou ovale de se fermer, et de faire par ce moyen d'excellents plongeurs et des espèces d'animaux amphibies qui vivraient également dans l'air et dans l'eau.

L'air trouve ordinairement, en entrant pour la première fois dans les poumons de l'enfant, quelque obstacle causé par la liqueur qui s'est amassée dans la trachée-artère ; cet obstacle est plus ou moins grand à proportion de la viscosité de cette liqueur, mais l'enfant en naissant relève sa tête qui était penchée en avant sur sa poitrine, et par ce mouvement il allonge le canal de la trachée-artère ; l'air trouve place dans ce canal au moyen de cet agrandissement, il force la liqueur dans l'intérieur du poumon, et, en dilatant les bronches de ce viscère, il distribue sur leurs parois la mucosité qui s'opposait à son passage ; le superflu de cette humidité est bientôt desséché par le renouvellement de l'air, ou si l'enfant en est incommodé, il tousse, et enfin il s'en débarrasse par l'expectoration ; on la voit couler de sa bouche, car il n'a pas encore la force de cracher.

Comme nous ne nous souvenons de rien de ce qui nous arrive alors, nous ne pouvons guère juger du sentiment que produit l'impression de l'air sur l'enfant nouveau-né ; il paraît seulement que les gémissements et les cris qui se font entendre dans le moment qu'il respire sont des signes peu équivoques de la douleur que l'action de l'air lui fait ressentir. L'enfant est en effet, jusqu'au moment de sa naissance, accoutumé à la douce chaleur d'un liquide tranquille, et on peut croire que l'action d'un fluide, dont la température est inégale, ébranle trop violemment les fibres délicates de son corps ; il paraît être également sensible au chaud et au froid ; il gémit en quelque situation qu'il se trouve, et la douleur paraît être sa première et son unique sensation.

La plupart des animaux ont encore les yeux fermés pendant quelques jours après leur naissance ; l'enfant les ouvre aussitôt qu'il est né, mais ils sont fixes et ternes ; on n'y voit pas ce brillant qu'ils auront dans la suite, ni le mouvement qui accompagne la vision ; cependant la lumière qui les frappe semble faire impression, puisque la prunelle, qui a déjà jusqu'à une ligne et demie ou deux de diamètre, s'étrécit ou s'élargit à une lumière plus forte ou plus faible, en sorte qu'on pourrait croire qu'elle produit déjà une espèce de sentiment, mais ce sentiment est fort obtus ; le nouveau-né ne distingue rien, car ses yeux même, en prenant du mouvement, ne s'arrêtent sur aucun objet ; l'organe est encore imparfait, la cornée est ridée, et peut-être la rétine est-elle aussi trop molle pour recevoir les images des objets et donner la sensation de la vue distincte. Il paraît en être de même des autres sens ; ils n'ont pas encore pris une certaine consistance nécessaire à leurs opérations, et lors même qu'ils sont arrivés à cet état, il se passe encore beaucoup de temps avant que l'enfant puisse avoir des sensations justes et complètes. Les sens sont des espèces d'instruments dont il faut apprendre à se servir ; celui de la vue, qui paraît être le plus noble et le plus admirable, est en même temps le moins sûr et le plus illusoire ; ses sensations ne produiraient que des jugements faux, s'ils n'étaient à tout instant rectifiés par le témoignage du toucher ; celui-ci est le sens solide, c'est la pierre de touche et la mesure de tous les autres sens, c'est le seul qui soit absolument essentiel à l'animal, c'est celui qui est universel et qui est répandu dans toutes les parties de son corps ; cependant ce sens même n'est pas encore parfait dans l'enfant au moment de sa naissance : il donne, à la vérité, des signes de douleur par ses gémissements et ses cris, mais il n'a encore aucune expression pour marquer le plaisir ; il ne commence à rire qu'au bout de quarante jours ; c'est aussi le temps auquel il commence à pleurer, car auparavant les cris et les gémissements ne sont point accompagnés de larmes. Il ne paraît donc aucun signe des passions sur le visage du nouveau-né ; les parties de la face n'ont pas même toute la consistance et tout le ressort nécessaires à cette espèce d'expression des sentiments de l'âme : toutes les autres parties du corps, encore faibles et délicates, n'ont que des mouvements incertains et mal assurés ; il ne peut pas se tenir debout, ses jambes et ses cuisses sont encore pliées par l'habitude qu'il a contractée dans le sein de sa mère ; il n'a pas la force d'étendre les bras ou de saisir quelque chose avec la main ; si on l'abandonnait, il resterait couché sur le dos sans pouvoir se retourner.

En réfléchissant sur ce que nous venons de dire, il paraît que la douleur que l'enfant ressent dans les premiers temps, et qu'il exprime par des gémissements, n'est qu'une sensation corporelle, semblable à celle des animaux qui gémissent aussi dès qu'ils sont nés, et que les sensations de l'âme ne commencent à se manifester qu'au bout de quarante jours, car le rire et les larmes sont des produits de deux sensations intérieures, qui toutes deux dépendent de l'action de l'âme. La première est une émotion agréable qui ne peut naître qu'à la vue ou par le souvenir d'un objet connu, aimé et désiré ; l'autre est un ébranlement désagréable, mêlé d'attendrissement et d'un retour sur nous-mêmes ; toutes deux sont des passions qui supposent des connaissances, des comparaisons et des réflexions : aussi le rire et les pleurs sont-ils des signes particuliers à l'espèce humaine pour exprimer le plaisir ou la douleur de l'âme ; tandis que les cris, les mouvements et les autres signes des douleurs et des plaisirs du corps sont communs à l'homme et à la plupart des animaux.

Mais revenons aux parties matérielles et aux affections

du corps. La grandeur de l'enfant né à terme est ordinairement de vingt-un pouces ; il en naît cependant de beaucoup plus petits, et il y en a même qui n'ont que quatorze pouces, quoiqu'ils aient atteint le terme de neuf mois ; quelques autres, au contraire, ont plus de vingt-un pouces. La poitrine des enfants de vingt-un pouces, mesurée sur la longueur du sternum, a près de trois pouces, et seulement deux lorsque l'enfant n'en a que quatorze. A neuf mois le fœtus pèse ordinairement douze livres, et quelquefois jusqu'à quatorze ; la tête du nouveau-né est plus grosse à proportion que le reste du corps, et cette disproportion, qui était encore beaucoup plus grande dans le premier âge du fœtus, ne disparaît qu'après la première enfance ; la peau de l'enfant qui naît est fort fine ; elle paraît rougeâtre, parce qu'elle est assez transparente pour laisser paraître une nuance faible de la couleur du sang ; on prétend même que les enfants dont la peau est la plus rouge en naissant sont ceux qui dans la suite auront la peau la plus belle et la plus blanche.

La forme du corps et des membres de l'enfant qui vient de naître n'est pas bien exprimée ; toutes les parties sont trop arrondies, elles paraissent même gonflées lorsque l'enfant se porte bien et qu'il ne manque pas d'embonpoint. Au bout de trois jours, il survient ordinairement une jaunisse, et dans ce même temps il y a du lait dans les mamelles de l'enfant, qu'on exprime avec les doigts ; la surabondance des sucs et le gonflement de toutes les parties du corps diminue ensuite peu à peu, à mesure que l'enfant prend de l'accroissement.

On voit palpiter dans quelques enfants nouveau-nés le sommet de la tête à l'endroit de la fontanelle, et dans tous on y peut sentir le battement des sinus ou des artères du cerveau, si on y porte la main. Il se forme au-dessus de cette ouverture une espèce de croûte ou de gale, quelquefois fort épaisse, et qu'on est obligé de frotter avec des brosses pour la faire tomber à mesure qu'elle se sèche : il semble que cette production, qui se fait au-dessus de l'ouverture du crâne, ait quelque analogie avec celle des cornes des animaux, qui tirent aussi leur origine d'une ouverture du crâne et de la substance du cerveau. Nous ferons voir dans la suite que toutes les extrémités des nerfs deviennent solides lorsqu'elles sont exposées à l'air, et que c'est cette substance nerveuse qui produit les ongles, les ergots, les cornes, etc.

La liqueur contenue dans l'amnios laisse sur l'enfant une humeur visqueuse blanchâtre, et quelquefois assez tenace pour qu'on soit obligé de la détremper avec quelque liqueur douce afin de la pouvoir enlever ; on a toujours dans ce pays-ci la sage précaution de ne laver l'enfant qu'avec des liqueurs tièdes ; cependant des nations entières, celles même qui habitent les climats froids, sont dans l'usage de plonger leurs enfants dans l'eau froide aussitôt qu'ils sont nés, sans qu'il en arrive aucun mal ; on dit même que les Laponnes laissent leurs enfants dans la neige jusqu'à ce que le froid les ait saisis au point d'arrêter la respiration, et qu'alors elles les plongent dans un bain d'eau chaude ; ils n'en sont pas même quittes pour être lavés avec si peu de ménagement au moment de leur naissance, on les lave encore de la même façon trois fois chaque jour pendant la première année de leur vie, et dans les suivantes on les baigne trois fois chaque semaine dans l'eau froide. Les peuples du Nord sont persuadés que les bains froids rendent les hommes plus forts et plus robustes, et c'est par cette raison qu'ils les forcent de bonne heure à en contracter l'habitude. Ce qu'il y a de vrai, c'est que nous ne connaissons pas assez jusqu'où peuvent s'étendre les limites de ce que notre corps est capable de souffrir, d'acquérir et de perdre par l'habitude : par exemple, les Indiens de l'isthme de l'Amérique se plongent impunément dans l'eau froide pour se rafraîchir lorsqu'ils sont en sueur ; leurs femmes les y jettent quand ils sont ivres pour faire passer leur ivresse plus promptement ; les mères se baignent avec leurs enfants dans l'eau froide un instant après leur accouchement : avec cet usage, que nous regarderions comme fort dangereux, ces femmes périssent très-rarement par les suites des couches, au lieu que, malgré tous nos soins, nous en voyons périr un grand nombre parmi nous.

Quelques instants après sa naissance l'enfant urine, c'est ordinairement lorsqu'il sent la chaleur du feu ; quelquefois il rend en même temps le *méconium* ou les excréments qui se sont formés dans les intestins pendant le temps de son séjour dans la matrice ; cette évacuation ne se fait pas toujours aussi promptement ; souvent elle est retardée, mais si elle n'arrivait pas dans l'espace du premier jour, il serait à craindre que l'enfant ne s'en trouvât incommodé et qu'il ne ressentît des douleurs de colique ; dans ce cas on tâche de faciliter cette évacuation par quelques moyens. Le méconium est de couleur noire ; on connait que l'enfant en est absolument débarrassé lorsque les excréments qui succèdent ont une autre couleur ; ils deviennent blanchâtres ; ce changement arrive ordinairement le deuxième ou le troisième jour ; alors leur odeur est beaucoup plus mauvaise que n'est celle du méconium, ce qui prouve que la bile et les sucs amers du corps commencent à s'y mêler.

Cette remarque paraît confirmer ce que nous avons dit ci-devant dans le chapitre du développement du fœtus, au sujet de la manière dont il se nourrit ; nous avons insinué que ce devait être par intussusception, et qu'il ne prenait aucune nourriture par la bouche ; ceci semble prouver que l'estomac et les intestins ne font aucune fonction dans le fœtus, du moins aucune fonction semblable à celles qui s'opèrent dans la suite lorsque la respiration a commencé à donner du mouvement au diaphragme et à toutes les parties intérieures sur lesquelles il peut agir, puisque ce n'est qu'alors que se fait la digestion et le mélange de la bile et du suc pancréatique avec la nourriture que l'estomac laisse passer aux intestins ; ainsi, quoique la sécrétion de la bile et du suc du pancréas se fasse dans le fœtus, ces liqueurs demeurent alors dans leurs réservoirs et ne passent point dans les intestins, parce qu'ils sont, aussi bien que l'estomac, sans mouvement et sans action, par rapport à la nourriture ou aux excréments qu'ils peuvent contenir.

On ne fait pas téter l'enfant aussitôt qu'il est né ; on lui donne auparavant le temps de rendre la liqueur et les glaires qui sont dans son estomac, et le méconium qui est dans ses intestins : ces matières pourraient faire aigrir le lait et produire un mauvais effet ; ainsi on commence par lui faire avaler un peu de vin sucré pour fortifier son estomac et procurer les évacuations qui doivent le disposer à recevoir de la nourriture et à la digérer ; ce n'est que dix ou douze heures après la naissance qu'il doit téter pour la première fois.

A peine l'enfant est-il sorti du sein de sa mère, à peine jouit-il de la liberté de mouvoir et d'étendre ses membres, qu'on lui donne de nouveaux liens, on l'emmaillotte, on le couche la tête fixe et les jambes allongées, les bras pendants à côté du corps, il est entouré de linges et de bandages de toute espèce qui ne lui permettent pas de changer de situation ; heureux ! si on ne l'a pas serré au point de l'empêcher de respirer, et si on a eu la précaution de le coucher sur le côté, afin que les eaux qu'il doit rendre par la bouche puissent tomber d'elles-mêmes, car il n'aurait pas la liberté de tourner la tête sur le côté pour en faciliter l'écoulement. Les peuples qui se contentent de couvrir ou de vêtir leurs enfants, sans les mettre au maillot, ne font-ils pas mieux que nous ? les Siamois, les Japonais, les Indiens, les nègres, les sauvages du Canada, ceux de Virginie, du Brésil, et la plupart des peuples de la partie méridionale de l'Amérique, couchent les enfants nus sur des lits de coton suspendus, ou les mettent dans des espèces de berceaux couverts et garnis de pelleteries. Je crois que ces usages ne sont pas sujets à autant d'inconvénients que le nôtre ; on ne peut pas éviter, en emmaillottant les enfants, de les gêner au point de leur faire ressentir de la douleur ; les efforts qu'ils font pour se débarrasser sont plus capables de corrompre l'assemblage de leur corps que les mauvaises situations où ils pourraient se mettre eux-mêmes s'ils étaient en liberté. Les bandages du maillot peuvent être comparés aux corps que l'on fait porter aux filles dans leur jeunesse ; cette espèce de cuirasse, ce vêtement incommode, qu'on a imaginé pour soutenir la taille et l'empêcher de se déformer, cause cependant plus d'incommodités et de difformités qu'il n'en prévient.

Si le mouvement que les enfants veulent se donner dans le maillot peut leur être funeste, l'inaction dans laquelle cet état les retient peut aussi leur être nuisible.

Le défaut d'exercice est capable de retarder l'accroissement des membres et de diminuer les forces du corps ; ainsi les enfants qui ont la liberté de mouvoir leurs membres à leur gré doivent être plus forts que ceux qui sont emmaillottés ; c'était pour cette raison que les anciens Péruviens laissaient les bras libres aux enfants dans un maillot fort large ; lorsqu'ils les en tiraient, ils les mettaient en liberté dans un trou fait en terre et garni de linges, dans lequel il les descendaient jusqu'à la moitié du corps ; de cette façon ils avaient les bras libres, et ils pouvaient mouvoir leur tête et fléchir leur corps à leur gré sans tomber et sans se blesser ; dès qu'ils pouvaient faire un pas, on leur présentait la mamelle d'un peu loin comme un appât pour les obliger à marcher. Les petits nègres sont quelquefois dans une situation bien plus fatigante pour téter ; ils embrassent une des hanches de la mère avec leurs genoux et leurs pieds, et ils la serrent si bien qu'ils peuvent s'y soutenir sans le secours des bras de la mère ; ils s'attachent à la mamelle avec leurs mains, et ils la sucent constamment sans se déranger et sans tomber, malgré les différents mouvements de la mère, qui pendant ce temps travaille à son ordinaire. Ces enfants commencent à marcher dès le second mois, ou plutôt à se traîner sur les genoux et sur les mains ; cet exercice leur donne pour la suite la facilité de courir dans cette situation presque aussi vite que s'ils étaient sur leurs pieds.

Les enfants nouveau-nés dorment beaucoup, mais leur sommeil est souvent interrompu ; ils ont aussi besoin de prendre souvent de la nourriture ; on les fait téter pendant la journée de deux heures en deux heures, et pendant la nuit à chaque fois qu'ils se réveillent. Ils dorment pendant la plus grande partie du jour et de la nuit dans les premiers temps de leur vie ; ils semblent même n'être éveillés que par la douleur ou par la faim ; aussi les plaintes et les cris succèdent presque toujours à leur sommeil : comme ils sont obligés de demeurer dans la même situation dans le berceau, et qu'ils sont toujours contraints par les entraves du maillot, cette situation devient fatigante et douloureuse après un certain temps ; ils sont mouillés et souvent refroidis par leurs excréments, dont l'âcreté offense la peau qui est fine et délicate, et par conséquent très-sensible. Dans cet état, les enfants ne font que des efforts impuissants, ils n'ont dans leur faiblesse que l'expression des gémissements pour demander du soulagement ; on doit avoir la plus grande attention à les secourir, ou plutôt il faut prévenir tous ces inconvénients en changeant une partie de leurs vêtements au moins deux ou trois fois par jour, et même dans la nuit. Ce soin est si nécessaire que les sauvages mêmes y sont attentifs, quoique le linge manque aux sauvages et qu'il ne leur soit pas possible de changer aussi souvent de pelleterie que nous pouvons changer de linge ; ils suppléent à ce défaut en mettant dans les endroits convenables quelque matière assez commune pour qu'ils ne soient pas dans la nécessité de l'épargner. Dans la partie septentrionale de l'Amérique, on met au fond des berceaux une bonne quantité de cette poudre que l'on tire du bois qui a été rongé des vers, et que l'on appelle communément vermoulu ; les enfants sont couchés sur cette poudre et recouverts de pelleteries. On prétend que cette sorte de lit est aussi douce et aussi molle que la plume ; mais ce n'est pas pour flatter la délicatesse des enfants que cet usage est introduit, c'est seulement pour les tenir propres : en effet, cette poudre pompe l'humidité, et après un certain temps on la renouvelle. En Virginie on attache les enfants nus sur une planche garnie de coton, qui est percée pour l'écoulement des excréments ; le froid de ce pays devrait contrarier cette pratique, qui est presque générale en Orient, et surtout en Turquie ; au reste cette précaution supprime toute sorte de soins, c'est toujours le moyen le plus sûr de prévenir les effets de la négligence ordinaire des nourrices : il n'y a que la tendresse maternelle qui soit capable de cette vigilance continuelle, de ces petites attentions si nécessaires ; peut-on l'espérer de nourrices mercenaires et grossières ?

Les unes abandonnent leurs enfants pendant plusieurs heures sans avoir la moindre inquiétude sur leur état ; d'autres sont assez cruelles pour n'être pas touchées de leurs gémissements ; alors ces petits infortunés entrent dans une sorte de désespoir, ils font tous les efforts dont ils sont capables, ils poussent des cris qui durent autant que leurs forces ; enfin ces excès leur causent des maladies, ou au moins les mettent dans un état de fatigue et d'abattement qui dérange leur tempérament et qui peut même influer sur leur caractère. Il est un usage dont les nourrices nonchalantes et paresseuses abusent souvent : au lieu d'employer des moyens efficaces pour soulager l'enfant, elles se contentent d'agiter le berceau en le faisant balancer sur les côtés ; ce mouvement lui donne une sorte de distraction qui apaise ses cris ; en continuant le même mouvement on l'étourdit, et à la fin on l'endort ; mais ce sommeil forcé n'est qu'un palliatif qui ne détruit pas la cause du mal présent ; au contraire, on pourrait causer un mal réel aux enfants en les berçant pendant un trop long temps, on les ferait vomir ; peut-être aussi que cette agitation est capable de leur ébranler la tête et d'y causer du dérangement.

Avant que de bercer les enfants, il faut être sûr qu'il ne leur manque rien, et on ne doit jamais les agiter au point de les étourdir; si on s'aperçoit qu'ils ne dorment pas assez, il suffit d'un mouvement lent et égal pour les assoupir; on ne doit donc les bercer que rarement, car si on les y accoutume, ils ne peuvent plus dormir autrement. Pour que leur santé soit bonne, il faut que leur sommeil soit naturel et long; cependant s'ils dormaient trop, il serait à craindre que leur tempérament n'en souffrît : dans ce cas il faut les tirer du berceau et les éveiller par de petits mouvements, leur faire entendre des sons doux et agréables, leur faire voir quelque chose de brillant. C'est à cet âge que l'on reçoit les premières impressions des sens : elles sont sans doute plus importantes que l'on ne croit pour le reste de la vie.

Les yeux des enfants se portent toujours du côté le plus éclairé de l'endroit qu'ils habitent, et s'il n'y a que l'un de leurs yeux qui puisse s'y fixer, l'autre, n'étant pas exercé, n'acquerra pas autant de force : pour prévenir cet inconvénient, il faut placer le berceau de façon qu'il soit éclairé par les pieds, soit que la lumière vienne d'une fenêtre ou d'un flambeau; dans cette position les deux yeux de l'enfant peuvent la recevoir en même temps, et acquérir par l'exercice une force égale : si l'un des yeux prend plus de force que l'autre, l'enfant deviendra louche, car nous avons prouvé que l'inégalité de force dans les yeux est la cause du regard louche. (Voyez les *Mémoires de l'Académie des sciences*, année 1743.)

La nourrice ne doit donner à l'enfant que le lait de ses mamelles pour toute nourriture, au moins pendant les deux premiers mois; il ne faudrait même lui faire prendre aucun autre aliment pendant le troisième et le quatrième mois, surtout lorsque son tempérament est faible et délicat. Quelque robuste que puisse être un enfant, il pourrait en arriver de grands inconvénients, si on lui donnait d'autre nourriture que le lait de la nourrice avant la fin du premier mois. En Hollande, en Italie, en Turquie, et en général dans tout le Levant, on ne donne aux enfants que le lait des mamelles pendant un an entier ; les sauvages du Canada les allaitent jusqu'à l'âge de quatre ou cinq ans, et quelquefois jusqu'à six ou sept ans : dans ce pays-ci, comme la plupart des nourrices n'ont pas assez de lait pour fournir à l'appétit de leurs enfants, elles cherchent à l'épargner, et pour cela elles leur donnent un aliment composé de farine et de lait, même dès les premiers jours de leur naissance ; cette nourriture apaise la faim, mais l'estomac et les intestins de ces enfants étant à peine ouverts, et encore trop faibles pour digérer un aliment grossier et visqueux, ils souffrent, deviennent malades, et périssent quelquefois de cette espèce d'indigestion.

Le lait des animaux peut suppléer au défaut de celui des femmes : si les nourrices en manquaient dans certains cas, ou s'il y avait quelque chose à craindre pour elles de la part de l'enfant, on pourrait lui donner à téter le mamelon d'un animal, afin qu'il reçût le lait dans un degré de chaleur toujours égal et convenable, et surtout afin que sa propre salive se mêlât avec le lait pour en faciliter la digestion, comme cela se fait par le moyen de la succion, parce que les muscles qui sont alors en mouvement font couler la salive en pressant les glandes et les autres vaisseaux. J'ai connu à la campagne quelques paysans qui n'ont pas eu d'autres nourrices que des brebis, et ces paysans étaient aussi vigoureux que les autres.

Après deux ou trois mois, lorsque l'enfant a acquis des

forces, on commence à lui donner une nourriture un peu plus solide ; on fait cuire de la farine avec du lait, c'est une sorte de pain qui dispose peu à peu son estomac à recevoir le pain ordinaire et les autres aliments dont il doit se nourrir dans la suite.

Pour parvenir à l'usage des aliments solides, on augmente peu à peu la consistance des aliments liquides : ainsi, après avoir nourri l'enfant avec de la farine délayée et cuite dans du lait, on lui donne du pain trempé dans une liqueur convenable. Les enfants dans la première année de leur âge sont incapables de broyer les aliments ; les dents leur manquent, ils n'en ont encore que le germe enveloppé dans des gencives si molles, que leur faible résistance ne ferait aucun effet sur des matières solides. On voit certaines nourrices, surtout dans le bas peuple, qui mâchent les aliments pour les faire avaler ensuite à leurs enfants. Avant que de réfléchir sur cette pratique, écartons toute idée de dégoût, et soyons persuadés qu'à cet âge les enfants ne peuvent en avoir aucune impression ; en effet ils ne sont pas moins avides de recevoir leur nourriture de la bouche de la nourrice que de ses mamelles : au contraire, il semble que la nature même ait introduit cet usage dans plusieurs pays fort éloignés les uns des autres : il est en Italie, en Turquie et dans presque toute l'Asie ; on le retrouve en Amérique, dans les Antilles, au Canada, etc. Je le crois fort utile aux enfants et très-convenable à leur état, c'est le seul moyen de fournir à leur estomac toute la salive qui est nécessaire pour la digestion des aliments solides : si la nourrice mâche du pain, sa salive le détrempe et en fait une nourriture bien meilleure que s'il était détrempé avec toute autre liqueur ; cependant cette précaution ne peut être nécessaire que jusqu'à ce qu'ils puissent faire usage de leurs dents, broyer les aliments et les détremper de leur propre salive.

Les dents que l'on appelle *incisives* sont au nombre de huit, quatre au-devant de chaque mâchoire; leurs germes se développent ordinairement les premiers; communément ce n'est pas plus tôt qu'à l'âge de sept mois, souvent à celui de huit ou dix mois, et d'autres fois à la fin de la première année : ce développement est quelquefois très-prématuré; on voit assez souvent des enfants naître avec des dents assez grandes pour déchirer le sein de leurs nourrices; on a aussi trouvé des dents bien formées dans des fœtus longtemps avant le terme ordinaire de la naissance.

Le germe des dents est d'abord contenu dans l'alvéole et recouvert par la gencive; en croissant il pousse des racines au fond de l'alvéole, et il s'étend du côté de la gencive. Le corps de la dent presse peu à peu contre cette membrane et la distend au point de la rompre et de la déchirer pour passer au travers; cette opération, quoique naturelle, ne suit pas les lois ordinaires de la nature, qui agit à tout instant dans le corps humain sans y causer la moindre douleur, et même sans exciter aucune sensation; ici il se fait un effort violent et douloureux qui est accompagné de pleurs et de cris, et qui a quelquefois des suites fâcheuses; les enfants perdent d'abord leur gaieté et leur enjouement, on les voit tristes et inquiets : alors leur gencive est rouge et gonflée, et ensuite elle blanchit lorsque la pression est au point d'intercepter le cours du sang dans les vaisseaux; ils y portent le doigt à tout moment pour tâcher d'apaiser la démangeaison qu'ils y ressentent; on leur facilite ce petit soulagement en mettant au bout de leur hochet un morceau d'ivoire ou de corail, ou de quelque autre corps dur et poli; ils le portent d'eux-mêmes à leur bouche, ils le serrent entre les gencives à l'endroit douloureux : cet effort opposé à celui de la dent relâche la gencive et calme la douleur pour un instant; il contribue aussi à l'amincissement de la membrane de la gencive, qui, étant pressée des deux côtés à la fois, doit se rompre plus aisément; mais souvent cette rupture ne se fait qu'avec beaucoup de peine et de danger. La nature s'oppose à elle-même ses propres forces; lorsque les gencives sont plus fermes qu'à l'ordinaire par la solidité des fibres dont elles sont tissues, elles résistent plus longtemps à la pression de la dent; alors l'effort est si grand de part et d'autre, qu'il cause une inflammation accompagnée de tous ses symptômes, ce qui est, comme on le sait, capable de causer la mort : pour prévenir ces accidents on a recours à l'art, on coupe la gencive sur la dent; au moyen de cette petite opération, la tension et l'inflammation de la gencive cessent, et la dent trouve un libre passage.

Les dents canines sont à côté des incisives au nombre de quatre, elles sortent ordinairement dans le neuvième ou le dixième mois. Sur la fin de la première ou dans le courant de la seconde année, on voit paraître seize autres dents que l'on appelle *molaires* ou *mâchelières,* quatre à côté de chacune des canines. Ces termes pour la sortie des dents varient; on prétend que celles de la mâchoire supérieure paraissent ordinairement plus tôt; cependant il arrive aussi quelquefois qu'elles sortent plus tard que celles de la mâchoire inférieure.

Les dents incisives, les canines et les quatre premières mâchelières tombent naturellement dans la cinquième, la sixième ou la septième année, mais elles sont remplacées par d'autres qui paraissent dans la septième année, souvent plus tard, et quelquefois elles ne sortent qu'à l'âge de puberté ; la chute de ces seize dents est causée par le développement d'un second germe placé au fond de l'alvéole, qui en croissant les pousse au dehors ; ce germe manque aux autres mâchelières, aussi ne tombent-elles que par accident, et leur perte n'est presque jamais réparée.

Il y a encore quatre autres dents qui sont placées à chacune des deux extrémités des mâchoires ; ces dents manquent à plusieurs personnes ; leur développement est plus tardif que celui des autres dents, il ne se fait ordinairement qu'à l'âge de puberté, et quelquefois dans un âge beaucoup plus avancé : on les a nommées *dents de sagesse ;* elles paraissent successivement, l'une après l'autre ou deux en même temps, indifféremment en haut ou en bas, et le nombre des dents en général ne varie que parce que celui des dents de sagesse n'est pas toujours le même : de là vient la différence de vingt-huit à trente-deux dans le nombre total des dents ; on croit avoir observé que les femmes en ont ordinairement moins que les hommes.

Quelques auteurs ont prétendu que les dents croissaient pendant tout le cours de la vie, et qu'elles augmenteraient en longueur dans l'homme, comme dans de certains animaux, à mesure qu'il avancerait en âge, si le frottement des aliments ne les usait pas continuellement ; mais cette opinion paraît être démentie par l'expérience, car les gens qui ne vivent que d'aliments liquides n'ont pas les dents plus longues que ceux qui mangent des choses dures, et si quelque chose est capable d'user les dents, c'est leur frottement mutuel des unes contre les autres plutôt que celui des aliments ; d'ailleurs on a pu se tromper au sujet de l'accroissement des dents de quelques animaux, en confondant les dents avec les défenses : par exemple, les défenses des sangliers croissent pendant toute la vie de ces animaux ; il en est de même de celles de l'éléphant, mais il est fort douteux que leurs dents prennent aucun accroissement lorsqu'elles sont une fois arrivées à leur grandeur naturelle. Les défenses ont beaucoup plus de rapport avec les cornes qu'avec les dents, mais ce n'est pas ici le lieu d'examiner ces différences ; nous remarquerons seulement que les premières dents ne sont pas d'une substance aussi solide que l'est celle des dents qui leur succèdent ; ces premières dents n'ont aussi que fort peu de racine, elles ne sont pas infixées dans la mâchoire, et elles s'ébranlent très-aisément.

Bien des gens prétendent que les cheveux que l'enfant apporte en naissant sont toujours bruns, mais que ces premiers cheveux tombent bientôt, et qu'ils sont remplacés par d'autres de couleur différente ; je ne sais si cette remarque est vraie : presque tous les enfants ont les cheveux blonds, et souvent presque blancs ; quelques-uns les ont roux, et d'autres les ont noirs, mais tous ceux qui doivent être un jour blonds, châtains ou bruns, ont les cheveux plus ou moins blonds dans le premier âge. Ceux qui doivent être blonds ont ordinairement les yeux bleus, les roux ont les yeux d'un jaune ardent, les bruns d'un jaune faible et brun ; mais ces couleurs ne sont pas bien marquées dans les yeux des enfants qui viennent de naître ; ils ont alors, presque tous, les yeux bleus.

Lorsqu'on laisse crier les enfants trop fort et trop longtemps, ces efforts leur causent des descentes qu'il faut avoir grand soin de rétablir promptement par un bandage ; ils guérissent aisément par ce secours ; mais si l'on négligeait cette incommodité, ils seraient en danger de la garder toute leur vie. Les bornes que nous nous sommes prescrites ne permettent pas que nous parlions des maladies particulières aux enfants : je ne ferai sur cela qu'une remarque, c'est que les vers et les maladies vermineuses auxquelles ils sont sujets ont une cause bien marquée dans la qualité de leurs aliments ; le lait est une espèce de chyle, une nourriture dépurée qui contient par conséquent plus de nourriture réelle, plus de cette matière organique et productive dont nous avons tant parlé, et qui, lorsqu'elle n'est pas digérée par l'estomac de l'enfant pour servir à sa nutrition et à l'accroissement de son corps, prend, par l'activité qui lui est essentielle, d'autres formes, et produit des êtres animés, des vers en si grande quantité que l'enfant est souvent en danger d'en périr. En permettant aux enfants de boire de temps en temps un peu de vin, on préviendrait peut-être une partie des mauvais effets que causent les vers ; car les liqueurs fermentées s'opposent à leur génération, elles contiennent fort peu de parties organiques et nutritives, et c'est principalement par son action sur les solides que le vin donne des forces ; il nourrit moins le corps qu'il ne le fortifie : au reste, la plupart des enfants aiment le vin, ou du moins s'accoutument fort aisément à en boire.

Quelque délicat que l'on soit dans l'enfance, on est à cet âge moins sensible au froid que dans tous les autres temps de la vie ; la chaleur intérieure est apparemment plus grande ; on sait que le pouls des enfants est bien plus fréquent que celui des adultes : cela seul suffirait pour faire penser que la chaleur intérieure est plus grande dans la même proportion, et l'on ne peut guère douter que les petits animaux n'aient plus de chaleur que les grands par cette même raison, car la fréquence du battement du cœur et des artères est d'autant plus grande que l'animal est plus petit ; cela s'observe dans les différentes espèces, aussi bien que dans la même espèce ; le pouls d'un enfant ou d'un homme de petite stature est plus fréquent que celui d'une personne adulte ou d'un homme de haute taille ; le pouls d'un bœuf est plus lent que celui d'un homme, celui d'un chien est plus fréquent, et les battements du cœur d'un animal encore plus petit, comme d'un moineau, se succèdent si promptement, qu'à peine peut-on les compter.

La vie de l'enfant est fort chancelante jusqu'à l'âge de trois ans, mais dans les deux ou trois années suivantes elle s'assure, et l'enfant de six ou sept ans est plus assuré de vivre qu'on ne l'est à tout autre âge : en consultant les nouvelles tables[1] qu'on a faites à Londres sur les degrés de la mortalité du genre humain dans les différents âges, il paraît que d'un certain nombre d'enfants nés en même temps, il en meurt plus d'un quart dans la première année, plus d'un tiers en deux ans, et au moins la moitié dans les trois premières années. Si ce calcul était juste, on pourrait donc parier, lorsqu'un enfant vient au monde, qu'il ne vivra que trois ans, observation bien triste pour l'espèce humaine ; car on croit vulgairement qu'un homme qui meurt à vingt-cinq ans doit être plaint sur sa destinée et sur le peu de durée de sa vie, tandis que, suivant ces tables, la moitié du genre humain devrait périr avant l'âge de trois ans ; par conséquent tous les hommes qui ont vécu plus de trois ans, loin de se plaindre de leur sort, devraient se regarder comme traités plus favorablement que les

---

1. Voyez les tables de M. Simpson, publiées à Londres, en 1742.

autres par le Créateur. Mais cette mortalité des enfants n'est pas à beaucoup près aussi grande partout qu'elle l'est à Londres ; car M. Dupré de Saint-Maur s'est assuré par un grand nombre d'observations faites en France qu'il faut sept ou huit années pour que la moitié des enfants nés en même temps soit éteinte ; on peut donc parier en ce pays qu'un enfant qui vient de naître vivra sept ou huit ans. Lorsque l'enfant a atteint l'âge de cinq, six ou sept ans, il paraît par ces mêmes observations que sa vie est plus assurée qu'à tout autre âge, car on peut parier pour quarante-deux ans de vie de plus, au lieu qu'à mesure que l'on vit au delà de cinq, six ou sept ans, le nombre des années que l'on peut espérer de vivre va toujours en diminuant, de sorte qu'à douze ans on ne peut plus parier que pour trente-neuf ans, à vingt ans pour trente-trois ans et demi, à trente ans pour vingt-huit années de vie de plus, et ainsi de suite jusqu'à quatre-vingt-cinq ans qu'on peut encore parier raisonnablement de vivre trois ans.

Il y a quelque chose d'assez remarquable dans l'accroissement du corps humain : le fœtus dans le sein de la mère croît toujours de plus en plus jusqu'au moment de la naissance ; l'enfant au contraire croît toujours de moins en moins jusqu'à l'âge de puberté, auquel il croît, pour ainsi dire, tout à coup, et arrive en fort peu de temps à la hauteur qu'il doit avoir pour toujours. Je ne parle pas du premier temps après la conception, ni de l'accroissement qui succède immédiatement après la formation du fœtus ; je prends le fœtus à un mois, lorsque toutes ses parties sont développées ; il a un pouce de hauteur alors, à deux mois deux pouces un quart, à trois mois trois pouces et demi, à quatre mois cinq pouces et plus, à cinq mois six pouces et demi ou sept pouces, à six mois huit pouces et demi ou neuf pouces, à sept mois onze pouces et plus, à huit mois quatorze pouces, à neuf mois dix-huit pouces. Toutes ces mesures varient beaucoup dans les différents sujets, et ce n'est qu'en prenant les termes moyens que je les ai déterminées ; par exemple, il naît des enfants de vingt-deux pouces et de quatorze, j'ai pris dix-huit pouces pour le terme moyen ; il en est de même des autres mesures ; mais quand il y aurait des variétés dans chaque mesure particulière, cela serait indifférent à ce que j'en veux conclure ; le résultat sera toujours que le fœtus croît de plus en plus en longueur, tant qu'il est dans le sein de sa mère ; mais s'il a dix-huit pouces en naissant, il ne grandira pendant les douze mois suivants que de six ou sept pouces au plus, c'est-à-dire qu'à la fin de la première année il aura vingt-quatre ou vingt-cinq pouces, à deux ans il n'en aura que vingt-huit ou vingt-neuf, à trois ans trente ou trente-deux au plus, et ensuite il ne grandira guère que d'un pouce et demi ou deux pouces par an jusqu'à l'âge de puberté : ainsi le fœtus croît plus en un mois, sur la fin de son séjour dans la matrice, que l'enfant ne croît en un an jusqu'à cet âge de puberté où la nature semble faire un effort pour achever de développer et de perfectionner son ouvrage, en le portant, pour ainsi dire, tout à coup au dernier degré de son accroissement.

Tout le monde sait combien il est important pour la santé des enfants de choisir de bonnes nourrices ; il est absolument nécessaire qu'elles soient saines et qu'elles se portent bien ; on n'a que trop d'exemples de la communication réciproque de certaines maladies de la nourrice à l'enfant, et de l'enfant à la nourrice ; il y a eu des villages entiers dont tous les habitants ont été infectés du virus vénérien que quelques nourrices malades avaient communiqué en donnant à d'autres femmes leurs enfants à allaiter.

Si les mères nourrissaient leurs enfants, il y a apparence qu'ils en seraient plus forts et plus vigoureux ; le lait de leur mère doit leur convenir mieux que le lait d'une autre femme, car le fœtus se nourrit dans la matrice d'une liqueur laiteuse qui est fort semblable au lait qui se forme dans les mamelles ; l'enfant est donc déjà, pour ainsi dire, accoutumé au lait de sa mère, au lieu que le lait d'une autre nourrice est une nourriture nouvelle pour lui, et qui est quelquefois assez différente de la première pour qu'il ne puisse pas s'y accoutumer, car on voit des enfants qui ne peuvent s'accommoder du lait de certaines femmes ; ils maigrissent ; ils deviennent languissants et malades ; dès qu'on s'en aperçoit, il faut prendre une autre nourrice ; si l'on n'a pas cette attention, ils périssent en fort peu de temps.

Je ne puis m'empêcher d'observer ici que l'usage où l'on est de rassembler un grand nombre d'enfants dans un même lieu, comme dans les hôpitaux des grandes villes, est extrêmement contraire au principal objet qu'on doit se proposer, qui est de les conserver : la plupart de ces enfants périssent par une espèce de scorbut ou par d'autres maladies qui leur sont communes à tous, auxquelles ils ne seraient pas sujets s'ils étaient élevés séparément les uns des autres, ou du moins s'ils étaient distribués en plus petit nombre dans différentes habitations à la ville, et encore mieux à la campagne. Le même revenu suffirait sans doute pour les entretenir, et on éviterait la perte d'une infinité d'hommes qui, comme l'on sait, sont la vraie richesse d'un État.

Les enfants commencent à bégayer à douze ou quinze

mois; la voyelle qu'ils articulent le plus aisément est l'A, parce qu'il ne faut pour cela qu'ouvrir les lèvres et pousser un son; l'E suppose un petit mouvement de plus, la langue se relève en haut en même temps que les lèvres s'ouvrent; il en est de même de l'I, la langue se relève encore plus, et s'approche des dents de la mâchoire supérieure; l'O demande que la langue s'abaisse et que les lèvres se serrent; il faut qu'elles s'allongent un peu, et qu'elles se serrent encore plus pour prononcer l'U. Les premières consonnes que les enfants prononcent sont aussi celles qui demandent le moins de mouvement dans les organes le B, l'M et le P sont les plus aisées à articuler; il ne faut pour le B et le P que joindre les deux lèvres et les ouvrir avec vitesse, et pour l'M les ouvrir d'abord et ensuite les joindre avec vitesse : l'articulation de toutes les autres consonnes suppose des mouvements plus compliqués que ceux-ci, et il y a un mouvement de la langue dans le C, le D, le G, l'L, l'N, le Q, l'R, l'S et le T; il faut pour articuler l'F un son continué plus longtemps que pour les autres consonnes; ainsi, de toutes les voyelles l'A est la plus aisée, et de toutes les consonnes le B, le P et l'M sont aussi les plus faciles à articuler; il n'est donc pas étonnant que les premiers mots que les enfants prononcent soient composés de cette voyelle et de ces consonnes, et l'on doit cesser d'être surpris de ce que dans toutes les langues et chez tous les peuples les enfants commencent toujours par bégayer *baba, mama, papa*; ces mots ne sont, pour ainsi dire, que les sons les plus naturels à l'homme, parce qu'ils sont les plus aisés à articuler; les lettres qui les composent, ou plutôt les caractères qui les représentent, doivent exister chez tous les peuples qui ont l'écriture ou d'autres signes pour représenter les sons.

On doit seulement observer que les sons de quelques consonnes étant à peu près semblables, comme celui du B et du P, celui du C et de l'S, ou du K ou Q dans de certains cas, celui du D et du T, celui de l'F et du V, celui du G et du J, ou du G et du K, celui de l'L et de l'R, il doit y avoir beaucoup de langues où ces différentes consonnes ne se trouvent pas, mais il y aura toujours un B ou un P, un C ou un S, un C ou bien un K ou un Q dans d'autres cas, un D ou un T, un F ou un V, un G ou un J, un L ou un R, et il ne peut guère y avoir moins de six ou sept consonnes dans le plus petit de tous les alphabets, parce que ces six ou sept sons ne supposent pas des mouvements bien compliqués, et qu'ils sont tous très-sensiblement différents entre eux. Les enfants qui n'articulent pas aisément l'R y substituent L; au lieu du T ils articulent le D, parce qu'en effet ces premières lettres supposent dans les organes des mouvements plus difficiles que les dernières; et c'est de cette différence et du choix des consonnes, plus ou moins difficiles à exprimer, que vient la douceur ou la dureté d'une langue; mais il est inutile de nous étendre sur ce sujet.

Il y a des enfants qui à deux ans prononcent distinctement et répètent tout ce qu'on leur dit; mais la plupart ne parlent qu'à deux ans et demi, et très-souvent beaucoup plus tard; on remarque que ceux qui commencent à parler fort tard ne parlent jamais aussi aisément que les autres : ceux qui parlent de bonne heure sont en état d'apprendre à lire avant trois ans; j'en ai connu quelques-uns qui avaient commencé à apprendre à lire à deux ans, qui lisaient à merveille à quatre ans. Au reste, on ne peut guère décider s'il est fort utile d'instruire les enfants d'aussi bonne heure; on a tant d'exemples du peu de succès de ces éducations prématurées; on a vu tant de prodiges de quatre ans, de huit ans, de douze ans, de seize ans, qui n'ont été que des sots ou des hommes fort communs à vingt-cinq ou à trente ans, qu'on serait porté à croire que la meilleure de toutes les éducations est celle qui est la plus ordinaire, celle par laquelle on ne force pas la nature, celle qui est la moins sévère, celle qui est la plus proportionnée, je ne dis pas aux forces, mais à la faiblesse de l'enfant.

DE LA PUBERTÉ.

La puberté accompagne l'adolescence et précède la jeunesse. Jusqu'alors la nature ne paraît avoir travaillé que pour la conservation et l'accroissement de son ouvrage ; elle ne fournit à l'enfant que ce qui lui est nécessaire pour se nourrir et pour croître ; il vit, ou plutôt il végète d'une vie particulière, toujours faible, renfermée en lui-même, et qu'il ne peut communiquer ; mais bientôt les principes de vie se multiplient, il a non-seulement tout ce qu'il lui faut pour être, mais encore de quoi donner l'existence à d'autres ; cette surabondance de vie, source de la force et de la santé, ne pouvant plus être contenue au dedans, cherche à se répandre au dehors ; elle s'annonce par plusieurs signes : l'âge de la puberté est le printemps de la nature, la saison des plaisirs. Pourrons-nous écrire l'histoire de cet âge avec assez de circonspection pour ne réveiller dans l'imagination que des idées philosophiques ?

La puberté, les circonstances qui l'accompagnent, la circoncision, la castration, la virginité, l'impuissance, sont cependant trop essentielles à l'histoire de l'homme pour que nous puissions supprimer les faits qui y ont rapport ; nous tâcherons seulement d'entrer dans ces détails avec cette sage retenue qui fait la décence du style, et de les présenter comme nous les avons vus nous-mêmes, avec cette indifférence philosophique qui détruit tout sentiment dans l'expression, et ne laisse aux mots que leur simple signification.

La circoncision est un usage extrêmement ancien et qui subsiste encore dans la plus grande partie de l'Asie. Chez les Hébreux cette opération devait se faire huit jours après la naissance de l'enfant ; en Turquie on ne la fait pas avant l'âge de sept ou huit ans, et même on attend souvent jusqu'à onze ou douze ; en Perse c'est à l'âge de cinq ou six ans : on guérit la plaie en y appliquant des poudres caustiques ou astringentes, et particulièrement du papier brûlé, qui est, dit Chardin, le meilleur remède ; il ajoute que la circoncision fait beaucoup de douleur aux personnes âgées, qu'elles sont obligées de garder la chambre pendant trois semaines ou un mois, et que quelquefois elles en meurent.

Aux îles Maldives on circoncit les enfants à l'âge de sept ans, et on les baigne dans la mer pendant six ou sept heures avant l'opération, pour rendre la peau plus tendre et plus molle. Les Israélites se servaient d'un couteau de pierre ; les Juifs conservent encore aujourd'hui cet usage dans la plupart de leurs synagogues, mais les Mahométans se servent d'un couteau de fer ou d'un rasoir.

Dans de certaines maladies on est obligé de faire une opération pareille à la circoncision. (Voyez l'*Anatomie* de

Dionis, Démonstration IVe.) On croit que les Turcs, et plusieurs autres peuples chez qui la circoncision est en usage, auraient naturellement le prépuce trop long si l'on n'avait pas la précaution de le couper. La Boulaye dit qu'il a vu dans les déserts de Mésopotamie et d'Arabie, le long des rivières du Tigre et de l'Euphrate, quantité de petits garçons arabes qui avaient le prépuce si long, qu'il croit que sans le secours de la circoncision ces peuples seraient inhabiles à la génération.

La peau des paupières est aussi plus longue chez les Orientaux que chez les autres peuples, et cette peau est, comme l'on sait, d'une substance semblable à celle du prépuce; mais quel rapport y a-t-il entre l'accroissement de ces deux parties si éloignées?

Une autre circoncision est celle des filles; elle leur est ordonnée comme aux garçons en quelques pays d'Arabie et de Perse, comme vers le golfe Persique et vers la mer Rouge; mais ces peuples ne circoncisent les filles que quand elles ont passé l'âge de la puberté, parce qu'il n'y a rien d'excédant avant ce temps-là. Dans d'autres climats cet accroissement trop grand des nymphes est bien plus prompt, et il est si général chez de certains peuples, comme ceux de la rivière de Benin, qu'ils sont dans l'usage de circoncire toutes les filles, aussi bien que les garçons, huit ou quinze jours après leur naissance; cette circoncision des filles est même très-ancienne en Afrique : Hérodote en parle comme d'une coutume des Éthiopiens.

La circoncision peut donc être fondée sur la nécessité, et cet usage a du moins pour objet la propreté, mais l'infibulation et la castration ne peuvent avoir d'autre origine que la jalousie; ces opérations barbares et ridicules ont été imaginées par des esprits noirs et fanatiques qui, par une basse envie contre le genre humain, ont dicté des lois tristes et cruelles, où la privation fait la vertu et la mutilation le mérite.

L'infibulation pour les garçons se fait en tirant le prépuce en avant; on le perce et on le traverse par un gros fil que l'on y laisse jusqu'à ce que les cicatrices des trous soient faites; alors on substitue au fil un anneau assez grand qui doit rester en place aussi longtemps qu'il plaît à celui qui a ordonné l'opération, et quelquefois toute la vie. Ceux qui parmi les moines orientaux font vœu de chasteté portent un très-gros anneau pour se mettre dans l'impossibilité d'y manquer. Nous parlerons dans la suite de l'infibulation des filles : on ne peut rien imaginer de bizarre et de ridicule sur ce sujet que les hommes n'aient mis en pratique, ou par passion, ou par superstition.

Dans l'enfance il n'y a quelquefois qu'un testicule dans le scrotum, et quelquefois point du tout; on ne doit cependant pas toujours juger que les jeunes gens qui sont dans l'un ou l'autre de ces cas soient en effet privés de ce qui paraît leur manquer : il arrive assez souvent que les testicules sont retenus dans l'abdomen ou engagés dans les anneaux des muscles, mais souvent ils surmontent avec le temps les obstacles qui les arrêtent, et ils descendent à leur place ordinaire; cela se fait naturellement à l'âge de huit ou dix ans, ou même à l'âge de puberté; ainsi on ne doit pas s'inquiéter pour les enfants qui n'ont point de testicules ou qui n'en ont qu'un. Les adultes sont rarement dans le cas d'avoir les testicules cachés : apparemment qu'à l'âge de puberté la nature fait un effort pour les faire paraître au dehors; c'est aussi quelquefois par l'effet d'une maladie ou d'un mouvement violent, tel qu'un saut ou une chute, etc. Quand même les testicules ne se manifestent pas, on n'en est pas moins propre à la génération ; on a même observé que ceux qui sont dans cet état ont plus de vigueur que les autres.

Il se trouve des hommes qui n'ont réellement qu'un testicule, ce défaut ne nuit point à la génération ; l'on a remarqué que le testicule qui est seul est alors beaucoup plus gros qu'à l'ordinaire : il y a aussi des hommes qui en ont trois ; ils sont, dit-on, beaucoup plus vigoureux et plus forts de corps que les autres. On peut voir par l'exemple des animaux combien ces parties contribuent à la force et au courage : quelle différence entre un bœuf et un taureau, un bélier et un mouton, un coq et un chapon !

L'usage de la castration des hommes est fort ancien et assez généralement répandu : c'était la peine de l'adultère chez les Égyptiens ; il y avait beaucoup d'eunuques chez les Romains ; aujourd'hui, dans toute l'Asie et dans une partie de l'Afrique, on se sert de ces hommes mutilés pour garder les femmes. En Italie cette opération infâme et cruelle n'a pour objet que la perfection d'un vain talent. Les Hottentots coupent un testicule dans l'idée que ce retranchement les rend plus légers à la course ; dans d'autres pays les pauvres mutilent leurs enfants pour éteindre leur postérité, et afin que ces enfants ne se trouvent pas un jour dans la misère et dans l'affliction où ils se trouvent eux-mêmes lorsqu'ils n'ont pas de pain à leur donner.

Il y a plusieurs espèces de castration ; ceux qui n'ont en vue que la perfection de la voix se contentent de couper les deux testicules, mais ceux qui sont animés par la défiance qu'inspire la jalousie ne croiraient pas leurs femmes en sûreté si elles étaient gardées par des eunuques de cette espèce; ils ne veulent que ceux auxquels on a retranché toutes les parties extérieures de la génération.

L'amputation n'est pas le seul moyen dont on se soit servi; autrefois on empêchait l'accroissement des testicules, et on les détruisait, pour ainsi dire, sans aucune incision; l'on baignait les enfants dans l'eau chaude et dans des décoctions de plantes, et alors on pressait et on froissait les testicules assez longtemps pour en détruire l'organisation; d'autres étaient dans l'usage de les comprimer avec un instrument : on prétend que cette sorte de castration ne fait courir aucun risque pour la vie.

L'amputation des testicules n'est pas fort dangereuse; on peut la faire à tout âge; cependant on préfère le temps de l'enfance; mais l'amputation entière des parties extérieures de la génération est le plus souvent mortelle, si on la fait après l'âge de quinze ans; et en choisissant l'âge le plus favorable, qui est depuis sept ans jusqu'à dix, il y a toujours du danger. La difficulté qu'il y a de sauver ces sortes d'eunuques dans l'opération les rend bien plus chers que les autres; Tavernier dit que les premiers coûtent cinq ou six fois plus que les autres en Turquie et en Perse; Chardin observe que l'amputation totale est toujours accompagnée de la plus vive douleur, qu'on la fait assez sûrement sur les jeunes enfants, mais qu'elle est très-dangereuse passé l'âge de quinze ans, qu'il en réchappe à peine un quart, et qu'il faut six semaines pour guérir la plaie; Pietro della Valle dit au contraire que ceux à qui on fait cette opération en Perse pour punition du viol et d'autres crimes du même genre en guérissent fort heureusement, quoique avancés en âge, et qu'on n'applique que de la cendre sur la plaie. Nous ne savons pas si ceux qui subissaient autrefois la même peine en Égypte, comme le rapporte Diodore de Sicile, s'en tiraient aussi heureusement. Selon Thévenot, il périt toujours un grand nombre des nègres que les Turcs soumettent à cette opération, quoiqu'ils prennent des enfants de huit ou dix ans.

Outre ces eunuques nègres, il y a d'autres eunuques à Constantinople, dans toute la Turquie, en Perse, etc., qui viennent pour la plupart du royaume de Golconde, de la presqu'île en deçà du Gange, des royaumes d'Assan, d'Aracan, de Pégu et de Malabar où le teint est gris, du golfe de Bengale, où ils sont de couleur olivâtre; il y en a de blancs de Géorgie et de Circassie, mais en petit nombre. Tavernier dit qu'étant au royaume de Golconde en 1657, on y fit jusqu'à vingt-deux mille eunuques. Les noirs viennent d'Afrique, principalement d'Éthiopie; ceux-ci sont d'autant plus recherchés et plus chers qu'ils sont plus horribles; on veut qu'ils aient le nez fort aplati, le regard affreux, les lèvres fort grandes et fort grosses, et surtout les dents noires et écartées les unes des autres. Ces peuples ont communément les dents belles, mais ce serait un défaut pour un eunuque noir, qui doit être un monstre hideux.

Les eunuques auxquels on n'a ôté que les testicules ne laissent pas de sentir de l'irritation dans ce qui leur reste, et d'en avoir le signe extérieur, même plus fréquemment que les autres hommes; cette partie qui leur reste n'a cependant pris qu'un très-petit accroissement, car elle demeure à peu près dans le même état où elle était avant l'opération; un eunuque, fait à l'âge de sept ans, est à cet égard à vingt ans comme un enfant de sept ans; ceux au contraire qui n'ont subi l'opération que dans le temps de la puberté ou un peu plus tard sont à peu près comme les autres hommes.

Il y a des rapports singuliers, dont nous ignorons les causes, entre les parties de la génération et celles de la gorge; les eunuques n'ont point de barbe; leur voix, quoique forte et perçante, n'est jamais d'un ton grave; souvent les maladies secrètes se montrent à la gorge. La correspondance qu'ont certaines parties du corps humain avec d'autres fort éloignées et fort différentes, et qui est ici si marquée, pourrait s'observer bien plus généralement; mais on ne fait pas assez d'attention aux effets lorsqu'on ne soupçonne pas quelles en peuvent être les causes : c'est sans doute par cette raison qu'on n'a jamais songé à examiner avec soin ces correspondances dans le corps humain, sur lesquelles cependant roule une grande partie du jeu de la machine animale : il y a dans les femmes une grande correspondance entre la matrice, les mamelles et la tête; combien n'en trouverait-on pas d'autres si les grands médecins tournaient leurs vues de ce côté-là! il me paraît que cela serait peut-être plus utile que la nomenclature de l'anatomie. Ne doit-on pas être bien persuadé que nous ne connaîtrons jamais les premiers principes de nos mouvements? les vrais ressorts de notre organisation ne sont pas ces muscles, ces veines, ces artères, ces nerfs que l'on décrit avec tant d'exactitude et de soin : il réside, comme nous l'avons dit, des forces intérieures dans les corps organisés, qui ne suivent point du tout les lois de la mécanique grossière que nous avons imaginée, et à laquelle nous voudrions tout réduire : au lieu de chercher à connaître ces forces par leurs effets, on a tâché d'en écarter jusqu'à l'idée, on a voulu les bannir de la philosophie; elles ont reparu cependant et avec plus d'éclat que jamais dans la gravitation, dans les affinités chimiques, dans les phénomènes de l'électricité, etc.; mais malgré leur évidence et leur universalité, comme elles agissent à l'intérieur, comme nous ne pouvons les atteindre que par le raisonnement, comme en un mot elles échappent à nos yeux, nous avons peine à les admettre, nous voulons toujours juger par l'extérieur, nous nous imaginons que cet extérieur est tout; il semble qu'il ne nous soit pas permis de pénétrer au delà, et nous négligeons tout ce qui pourrait nous y conduire.

Les anciens, dont le génie était moins limité et la philosophie plus étendue, s'étonnaient moins que nous des faits qu'ils ne pouvaient expliquer; ils voyaient mieux la nature telle qu'elle est : une sympathie, une correspondance singulière n'était pour eux qu'un phénomène, et c'est pour nous un paradoxe dès que nous ne pouvons le rapporter à nos prétendues lois du mouvement : ils savaient que la nature opère par des moyens inconnus la plus grande partie de ses effets; ils étaient bien persuadés que nous ne pouvons pas faire l'énumération de ces moyens et de ces ressources de la nature, qu'il est par conséquent impossible à l'esprit humain de vouloir la limiter en la réduisant à un certain nombre de principes d'action et de moyens d'opération; il leur suffisait, au contraire, d'avoir remarqué un certain nombre d'effets relatifs et du même ordre pour constituer une cause.

Qu'avec les anciens on appelle sympathie cette correspondance singulière des différentes parties du corps, ou qu'avec les modernes on la considère comme un rapport inconnu dans l'action des nerfs, cette sympathie ou ce rapport existe dans toute l'économie animale, et l'on ne saurait trop s'appliquer à en observer les effets, si l'on veut perfectionner la théorie de la médecine; mais ce n'est pas ici le lieu de m'étendre sur ce sujet important. J'observerai seulement que cette correspondance entre la voix et les parties de la génération se reconnaît non-seulement dans les eunuques, mais aussi dans les autres hommes, et même dans les femmes ; la voix change dans les hommes à l'âge de puberté, et les femmes qui ont la voix forte sont soupçonnées d'avoir plus de penchant à l'amour, etc.

Le premier signe de la puberté est une espèce d'engourdissement aux aines, qui devient plus sensible lorsque l'on marche ou lorsque l'on plie le corps en avant ; souvent cet engourdissement est accompagné de douleurs assez vives dans toutes les jointures des membres ; ceci arrive presque toujours aux jeunes gens qui tiennent un peu du rachitisme ; tous ont éprouvé auparavant, ou éprouvent en même temps une sensation jusqu'alors inconnue dans les parties qui caractérisent le sexe ; il s'y élève une quantité de petites proéminences d'une couleur blanchâtre ; ces petits boutons sont les germes d'une nouvelle production, de cette espèce de cheveux qui doivent voiler ces parties ; le son de la voix change, il devient rauque et inégal pendant un espace de temps assez long, après lequel il se trouve plus plein, plus assuré, plus fort et plus grave qu'il n'était auparavant ; ce changement est très-sensible dans les garçons, et s'il l'est moins dans les filles c'est parce que le son de leur voix est naturellement plus aigu.

Ces signes de puberté sont communs aux deux sexes ; mais il y en a de particuliers à chacun ; l'éruption des menstrues, l'accroissement du sein pour les femmes ; la barbe et l'émission de la liqueur séminale pour les hommes : il est vrai que ces signes ne sont pas aussi constants les uns que les autres ; la barbe, par exemple, ne paraît pas toujours précisément au temps de la puberté ;

il y a même des nations entières où les hommes n'ont presque point de barbe ; et il n'y a, au contraire, aucun peuple chez qui la puberté des femmes ne soit marquée par l'accroissement des mamelles.

Dans toute l'espèce humaine les femmes arrivent à la puberté plus tôt que les mâles ; mais chez les différents peuples l'âge de puberté est différent et semble dépendre en partie de la température du climat et de la qualité des aliments ; dans les villes et chez les gens aisés, les enfants accoutumés à des nourritures succulentes et abondantes arrivent plus tôt à cet état ; à la campagne et dans le pauvre peuple, les enfants sont plus tardifs, parce qu'ils sont mal et trop peu nourris, il leur faut deux ou trois années de plus ; dans toutes les parties méridionales de l'Europe et dans les villes, la plupart des filles sont pubères à douze ans et les garçons à quatorze ; mais dans les provinces du nord et dans les campagnes, à peine les filles le sont-elles à quatorze et les garçons à seize.

Si l'on demande pourquoi les filles arrivent plus tôt à l'état de puberté que les garçons, et pourquoi dans tous les climats, froids ou chauds, les femmes peuvent engendrer de meilleure heure que les hommes, nous croyons pouvoir satisfaire à cette question en répondant que comme les hommes sont beaucoup plus grands et plus forts que les femmes, comme ils ont le corps plus solide, plus massif, les os plus durs, les muscles plus fermes, la chair plus compacte, on doit présumer que le temps nécessaire à l'accroissement de leur corps doit être plus long que le temps qui est nécessaire à l'accroissement de celui des femelles ; et comme ce ne peut être qu'après cet accroissement pris en entier, ou du moins en grande partie, que le superflu de la nourriture organique commence à être renvoyé de toutes les parties du corps dans les parties de la génération des deux sexes, il arrive que dans les femmes la nourriture est renvoyée plus tôt que dans les hommes, parce que leur accroissement se fait en moins de temps, puisqu'en total il est moindre, et que les femmes sont réellement plus petites que les hommes.

Dans les climats les plus chauds de l'Asie, de l'Afrique et de l'Amérique, la plupart des filles sont pubères à dix et même à neuf ans; l'écoulement périodique, quoique moins abondant dans ces pays chauds, paraît cependant plus tôt que dans les pays froids : l'intervalle de cet écoulement est à peu près le même dans toutes les nations, et il y a sur cela plus de diversité d'individu à individu que de peuple à peuple; car dans le même climat et dans la même nation il y a des femmes qui tous les quinze jours sont sujettes au retour de cette évacuation naturelle, et d'autres qui ont jusqu'à cinq et six semaines de libres; mais ordinairement l'intervalle est d'un mois, à quelques jours près.

La quantité de l'évacuation paraît dépendre de la quantité des aliments et de celle de la transpiration insensible. Les femmes qui mangent plus que les autres et qui ne font point d'exercice ont des menstrues plus abondantes; celles des climats chauds, où la transpiration est plus grande que dans les pays froids, en ont moins. Hippocrate en avait estimé la quantité à la mesure de deux émines, ce qui fait neuf onces pour le poids : il est surprenant que cette estimation qui a été faite en Grèce ait été trouvée trop forte en Angleterre, et qu'on ait prétendu la réduire à trois onces et au dessous; mais il faut avouer que les indices que l'on peut avoir sur ce fait sont fort incertains; ce qu'il y a de sûr c'est que cette quantité varie beaucoup dans les différents sujets et dans les différentes circonstances ; on pourrait peut-être aller depuis une ou deux onces jusqu'à une livre et plus. La durée de l'écoulement est de trois, quatre ou cinq jours dans la plupart des femmes, et de six, sept et même huit dans quelques-unes : la surabondance de la nourriture et du sang est la cause matérielle des menstrues ; les symptômes qui précèdent leur écoulement sont autant d'indices certains de plénitude, comme la chaleur, la tension, le gonflement, et même la douleur que les femmes ressentent, non-seulement dans les endroits mêmes où sont les réservoirs, et dans ceux qui les avoisinent, mais aussi dans les mamelles ; elles sont gonflées, et l'abondance du sang y est marquée par la couleur de leur aréole qui devient alors plus foncée ; les yeux sont chargés, et au-dessous de l'orbite la peau prend une teinte de bleu ou de violet ; les joues se colorent, la tête est pesante et douloureuse, et, en général, tout le corps est dans un état d'accablement causé par la surcharge du sang.

C'est ordinairement à l'âge de puberté que le corps achève de prendre son accroissement en hauteur ; les jeunes gens grandissent presque tout à coup de plusieurs pouces ; mais de toutes les parties du corps celles où l'accroissement est le plus prompt et le plus sensible sont les parties de la génération dans l'un et l'autre sexe ; mais cet accroissement n'est dans les mâles qu'un développement, une augmentation de volume, au lieu que dans les femelles il produit souvent un rétrécissement auquel on a donné différents noms lorsqu'on a parlé des signes de la virginité.

Les hommes jaloux des primautés en tout genre ont toujours fait grand cas de tout ce qu'ils ont cru pouvoir posséder exclusivement et les premiers ; c'est cette espèce de folie qui a fait un être réel de la virginité des filles. La virginité, qui est un être moral, une vertu qui ne consiste que dans la pureté du cœur, est devenue un objet physique dont tous les hommes se sont occupés ; ils ont établi sur cela des opinions, des usages, des cérémonies, des superstitions, et même des jugements et des peines ; les abus les plus illicites, les coutumes les plus déshonnêtes, ont été autorisés ; on a soumis à l'examen de matrones ignorantes, et exposé aux yeux de médecins prévenus les parties les plus secrètes de la nature, sans songer qu'une pareille indécence est un attentat contre la virginité, que c'est la violer que de chercher à la reconnaître, que toute situation honteuse, tout état indécent dont une fille est obligée de rougir intérieurement est une vraie défloration.

Je n'espère pas réussir à détruire les préjugés ridicules qu'on s'est formés sur ce sujet ; les choses qui font plaisir à croire seront toujours crues, quelque vaines et quelque déraisonnables qu'elles puissent être ; cependant, comme dans une histoire on rapporte non-seulement la suite des événements et les circonstances des faits, mais aussi l'origine des opinions et des erreurs dominantes, j'ai cru que dans l'histoire de l'homme je ne pourrais me dispenser de parler de l'idole favorite à laquelle il sacrifie, d'examiner quelles peuvent être les raisons de son culte, et de rechercher si la virginité est un être réel, ou si ce n'est qu'une divinité fabuleuse.

Fallope, Vésale, Diemerbroek, Riolan, Bartholin, Heister, Ruysch, et quelques autres anatomistes, prétendent que la membrane de l'hymen est une partie réellement existante, qui doit être mise au nombre des parties de la génération des femmes, et ils disent que cette membrane est charnue, qu'elle est fort mince dans les enfants, plus épaisse dans les filles adultes, qu'elle est située au-dessous de l'orifice de l'urètre, qu'elle ferme en partie l'entrée du vagin, que cette membrane est percée d'une ouverture ronde, quelquefois longue, etc., que l'on pourrait à peine y faire passer un pois dans l'enfance et une grosse fève dans l'âge de puberté. L'hymen, selon M. Winslow, est un repli membraneux plus ou moins circulaire, plus ou moins large, plus ou moins égal, quelquefois semi-lunaire, qui laisse une ouverture très-petite dans les unes, plus grande dans les autres, etc. Ambroise Paré, Dulaurent, Graaf, Pineus, Dionis, Mauriceau, Palfyn, et plusieurs autres anatomistes aussi fameux et tout au moins aussi accrédités que les premiers que nous avons cités, soutiennent, au contraire, que la membrane de l'hymen n'est qu'une chimère, que cette partie n'est point naturelle aux filles, et ils s'étonnent de ce que les autres en ont parlé comme d'une chose réelle et constante ; ils leur opposent une multitude d'expériences par lesquelles ils se sont assurés que cette membrane n'existe pas ordinairement ; ils rapportent les observations qu'ils ont faites sur un grand nombre de filles de différents âges, qu'ils ont disséquées et dans lesquelles ils n'ont pu trouver cette membrane ; ils avouent seulement qu'ils ont vu quelquefois, mais bien rarement, une membrane qui unissait des protubérances charnues qu'ils ont appelées caroncules myrtiformes ; mais ils soutiennent que cette membrane était contre l'état naturel. Les anatomistes ne sont pas plus d'accord entre eux sur la qualité et le nombre de ces caroncules : sont-elles seulement des rugosités du vagin ? sont-elles des parties distinctes et séparées ? sont-elles des restes de la membrane de l'hymen ? le nombre en est-il constant ? n'y en a-t-il qu'une seule ou plusieurs dans l'état de virginité ? chacune de ces questions a été faite, et chacune a été résolue différemment.

Cette contrariété d'opinions, sur un fait qui dépend d'une simple inspection, prouve que les hommes ont voulu trouver dans la nature ce qui n'était que dans leur imagination, puisqu'il y a plusieurs anatomistes qui disent de bonne foi qu'ils n'ont jamais trouvé d'hymen ni de caroncules dans les filles qu'ils ont disséquées, même avant l'âge de puberté, puisque ceux qui soutiennent, au contraire, que cette membrane et ces caroncules existent, avouent en même temps que ces parties ne sont pas toujours les mêmes, qu'elles varient de forme, de grandeur et de consistance dans les différents sujets ; que souvent au lieu de l'hymen il n'y a qu'une caroncule, que d'autres fois il y en deux ou plusieurs réunies par une membrane, que l'ouverture de cette membrane est de différente forme, etc. Quelles sont les conséquences qu'on doit tirer de toutes ces observations ? qu'en peut-on conclure, sinon que les causes du prétendu rétrécissement de l'entrée du vagin ne sont pas constantes, et que, lorsqu'elles existent, elles n'ont tout au plus qu'un effet passager qui est susceptible de différentes modifications ? L'anatomie laisse, comme l'on voit, une incertitude entière sur l'existence de cette membrane de l'hymen et de ces caroncules ; elle nous permet de rejeter ces signes de la virginité, non-seulement comme incertains, mais même comme imaginaires : il en est de même d'un autre signe plus ordinaire, mais qui cependant est tout aussi équivoque, c'est le sang répandu ; on a cru dans tous les temps que l'effusion du sang était une preuve relle de la virginité ; cependant il est évident que ce prétendu signe est nul dans toutes les circonstances où l'entrée du vagin a pu être relâchée ou dilatée naturellement.

Aussi toutes les filles, quoique non déflorées, ne répandent pas du sang; d'autres, qui le sont en effet, ne laissent pas d'en répandre; les unes en donnent abondamment et plusieurs fois, d'autres très-peu et une seule fois, d'autres point du tout; cela dépend de l'âge, de la santé, de la conformation, et d'un grand nombre d'autres circonstances : nous nous contenterons d'en rapporter quelques-unes en même temps que nous tâcherons de démêler sur quoi peut être fondé tout ce qu'on raconte des signes physiques de la virginité.

Il arrive dans les parties de l'un et de l'autre sexe un changement considérable dans le temps de la puberté; celles de l'homme prennent un prompt accroissement, et ordinairement elles arrivent en moins d'un an ou deux à l'état où elles doivent rester pour toujours; celles de la femme croissent aussi dans le même temps de la puberté; les nymphes surtout, qui étaient auparavant presque insensibles, deviennent plus grosses, plus apparentes, et même elles excèdent quelquefois les dimensions ordinaires; l'écoulement périodique arrive en même temps, et toutes ces parties se trouvant gonflées par l'abondance du sang, et étant dans un état d'accroissement, elles se tuméfient, elles se serrent mutuellement, et elles s'attachent les unes aux autres dans tous les points où elles se touchent immédiatement; l'orifice du vagin se trouve ainsi plus rétréci qu'il ne l'était, quoique le vagin lui-même ait pris aussi de l'accroissement dans le même temps; la forme de ce retrécissement doit, comme l'on voit, être fort différente dans les différents sujets et dans les différents degrés de l'accroissement de ces parties : aussi paraît-il, par ce qu'en disent les anatomistes, qu'il y a quelquefois quatre protubérances ou caroncules, quelquefois trois ou deux, et que souvent il se trouve une espèce d'anneau circulaire ou semi-lunaire, ou bien un froncement, une suite de petits plis; mais ce qui n'est pas dit par les anatomistes, c'est que, quelque forme que prenne ce rétrécissement, il n'arrive que dans le temps de la puberté. Les petites filles que j'ai eu occasion de voir disséquer n'avaient rien de semblable, et ayant recueilli des faits sur ce sujet, je puis avancer que, quand elles ont commerce avec les hommes avant la puberté, il n'y a aucune effusion de sang, pourvu qu'il n'y ait pas une disproportion trop grande ou des efforts trop brusques; au contraire, lorsqu'elles sont en pleine puberté et dans le temps de l'accroissement de ces parties, il y a très-souvent effusion de sang, pour peu qu'on y touche, surtout si elles ont de l'embonpoint et si les règles vont bien; car celles qui sont maigres ou qui ont des fleurs blanches n'ont pas ordinairement cette apparence de virginité; et ce qui prouve évidemment que ce n'est en effet qu'une apparence trompeuse, c'est qu'elle se répète même plusieurs fois, et après des intervalles de temps assez considérables; une interruption de quelque temps fait renaître cette prétendue virginité, et il est certain qu'une jeune personne qui dans les premières approches aura répandu beaucoup de sang en répandra encore après une absence, quand même le premier commerce aurait duré pendant plusieurs mois et qu'il aurait été aussi intime et aussi fréquent qu'on le peut supposer : tant que le corps prend de l'accroissement, l'effusion de sang peut se répéter, pourvu qu'il y ait une interruption de commerce assez longue pour donner le temps aux parties de se réunir et de reprendre leur premier état; et il est arrivé plus d'une fois que des filles qui avaient eu plus d'une faiblesse n'ont pas laissé de donner ensuite à leur mari cette preuve de leur virginité sans autre artifice que celui d'avoir renoncé pendant quelque temps à leur commerce illégitime. Quoique nos mœurs aient rendu les femmes trop peu sincères sur cet article, il s'en est trouvé plus d'une qui ont avoué les faits que je viens de rapporter ; il y en a dont la prétendue virginité s'est renouvelée jusqu'à quatre et même cinq fois dans l'espace de deux ou trois ans : il faut cependant convenir que ce renouvellement n'a qu'un temps, c'est ordinairement de quatorze à dix-sept, ou de quinze à dix-huit ans ; dès que le corps a achevé de prendre son accroissement, les choses demeurent dans l'état où elles sont, et elles ne peuvent paraître différentes qu'en employant des secours étrangers et des artifices dont nous nous dispenserons de parler.

Ces filles, dont la virginité se renouvelle, ne sont pas en aussi grand nombre que celles à qui la nature a refusé cette espèce de faveur : pour peu qu'il y ait de dérangement dans la santé, que l'écoulement périodique se montre mal et difficilement, que les parties soient trop humides et que les fleurs blanches viennent à les relâcher, il ne se fait aucun rétrécissement, aucun froncement ; ces parties prennent de l'accroissement, mais étant continuellement humectées, elles n'acquièrent pas assez de fermeté pour se réunir, il ne se forme ni caroncules, ni anneau, ni plis : l'on ne trouve que peu d'obstacles aux premières approches, et elles se font sans aucune effusion de sang.

Rien n'est donc plus chimérique que les préjugés des hommes à cet égard, et rien de plus incertain que ces prétendus signes de la virginité du corps : une jeune personne aura commerce avec un homme avant l'âge de puberté, et pour la première fois, cependant elle ne donnera aucune marque de cette virginité ; ensuite la même personne, après quelque temps d'interruption, lorsqu'elle sera arrivée à la puberté, ne manquera guère, si elle se porte bien, d'avoir tous ces signes et de répandre du sang dans de nouvelles approches ; elle ne deviendra pucelle qu'après avoir perdu sa virginité, elle pourra même le devenir plusieurs fois de suite et aux mêmes conditions ; une autre au contraire qui sera vierge en effet ne sera pas pucelle, ou du moins n'en aura pas la moindre apparence. Les hommes devraient donc bien se tranquilliser sur tout cela, au lieu de se livrer, comme ils le font souvent, à des soupçons injustes ou à de fausses joies, selon qu'ils s'imaginent avoir rencontré.

Si l'on voulait avoir un signe évident et infaillible de virginité pour les filles, il faudrait le chercher parmi ces nations sauvages et barbares qui, n'ayant point de sentiments de vertu et d'honneur à donner à leurs enfants par une bonne éducation, s'assurent de la chasteté de leurs filles par un moyen que leur a suggéré la grossièreté de leurs mœurs. Les Éthiopiens et plusieurs autres peuples de l'Afrique, les habitants du Pégu et de l'Arabie Pétrée, et quelques autres nations de l'Asie, aussitôt que leurs filles sont nées, rapprochent par une sorte de couture les parties que la nature a séparées, et ne laissent libre que l'espace qui est nécessaire pour les écoulements naturels ; les chairs adhèrent peu à peu à mesure que l'enfant prend son accroissement, de sorte que l'on est obligé de les séparer par une incision lorsque le temps du mariage est arrivé ; on dit qu'ils emploient pour cette infibulation des femmes un fil d'amiante, parce que cette matière n'est pas sujette à la corruption. Il y a certains peuples qui passent seulement un anneau; les femmes sont soumises, comme les filles, à cet usage outrageant pour la vertu; on les force de même à porter un anneau, la seule différence est que celui des filles ne peut s'ôter, et que celui des femmes a une espèce de serrure dont le mari seul a la clef. Mais pourquoi citer des nations barbares, lorsque nous avons de pareils exemples aussi près de nous? La délicatesse dont quelques-uns de nos voisins se piquent sur la chasteté de leurs femmes est-elle autre chose qu'une jalousie brutale et criminelle?

Quel contraste dans les goûts et dans les mœurs des différentes nations! quelle contrariété dans leur façon de penser! Après ce que nous venons de rapporter sur le cas que la plupart des hommes font de la virginité, sur les précautions qu'ils prennent et sur les moyens honteux qu'ils se sont avisés d'employer pour s'en assurer, imaginerait-on que d'autres peuples la méprisent, et qu'ils regardent comme un ouvrage servile la peine qu'il faut prendre pour l'ôter?

La superstition a porté certains peuples à céder les prémices des vierges aux prêtres de leurs idoles, ou à en faire une espèce de sacrifice à l'idole même; les prêtres des royaumes de Cochin et de Calicut jouissent de ce droit, et chez les Canarins de Goa les vierges sont prostituées de gré ou de force par leurs plus proches parents à une idole de fer : la superstition aveugle de ces peuples leur fait commettre ces excès dans des vues de religion; des vues purement humaines en ont engagé d'autres à livrer avec empressement leurs filles à leurs chefs, à leurs maîtres, à leurs seigneurs; les habitants des îles Canaries, du royaume de Congo, prostituent leurs filles de cette façon, sans qu'elles en soient déshonorées : c'est à peu près la même chose en Turquie et en Perse, et dans plusieurs autres pays de l'Asie et de l'Afrique, où les plus grands seigneurs se trouvent trop honorés de recevoir de la main de leur maître les femmes dont il s'est dégoûté.

Au royaume d'Aracan et aux îles Philippines, un homme se croirait déshonoré s'il épousait une fille qui n'eût pas été déflorée par un autre, et ce n'est qu'à prix d'argent que l'on peut engager quelqu'un à prévenir l'époux. Dans la province de Thibet, les mères cherchent des étrangers et les prient instamment de mettre leurs filles en état de trouver des maris ; les Lapons préfèrent aussi les filles qui ont eu commerce avec des étrangers ; ils pensent qu'elles ont plus de mérite que les autres, puisqu'elles ont su plaire à des hommes qu'ils regardent comme plus connaisseurs et meilleurs juges de la beauté qu'ils ne le sont eux-mêmes. A Madagascar et dans quelques autres pays, les filles les plus libertines et les plus débauchées sont celles qui sont le plus tôt mariées ; nous pourrions donner plusieurs autres exemples de ce goût singulier, qui ne peut venir que de la grossièreté ou de la dépravation des mœurs.

L'état naturel des hommes après la puberté est celui du mariage : un homme ne doit avoir qu'une femme, comme une femme ne doit avoir qu'un homme ; cette loi est celle de la nature, puisque le nombre des femelles est à peu près égal à celui des mâles ; ce ne peut donc être qu'en s'éloignant du droit naturel, et par la plus injuste de toutes les tyrannies, que les hommes ont établi des lois contraires ; la raison, l'humanité, la justice, réclament contre ces sérails odieux où l'on sacrifie à la passion brutale ou dédaigneuse d'un seul homme la liberté et le cœur de plusieurs femmes dont chacune pourrait faire le bonheur d'un autre homme. Ces tyrans du genre humain en sont-ils plus heureux? Environnés d'eunuques et de femmes inutiles à eux-mêmes et aux autres hommes, ils sont assez punis, ils ne voient que les malheureux qu'ils ont faits.

Le mariage, tel qu'il est établi chez nous et chez les autres peuples raisonnables et religieux, est donc l'état qui convient à l'homme et dans lequel il doit faire usage des nouvelles facultés qu'il a acquises par la puberté, qui lui deviendraient à charge, et même quelquefois funestes, s'il s'obstinait à garder le célibat. Le trop long séjour de la liqueur séminale dans ses réservoirs peut causer des maladies dans l'un et dans l'autre sexe, ou du moins des irritations si violentes que la raison et la religion seraient à peine suffisantes pour résister à ces passions impétueuses : elles rendraient l'homme semblable aux animaux qui sont furieux et indomptables lorsqu'ils ressentent ces impressions.

L'effet extrême de cette irritation dans les femmes est la fureur utérine : c'est une espèce de manie qui leur trouble l'esprit et leur ôte toute pudeur ; les discours les plus lascifs, les actions les plus indécentes, accompagnent cette triste maladie et en décèlent l'origine. J'ai vu, et je l'ai vu comme un phénomène, une fille de douze ans très-brune, d'un teint vif et fort coloré, d'une petite taille, mais déjà formée, avec de la gorge et de l'embonpoint, faire les actions les plus indécentes au seul aspect d'un homme ; rien n'était capable de l'en empêcher, ni la présence de sa mère, ni les remontrances, ni les châtiments ; elle ne perdait cependant pas la raison, et son accès, qui était marqué au point d'en être affreux, cessait dans le moment qu'elle demeurait seule avec des femmes. Aristote prétend que c'est à cet âge que l'irritation est la plus grande et qu'il faut garder le plus soigneusement les filles : cela peut être vrai pour le climat où il vivait, mais il paraît que dans les pays plus froids le tempérament des femmes ne commence à prendre de l'ardeur que beaucoup plus tard.

Lorsque la fureur utérine est à un certain degré, le mariage ne la calme point ; il y a des exemples de femmes qui en sont mortes. Heureusement la force de la nature cause rarement toute seule ces funestes passions ; lors même que le tempérament y est disposé, il faut, pour qu'elles arrivent à cette extrémité, le concours de plusieurs causes, dont la principale est une imagination allumée par le feu des conversations licencieuses et des images obscènes. Le tempérament opposé est infiniment plus commun parmi les femmes : la plupart sont naturellement froides ou tout au moins fort tranquilles sur le physique de cette passion ; il y a aussi des hommes auxquels la chasteté ne coûte rien : j'en ai connu qui jouissaient d'une bonne santé, et qui avaient atteint l'âge de vingt-cinq et trente ans sans que la nature leur eût fait sentir des besoins assez pressants pour les déterminer à les satisfaire en aucune façon.

Au reste, les excès sont plus à craindre que la continence : le nombre des hommes immodérés est assez grand pour en donner des exemples : les uns ont perdu la mémoire, les autres ont été privés de la vue, d'autres sont devenus chauves, d'autres ont péri d'épuisement : la saignée est, comme l'on sait, mortelle en pareil cas. Les personnes sages ne peuvent trop avertir les jeunes gens du tort irréparable qu'ils font à leur santé : combien n'y en a-t-il pas qui cessent d'être hommes, ou du moins qui cessent d'en avoir les facultés, avant l'âge de trente ans! Combien d'autres prennent à quinze et à dix-huit ans les germes d'une maladie honteuse et souvent incurable!

Nous avons dit que c'était ordinairement à l'âge de puberté que le corps achevait de prendre son accroissement : il arrive assez souvent dans la jeunesse que de longues maladies font grandir beaucoup plus qu'on ne grandirait si l'on était en santé; cela vient, à ce que je crois, de ce que les organes extérieurs de la génération étant sans action pendant tout le temps de la maladie, la nourriture organique n'y arrive pas, parce qu'aucune irritation ne l'y détermine, et que ces organes étant dans un état de faiblesse et de langueur ne font que peu ou point de sécrétion de liqueur séminale : dès lors ces particules organiques, restant dans la masse du sang, doivent continuer à développer les extrémités des os, à peu près comme il arrive dans les eunuques : aussi voit-on très-souvent des jeunes gens après de longues maladies être beaucoup plus grands, mais plus mal faits qu'ils n'étaient; les uns deviennent contrefaits des jambes, d'autres deviennent bossus, etc., parce que les extrémités encore ductiles de leurs os se sont développées plus qu'il ne fallait par le superflu des molécules organiques, qui dans un état de santé n'aurait été employé qu'à former la liqueur séminale.

L'objet du mariage est d'avoir des enfants, mais quelquefois cet objet ne se trouve pas rempli : dans les différentes causes de la stérilité il y en a de communes aux hommes et aux femmes, mais comme elles sont plus apparentes dans les hommes, on les leur attribue pour l'ordinaire. La stérilité est causée, dans l'un et dans l'autre sexe, ou par un défaut de conformation, ou par un vice accidentel dans les organes. Les défauts de conformation les plus essentiels dans les hommes arrivent aux testicules ou aux muscles érecteurs ; la fausse direction du canal de l'urètre, qui quelquefois est détourné à côté ou mal percé, est aussi un défaut contraire à la génération ; mais il faudrait que ce canal fût supprimé en entier pour la rendre impossible ; l'adhérence du prépuce par le moyen du frein peut être corrigée, et d'ailleurs ce n'est pas un obstacle insurmontable. Les organes des femmes peuvent aussi être mal conformés ; la matrice toujours fermée ou toujours ouverte serait un défaut également contraire à la génération ; mais la cause de stérilité la plus ordinaire aux hommes et aux femmes, c'est l'altération de la liqueur séminale dans les testicules : on peut se souvenir de l'observation de Vallisnieri que j'ai citée ci-devant, qui prouve que les liqueurs des testicules des femmes étant corrompues, elles demeurent stériles ; il en est de même de celles de l'homme : si la sécrétion par laquelle se forme la semence est viciée, cette liqueur ne sera plus féconde ; et quoiqu'à l'extérieur tous les organes de part et d'autre paraissent bien disposés, il n'y aura aucune production.

Dans les cas de stérilité on a souvent employé différents moyens pour reconnaître si le défaut venait de l'homme ou de la femme : l'inspection est le premier de ces moyens, et il suffit en effet, si la stérilité est causée par un défaut extérieur de conformation ; mais si les organes défectueux sont dans l'intérieur du corps, alors on ne reconnaît le défaut des organes que par la nullité des effets. Il y a des hommes qui à la première inspection paraissent être bien conformés, auxquels cependant le vrai signe de la bonne conformation manque absolument ;

il y en a d'autres qui n'ont ce signe que si imparfaitement ou si rarement, que c'est moins un signe certain de la virilité qu'un indice équivoque de l'impuissance.

Tout le monde sait que le mécanisme de ces parties est indépendant de la volonté : on ne commande point à ces organes, l'âme ne peut les régir; c'est du corps humain la partie la plus animale; elle agit en effet par une espèce d'instinct dont nous ignorons les vraies causes : combien de jeunes gens élevés dans la pureté, et vivant dans la plus parfaite innocence et dans l'ignorance totale des plaisirs, ont ressenti les impressions les plus vives, sans pouvoir deviner quelle en était la cause et l'objet! Combien de gens au contraire demeurent dans la plus froide langueur malgré tous les efforts de leurs sens et de leur imagination, malgré la présence des objets, malgré tous les secours de l'art de la débauche!

Cette partie de notre corps est donc moins à nous qu'aucune autre; elle agit ou elle languit sans notre participation; ses fonctions commencent et finissent dans de certains temps, à un certain âge; tout cela se fait sans nos ordres, et souvent contre notre consentement. Pourquoi donc l'homme ne traite-t-il pas cette partie comme rebelle, ou du moins comme étrangère? Pourquoi semble-t-il lui obéir? est-ce parce qu'il ne peut lui commander?

Sur quel fondement étaient donc appuyées ces lois si peu réfléchies dans le principe et si déshonnêtes dans l'exécution? Comment le congrès a-t-il pu être ordonné par des hommes qui doivent se connaître eux-mêmes et savoir que rien ne dépend moins d'eux que l'action de ces organes, par des hommes qui ne pouvaient ignorer que toute émotion de l'âme, et surtout la honte, sont contraires à cet état, et que la publicité et l'appareil seuls de cette épreuve étaient plus que suffisants pour qu'elle fût sans succès?

Au reste, la stérilité vient plus souvent des femmes que des hommes, lorsqu'il n'y a aucun défaut de conformation à l'extérieur; car, indépendamment de l'effet des fleurs blanches qui, quand elles sont continuelles, doivent causer ou du moins occasionner la stérilité, il me paraît qu'il y a une autre cause à laquelle on n'a pas fait attention.

On a vu, par mes expériences (chap. VI), que les testicules des femelles donnent naissance à des espèces de tubérosités naturelles que j'ai appelées *corps glanduleux*; ces corps qui croissent peu à peu, et qui servent à filtrer, à perfectionner et à contenir la liqueur séminale, sont dans un état de changement continuel; ils commencent par grossir au-dessous de la membrane du testicule, ensuite ils la percent, ils se gonflent, leur extrémité s'ouvre d'elle-même, elle laisse distiller la liqueur séminale pendant un certain temps, après quoi ces corps glanduleux s'affaissent peu à peu, se dessèchent, se resserrent et s'oblitèrent enfin presque entièrement; ils ne laissent qu'une petite cicatrice rougeâtre à l'endroit où ils avaient pris naissance. Ces corps glanduleux ne sont pas sitôt évanouis, qu'il en pousse d'autres, et même pendant l'affaissement des premiers il s'en forme de nouveaux, en sorte que les testicules des femelles sont dans un état de travail continuel, ils éprouvent des changements et des altérations considérables; pour peu qu'il y ait donc de dérangement dans cet organe, soit par l'épaississement des liqueurs, soit par la faiblesse des vaisseaux, il ne pourra plus faire ses fonctions, il n'y aura plus de sécrétion de liqueur séminale, ou bien cette même liqueur sera altérée, viciée, corrompue, ce qui causera nécessairement la stérilité.

Il arrive quelquefois que la conception devance les signes de la puberté; il y a beaucoup de femmes qui sont devenues mères avant que d'avoir eu la moindre marque de l'écoulement naturel à leur sexe; il y en a même quelques-unes qui, sans être jamais sujettes à cet écoulement périodique, ne laissent pas d'engendrer; on peut en trouver des exemples dans nos climats sans les chercher jusque dans le Brésil, où des nations entières se perpétuent, dit-on, sans qu'aucune femme ait d'écoulement périodique : ceci prouve encore bien clairement que le sang des menstrues n'est qu'une matière accessoire à la génération, qu'elle peut être suppléée, que la matière essentielle et nécessaire est la liqueur séminale de chaque individu; on sait aussi que la cessation des règles, qui arrive ordinairement à quarante ou cinquante ans, ne met pas toutes les femmes hors d'état de concevoir; il y en a qui ont conçu à soixante et soixante-dix ans, et même dans un âge plus avancé. On regardera, si l'on veut, ces exemples, quoique assez fréquents, comme des exceptions à la règle; mais ces exceptions suffisent pour faire voir que la matière des menstrues n'est pas essentielle à la génération.

Dans le cours ordinaire de la nature, les femmes ne sont en état de concevoir qu'après la première éruption des règles, et la cessation de cet écoulement à un certain âge les rend stériles pour le reste de leur vie. L'âge auquel l'homme peut engendrer n'a pas des termes aussi marqués; il faut que le corps soit parvenu à un certain point d'accroissement pour que la liqueur séminale soit produite; il faut peut-être un plus grand degré d'accroissement pour que l'élaboration de cette liqueur soit parfaite ; cela arrive ordinairement entre douze et dix-huit ans : mais l'âge où l'homme cesse d'être en état d'engendrer ne semble pas être déterminé par la nature ; à soixante ou soixante et dix ans, lorsque la vieillesse commence à énerver le corps, la liqueur séminale est moins abondante, et souvent elle n'est plus prolifique ; cependant on a plusieurs exemples de vieillards qui ont engendré jusqu'à quatre-vingts et quatre-vingt-dix ans ; les recueils d'observations sont remplis de faits de cette espèce.

Il y a aussi des exemples de jeunes garçons qui ont engendré à l'âge de neuf, dix et onze ans, et de petites filles qui ont conçu à sept, huit et neuf ans ; mais ces faits sont extrêmement rares, et on peut les mettre au nombre des phénomènes singuliers. Le signe extérieur de la virilité commence dans la première enfance ; mais cela seul ne suffit pas, il faut de plus la production de la liqueur séminale pour que la génération s'accomplisse, et cette production ne se fait que quand le corps a pris la plus grande partie de son accroissement. La première émission est ordinairement accompagnée de quelque douleur, parce que la liqueur n'est pas encore bien fluide ; elle est d'ailleurs en très-petite quantité, et presque toujours inféconde dans le commencement de la puberté.

Quelques auteurs ont indiqué deux signes pour reconnaître si une femme a conçu : le premier est un saisissement ou une sorte d'ébranlement qu'elle ressent, disent-ils, dans tout le corps au moment de la conception, et qui même dure pendant quelques jours ; le second est pris de l'orifice de la matrice, qu'ils assurent être entièrement fermé après la conception ; mais il me paraît que ces signes sont au moins bien équivoques, s'ils ne sont pas imaginaires.

Le saisissement qui arrive au moment de la conception est indiqué par Hippocrate dans ces termes : « Liquide « constat harum rerum peritis, quod mulier, ubi conce- « pit, statim inhorrescit ac dentibus stridet, et articulum « reliquumque corpus convulsio prehendit. » C'est donc une sorte de frisson que les femmes ressentent dans tout le corps au moment de la conception, selon Hippocrate, et le frisson serait assez fort pour faire choquer les dents les unes contre les autres comme dans la fièvre. Galien explique ce symptôme par un mouvement de contraction ou de resserrement dans la matrice, et il ajoute que des femmes lui ont dit qu'elles avaient eu cette sensation au moment où elles avaient conçu ; d'autres auteurs l'expriment par un sentiment vague de froid qui parcourt tout le corps, et ils emploient aussi le mot d'*horror* et d'*horripilatio*; la plupart établissent ce fait, comme Galien, sur le rapport de plusieurs femmes. Ce symptôme serait donc un effet de la contraction de la matrice qui se resserrerait au moment de la conception, et qui fermerait par ce moyen son orifice, comme Hippocrate l'a exprimé par ces mots : « Quæ in utero gerunt, harum os uteri « clausum est, » ou, selon un autre traducteur : « Quæ- « cumque sunt gravidæ, illis os uteri connivet. » Cependant les sentiments sont partagés sur les changements qui arrivent à l'orifice interne de la matrice après la conception : les uns soutiennent que les bords de cet orifice se rapprochent de façon qu'il ne reste aucun espace vide entre eux, et c'est dans ce sens qu'ils interprètent Hippocrate ; d'autres prétendent que ces bords ne sont exactement rapprochés qu'après les deux premiers mois de la grossesse; mais ils conviennent qu'immédiatement après la conception l'orifice est fermé par l'adhérence d'une humeur glutineuse, et ils ajoutent que la matrice qui, hors de la grossesse, pourrait recevoir par son orifice un corps de la grosseur d'un pois, n'a plus d'ouverture sensible après la conception, et que cette différence est si marquée, qu'une sage-femme habile peut la reconnaître; cela supposé, on pourrait donc constater l'état de la grossesse dans les premiers jours. Ceux qui sont opposés à ce sentiment disent que si l'orifice de la matrice était fermé après la conception, il serait impossible qu'il y eût de superfétation. On peut répondre à cette objection qu'il est très-possible que la liqueur séminale pénètre à travers les membranes de la matrice, que même la matrice peut s'ouvrir pour la superfétation dans de certaines circonstances, et que d'ailleurs les superfétations arrivent si rarement qu'elles ne peuvent faire qu'une légère exception à la règle générale. D'autres auteurs ont avancé que le changement qui arriverait à l'orifice de la matrice ne pourrait être marqué que dans les femmes qui auraient déjà mis des enfants au monde, et non pas dans celles qui auraient conçu pour la première fois; il est à croire que dans celles-ci la différence sera moins sensible, mais quelque grande qu'elle puisse être, en doit-on conclure que ce signe est réel, constant et certain? ne faut-il pas du moins avouer qu'il n'est pas assez évident? L'étude de l'anatomie et l'expérience ne donnent sur ce sujet que des connaissances générales qui sont fautives dans un examen particulier de cette nature; il en est de même du saisissement ou du froid convulsif que certaines femmes ont dit avoir ressenti au moment de la conception : comme la plupart des femmes n'éprouvent pas le même symptôme, que d'autres assurent au contraire avoir ressenti une ardeur brûlante causée par la chaleur de la liqueur séminale du mâle, et que le plus grand nombre avouent n'avoir rien senti de tout cela, on doit en conclure que ces signes sont très-équivoques, et que lorsqu'ils arrivent, c'est peut-être moins un effet de la conception que d'autres causes qui paraissent plus probables.

J'ajouterai un fait qui prouve que l'orifice de la matrice ne se ferme pas immédiatement après la conception, ou bien que, s'il se ferme, la liqueur séminale du mâle entre dans la matrice en pénétrant à travers le tissu de ce viscère. Une femme de Charles-Town, dans la Caroline méridionale, accoucha en 1714 de deux jumeaux qui vinrent au monde tout de suite l'un après l'autre; il se trouva que l'un était un enfant nègre et l'autre un enfant blanc, ce qui surprit beaucoup les assistants. Ce témoignage évident de l'infidélité de cette femme à l'égard de son mari la força d'avouer qu'un nègre qui la servait était entré dans sa chambre un jour que son mari venait de la quitter et de la laisser dans son lit, et elle ajouta pour s'excuser que ce nègre l'avait menacée de la tuer et qu'elle avait été contrainte de le satisfaire. (Voyez *Lectures on muscular motion*, by *M. Parsons*. London, 1745, p. 79.) Ce fait ne prouve-t-il pas aussi que la conception de deux ou de plusieurs jumeaux ne se fait pas toujours dans le même temps? et ne paraît-il pas favoriser beaucoup mon opinion sur la pénétration de la liqueur séminale au travers du tissu de la matrice?

La grossesse a encore un grand nombre de symptômes équivoques auxquels on prétend communément la reconnaître dans les premiers mois, savoir, une douleur légère dans la région de la matrice et dans les lombes, un engourdissement dans tout le corps et un assoupissement continuel, une mélancolie qui rend les femmes tristes et capricieuses, des douleurs de dents, le mal de tête, des vertiges qui offusquent la vue, le rétrécissement des prunelles, les yeux jaunes et injectés, les paupières affaissées, la pâleur et les taches du visage, le goût dépravé, le dégoût, les vomissements, les crachements, les symptômes hystériques, les fleurs blanches, la cessation de l'écoulement périodique ou son changement en hémorragie, la sécrétion du lait dans les mamelles, etc. Nous pourrions encore rapporter plusieurs autres symptômes qui ont été indiqués comme des signes de la grossesse, mais qui ne sont souvent que les effets de quelque maladie.

Mais laissons aux médecins cet examen à faire; nous nous écarterions trop de notre sujet si nous voulions considérer chacune de ces choses en particulier : pourrions-nous même le faire d'une manière avantageuse, puisqu'il n'y en a pas une qui ne demandât une longue suite d'observations bien faites? Il en est ici comme d'une infinité d'autres sujets de physiologie et d'économie animale : à l'exception d'un petit nombre d'hommes rares [1] qui ont répandu de la lumière sur quelques points particuliers de ces sciences, la plupart des auteurs, qui en ont écrit, les ont traitées d'une manière si vague et les ont expliquées par des rapports si éloignés et par des hypothèses si fausses, qu'il aurait mieux valu n'en rien dire du tout; il n'y a aucune matière sur laquelle on ait plus raisonné, sur laquelle on ait rassemblé plus de faits et d'observations; mais ces raisonnements, ces faits et ces observa-

---

1. Je mets dans ce nombre l'auteur de l'*Anatomie* d'Heister; de tous les ouvrages que j'ai lus sur la physiologie, je n'en ai point trouvé qui m'ait paru mieux fait et plus d'accord avec la bonne physique.

tions sont ordinairement si mal digérés et entassés avec si peu de connaissance, qu'il n'est pas surprenant qu'on n'en puisse tirer aucune lumière, aucune utilité.

DE L'AGE VIRIL.

DESCRIPTION DE L'HOMME.

Le corps achève de prendre son accroissement en hauteur à l'âge de la puberté et pendant les premières années qui succèdent à cet âge : il y a des jeunes gens qui ne grandissent plus après la quatorzième ou la quinzième année, d'autres croissent jusqu'à vingt-deux ou vingt-trois ans ; presque tous dans ce temps sont minces de corps ; la taille est effilée, les cuisses et les jambes sont menues, toutes les parties musculeuses ne sont pas encore remplies comme elles le doivent être ; mais peu à peu la chair augmente, les muscles se dessinent, les intervalles se remplissent, les membres se moulent et s'arrondissent, et le corps est avant l'âge de trente ans dans les hommes à son point de perfection pour les proportions de sa forme.

Les femmes parviennent ordinairement beaucoup plus tôt à ce point de perfection ; elles arrivent d'abord plus tôt à l'âge de puberté ; leur accroissement qui, dans le total, est moindre que celui des hommes, se fait aussi en moins de temps ; les muscles, les chairs et toutes les autres parties qui composent leur corps étant moins fortes, moins compactes, moins solides que celles du corps de l'homme, il faut moins de temps pour qu'elles arrivent à leur développement entier, qui est le point de perfection pour la forme : aussi le corps de la femme est ordinairement à vingt ans aussi parfaitement formé que celui de l'homme l'est à trente.

Le corps d'un homme bien fait doit être carré, les muscles doivent être durement exprimés, le contour des membres fortement dessiné, les traits du visage bien marqués. Dans la femme tout est plus arrondi, les formes sont plus adoucies, les traits plus fins : l'homme a la force et la majesté, les grâces et la beauté sont l'apanage de l'autre sexe.

Tout annonce dans tous deux les maîtres de la terre ; tout marque dans l'homme, même à l'extérieur, sa supériorité sur tous les êtres vivants : il se soutient droit et élevé, son attitude est celle du commandement, sa tête regarde le ciel et présente une face auguste sur laquelle est imprimé le caractère de sa dignité ; l'image de l'âme y est peinte par la physionomie ; l'excellence de sa nature perce à travers les organes matériels et anime d'un feu divin les traits de son visage ; son port majestueux, sa démarche ferme et hardie annoncent sa noblesse et son rang ; il ne touche à la terre que par ses extrémités les plus éloignées, il ne la voit que de loin, et semble la dédaigner ; les bras ne lui sont pas donnés pour servir de piliers d'appui à la masse de son corps ; sa main ne doit pas fouler la terre, et perdre par des frottements réitérés la finesse du toucher, dont elle est le principal organe ; le bras et la main sont faits pour servir à des usages plus nobles, pour exécuter les ordres de la volonté, pour saisir les choses éloignées, pour écarter les obstacles, pour prévenir les rencontres et le choc de ce qui pourrait nuire, pour embrasser et retenir ce qui peut plaire, pour le mettre à portée des autres sens.

Lorsque l'âme est tranquille, toutes les parties du visage sont dans un état de repos : leur proportion, leur union, leur ensemble, marquent encore assez la douce harmonie des pensées, et répondent au calme de l'intérieur; mais lorsque l'âme est agitée, la face humaine devient un tableau vivant où les passions sont rendues avec autant de délicatesse que d'énergie, où chaque mouvement de l'âme est exprimé par un trait, chaque action par un caractère dont l'impression vive et prompte devance la volonté, nous décèle et rend au dehors par des signes pathétiques les images de nos secrètes agitations.

C'est surtout dans les yeux qu'elles se peignent et qu'on peut les reconnaître; l'œil appartient à l'âme plus qu'aucun autre organe, il semble y toucher et participer à tous ses mouvements, il en exprime les passions les plus vives et les émotions les plus tumultueuses, comme les mouvements les plus doux et les sentiments les plus délicats; il les rend dans toute leur force, dans toute leur pureté, tels qu'ils viennent de naître; il les transmet par des traits rapides qui portent dans une autre âme le feu, l'action, l'image de celle dont ils partent; l'œil reçoit et réfléchit en même temps la lumière de la pensée et la chaleur du sentiment : c'est le sens de l'esprit et la langue de l'intelligence.

Les personnes qui ont la vue courte, ou qui sont louches, ont beaucoup moins de cette âme extérieure qui réside principalement dans les yeux; ces défauts détruisent la physionomie et rendent désagréables ou difformes les plus beaux visages; comme l'on n'y peut reconnaître que les passions fortes et qui mettent en jeu les autres parties, et comme l'expression de l'esprit et de la finesse du sentiment ne peut s'y montrer, on juge ces personnes défavorablement lorsqu'on ne les connaît pas, et quand on les connaît, quelque spirituelles qu'elles puissent être, on a encore de la peine à revenir du premier jugement qu'on a porté contre elles.

Nous sommes si fort accoutumés à ne voir les choses que par l'extérieur, que nous ne pouvons plus reconnaître combien cet extérieur influe sur nos jugements, même les plus graves et les plus réfléchis; nous prenons l'idée d'un homme, et nous la prenons par sa physionomie qui ne dit rien, nous jugeons dès lors qu'il ne pense rien; il n'y a pas jusqu'aux habits et à la coiffure qui n'influent sur notre jugement; un homme sensé doit regarder ses vêtements comme faisant partie de lui-même, puisqu'ils en font en effet partie aux yeux des autres, et qu'ils entrent pour quelque chose dans l'idée totale qu'on se forme de celui qui les porte.

La vivacité ou la langueur du mouvement des yeux fait un des principaux caractères de la physionomie, et leur couleur contribue à rendre ce caractère plus marqué. Les différentes couleurs des yeux sont l'orangé foncé, le jaune, le vert, le bleu, le gris, et le gris mêlé de blanc; la substance de l'iris est veloutée et disposée par filets et par flocons : les filets sont dirigés vers le milieu de la prunelle comme des rayons qui tendent à un centre; les flocons remplissent les intervalles qui sont entre les filets, et quelquefois les uns et les autres sont disposés d'une manière si régulière, que le hasard a fait trouver dans les yeux de quelques personnes des figures qui semblaient avoir été copiées sur des modèles connus. Ces filets et ces flocons tiennent les uns aux autres par des ramifications très-fines et très-déliées; aussi la couleur n'est pas si sensible dans ces ramifications que dans le corps des filets et des flocons, qui paraissent toujours être d'une teinte plus foncée.

Les couleurs les plus ordinaires dans les yeux sont l'orangé et le bleu, et le plus souvent ces couleurs se trouvent dans le même œil. Les yeux, que l'on croit être noirs, ne sont que d'un jaune brun ou d'orangé foncé; il ne faut, pour s'en assurer, que les regarder de près, car lorsqu'on les voit à quelque distance, ou lorsqu'ils sont tournés à contre-jour, ils paraissent noirs, parce que la couleur jaune brun tranche si fort sur le blanc de l'œil, qu'on la juge noire par l'opposition du blanc. Les yeux qui sont d'un jaune moins brun passent aussi pour des yeux noirs, mais on ne les trouve pas si beaux que les autres, parce que cette couleur tranche moins sur le blanc; il y a aussi des yeux jaunes et jaune clair : ceux-ci ne paraissent pas noirs, parce que ces couleurs ne sont pas assez foncées pour disparaître dans l'ombre. On voit très-communément dans le même œil des nuances d'orangé, de jaune, de gris et de bleu; dès qu'il y a du bleu, quelque léger qu'il soit, il devient la couleur dominante; cette couleur paraît par filets dans toute l'étendue de l'iris, et l'orangé est par flocons autour et à quelque petite distance de la prunelle; le bleu efface si fort cette couleur que l'œil paraît tout bleu, et on ne s'aperçoit du mélange de l'orangé qu'en le regardant de près. Les plus beaux yeux sont ceux qui paraissent noirs ou bleus; la vivacité et le feu qui font le principal caractère des yeux éclatent davantage dans les couleurs foncées que dans les demi-teintes de couleur; les yeux noirs ont donc plus de force d'expression et plus de vivacité, mais il y a plus de douceur et peut-être plus de finesse dans les yeux bleus; on voit dans les premiers un feu qui brille uniformément, parce que le fond, qui nous paraît de couleur uniforme, renvoie partout les mêmes reflets; mais on distingue des modifications dans la lumière qui anime les yeux bleus, parce qu'il y a plusieurs teintes de couleur qui produisent des reflets différents.

Il y a des yeux qui se font remarquer sans avoir, pour ainsi dire, de couleur; ils paraissent être composés différemment des autres : l'iris n'a que des nuances de bleu ou de gris si faibles qu'elles sont presque blanches dans quelques endroits; les nuances d'orangé qui s'y rencontrent sont si légères qu'on les distingue à peine du gris et du blanc, malgré le contraste de ces couleurs; le noir de la prunelle est alors trop marqué, parce que la couleur de l'iris n'est pas assez foncée; on ne voit, pour ainsi dire, que la prunelle isolée au milieu de l'œil; ces yeux ne disent rien, et le regard en paraît être fixe ou effaré.

Il y a aussi des yeux dont la couleur de l'iris tire sur le vert; cette couleur est plus rare que le bleu, le gris, le jaune et le jaune brun; il se trouve aussi des personnes dont les deux yeux ne sont pas de la même couleur. Cette variété qui se trouve dans la couleur des yeux est particulière à l'espèce humaine, à celle du cheval, etc.; dans la plupart des autres espèces d'animaux, la couleur des yeux de tous les individus est la même : les yeux des bœufs sont bruns, ceux des moutons sont couleur d'eau, ceux des chèvres sont gris, etc. Aristote, qui fait cette remarque, prétend que dans les hommes les yeux gris sont les meilleurs, que les bleus sont les plus faibles, que ceux qui sont avancés hors de l'orbite ne voient pas d'aussi loin que ceux qui y sont enfoncés, que les yeux bruns ne voient pas si bien que les autres dans l'obscurité.

Quoique l'œil paraisse se mouvoir comme s'il était tiré

de différents côtés, il n'a cependant qu'un mouvement de rotation autour de son centre, par lequel la prunelle paraît s'approcher ou s'éloigner des angles de l'œil, et s'élever ou s'abaisser. Les deux yeux sont plus près l'un de l'autre dans l'homme que dans tous les autres animaux; cet intervalle est même si considérable dans la plupart des espèces d'animaux qu'il n'est pas possible qu'ils voient le même objet des deux yeux à la fois, à moins que cet objet ne soit à une grande distance.

Après les yeux, les parties du visage qui contribuent le plus à marquer la physionomie sont les sourcils : comme ils sont d'une nature différente des autres parties, ils sont plus apparents par ce contraste et frappent plus qu'aucun autre trait; les sourcils sont une ombre dans le tableau, qui en relève les couleurs et les formes. Les cils des paupières font aussi leur effet : lorsqu'ils sont longs et garnis, les yeux en paraissent plus beaux et le regard plus doux; il n'y a que l'homme et le singe qui aient des cils aux deux paupières; les autres animaux n'en ont point à la paupière inférieure, et dans l'homme même il y en a beaucoup moins à la paupière inférieure qu'à la supérieure; le poil des sourcils devient quelquefois si long dans la vieillesse, qu'on est obligé de le couper. Les sourcils n'ont que deux mouvements qui dépendent des muscles du front, l'un par lequel on les élève, et l'autre par lequel on les fronce et on les abaisse en les approchant l'un de l'autre.

Les paupières servent à garantir les yeux et à empêcher la cornée de se dessécher; la paupière supérieure se relève et s'abaisse, l'inférieure n'a que peu de mouvement, et quoique le mouvement des paupières dépende de la volonté, cependant l'on n'est pas maître de les tenir élevées lorsque le sommeil presse, ou lorsque les yeux sont

7

fatigués; il arrive aussi très-souvent à cette partie des mouvements convulsifs et d'autres mouvements involontaires, desquels on ne s'aperçoit en aucune façon; dans les oiseaux et les quadrupèdes amphibies la paupière inférieure est celle qui a du mouvement, et les poissons n'ont de paupières ni en haut ni en bas.

Le front est une des grandes parties de la face et l'une de celles qui contribuent le plus à la beauté de sa forme; il faut qu'il soit d'une juste proportion, qu'il ne soit ni trop rond, ni trop plat, ni trop étroit, ni trop court, et qu'il soit régulièrement garni de cheveux au-dessus et aux côtés. Tout le monde sait combien les cheveux font à la physionomie : c'est un défaut que d'être chauve; l'usage de porter des cheveux étrangers, qui est devenu si général, aurait dû se borner à cacher les têtes chauves, car cette espèce de coiffure empruntée altère la vérité de la physionomie et donne au visage un air différent de celui qu'il doit avoir naturellement; on jugerait beaucoup mieux les visages si chacun portait ses cheveux et les laissait flotter librement. La partie la plus élevée de la tête est celle qui devient chauve la première, aussi bien que celle qui est au-dessus des tempes; il est rare que les cheveux qui accompagnent le bas des tempes tombent en entier, non plus que ceux de la partie inférieure du derrière de la tête. Au reste, il n'y a que les hommes qui deviennent chauves en avançant en âge : les femmes conservent toujours leurs cheveux, et, quoiqu'ils deviennent blancs comme ceux des hommes lorsqu'elles approchent de la vieillesse, ils tombent beaucoup moins; les enfants et les eunuques ne sont pas plus sujets à être chauves que les femmes; aussi les cheveux sont-ils plus grands et plus abondants dans la jeunesse qu'ils ne le sont à tout autre âge. Les plus longs cheveux tombent peu à peu; à mesure qu'on avance en âge, ils diminuent et se dessèchent; ils commencent à blanchir par la pointe; dès qu'ils sont devenus blancs, ils sont moins forts et se cassent plus aisément. On a des exemples de jeunes gens dont les cheveux, devenus blancs par l'effet d'une grande maladie, ont ensuite repris leur couleur naturelle peu à peu, lorsque leur santé a été parfaitement rétablie. Aristote et Pline disent qu'aucun homme ne devient chauve avant d'avoir fait usage des femmes, à l'exception de ceux qui sont chauves dès leur naissance. Les anciens écrivains ont appelé les habitants de l'île de Mycone têtes chauves; on prétend que c'était un défaut naturel à ces insulaires et comme une maladie endémique avec laquelle ils venaient presque tous au monde. (Voyez la *Description des îles de l'Archipel* par Dapper, p. 354. — Voyez aussi le second volume de l'édition de Pline par le père Hardouin, p. 541.)

Le nez est la partie la plus avancée et le trait le plus apparent du visage; mais comme il n'a que très-peu de mouvement et qu'il n'en prend ordinairement que dans les plus fortes passions, il fait plus à la beauté qu'à la physionomie, et à moins qu'il ne soit fort disproportionné ou très-difforme, on ne le remarque pas autant que les autres parties qui ont du mouvement, comme la bouche ou les yeux. La forme du nez et sa position plus avancée que celle de toutes les autres parties de la face sont particulières à l'espèce humaine, car la plupart des animaux ont des narines ou naseaux avec la cloison qui les sépare, mais dans aucun le nez ne fait un trait élevé et avancé; les singes même n'ont, pour ainsi dire, que des narines, ou du moins leur nez, qui est posé comme celui de l'homme, est si plat et si court qu'on ne doit pas le regarder comme une partie semblable ; c'est par cet organe que l'homme et la plupart des animaux respirent et sentent les odeurs. Les oiseaux n'ont point de narines : ils ont seulement deux trous ou deux conduits pour la respiration et l'odorat, au lieu que les animaux quadrupèdes ont des naseaux ou des narines cartilagineuses comme les nôtres.

La bouche et les lèvres sont, après les yeux, les parties du visage qui ont le plus de mouvement et d'expression ; les passions influent sur ces mouvements ; la bouche en marque les différents caractères par les différentes formes qu'elle prend ; l'organe de la voix anime encore cette partie et la rend plus vivante que toutes les autres ; la couleur vermeille des lèvres, la blancheur de l'émail des dents tranchent avec tant d'avantage sur les autres couleurs du visage, qu'elles paraissent en faire le point de vue principal ; on fixe, en effet, les yeux sur la bouche d'un homme qui parle, et on les y arrête plus longtemps que sur toutes les autres parties ; chaque mot, chaque articulation, chaque son, produisent des mouvements différents dans les lèvres : quelque variés et quelque rapides que soient ces mouvements, on pourrait les distinguer tous les uns des autres ; on a vu des sourds en connaître si parfaitement les différences et les nuances successives, qu'ils entendaient parfaitement ce qu'on disait en voyant comme on le disait.

La mâchoire inférieure est la seule qui ait du mouvement dans l'homme et dans tous les animaux, sans en excepter même le crocodile, quoique Aristote assure en plusieurs endroits que la mâchoire supérieure de cet animal est la seule qui ait du mouvement, et que la mâchoire inférieure, à laquelle, dit-il, la langue du crocodile est attachée, soit absolument immobile : j'ai voulu vérifier ce fait, et j'ai trouvé, en examinant le squelette d'un crocodile, que c'est au contraire la seule mâchoire inférieure qui est mobile, et que la supérieure est, comme dans tous les autres animaux, jointe aux autres os de la tête, sans qu'il y ait aucune articulation qui puisse la rendre mobile. Dans le fœtus humain, la mâchoire inférieure est, comme dans le singe, beaucoup plus avancée que la mâchoire supérieure ; dans l'adulte, il serait également difforme qu'elle fût trop avancée ou trop reculée : elle doit être à peu près de niveau avec la mâchoire supérieure. Dans les instants les plus vifs des passions, la mâchoire a souvent un mouvement involontaire, comme dans les mouvements où l'âme n'est affectée de rien : la douleur, le plaisir, l'ennui font également bâiller, mais il est vrai qu'on bâille vivement et que cette espèce de convulsion est très-prompte dans la douleur et le plaisir, au lieu que le bâillement de l'ennui en porte le caractère par la lenteur avec laquelle il se fait.

Lorsqu'on vient à penser tout à coup à quelque chose qu'on désire ardemment ou qu'on regrette vivement, on ressent un tressaillement ou un serrement intérieur : ce mouvement du diaphragme agit sur les poumons, les élève et occasionne une inspiration vive et prompte qui forme le soupir ; et lorsque l'âme a réfléchi sur la cause de son émotion et qu'elle ne voit aucun moyen de remplir son désir ou de faire cesser ses regrets, les soupirs se répètent, la tristesse, qui est la douleur de l'âme, succède à ces premiers mouvements, et lorsque cette douleur de l'âme est profonde et subite, elle fait couler les larmes, et l'air entre dans la poitrine par secousses : il se fait plusieurs inspirations réitérées par une espèce de secousse involontaire ; chaque inspiration fait un bruit plus fort que celui du soupir, c'est ce qu'on appelle *sangloter*; les sanglots se succèdent plus rapidement que les soupirs, et le son de la voix se fait entendre un peu dans le sanglot; les accents en sont encore plus marqués dans le gémissement, c'est une espèce de sanglot continué dont le son lent se fait entendre dans l'inspiration et dans l'expiration; son expression consiste dans la continuation et la durée d'un ton plaintif formé par des sons inarticulés : ces sons du gémissement sont plus ou moins longs, suivant le degré de tristesse, d'affliction et d'abattement qui les cause, mais ils sont toujours répétés plusieurs fois; le temps de l'inspiration est celui de l'intervalle de silence qui est entre les gémissements, et ordinairement ces intervalles sont égaux pour la durée et pour la distance. Le cri plaintif est un gémissement exprimé avec force et à haute voix; quelquefois ce cri se soutient dans toute son étendue sur le même ton : c'est surtout lorsqu'il est fort élevé et très-aigu; quelquefois aussi il finit par un ton plus bas; c'est ordinairement lorsque la force du cri est modérée.

Le ris est un son entrecoupé subitement et à plusieurs reprises par une sorte de trémoussement qui est marqué à l'extérieur par le mouvement du ventre qui s'élève et s'abaisse précipitamment : quelquefois, pour faciliter ce mouvement, on penche la poitrine et la tête en avant : la poitrine se resserre et reste immobile, les coins de la bouche s'éloignent du côté des joues qui se trouvent resserrées et gonflées; l'air, à chaque fois que le ventre s'abaisse, sort de la bouche avec bruit, et l'on entend un éclat de la voix qui se répète plusieurs fois de suite, quelquefois sur le même ton, d'autres fois sur des tons différents qui vont en diminuant à chaque répétition.

Dans le ris immodéré et dans presque toutes les passions violentes, les lèvres sont fort ouvertes; mais dans des mouvements de l'âme plus doux et plus tranquilles, les coins de la bouche s'éloignent sans qu'elle s'ouvre, les joues se gonflent, et dans quelques personnes il se forme sur chaque joue, à une petite distance des coins de la bouche, un léger enfoncement que l'on appelle *la fossette* : c'est un agrément qui se joint aux grâces dont le souris est ordinairement accompagné. Le souris est une marque de bienveillance, d'applaudissement et de satisfaction intérieure; c'est aussi une façon d'exprimer le mépris et la moquerie, mais dans ce souris malin on serre davantage les lèvres l'une contre l'autre par un mouvement de la lèvre inférieure.

Les joues sont des parties uniformes qui n'ont par elles-mêmes aucun mouvement, aucune expression, si ce n'est par la rougeur ou la pâleur qui les couvre involontairement dans des passions différentes; ces parties forment le contour de la face et l'union des traits; elles contribuent plus à la beauté du visage qu'à l'expression des passions : il en est de même du menton, des oreilles et des tempes.

On rougit dans la honte, la colère, l'orgueil, la joie; on pâlit dans la crainte, l'effroi et la tristesse; cette altération de la couleur du visage est absolument involontaire, elle manifeste l'état de l'âme sans son consentement; c'est un effet du sentiment sur lequel la volonté n'a aucun empire; elle peut commander à tout le reste, car un instant de réflexion suffit pour qu'on puisse arrêter les mouvements musculaires du visage dans les passions, et même pour les changer, mais il n'est pas possible d'empêcher le changement de couleur, parce qu'il dépend d'un mouvement du sang occasionné par l'action du diaphragme, qui est le principal organe du sentiment intérieur.

La tête en entier prend dans les passions des positions et des mouvements différents; elle est abaissée en avant dans l'humilité, la honte, la tristesse; penchée à côté dans la langueur, la pitié; élevée dans l'arrogance; droite et fixe dans l'opiniâtreté; la tête fait un mouvement en arrière dans l'étonnement, et plusieurs mouvements réitérés de côté et d'autre dans le mépris, la moquerie, la colère et l'indignation.

Dans l'affliction, la joie, l'amour, la honte, la compassion, les yeux se gonflent tout à coup, une humeur surabondante les couvre et les obscurcit, il en coule des larmes; l'effusion des larmes est toujours accompagnée d'une tension des muscles du visage, qui fait ouvrir la bouche; l'humeur qui se forme naturellement dans le nez devient plus abondante, les larmes s'y joignent par des conduits intérieurs, elles ne coulent pas uniformément, et elles semblent s'arrêter par intervalles.

Dans la tristesse [1], les deux coins de la bouche s'abaissent, la lèvre inférieure remonte, la paupière est abaissée à demi, la prunelle de l'œil est élevée et à moitié cachée par la paupière, les autres muscles de la face sont relâchés, de sorte que l'intervalle qui est entre la bouche et les yeux est plus grand qu'à l'ordinaire, et par conséquent le visage paraît allongé.

Dans la peur, la terreur, l'effroi, l'horreur, le front se ride, les sourcils s'élèvent, la paupière s'ouvre autant qu'il est possible, elle surmonte la prunelle, et laisse paraître

---

1. Voyez la dissertation de M. Parsons, qui a pour titre : *Human physionomy explain'd*. London, 1747.

une partie du blanc de l'œil au-dessus de la prunelle, qui est abaissée et un peu cachée par la paupière inférieure ; la bouche est en même temps fort ouverte, les lèvres se retirent et laissent paraître les dents en haut et en bas.

Dans le mépris et la dérision, la lèvre supérieure se relève d'un côté et laisse paraître les dents, tandis que de l'autre côté elle a un petit mouvement comme pour sourire, le nez se fronce du même côté que la lèvre s'est élevée, et le coin de la bouche recule ; l'œil du même côté est presque fermé, tandis que l'autre est ouvert à l'ordinaire, mais les deux prunelles sont abaissées comme lorsqu'on regarde du haut en bas.

Dans la jalousie, l'envie, la malice, les sourcils descendent et se froncent, les paupières s'élèvent et les prunelles s'abaissent, la lèvre supérieure s'élève de chaque côté, tandis que les coins de la bouche s'abaissent un peu, et que le milieu de la lèvre inférieure se relève pour joindre le milieu de la lèvre supérieure.

Dans le ris, les deux coins de la bouche reculent et s'élèvent un peu, la partie supérieure des joues se relève, les yeux se ferment plus ou moins, la lèvre supérieure s'élève, l'inférieure s'abaisse ; la bouche s'ouvre et la peau du nez se fronce dans les ris immodérés.

Les bras, les mains et tout le corps entrent aussi dans l'expression des passions ; les gestes concourent avec les mouvements du visage pour exprimer les différents mouvements de l'âme. Dans la joie, par exemple, les yeux, la tête, les bras et tout le corps sont agités par des mouvements prompts et variés ; dans la langueur et la tristesse les yeux sont abaissés, la tête est penchée sur le côté, les bras sont pendants et tout le corps est immobile ; dans l'admiration, la surprise, l'étonnement, tout mouvement est suspendu, on reste dans une même attitude. Cette première expression des passions est indépendante de la volonté, mais il y a une autre sorte d'expression qui semble être produite par une réflexion de l'esprit et par le commandement de la volonté qui fait agir les yeux, la tête, les bras et tout le corps : ces mouvements paraissent être autant d'efforts que fait l'âme pour défendre le corps; ce sont au moins autant de signes secondaires qui répètent les passions, et qui pourraient seuls les exprimer ; par exemple, dans l'amour, dans le désir, dans l'espérance, on lève la tête et les yeux vers le ciel, comme pour demander le bien que l'on souhaite ; on porte la tête et le corps en avant, comme pour avancer, en s'approchant, la possession de l'objet désiré ; on étend les bras, on ouvre les mains pour l'embrasser et le saisir : au contraire, dans la crainte, dans la haine, dans l'horreur, nous avançons les bras avec précipitation, comme pour repousser ce qui fait l'objet de notre aversion, nous détournons les yeux et la tête, nous reculons pour l'éviter, nous fuyons pour nous en éloigner. Ces mouvements sont si prompts qu'ils paraissent involontaires ; mais c'est un effet de l'habitude qui nous trompe, car ces mouvements dépendent de la réflexion, et marquent seulement la perfection des ressorts du corps humain par la promptitude avec laquelle tous les membres obéissent aux ordres de la volonté.

Comme toutes les passions sont des mouvements de l'âme, la plupart relatifs aux impressions des sens, elles peuvent être exprimées par les mouvements du corps, et surtout par ceux du visage; on peut juger de ce qui se passe à l'intérieur par l'action extérieure, et connaître à l'inspection des changements du visage la situation actuelle de l'âme ; mais comme l'âme n'a point de forme qui puisse être relative à aucune forme matérielle, on ne peut pas la juger par la figure du corps ou par la forme du visage ; un corps mal fait peut renfermer une fort belle âme, et l'on ne doit pas juger du bon ou du mauvais naturel d'une personne par les traits de son visage, car ces traits n'ont aucun rapport avec la nature de l'âme, aucune analogie sur laquelle on puisse fonder des conjectures raisonnables.

Les anciens étaient cependant fort attachés à cette espèce de préjugé, et dans tous les temps il y a eu des hommes qui ont voulu faire une science divinatoire de leurs prétendues connaissances en physionomie ; mais il est bien évident qu'elles ne peuvent s'étendre qu'à deviner les mouvements de l'âme par ceux des yeux, du visage et du corps, et que la forme du nez, de la bouche et des autres traits, ne fait pas plus à la forme de l'âme, au naturel de la personne, que la grandeur ou la grosseur des membres ne fait à la pensée. Un homme en sera-t-il plus spirituel parce qu'il aura le nez bien fait ? en sera-t-il moins sage parce qu'il aura les yeux petits et la bouche grande ? Il faut donc avouer que tout ce que nous ont dit les physionomistes est destitué de tout fondement, et que rien n'est plus chimérique que les inductions qu'ils ont voulu tirer de leurs prétendues observations métoposcopiques.

Les parties de la tête qui font le moins à la physionomie et à l'air du visage sont les oreilles ; elles sont placées à côté et cachées par les cheveux : cette partie, qui est si petite et si peu apparente dans l'homme, est fort remarquable dans la plupart des animaux quadrupèdes, elle fait beaucoup à l'air de la tête de l'animal, elle indique même son état de vigueur ou d'abattement, elle a des mouvements musculaires qui dénotent le sentiment et répondent à l'action intérieure de l'animal. Les oreilles de l'homme n'ont ordinairement aucun mouvement volontaire ou involontaire, quoiqu'il y ait des muscles qui y aboutissent : les plus petites oreilles sont, à ce qu'on prétend, les plus jolies, mais les plus grandes, et qui sont en même temps bien bordées, sont celles qui entendent le mieux. Il y a des peuples qui en agrandissent prodigieusement le lobe en le perçant et en y mettant des morceaux de bois ou de métal, qu'ils remplacent successivement par d'autres morceaux plus gros, ce qui fait avec le temps un trou énorme dans le lobe de l'oreille, qui croît toujours à proportion que le trou s'élargit; j'ai vu de ces morceaux de bois qui avaient plus d'un pouce et demi de diamètre, qui venaient des Indiens de l'Amérique méridionale : ils ressemblent à des dames de trictrac. On ne sait sur quoi peut être fondée cette coutume singulière de s'agrandir si prodigieusement les oreilles; il est vrai qu'on ne sait guère mieux d'où peut venir l'usage presque général dans toutes les nations de percer les oreilles, et quelquefois les narines, pour porter des boucles, des anneaux, etc., à moins que d'en attribuer l'origine aux peuples encore sauvages et nus qui ont cherché à porter de la manière la moins incommode les choses qui leur ont paru les plus précieuses, en les attachant à cette partie.

La bizarrerie et la variété des usages paraissent encore plus dans la manière différente dont les hommes ont arrangé les cheveux et la barbe : les uns, comme les Turcs, coupent leurs cheveux et laissent croître leur barbe; d'autres, comme la plupart des Européens, portent leurs cheveux ou des cheveux empruntés et rasent leur barbe; les sauvages se l'arrachent et conservent soigneusement leurs cheveux; les nègres se rasent la tête par figures, tantôt en étoiles, tantôt à la façon des religieux, et plus communément encore par bandes alternatives, en laissant autant de plein que de rasé, et ils font la même chose à leurs petits garçons ; les Talapoins de Siam font raser la tête et les sourcils aux enfants dont on leur confie l'éducation ; chaque peuple a sur cela des usages différents : les uns font plus de cas de la barbe de la lèvre supérieure que de celle du menton ; d'autres préfèrent celle des joues et celle du dessous du visage ; les uns la frisent ; les autres la portent lisse. Il n'y a pas bien longtemps que nous portions les cheveux du derrière de la tête épars et flottants ; aujourd'hui nous les portons dans un sac ; nos habillements sont différents de ceux de nos pères : la variété dans la manière de se vêtir est aussi grande que la diversité des nations, et ce qu'il y a de singulier, c'est que de toutes les espèces de vêtements nous avons choisi l'une des plus incommodes, et que notre manière, quoique généralement imitée par tous les peuples de l'Europe, est en même temps de toutes les manières de se vêtir celle qui demande le plus de temps, celle qui me paraît être le moins assortie à la nature.

Quoique les modes semblent n'avoir d'autre origine que le caprice et la fantaisie, les caprices adoptés et les fantaisies générales méritent d'être examinés : les hommes ont toujours fait et feront toujours cas de tout ce qui peut fixer les yeux des autres hommes et leur donner en même temps des idées avantageuses de richesse, de puissance, de grandeur, etc. : la valeur de ces pierres brillantes, qui de tout temps ont été regardées comme des ornements précieux, n'est fondée que sur leur rareté et sur leur éclat éblouissant ; il en est de même de ces métaux éclatants dont le poids nous paraît si léger lorsqu'il est réparti sur tous les plis de nos vêtements pour en faire la parure : ces pierres, ces métaux sont moins des ornements pour nous que des signes pour les autres, auxquels ils doivent nous remarquer et reconnaître nos richesses; nous tâchons de leur en donner une plus grande idée en agrandissant la surface de ces métaux, nous voulons fixer leurs yeux ou plutôt les éblouir; combien peu y en a-t-il, en effet, qui soient capables de séparer la personne de son vêtement et de juger sans mélange l'homme et le métal!

Tout ce qui est rare et brillant sera donc toujours de mode, tant que les hommes tireront plus d'avantage de l'opulence que de la vertu, tant que les moyens de paraître considérable seront si différents de ce qui mérite seul d'être considéré : l'éclat extérieur dépend beaucoup de la manière de se vêtir; cette manière prend des formes différentes, selon les différents points de vue sous lesquels nous voulons être regardés; l'homme modeste, ou qui veut le paraître, veut en même temps marquer cette vertu par la simplicité de son habillement; l'homme glorieux ne néglige rien de ce qui peut étayer son orgueil ou flatter sa vanité; on le reconnaît à la richesse ou à la recherche de ses ajustements.

Un autre point de vue que les hommes ont assez généralement est de rendre leur corps plus grand, plus étendu : peu contents du petit espace dans lequel est circonscrit notre être, nous voulons tenir plus de place en ce monde que la nature ne peut nous en donner; nous cherchons à agrandir notre figure par des chaussures élevées, par des vêtements renflés; quelque amples qu'ils puissent être, la vanité qu'ils couvrent n'est-elle pas encore plus grande? Pourquoi la tête d'un docteur est-elle environnée d'une quantité énorme de cheveux empruntés, et que celle d'un homme du bel air en est si légèrement garnie? L'un veut qu'on juge de l'étendue de sa science par la capacité physique de cette tête dont il grossit le volume apparent, et l'autre ne cherche à le diminuer que pour donner l'idée de la légèreté de son esprit.

Il y a des modes dont l'origine est plus raisonnable : ce sont celles où l'on a eu pour but de cacher des défauts et de rendre la nature moins désagréable. A prendre les hommes en général, il y a beaucoup plus de figures défectueuses et de laids visages que de personnes belles et bien faites : les modes qui ne sont que l'usage du plus grand nombre, usage auquel le reste se soumet, ont donc été introduites, établies par ce grand nombre de personnes intéressées à rendre leurs défauts plus supportables. Les femmes ont coloré leur visage lorsque les roses de leur teint se sont flétries, et lorsqu'une pâleur naturelle les rendait moins agréables que les autres; cet usage est presque universellement répandu chez tous les peuples de la terre; celui de se blanchir les cheveux[1] avec de la poudre et de les enfler par la frisure, quoique beaucoup moins général et bien plus nouveau, paraît avoir été imaginé pour faire sortir davantage les couleurs du visage et en accompagner plus avantageusement la forme.

Mais laissons les choses accessoires et extérieures, et, sans nous occuper plus longtemps des ornements et de la draperie du tableau, revenons à la figure. La tête de l'homme est à l'extérieur et à l'intérieur d'une forme différente de celle de la tête de tous les autres animaux, à l'ex-

---

1. Les Papous, habitants de la Nouvelle-Guinée, qui sont des peuples sauvages, ne laissent pas de faire grand cas de leur barbe et de leurs cheveux, et de les poudrer avec de la chaux. Voyez *Recueil des Voyages qui ont servi à l'établissement de la Compagnie des Indes*, t. IV, p. 637.

ception du singe, dans lequel cette partie est assez semblable ; il a cependant beaucoup moins de cerveau et plusieurs autres différences dont nous parlerons dans la suite. Le corps de presque tous les animaux quadrupèdes vivipares est en entier couvert de poils : le derrière de la tête de l'homme est, jusqu'à l'âge de puberté, la seule partie de son corps qui en soit couverte, et elle en est plus abondamment garnie que la tête d'aucun animal. Le singe ressemble encore à l'homme par les oreilles, par les narines, par les dents : il y a une très-grande diversité dans la grandeur, la position et le nombre des dents des différents animaux; les uns en ont en haut et en bas, d'autres n'en ont qu'à la mâchoire inférieure; dans les uns les dents sont séparées les unes des autres; dans d'autres elles sont continues et réunies; le palais de certains poissons n'est qu'une espèce de masse osseuse très-dure et garnie d'un très-grand nombre de pointes qui font l'office de dents[1].

Dans presque tous les animaux; la partie par laquelle ils prennent la nourriture est ordinairement solide ou armée de quelques corps durs : dans l'homme, les quadrupèdes et les poissons, les dents, le bec dans les oiseaux, les pinces, les scies, etc., dans les insectes, sont des instruments d'une matière dure et solide avec lesquels

---

1. On trouve dans le *Journal des Savants*, année 1675, un extrait de l'*Istoria anatomica dell' ossa del corpo humano, di Bernardino Genga*, etc., par lequel il paraît que cet auteur prétend qu'il s'est trouvé plusieurs personnes qui n'avaient qu'une seule dent qui occupait toute la mâchoire, sur laquelle on voyait de petites lignes distinctes par le moyen desquelles il semblait qu'il y en eût eu plusieurs : il dit avoir trouvé, dans le cimetière de l'hôpital du Saint-Esprit de Rome, une tête qui n'avait point de mâchoire inférieure, et que dans la supérieure il n'y avait que trois dents, savoir : deux molaires dont chacune était divisée en cinq avec les racines séparées, et l'autre formait les quatre dents incisives et les deux qu'on appelle canines. P. 254.

tous ces animaux saisissent et broient leurs aliments; toutes ces parties dures tirent leur origine des nerfs, comme les ongles, les cornes, etc. Nous avons dit que la substance nerveuse prend de la solidité et une grande dureté dès qu'elle se trouve exposée à l'air : la bouche est une partie divisée, une ouverture dans le corps de l'animal; il est donc naturel d'imaginer que les nerfs qui y aboutissent doivent prendre à leurs extrémités de la dureté et de la solidité et produire par conséquent les dents, les palais osseux, les becs, les pinces et toutes les autres parties dures que nous trouvons dans tous les animaux, comme ils produisent aux autres extrémités du corps auxquelles ils aboutissent les ongles, les cornes, les ergots, et même, à la surface, les poils, les plumes, les écailles, etc.

Le col soutient la tête et la réunit avec le corps : cette partie est bien plus considérable dans la plupart des animaux quadrupèdes qu'elle ne l'est dans l'homme; les poissons et les autres animaux qui n'ont point de poumons semblables aux nôtres n'ont point de col. Les oiseaux sont, en général, les animaux dont le col est le plus long; dans les espèces d'oiseaux qui ont les pattes courtes, le col est aussi assez court, et dans celles où les pattes sont fort longues, le col est aussi d'une très-grande longueur. Aristote dit que les oiseaux de proie qui ont des serres ont tous le col court.

La poitrine de l'homme est à l'extérieur conformée différemment de celle des autres animaux : elle est plus large à proportion du corps, et il n'y a que l'homme et le singe dans lesquels on trouve ces os qui sont immédiatement au-dessus du col et qu'on appelle les *clavicules*. Les deux mamelles sont posées sur la poitrine : celles des femmes sont plus grosses et plus éminentes que celles des hommes ; cependant elles paraissent être à peu près de la même consistance, et leur organisation est assez semblable, car les mamelles des hommes peuvent former du lait comme celles des femmes ; on a plusieurs exemples de ce fait, et c'est surtout à l'âge de puberté que cela arrive. J'ai vu un jeune homme de quinze ans faire sortir d'une de ses mamelles plus d'une cuillerée d'une liqueur laiteuse, ou plutôt de véritable lait. Il y a dans les animaux une grande variété dans la situation et dans le nombre des mamelles : les uns, comme le singe, l'éléphant, n'en ont que deux qui sont posées sur le devant de la poitrine ou à côté ; d'autres en ont quatre, comme l'ours ; d'autres, comme les brebis, n'en ont que deux placées entre les cuisses ; d'autres ne les ont ni sur la poitrine, ni entre les cuisses, mais sur le ventre, comme les chiennes, les truies, etc., qui en ont un grand nombre ; les oiseaux n'ont point de mamelles, non plus que tous les autres animaux ovipares ; les poissons vivipares, comme la baleine, le dauphin, le lamentin, etc., ont aussi des mamelles et du lait. La forme des mamelles varie dans les différentes espèces d'animaux et dans la même espèce, suivant les différents âges. On prétend que les femmes dont les mamelles ne sont pas bien rondes, mais en forme de poire, sont les meilleures nourrices, parce que les enfants peuvent alors prendre dans leur bouche non-seulement le mamelon, mais encore une partie même de l'extrémité de la mamelle. Au reste, pour que les mamelles des femmes soient bien placées, il faut qu'il y ait autant d'espace de l'un des mamelons à l'autre qu'il y en a depuis le mamelon jusqu'au milieu de la fossette des clavicules, en sorte que ces trois points fassent un triangle équilatéral.

Au-dessous de la poitrine est le ventre, sur lequel l'ombilic ou le nombril est apparent et bien marqué, au lieu que dans la plupart des espèces d'animaux il est presque insensible et souvent même entièrement oblitéré ; les singes même n'ont qu'une espèce de callosité ou de dureté à la place du nombril.

Les bras de l'homme ne ressemblent point du tout aux jambes de devant des quadrupèdes, non plus qu'aux ailes des oiseaux ; le singe est le seul de tous les animaux qui ait des bras et des mains, mais ces bras sont plus grossièrement formés et dans des proportions moins exactes que le bras et la main de l'homme ; les épaules sont aussi beaucoup plus larges et d'une forme très-différente dans l'homme de ce qu'elles sont dans tous les autres animaux ; le haut des épaules est la partie du corps sur laquelle l'homme peut porter les plus grands fardeaux.

La forme du dos n'est pas fort différente dans l'homme de ce qu'elle est dans plusieurs animaux quadrupèdes ; la partie des reins est seulement plus musculeuse et plus forte ; mais les fesses, qui sont les parties les plus inférieures du tronc, n'appartiennent qu'à l'espèce humaine : aucun des animaux quadrupèdes n'a de fesses ; ce que l'on prend pour cette partie sont leurs cuisses. L'homme est le seul qui se soutienne dans une situation droite et perpendiculaire ; c'est à cette position des parties inférieures qu'est relatif ce renflement au haut des cuisses qui forme les fesses.

Le pied de l'homme est aussi très-différent de celui de quelque animal que ce soit et même de celui du singe : le pied du singe est plutôt une main qu'un pied ; les doigts en sont longs et disposés comme ceux de la main ; celui du milieu est plus grand que les autres, comme dans la main ; ce pied du singe n'a d'ailleurs point de talon semblable à celui de l'homme : l'assiette du pied est aussi plus grande dans l'homme que dans tous les animaux quadrupèdes, et les doigts du pied servent beaucoup à maintenir l'équilibre du corps et à assurer ses mouvements dans la démarche, la course, la danse, etc.

Les ongles sont plus petits dans l'homme que dans tous les autres animaux ; s'ils excédaient beaucoup les extrémités des doigts, ils nuiraient à l'usage de la main. Les sauvages, qui les laissent croître, s'en servent pour déchirer la peau des animaux ; mais, quoique leurs ongles soient plus forts et plus grands que les nôtres, ils ne le sont point assez pour qu'on puisse les comparer en aucune façon à la corne ou aux ergots du pied des animaux.

On n'a rien observé de parfaitement exact dans le détail des proportions du corps humain : non-seulement les mêmes parties du corps n'ont pas les mêmes dimensions proportionnelles dans deux personnes différentes, mais souvent, dans la même personne, une partie n'est pas exactement semblable à la partie correspondante : par exemple, souvent le bras ou la jambe du côté droit n'a pas exactement les mêmes dimensions que le bras ou la jambe du côté gauche, etc. Il a donc fallu des observations répétées pendant longtemps pour trouver un milieu entre ces différences, afin d'établir au juste les dimensions des parties du corps humain et de donner une idée des proportions qui font ce que l'on appelle la belle nature : ce n'est pas par la comparaison du corps d'un homme avec celui d'un autre homme, ou par des mesures actuellement prises sur un grand nombre de sujets qu'on a pu acquérir cette connaissance, c'est par les efforts qu'on a faits pour imiter et copier exactement la nature : c'est à l'art du dessin qu'on doit tout ce que l'on peut savoir en ce genre ; le sentiment et le goût ont fait ce que la mécanique ne pouvait faire : on a quitté la règle et le compas pour s'en tenir au coup d'œil, on a réalisé sur le marbre toutes les formes, tous les contours de toutes les parties du corps humain, et on a mieux connu la nature par la représentation que par la nature même ; dès qu'il y a eu des statues, on a mieux jugé de leur perfection en les voyant qu'en les mesurant. C'est par un grand exercice de l'art du dessin et par un sentiment exquis que les grands statuaires sont parvenus à faire sentir aux autres hommes les justes proportions des ouvrages de la nature. Les anciens ont fait de si belles statues, que d'un commun accord on les a regardées comme la représentation exacte du corps humain le plus parfait. Ces statues, qui n'étaient que des copies de l'homme, sont devenues des originaux, parce que ces copies n'étaient pas faites d'après un seul individu, mais d'après l'espèce humaine entière bien observée, et si bien vue qu'on n'a pu trouver aucun homme dont le corps fût aussi bien proportionné que ces statues : c'est donc sur ces modèles que l'on a pris les mesures du corps humain ; nous les rapporterons ici comme les dessinateurs les ont données. On divise ordinairement la hauteur du corps en dix parties égales, que l'on appelle faces en terme d'art, parce que la face de l'homme a été le premier modèle de ces mesures : on distingue aussi trois parties égales dans chaque face, c'est-à-dire dans chaque dixième partie de la hauteur du corps ; cette seconde division vient de celle que l'on a faite de la face humaine en trois parties égales. La première commence au-dessus du front à la naissance des cheveux, et finit à la racine du nez ; le nez fait la seconde partie de la face, et la troisième, en commençant au-dessous du nez, va jusqu'au-dessous du menton : dans les mesures du reste du corps, on désigne quelquefois la troisième partie d'une face, ou une trentième partie de toute la hauteur, par le mot de nez ou de longueur de nez. La première face dont nous venons de parler, qui est toute la face de l'homme, ne commence qu'à la naissance des cheveux, qui est au-dessus du front : depuis ce point jusqu'au sommet de la tête, il y a encore un tiers de face de hauteur, ou, ce qui est la même chose, une hauteur égale à celle du nez; ainsi, depuis le sommet de la tête jusqu'au bas du menton, c'est-à-dire dans la hauteur de la tête, il y a une face et un tiers de face; entre le bas du menton et la fossette des clavicules, qui est au-dessus de la poitrine, il y a deux tiers de face; ainsi la hauteur, depuis le dessus de la poitrine jusqu'au sommet de la tête, fait deux fois la longueur de la face, ce qui est la cinquième partie de toute la hauteur du corps; depuis la fossette des clavicules jusqu'au bas des mamelles, on compte une face; au-dessous des mamelles commence la quatrième face, qui finit au nombril, et la cinquième va à l'endroit où se fait la bifurcation du tronc, ce qui fait en tout la moitié de la hauteur du corps. On compte deux faces dans la longueur de la cuisse jusqu'au genou; le genou fait une demi-face, qui est la moitié de la huitième; il y a deux faces dans la longueur de la jambe, depuis le bas du genou jusqu'au cou-de-pied, ce qui fait en tout neuf faces et demie, et depuis le cou-de-pied jusqu'à la plante du pied, il y a une demi-face qui complète les dix faces dans lesquelles on a divisé toute la hauteur du corps. Cette division a été faite pour le commun des hommes; mais pour ceux qui sont d'une taille haute et fort au-dessus du commun, il se trouve environ une demi-face de plus dans la partie du corps qui est entre les mamelles et la bifurcation du tronc : c'est donc cette hauteur de surplus dans cet endroit du corps qui fait la belle taille ; alors la naissance de la bifurcation du tronc ne se rencontre pas précisément au milieu de la hauteur du corps, mais un peu au-dessous. Lorsqu'on étend les bras de façon qu'ils soient tous deux sur une même ligne droite et horizontale, la distance qui se trouve entre les extrémités des grands doigts des mains est égale à la hauteur du corps. Depuis la fossette qui est entre les clavicules jusqu'à l'emboîture de l'os de l'épaule avec celui du bras, il y a une face; lorsque le bras est appliqué contre le corps et plié en avant, on y compte quatre faces, savoir, deux entre l'emboîture de l'épaule et l'extrémité du coude, et deux autres depuis le coude jusqu'à la première naissance du petit doigt, ce qui fait cinq faces, et cinq pour le côté de l'autre bras; c'est en tout dix faces, c'est-à-dire une longueur égale à toute la hauteur du corps; il reste cependant à l'extrémité de chaque main la longueur des doigts, qui est d'environ une demi-face, mais il faut faire attention que cette demi-face se perd dans les emboîtures du coude et de l'épaule lorsque les bras sont étendus. La main a une face de longueur, le pouce a un tiers de face ou une longueur de nez, de même que le plus long doigt du pied; la longueur du dessous du pied est égale à une sixième partie de la hauteur du corps en entier. Si l'on voulait vérifier ces mesures de longueur sur un seul homme, on les trouverait fautives à plusieurs égards par les raisons que nous en avons données; il serait encore bien plus difficile de déterminer les mesures de la grosseur des différentes parties du corps : l'embonpoint ou la maigreur change si fort ces dimensions, et le mouvement des muscles les fait varier dans un si grand nombre de positions, qu'il est presque impossible de donner là-dessus des résultats sur lesquels on puisse compter.

Dans l'enfance, les parties supérieures du corps sont plus grandes que les parties inférieures; les cuisses et les jambes ne font pas à beaucoup près la moitié de la hauteur du corps; à mesure que l'enfant avance en âge, ces parties inférieures prennent plus d'accroissement que les parties supérieures, et lorsque l'accroissement de tout le corps est entièrement achevé, les cuisses et les jambes font à peu près la moitié de la hauteur du corps.

Dans les femmes, la partie antérieure de la poitrine est plus élevée que dans les hommes, en sorte qu'ordinairement la capacité de la poitrine, formée par les côtes, a plus d'épaisseur dans les femmes et plus de largeur dans les hommes, proportionnellement au reste du corps; les hanches des femmes sont aussi beaucoup plus grosses, parce que les os des hanches et ceux qui y sont joints, et qui composent ensemble cette capacité qu'on appelle le bassin, sont plus larges qu'ils ne le sont dans les hommes; cette différence dans la conformation de la poitrine et du bassin est assez sensible pour être reconnue fort aisément, et elle suffit pour faire distinguer le squelette d'une femme de celui d'un homme.

La hauteur totale du corps humain varie assez considérablement; la grande taille pour les hommes est depuis cinq pieds quatre ou cinq pouces jusqu'à cinq pieds huit ou neuf pouces; la taille médiocre est depuis cinq pieds ou cinq pieds un pouce jusqu'à cinq pieds quatre pouces, et la petite taille est au-dessous de cinq pieds : les femmes ont en général deux ou trois pouces de moins que les hommes; nous parlerons ailleurs des géants et des nains.

Quoique le corps de l'homme soit à l'extérieur plus délicat que celui d'aucun des animaux, il est cependant très-nerveux, et peut-être plus fort par rapport à son volume que celui des animaux les plus forts; car si nous voulons comparer la force du lion à celle de l'homme, nous devons considérer que cet animal étant armé de griffes et de dents, l'emploi qu'il fait de ses forces nous en donne une fausse idée, nous attribuons à sa force ce qui n'appartient qu'à ses armes; celles que l'homme a reçues de la nature ne sont point offensives : heureux si l'art ne lui en eût pas mis à la main de plus terribles que les ongles du lion!

Mais il y a une meilleure manière de comparer la force de l'homme avec celle des animaux; c'est par le poids qu'il peut porter; on assure que les portefaix ou crocheteurs de Constantinople portent des fardeaux de neuf cents livres pesant; je me souviens d'avoir lu une expérience de M. Desaguliers au sujet de la force de l'homme : il fit faire une espèce de harnais par le moyen duquel il distribuait sur toutes les parties du corps d'un homme debout un certain nombre de poids, en sorte que chaque partie du corps supportait tout ce qu'elle pouvait supporter relativement aux autres, et qu'il n'y avait aucune partie qui ne fût chargée comme elle devait l'être; on portait au moyen de cette machine, sans être fort surchargé, un poids de deux milliers : si on compare cette charge avec celle que, volume pour volume, un cheval doit porter, on trouvera que comme le corps de cet animal a au moins six ou sept fois plus de volume que celui d'un homme, on pourrait donc charger un cheval de douze à quatorze milliers, ce qui est un poids énorme en comparaison des fardeaux que nous faisons porter à cet animal, même en distribuant le poids du fardeau aussi avantageusement qu'il nous est possible.

On peut encore juger de la force par la continuité de l'exercice et par la légèreté des mouvements; les hommes qui sont exercés à la course devancent les chevaux ou du moins soutiennent ce mouvement bien plus longtemps; et même dans un exercice plus modéré, un homme accoutumé à marcher fera chaque jour plus de chemin qu'un cheval, et s'il ne fait que le même chemin, lorsqu'il aura marché autant de jours qu'il sera nécessaire pour que le cheval soit rendu, l'homme sera encore en état de continuer sa route sans en être incommodé. Les charters d'Ispahan, qui sont des coureurs de profession, font trente-six lieues en quatorze ou quinze heures. Les voyageurs assurent que les Hottentots devancent les lions à la course, que les sauvages qui vont à la chasse de l'orignal poursuivent ces animaux, qui sont aussi légers que des cerfs, avec tant de vitesse qu'ils les lassent et les attrapent. On raconte mille autres choses prodigieuses de la légèreté des sauvages à la course, et des longs voyages qu'ils entreprennent et qu'ils achèvent à pied dans les montagnes les plus escarpées, dans les pays les plus difficiles, où il n'y a aucun chemin battu, aucun sentier tracé; ces hommes font, dit-on, des voyages de mille et douze cents lieues en moins de six semaines ou deux mois. Y a-t-il aucun animal, à l'exception des oiseaux qui ont en effet les muscles plus forts à proportion que tous les autres animaux, y a-t-il, dis-je, aucun animal qui pût soutenir cette longue fatigue? l'homme civilisé ne connaît pas ses forces, il ne sait pas combien il en perd par la mollesse, et combien il pourrait en acquérir par l'habitude d'un fort exercice.

Il se trouve cependant quelquefois parmi nous des

hommes d'une force [1] extraordinaire, mais ce don de la nature, qui leur serait précieux s'ils étaient dans le cas de l'employer pour leur défense ou pour des travaux utiles, est un très-petit avantage dans une société policée où l'esprit fait plus que le corps, et où le travail de la main ne peut être que celui des hommes du dernier ordre.

Les femmes ne sont pas, à beaucoup près, aussi fortes que les hommes, et le plus grand usage ou le plus grand abus que l'homme ait fait de sa force, c'est d'avoir asservi et traité souvent d'une manière tyrannique cette moitié du genre humain, faite pour partager avec lui les plaisirs et les peines de la vie. Les sauvages obligent leurs femmes à travailler continuellement; ce sont elles qui cultivent la terre, qui font l'ouvrage pénible, tandis que le mari reste nonchalamment couché dans son hamac, dont il ne sort que pour aller à la chasse ou à la pêche, ou pour se tenir debout dans la même attitude pendant des heures entières; car les sauvages ne savent ce que c'est que de se promener, et rien ne les étonne plus dans nos manières que de nous voir aller en droite ligne et revenir ensuite sur nos pas plusieurs fois de suite; ils n'imaginent pas qu'on puisse prendre cette peine sans aucune nécessité, et se donner ainsi du mouvement qui n'aboutit à rien. Tous les hommes tendent à la paresse, mais les sauvages des pays chauds sont les plus paresseux de tous les hommes, et les plus tyranniques à l'égard de leurs femmes par les services qu'ils en exigent avec une dureté vraiment sauvage : chez les peuples policés, les hommes, comme les plus forts, ont dicté des lois

---

1. « Nos quoque vidimus Athanatum nomine prodigiosæ ostentationis
« quingenario thorace plumbeo indutum, cothurnisque quingentorum pondo
« calcatum, per scenam ingredi. » Plin., vol. II, lib. VII, p. 39.

où les femmes sont toujours plus lésées, à proportion de la grossièreté des mœurs, et ce n'est que parmi les nations civilisées jusqu'à la politesse que les femmes ont obtenu cette égalité de condition qui cependant est si naturelle et si nécessaire à la douceur de la société; aussi cette politesse dans les mœurs est-elle leur ouvrage; elles ont opposé à la force des armes victorieuses, lorsque par leur modestie elles nous ont appris à reconnaître l'empire de la beauté, avantage naturel plus grand que celui de la force, mais qui suppose l'art de le faire valoir. Car les idées que les différents peuples ont de la beauté sont si singulières et si opposées, qu'il y a tout lieu de croire que les femmes ont plus gagné par l'art de se faire désirer, que par ce don même de la nature, dont les hommes jugent si différemment; ils sont bien plus d'accord sur la valeur de ce qui est en effet l'objet de leurs désirs; le prix de la chose augmente par la difficulté d'en obtenir la possession. Les femmes ont eu de la beauté, dès qu'elles ont su se respecter assez pour se refuser à tous ceux qui ont voulu les attaquer par d'autres voies que par celles du sentiment, et du sentiment une fois né la politesse des mœurs a dû suivre.

Les anciens avaient des goûts de beauté différents des nôtres; les petits fronts, les sourcils joints ou presque point séparés étaient des agréments dans le visage d'une femme : on fait encore aujourd'hui grand cas en Perse des gros sourcils qui se joignent; dans quelques pays des Indes il faut pour être belle avoir les dents noires et les cheveux blancs, et l'une des principales occupations des femmes aux îles Mariannes est de se noircir les dents avec des herbes, et de se blanchir les cheveux à force de les laver avec de certaines eaux préparées. A la Chine et au Japon, c'est une beauté que d'avoir le visage large, les yeux petits et couverts, le nez camus et large, les pieds extrêmement petits, le ventre fort gros, etc. Il y a des peuples, parmi les Indiens de l'Amérique et de l'Asie, qui aplatissent la tête de leurs enfants en leur serrant le front et le derrière de la tête entre des planches, afin de rendre leur visage beaucoup plus large qu'il ne le serait naturellement; d'autres aplatissent la tête et l'allongent en la serrant par les côtés, d'autres l'aplatissent par le sommet, d'autres enfin la rendent la plus ronde qu'ils peuvent; chaque nation a des préjugés différents sur la beauté, chaque homme a même sur cela ses idées et son goût particulier; ce goût est apparemment relatif aux premières impressions agréables qu'on a reçues de certains objets dans le temps de l'enfance, et dépend peut-être plus de l'habitude et du hasard que de la disposition de nos organes. Nous verrons, lorsque nous traiterons du développement des sens, sur quoi peuvent être fondées les idées de beauté en général que les yeux peuvent nous donner.

DE LA VIEILLESSE ET DE LA MORT.

Tout change dans la nature, tout s'altère, tout périt; le corps de l'homme n'est pas plus tôt arrivé à son point de perfection, qu'il commence à déchoir : le dépérissement est d'abord insensible; il se passe même plusieurs années avant que nous nous apercevions d'un changement considérable : cependant nous devrions sentir le poids de nos années mieux que les autres ne peuvent en compter le nombre; et comme ils ne se trompent pas sur notre âge en le jugeant par les changements extérieurs, nous devrions nous tromper encore moins sur l'effet intérieur qui les produit, si nous nous observions mieux, si nous nous flattions moins, et si, dans tout, les autres ne nous jugeaient pas toujours beaucoup mieux que nous ne nous jugeons nous-mêmes.

Lorsque le corps a acquis toute son étendue en hauteur et en largeur par le développement entier de toutes ses parties, il augmente en épaisseur; le commencement de cette augmentation est le premier point de son dépérissement, car cette extension n'est pas une continuation de développement ou d'accroissement intérieur de chaque partie par lesquels le corps continuerait de prendre plus d'étendue dans toutes ses parties organiques, et par conséquent plus de force et d'activité, mais c'est une simple addition de matière surabondante qui enfle le volume du corps et le charge d'un poids inutile. Cette matière est la graisse qui survient ordinairement à trente-cinq ou quarante ans; et, à mesure qu'elle augmente, le corps a moins de légèreté et de liberté dans ses mouvements, ses facultés pour la génération diminuent, ses membres s'appesantissent, il n'acquiert de l'étendue qu'en perdant de la force et de l'activité.

D'ailleurs, les os et les autres parties solides du corps, ayant pris toute leur extension en longueur et en grosseur, continuent d'augmenter en solidité; les sucs nourriciers qui y arrivent, et qui étaient auparavant employés à en augmenter le volume par le développement, ne servent plus qu'à l'augmentation de la masse, en se fixant dans l'intérieur de ces parties; les membranes deviennent cartilagineuses, les cartilages deviennent osseux, les os deviennent plus solides, toutes les fibres plus dures, la peau se dessèche, les rides se forment peu à peu, les cheveux blanchissent, les dents tombent, le visage se déforme, le corps se courbe, etc. Les premières nuances de cet état se font apercevoir avant quarante ans; elles augmentent par degrés assez lents jusqu'à soixante, par degrés plus rapides jusqu'à soixante et dix ; la caducité commence à cet âge de soixante et dix ans, elle va toujours en augmentant; la décrépitude suit, et la mort termine ordinairement avant l'âge de quatre-vingt-dix ou cent ans la vieillesse et la vie.

Considérons en particulier ces différents objets; et de la même façon que nous avons examiné les causes de l'origine et du développement de notre corps, examinons aussi celles de son dépérissement et de sa destruction. Les os, qui sont les parties les plus solides du corps, ne sont dans le commencement que des filets d'une matière ductile qui prend peu à peu de la consistance et de la dureté; on peut considérer les os dans leur premier état comme autant de filets ou de petits tuyaux creux revêtus d'une membrane en dehors et en dedans; cette double membrane fournit la substance qui doit devenir osseuse, ou le devient elle-même en partie, car le petit intervalle qui est entre ces deux membranes, c'est-à-dire entre le périoste intérieur et le périoste extérieur, devient bientôt une lame osseuse : on peut concevoir en partie comment se fait la production et l'accroissement des os et des autres parties solides du corps des animaux, par la comparaison de la manière dont se forment le bois et les autres parties solides des végétaux. Prenons pour exemple une espèce d'arbre dont le bois conserve une cavité à son intérieur, comme un figuier ou un sureau, et comparons la formation du bois de ce tuyau creux de sureau avec celle de l'os de la cuisse d'un animal, qui a de même une cavité : la première année, lorsque le bouton qui doit former la branche commence à s'étendre, ce n'est qu'une matière ductile qui par son extension devient un filet herbacé, et qui se développe sous la forme d'un petit tuyau rempli de moelle ; l'extérieur de ce tuyau est revêtu d'une membrane fibreuse, et les parois intérieures de la cavité sont aussi tapissées d'une pareille membrane : ces membranes, tant l'extérieure que l'intérieure, sont, dans leur très-petite épaisseur, composées de plusieurs plans superposés de fibres encore molles qui tirent la nourriture nécessaire à l'accroissement du tout ; ces plans intérieurs de fibres se durcissent peu à peu par le dépôt de la séve qui y arrive, et la première année il se forme une lame ligneuse entre les deux membranes ; cette lame est plus ou moins épaisse à proportion de la quantité de séve nourricière qui a été pompée et déposée dans l'intervalle qui sépare la membrane extérieure de la membrane intérieure ; mais quoique ces deux membranes soient devenues solides et ligneuses par leurs surfaces intérieures, elles conservent à leurs surfaces extérieures de la souplesse et de la ductilité, et l'année suivante, lorsque le bouton qui est à leur sommet commun vient à prendre de l'extension, la séve monte par ces fibres ductiles de chacune de ces membranes, et en se déposant dans les plans intérieurs de leurs fibres, et même dans la lame ligneuse qui les sépare, ces plans intérieurs deviennent ligneux comme les autres qui ont formé la première lame, et en même temps cette première lame augmente en densité ; il se fait donc deux couches nouvelles de bois, l'une à la face extérieure, et l'autre à la face intérieure de la première lame, ce qui augmente l'épaisseur du bois et rend plus grand l'intervalle qui sépare les deux membranes ductiles; l'année suivante elles s'éloignent encore davantage par deux nouvelles couches de bois qui se collent contre les trois premières, l'une à l'extérieur et l'autre à l'intérieur, et de cette manière le bois augmente toujours en épaisseur et en solidité; la cavité intérieure augmente aussi à mesure que la branche grossit, parce que la membrane intérieure croît, comme l'extérieure, à mesure que tout le reste s'étend : elles ne deviennent toutes deux ligneuses que dans la partie qui touche au bois déjà formé. Si l'on ne considère donc que la petite branche qui a été produite pendant la première année, ou bien si l'on prend un intervalle entre deux nœuds, c'est-à-dire la production d'une seule année, on trouvera que cette partie de la branche conserve en grand la même figure qu'elle avait en petit; les nœuds qui terminent et séparent les productions de chaque année marquent les extrémités de l'accroissement de cette partie de la branche : ces extrémités sont les points d'appui contre lesquels se fait l'action des puissances qui servent au développement et à l'extension des parties contiguës qui se développent l'année suivante; les boutons supérieurs poussent et s'étendent en réagissant contre ce point d'appui, et forment une seconde partie de la branche de la même façon que s'est formée la première, et ainsi de suite tant que la branche croît.

La manière dont se forment les os serait assez semblable à celle que je viens de décrire, si les points d'appui de l'os, au lieu d'être à ses extrémités, comme dans le bois, ne se trouvaient au contraire dans la partie du milieu, comme nous allons tâcher de le faire entendre. Dans les premiers temps, les os du fœtus ne sont encore que des filets d'une matière ductile que l'on aperçoit aisément et distinctement à travers la peau et les autres parties extérieures, qui sont alors extrêmement minces et presque transparentes : l'os de la cuisse, par exemple, n'est qu'un petit filet fort court qui, comme le filet herbacé dont nous venons de parler, contient une cavité ; ce petit tuyau creux est fermé aux deux bouts par une matière ductile, et il est revêtu, à sa surface extérieure et à l'intérieur de sa cavité, de deux membranes composées dans leur épaisseur de plusieurs plans de fibres toutes molles et ductiles : à mesure que ce petit tuyau reçoit des sucs nourriciers, les deux extrémités s'éloignent de la partie du milieu : cette partie reste toujours à la même place, tandis que toutes les autres s'en éloignent peu à peu des deux côtés ; elles ne peuvent s'éloigner dans cette direction opposée sans réagir sur cette partie du milieu ; les parties qui environnent ce point du milieu prennent donc plus de consistance, plus de solidité, et commencent à s'ossifier les premières : la première lame osseuse est bien, comme la première lame ligneuse, produite dans l'intervalle qui sépare les deux membranes, c'est-à-dire entre le périoste extérieur et le périoste qui tapisse les parois de la cavité intérieure, mais elle ne s'étend pas, comme la lame ligneuse, dans toute la longueur de la partie qui prend de l'extension. L'intervalle des deux périostes devient osseux, d'abord dans la partie du milieu de la longueur de l'os ; ensuite les parties qui avoisinent le milieu sont celles qui s'ossifient, tandis que les extrémités de l'os et les parties qui avoisinent ces extrémités restent ductiles et spongieuses ; et comme la partie du milieu est celle qui est la première ossifiée, et que quand une fois une partie est ossifiée elle ne peut plus s'étendre, il n'est pas possible qu'elle prenne autant de grosseur que les autres : la partie du milieu doit donc être la partie la plus menue de l'os, car les autres parties et les extrémités ne se durcissant qu'après celle du milieu, elles doivent prendre plus d'accroissement et de volume, et c'est par cette raison que la partie du milieu des os est plus menue que toutes les autres parties, et que les têtes des os, qui se durcissent les dernières et qui sont les parties les plus éloignées du milieu, sont aussi les parties les plus grosses de l'os. Nous pourrions suivre plus loin cette théorie sur la figure des os ; mais pour ne pas nous éloigner de notre principal objet, nous nous contenterons d'observer qu'indépendamment de cet accroissement en longueur qui se fait, comme l'on voit, d'une manière différente de celle dont se fait l'accroissement du bois, l'os prend en même temps un accroissement en grosseur qui s'opère à peu près de la même manière que celui du bois, car la première lame osseuse est produite par la partie intérieure du périoste ; et lorsque cette première lame osseuse est formée entre le périoste intérieur et le périoste extérieur, il s'en forme bientôt deux autres qui se collent de chaque côté de la première, ce qui augmente en même temps la circonférence de l'os et le diamètre de sa cavité, et les parties intérieures des deux périostes continuant ainsi à s'ossifier, l'os continue à grossir par l'addition de toutes ces couches osseuses produites par les périostes, de la même façon que le bois grossit par l'addition des couches ligneuses produites par les écorces.

Mais lorsque l'os est arrivé à son développement entier, lorsque les périostes ne fournissent plus de matière ductile capable de s'ossifier, ce qui arrive lorsque l'animal a pris son accroissement en entier, alors les sucs nourriciers qui étaient employés à augmenter le volume de l'os ne servent plus qu'à en augmenter la densité ; ces sucs se déposent dans l'intérieur de l'os ; il devient plus solide, plus massif, plus pesant spécifiquement, comme on peut le voir par la pesanteur et la solidité des os d'un bœuf, comparées à la pesanteur et à la solidité des os d'un veau, et enfin la substance de l'os devient avec le temps si compacte qu'elle ne peut plus admettre les sucs nécessaires à cette espèce de circulation qui fait la nutrition de ces parties : dès lors cette substance de l'os doit s'altérer, comme le bois d'un vieil arbre s'altère lorsqu'il a une fois acquis toute sa solidité : cette altération dans la substance même des os est une des premières causes qui rendent nécessaire le dépérissement de notre corps.

Les cartilages, qu'on peut regarder comme des os mous et imparfaits, reçoivent, comme les os, des sucs nourriciers qui en augmentent peu à peu la densité : ils deviennent plus solides à mesure qu'on avance en âge, et dans la vieillesse ils se durcissent presque jusqu'à l'ossification, ce qui rend les mouvements des jointures du corps très-difficiles et doit enfin nous priver de l'usage de nos membres et produire une cessation totale du mouvement extérieur, seconde cause très-immédiate et très-nécessaire d'un dépérissement plus sensible et plus marqué que le premier, puisqu'il se manifeste par la cessation des fonctions extérieures de notre corps.

Les membranes, dont la substance a bien des choses communes avec celle des cartilages, prennent aussi, à mesure qu'on avance en âge, plus de densité et de sécheresse : par exemple, celles qui environnent les os cessent d'être ductiles de bonne heure ; dès que l'accroissement du corps est achevé, c'est-à-dire dès l'âge de dix-huit ou vingt ans, elle ne peuvent plus s'étendre, elles commencent donc à augmenter en solidité et continuent à devenir plus denses à mesure qu'on vieillit ; il en est de même des fibres qui composent les muscles et la chair : plus on vit, plus la chair devient dure ; cependant, à en juger par l'attouchement extérieur, on pourrait croire que c'est tout le contraire, car dès qu'on a passé l'âge de la jeunesse, il semble que la chair commence à perdre de sa fraîcheur et de sa fermeté, et à mesure qu'on avance en âge il paraît qu'elle devient toujours plus molle. Il faut faire attention que ce n'est pas de la chair, mais de la peau que cette apparence dépend : lorsque la peau est bien tendue, comme elle l'est en effet tant que les chairs et les autres parties prennent de l'augmentation de volume, la chair, quoique moins solide qu'elle ne doit le devenir, paraît ferme au toucher ; cette fermeté commence à diminuer lorsque la graisse recouvre les chairs, parce que la graisse, surtout lorsqu'elle est trop abondante, forme une espèce de couche entre la chair et la peau : cette couche de graisse que recouvre la peau étant beaucoup plus molle que la chair sur laquelle la peau portait auparavant, on s'aperçoit au toucher de cette différence, et la chair paraît avoir perdu de sa fermeté ; la peau s'étend et croît à mesure que la graisse augmente, et ensuite, pour peu qu'elle diminue, la peau se plisse et la chair paraît être alors fade et molle au toucher : ce n'est donc pas la chair elle-même qui se ramollit, mais c'est la peau dont elle est couverte qui, n'étant plus assez tendue, devient molle, car la chair prend toujours plus de dureté à mesure qu'on avance en âge ; on peut s'en assurer par la comparaison de la chair des jeunes animaux avec celle de ceux qui sont vieux ; l'une est tendre et délicate, et l'autre est si sèche et si dure qu'on ne peut en manger.

La peau peut toujours s'étendre tant que le volume du corps augmente ; mais lorsqu'il vient à diminuer, elle n'a pas tout le ressort qu'il faudrait pour se rétablir en entier dans son premier état ; il reste alors des rides et des plis qui ne s'effacent plus : les rides du visage dépendent en partie de cette cause, mais il y a dans leur production une espèce d'ordre relatif à la forme, aux traits et aux mouvements habituels du visage. Si l'on examine bien le visage d'un homme de vingt-cinq ou trente ans, on pourra déjà y découvrir l'origine de toutes les rides qu'il aura dans sa vieillesse ; il ne faut pour cela que voir le visage dans un état de violente action, comme celle du ris, des pleurs, ou seulement celle d'une forte grimace : tous les plis qui se formeront dans ces différentes actions seront un jour des rides ineffaçables ; elles suivent, en effet, la disposition des muscles et se gravent plus ou moins par l'habitude plus ou moins répétée des mouvements qui en dépendent.

A mesure qu'on avance en âge, les os, les cartilages, les membranes, la chair, la peau et toutes les fibres du corps deviennent donc plus solides, plus dures, plus sèches ; toutes les parties se retirent, se resserrent, tous les mouvements deviennent plus lents, plus difficiles ; la circulation des fluides se fait avec moins de liberté, la transpiration diminue, les sécrétions s'altèrent, la digestion des aliments devient lente et laborieuse, les sucs nourriciers sont moins abondants, et, ne pouvant être reçus dans la plupart des fibres devenues trop solides, ils ne servent plus à la nutrition ; ces parties trop solides sont des parties déjà mortes, puisqu'elles cessent de se nourrir; le corps meurt donc peu à peu et par parties, son mouvement diminue par degrés, la vie s'éteint par nuances successives, et la mort n'est que le dernier terme de cette suite de degrés, la dernière nuance de la vie.

Comme les os, les cartilages, les muscles et toutes les autres parties qui composent le corps sont moins solides et plus molles dans les femmes que dans les hommes, il faudra plus de temps pour que ces parties prennent cette solidité qui cause la mort; les femmes, par conséquent, doivent vieillir plus que les hommes : c'est aussi ce qui arrive, et on peut observer, en consultant les tables qu'on a faites sur la mortalité du genre humain, que quand les femmes ont passé un certain âge elles vivent ensuite plus longtemps que les hommes du même âge : on doit aussi conclure de ce que nous avons dit que les hommes qui sont en apparence plus faibles que les autres et qui approchent plus de la constitution des femmes doivent vivre plus longtemps que ceux qui paraissent être les plus forts et les plus robustes; et de même on peut croire que dans l'un et l'autre sexe les personnes qui n'ont achevé de prendre leur accroissement que fort tard sont celles qui doivent vivre le plus, car dans ces deux cas les os, les cartilages et toutes les fibres arriveront plus tard à ce degré de solidité qui doit produire leur destruction.

Cette cause de la mort naturelle est générale et commune à tous les animaux et même aux végétaux : un chêne ne périt que parce que les parties les plus anciennes du bois, qui sont au centre, deviennent si dures et si compactes qu'elles ne peuvent plus recevoir de nourriture; l'humidité qu'elles contiennent, n'ayant plus de circulation et n'étant pas remplacée par une sève nouvelle, fermente, se corrompt et altère peu à peu les fibres du bois ; elles deviennent rouges, elles se désorganisent ; enfin elles tombent en poussière.

La durée totale de la vie peut se mesurer en quelque façon par celle du temps de l'accroissement : un arbre ou un animal qui prend en peu de temps tout son accroissement périt beaucoup plus tôt qu'un autre auquel il faut plus de temps pour croître. Dans les animaux, comme dans les végétaux, l'accroissement en hauteur est celui qui est achevé le premier ; un chêne cesse de grandir longtemps avant qu'il cesse de grossir : l'homme croît en hauteur jusqu'à seize ou dix-huit ans, et cependant le développement entier de toutes les parties de son corps en grosseur n'est achevé qu'à trente ans : les chiens prennent en moins d'un an leur accroissement en longueur, et ce n'est que dans la seconde année qu'ils achèvent de prendre leur grosseur. L'homme, qui est trente ans à croître, vit quatre-vingt-dix ou cent ans ; le chien, qui ne croît que pendant deux ou trois ans, ne vit aussi que dix ou douze ans ; il en est de même de la plupart des autres animaux : les poissons, qui ne cessent de croître qu'au bout d'un très-grand nombre d'années, vivent des siècles, et, comme nous l'avons déjà insinué, cette longue durée de leur vie doit dépendre de la constitution particulière de leurs arêtes, qui ne prennent jamais autant de solidité que les os des animaux terrestres. Nous examinerons dans l'histoire particulière des animaux s'il y a des exceptions à cette espèce de règle que suit la nature dans la proportion de la durée de la vie à celle de l'accroissement, et si en effet il est vrai que les corbeaux et les cerfs vivent, comme on le prétend, un si grand nombre d'années : ce qu'on peut dire en général, c'est que les grands animaux vivent plus longtemps que les petits, parce qu'ils sont plus de temps à croître.

Les causes de notre destruction sont donc nécessaires, et la mort est inévitable : il ne nous est pas plus possible d'en reculer le terme fatal, que de changer les lois de la nature. Les idées que quelques visionnaires ont eues sur la possibilité de perpétuer la vie par des remèdes auraient dû périr avec eux, si l'amour-propre n'augmentait pas toujours la crédulité au point de se persuader ce qu'il y a même de plus impossible, et de douter de ce qu'il y a de plus vrai, de plus réel et de plus constant; la panacée, quelle qu'en fût la composition, la transfusion du sang et les autres moyens qui ont été proposés pour rajeunir ou immortaliser le corps, sont au moins aussi chimériques que la fontaine de Jouvence est fabuleuse.

Lorsque le corps est bien constitué, peut-être est-il possible de le faire durer quelques années de plus en le ménageant; il se peut que la modération dans les passions, la tempérance et la sobriété dans les plaisirs, contribuent à la durée de la vie, encore cela même paraît-il fort douteux; il est peut-être nécessaire que le corps fasse l'emploi de toutes ses forces, qu'il consomme tout ce qu'il peut consommer, qu'il s'exerce autant qu'il en est capable; que gagnera-t-on dès lors par la diète et par la privation? Il y a des hommes qui ont vécu au delà du terme ordinaire, et, sans parler de ces deux vieillards dont il est fait mention dans les *Transactions philosophiques*, dont l'un a vécu cent soixante-cinq ans, et l'autre cent quarante-quatre, nous avons un grand nombre d'exemples d'hommes qui ont vécu cent dix, et même cent vingt ans; cependant ces hommes ne s'étaient pas plus ménagés que d'autres; au contraire, il paraît que la plupart étaient des paysans accoutumés aux plus grandes fatigues, des chasseurs, des gens de travail, des hommes en un mot qui avaient employé toutes les forces de leur corps, qui en avaient même abusé, s'il est possible d'en abuser autrement que par l'oisiveté et la débauche continuelle.

D'ailleurs si l'on fait réflexion que l'Européen, le nègre, le Chinois, l'Américain, l'homme policé, l'homme sauvage, le riche, le pauvre, l'habitant de la ville, celui de la campagne, si différents entre eux par tout le reste, se ressemblent à cet égard, et n'ont chacun que la même mesure, le même intervalle de temps à parcourir depuis la naissance à la mort; que la différence des races, des climats, des nourritures, des commodités, n'en fait aucune à la durée de la vie; que les hommes qui ne se nourrissent que de chair crue ou de poisson sec, de sagou ou de riz, de cassave ou de racines, vivent aussi longtemps que ceux qui se nourrissent de pain ou de mets préparés; on reconnaîtra encore plus clairement que la durée de la vie ne dépend ni des habitudes, ni des mœurs, ni de la qualité des aliments, que rien ne peut changer les lois de la mécanique, qui règlent le nombre de nos années, et qu'on ne peut guère les altérer que par des excès de nourriture ou par de trop grandes diètes.

S'il y a quelque différence tant soit peu remarquable dans la durée de la vie, il semble qu'on doit l'attribuer à la qualité de l'air. On a observé que dans les pays élevés il se trouve communément plus de vieillards que dans les lieux bas; les montagnes d'Écosse, de Galles, d'Auvergne, de Suisse, ont fourni plus d'exemples de vieillesses extrêmes que les plaines de Hollande, de Flandre, d'Allemagne et de Pologne; mais à prendre le genre humain en général, il n'y a, pour ainsi dire, aucune différence dans la durée de la vie ; l'homme qui ne meurt point de maladies accidentelles vit partout quatre-vingt-dix ou cent ans ; nos ancêtres n'ont pas vécu davantage, et depuis le siècle de David ce terme n'a point du tout varié. Si l'on nous demande pourquoi la vie des premiers hommes était beaucoup plus longue, pourquoi ils vivaient neuf cents, neuf cent trente, et jusqu'à neuf cent soixante et neuf ans, nous pourrions peut-être en donner une raison, en disant que les productions de la terre dont ils faisaient leur nourriture étaient alors d'une nature différente de ce qu'elles sont aujourd'hui. La surface du globe devait être, comme on l'a vu (volume Ier, *Théorie de la Terre*), beaucoup moins solide et moins compacte dans les premiers temps après la création qu'elle ne l'est aujourd'hui, parce que la gravité n'agissant que depuis peu de temps, les matières terrestres n'avaient pu acquérir en aussi peu d'années la consistance et la solidité qu'elles ont eues depuis ; les productions de la terre devaient être analogues à cet état ; la surface de la terre étant moins compacte, moins sèche, tout ce qu'elle produisait devait être plus ductile, plus souple, plus susceptible d'extension ; il se pouvait donc que l'accroissement de toutes les productions de la nature, et même celui du corps de l'homme, ne se fît pas en aussi peu de temps qu'il se fait aujourd'hui ; les os, les muscles, etc., conservaient peut-être plus longtemps leur ductilité et leur mollesse, parce que toutes les nourritures étaient elles-mêmes plus molles et plus ductiles : dès lors toutes les parties du corps n'arrivaient à leur développement entier qu'après un grand nombre d'années ; la génération ne pouvait s'opérer par conséquent qu'après cet accroissement pris en entier, ou presque en entier, c'est-à-dire à cent vingt ou cent trente ans, et la durée de la vie était proportionnelle à celle du temps de l'accroissement, comme elle l'est encore aujourd'hui ; car en supposant que l'âge de puberté des premiers hommes, l'âge auquel ils commençaient à pouvoir engendrer, fût celui de cent trente ans, l'âge auquel on peut engendrer aujourd'hui étant celui de quatorze ans, il se trouvera que le nombre des années de la vie des premiers hommes et de ceux d'aujourd'hui sera dans la même proportion, puisqu'en multipliant chacun de ces deux nombres par le même nombre, par exemple, par sept, on verra que la vie des hommes d'aujourd'hui étant de quatre-vingt-dix-huit ans, celle des hommes d'alors devait être de neuf cent dix ans ; il se peut donc que la durée de la vie de l'homme ait diminué peu à peu à mesure que la surface de la terre a pris plus de solidité par l'action continuelle de la pesanteur, et que les siècles qui se sont écoulés depuis la création jusqu'à celui de David ayant suffi pour faire prendre aux matières terrestres toute la solidité qu'elles peuvent acquérir par la pression de la gravité, la surface de la terre soit depuis ce temps-là demeurée dans le même état ; qu'elle ait acquis dès lors toute la consistance qu'elle devait avoir à jamais, et que tous les termes de l'accroissement de ses productions aient été fixés aussi bien que celui de la durée de la vie.

Indépendamment des maladies accidentelles qui peuvent arriver à tout âge, et qui dans la vieillesse deviennent plus dangereuses et plus fréquentes, les vieillards sont encore sujets à des infirmités naturelles qui ne viennent que du dépérissement et de l'affaissement de toutes les parties de leur corps ; les puissances musculaires perdent leur équilibre, la tête vacille, la main tremble, les jambes sont chancelantes; la sensibilité des nerfs diminuant, les sens deviennent obtus, le toucher même s'émousse ; mais ce qu'on doit regarder comme une très-grande infirmité, c'est que les vieillards fort âgés sont ordinairement inhabiles à la génération : cette impuissance peut avoir deux causes toutes deux suffisantes pour la produire; l'une est le défaut de tension dans les organes extérieurs, et l'autre l'altération de la liqueur séminale. Le défaut de tension peut aisément s'expliquer par la conformation et la texture de l'organe même : ce n'est, pour ainsi dire, qu'une membrane vide, ou du moins qui ne contient à l'intérieur qu'un tissu cellulaire et spongieux, elle prête, s'étend et reçoit dans ses cavités intérieures une grande quantité de sang qui produit une augmentation de volume apparent et un certain degré de tension ; l'on conçoit bien que dans la jeunesse cette membrane a toute la souplesse requise pour pouvoir s'étendre et obéir aisément à l'impulsion du sang, et que pour peu qu'il soit porté vers cette partie avec quelque force, il dilate et développe aisément cette membrane molle et flexible ; mais à mesure qu'on avance en âge, elle acquiert, comme toutes les autres parties du corps, plus de solidité, elle perd de sa souplesse et de sa flexibilité; dès lors en supposant même que l'impulsion du sang se fît avec la même force que dans la jeunesse, ce qui est une autre question que je n'examine point ici, cette impulsion ne serait pas suffisante pour dilater aussi aisément cette membrane devenue plus solide, et qui par conséquent résiste davantage à cette action du sang; et lorsque cette membrane aura pris encore plus de solidité et de sécheresse, rien ne sera capable de déployer ses rides et de lui donner cet état de gonflement et de tension nécessaire à l'acte de la génération.

A l'égard de l'altération de la liqueur séminale, ou plutôt de son infécondité dans la vieillesse, on peut aisément concevoir que la liqueur séminale ne peut être prolifique que lorsqu'elle contient, sans exception, des molécules organiques renvoyées de toutes les parties du corps; car, comme nous l'avons établi, la production du petit être organisé semblable au grand (voyez ci-devant chap. II, III, etc.) ne peut se faire que par la réunion de toutes ces molécules renvoyées de toutes les parties du corps de l'individu; mais dans les vieillards fort âgés, les parties qui, comme les os, les cartilages, etc., sont devenues trop solides, ne pouvant plus admettre de nourriture, ne peuvent par conséquent s'assimiler cette matière nutritive, ni la renvoyer après l'avoir modelée et rendue telle qu'elle doit être. Les os et les autres parties devenues trop solides ne peuvent donc ni produire ni renvoyer des molécules organiques de leur espèce : ces molécules manqueront par conséquent dans la liqueur séminale de ces vieillards, et ce défaut suffit pour la rendre inféconde, puisque nous avons prouvé que pour que la liqueur séminale soit prolifique, il est nécessaire qu'elle contienne des molécules renvoyées de toutes les parties du corps, afin que toutes ces parties puissent, en effet, se réunir d'abord et se réaliser ensuite au moyen de leur développement.

En suivant ce raisonnement, qui me paraît fondé, et en admettant la supposition que c'est, en effet, par l'absence des molécules organiques qui ne peuvent être renvoyées de celles des parties qui sont devenues trop solides, que la liqueur séminale des hommes fort âgés cesse d'être prolifique, on doit penser que ces molécules qui manquent peuvent être quelquefois remplacées par celles de la femelle (voyez ci-devant chap. x) si elle est jeune, et dans ce cas la génération s'accomplira, c'est aussi ce qui arrive. Les vieillards décrépits engendrent, mais rarement, et lorsqu'ils engendrent, ils ont moins de part que les autres hommes à leur propre production ; de là vient aussi que de jeunes personnes qu'on marie avec des vieillards décrépits, et dont la taille est déformée, produisent souvent des monstres, des enfants contrefaits, plus défectueux encore que leur père. Mais ce n'est pas ici le lieu de nous étendre sur ce sujet.

La plupart des gens âgés périssent par le scorbut, l'hydropisie, ou par d'autres maladies qui semblent provenir du vice du sang, de l'altération de la lymphe, etc. Quelque influence que les liquides contenus dans le corps humain puissent avoir sur son économie, on peut penser que ces liqueurs, n'étant que des parties passives et divisées, elles ne font qu'obéir à l'impulsion des solides, qui sont les vraies parties organiques et actives, desquelles le mouvement, la qualité et même la quantité des liquides doivent dépendre en entier. Dans la vieillesse, le calibre des vaisseaux se resserre, le ressort des muscles s'affaiblit, les filtres sécrétoires s'obstruent ; le sang, la lymphe et les autres humeurs doivent par conséquent s'épaissir, s'altérer, s'extravaser et produire les symptômes des différentes maladies qu'on a coutume de rapporter au vice des liqueurs, comme à leur principe, tandis que la première cause est en effet une altération dans les solides, produite par leur dépérissement naturel, ou par quelque lésion et quelque dérangement accidentels. Il est vrai que, quoique le mauvais état des liquides provienne d'un vice organique dans les solides, les effets qui résultent de cette altération des liqueurs se manifestent par des symptômes prompts et menaçants, parce que les liqueurs étant en continuelle circulation et en grand mouvement, pour peu qu'elles deviennent stagnantes par le trop grand rétrécissement des vaisseaux, ou que par leur relâchement forcé elles se répandent en s'ouvrant de fausses routes, elles ne peuvent manquer de se corrompre et d'attaquer en même temps les parties les plus faibles des solides, ce qui produit souvent des maux sans remède, ou du moins elles communiquent à toutes les parties solides qu'elles abreuvent leur mauvaise qualité, ce qui doit en déranger le tissu et en changer la nature; ainsi les moyens de dépérissement se multiplient, le mal intérieur augmente de plus en plus et amène à la hâte l'instant de la destruction.

Toutes les causes de dépérissement que nous venons d'indiquer agissent continuellement sur notre être matériel et le conduisent peu à peu à sa dissolution; la mort, ce changement d'état si marqué, si redouté, n'est donc dans la nature que la dernière nuance d'un état précédent; la succession nécessaire du dépérissement de notre corps amène ce degré, comme tous les autres qui ont précédé; la vie commence à s'éteindre longtemps avant qu'elle s'éteigne entièrement, et dans le réel il y a peut-être plus loin de la caducité à la jeunesse, que de la décrépitude à la mort, car on ne doit pas ici considérer la vie comme une chose absolue, mais comme une quantité susceptible d'augmentation et de diminution. Dans l'instant de la formation du fœtus, cette vie corporelle n'est encore rien ou presque rien; peu à peu elle augmente, elle s'étend, elle acquiert de la consistance à mesure que le corps croît, se développe et se fortifie; dès qu'il commence à dépérir, la quantité de vie diminue ; enfin lorsqu'il se courbe, se dessèche et s'affaisse, elle décroît, elle se resserre, elle se réduit à rien ; nous commençons de vivre par degrés, et nous finissons de mourir comme nous commençons de vivre.

Pourquoi donc craindre la mort, si l'on a assez bien vécu pour n'en pas craindre les suites? Pourquoi redouter cet instant, puisqu'il est préparé par une infinité d'autres instants du même ordre, puisque la mort est aussi naturelle que la vie, et que l'une et l'autre nous arrivent de la même façon sans que nous le sentions, sans que nous puissions nous en apercevoir? Qu'on interroge les médecins et les ministres de l'Église, accoutumés à observer les actions des mourants et à recueillir leurs derniers sentiments ; ils conviendront qu'à l'exception d'un très-petit nombre de maladies aiguës, où l'agitation causée par des mouvements convulsifs semble indiquer les souffrances du malade, dans toutes les autres on meurt tranquillement, doucement et sans douleur ; et même ces terribles agonies effrayent plus les spectateurs qu'elles ne tourmentent le malade ; car combien n'en a-t-on pas vu qui, après avoir été à cette dernière extrémité, n'avaient aucun souvenir de ce qui s'était passé, non plus que de ce qu'ils avaient senti! Ils avaient réellement cessé d'être pour eux pendant ce temps, puisqu'ils sont obligés de rayer du nombre de leurs jours tous ceux qu'ils ont passés dans cet état duquel il ne leur reste aucune idée.

La plupart des hommes meurent donc sans le savoir, et dans le petit nombre de ceux qui conservent de la connaissance jusqu'au dernier soupir, il ne s'en trouve peut-être pas un qui ne conserve en même temps de l'espérance, et qui ne se flatte d'un retour vers la vie ; la nature a, pour le bonheur de l'homme, rendu ce sentiment plus fort que la raison. Un malade dont le mal est incurable, qui peut juger son état par des exemples fréquents et familiers, qui en est averti par les mouvements inquiets de sa famille, par les larmes de ses amis, par la contenance ou l'abandon des médecins, n'en est pas plus convaincu qu'il touche à sa dernière heure; l'intérêt est si grand qu'on ne s'en rapporte qu'à soi; on n'en croit pas les jugements des autres, on les regarde comme des alarmes peu fondées; tant qu'on se sent et qu'on pense, on ne réfléchit, on ne raisonne que pour soi, et tout est mort que l'espérance vit encore.

Jetez les yeux sur un malade qui vous aura dit cent fois qu'il se sent attaqué à mort, qu'il voit bien qu'il ne peut pas en revenir, qu'il est prêt à expirer; examinez ce qui se passe sur son visage lorsque, par zèle ou par indiscrétion, quelqu'un vient à lui annoncer que sa fin est prochaine en effet; vous le verrez changer comme celui d'un homme auquel on annonce une nouvelle imprévue; ce malade ne croit donc pas ce qu'il dit lui-même, tant il est vrai qu'il n'est nullement convaincu qu'il doit mourir; il a seulement quelque doute, quelque inquiétude sur son état, mais il craint toujours beaucoup moins qu'il n'espère, et si l'on ne réveillait pas ses frayeurs par ces tristes soins et cet appareil lugubre qui devancent la mort, il ne la verrait point arriver.

La mort n'est donc pas une chose aussi terrible que nous nous l'imaginons; nous la jugeons mal de loin : c'est un spectre qui nous épouvante à une certaine distance, et qui disparaît lorsqu'on vient à en approcher de près; nous n'en avons donc que des notions fausses, nous la regardons non-seulement comme le plus grand malheur, mais encore comme un mal accompagné de la plus vive douleur et des plus pénibles angoisses; nous avons même cherché à grossir dans notre imagination ces funestes images, et à augmenter nos craintes en raisonnant sur la nature de la douleur. Elle doit être extrême, a-t-on dit, lorsque l'âme se sépare du corps; elle peut aussi être de très-longue durée, puisque le temps n'ayant d'autre mesure que la succession de nos idées, un instant de douleur très-vive pendant lequel ces idées se succèdent avec une rapidité proportionnée à la violence du mal, peut nous paraître plus long qu'un siècle pendant lequel elles coulent lentement et relativement aux sentiments tranquilles qui nous affectent ordinairement. Quel abus de la philosophie dans ce raisonnement! il ne mériterait pas d'être relevé s'il était sans conséquence, mais il influe sur le malheur du genre humain, il rend l'aspect de la mort mille fois plus affreux qu'il ne peut être, et n'y eût-il qu'un très-petit nombre de gens trompés par l'apparence spécieuse de ces idées, il serait toujours utile de les détruire et d'en faire voir la fausseté.

Lorsque l'âme vient s'unir à notre corps, avons-nous un plaisir excessif, une joie vive et prompte qui nous transporte et nous ravisse? Non, cette union se fait sans que nous nous en apercevions, la désunion doit s'en faire de même sans exciter aucun sentiment; quelle raison a-t-on pour croire que la séparation de l'âme et du corps ne puisse se faire sans une douleur extrême? quelle cause peut produire cette douleur ou l'occasionner? la fera-t-on résider dans l'âme ou dans le corps? la douleur de l'âme ne peut être produite que par la pensée, celle du corps est toujours proportionnée à sa force et à sa faiblesse; dans l'instant de la mort naturelle le corps est plus faible que jamais, il ne peut donc éprouver qu'une très-petite douleur, si même il en éprouve aucune.

Maintenant supposons une mort violente; un homme, par exemple, dont la tête est emportée par un boulet de canon, souffre-t-il plus d'un instant? a-t-il dans l'intervalle de cet instant une succession d'idées assez rapide pour que cette douleur lui paraisse durer une heure, un jour, un siècle? c'est ce qu'il faut examiner.

J'avoue que la succession de nos idées est en effet, par rapport à nous, la seule mesure du temps, et que nous devons le trouver plus court ou plus long, selon que nos idées coulent plus uniformément ou se croisent plus irrégulièrement; mais cette mesure a une unité dont la grandeur n'est point arbitraire ni indéfinie; elle est au contraire déterminée par la nature même, et relative à notre organisation : deux idées qui se succèdent, ou qui sont seulement différentes l'une de l'autre, ont nécessairement entre elles un certain intervalle qui les sépare; quelque prompte que soit la pensée, il faut un petit temps pour qu'elle soit suivie d'une autre pensée; cette succession ne peut se faire dans un instant indivisible : il en est de même du sentiment, il faut un certain temps pour passer de la douleur au plaisir, ou même d'une douleur à une autre douleur; cet intervalle de temps qui sépare nécessairement nos pensées, nos sentiments, est l'unité dont je parle : il ne peut être ni extrêmement long, ni extrêmement court, il doit même être à peu près égal dans sa durée, puisqu'elle dépend de la nature de notre âme et de l'organisation de notre corps dont les mouvements ne peuvent avoir qu'un certain degré de vitesse déterminé; il ne peut donc y avoir dans le même individu des successions d'idées plus ou moins rapides au degré qui serait nécessaire pour produire cette différence énorme de durée qui d'une minute de douleur ferait un siècle, un jour, une heure.

Une douleur très-vive, pour peu qu'elle dure, conduit à l'évanouissement ou à la mort. Nos organes, n'ayant qu'un certain degré de force, ne peuvent résister que pendant un certain temps à un certain degré de douleur ; si elle devient excessive elle cesse, parce qu'elle est plus forte que le corps qui, ne pouvant la supporter, peut encore moins la transmettre à l'âme avec laquelle il ne peut correspondre que quand les organes agissent ; ici l'action des organes cesse, le sentiment intérieur qu'ils communiquent à l'âme doit donc cesser aussi.

Ce que je viens de dire est peut-être plus que suffisant pour prouver que l'instant de la mort n'est point accompagné d'une douleur extrême ni de longue durée ; mais pour rassurer les gens les moins courageux, nous ajouterons encore un mot. Une douleur excessive ne permet aucune réflexion ; cependant on a vu souvent des signes de réflexion dans le moment même d'une mort violente ; lorsque Charles XII reçut le coup qui termina dans un instant ses exploits et sa vie, il porta la main sur son épée : cette douleur mortelle n'était donc pas excessive, puisqu'elle n'excluait pas la réflexion ; il se sentit attaqué, il réfléchit qu'il fallait se défendre, il ne souffrit donc qu'autant que l'on souffre par un coup ordinaire : on ne peut pas dire que cette action ne fût que le résultat d'un mouvement mécanique, car nous avons prouvé à l'article des passions (voyez ci-devant la *Description de l'homme*) que leurs mouvements, même les plus prompts, dépendent toujours de la réflexion, et ne sont que des effets d'une volonté habituelle de l'âme.

Je ne me suis un peu étendu sur ce sujet que pour

tâcher de détruire un préjugé si contraire au bonheur de l'homme; j'ai vu des victimes de ce préjugé, des personnes que la frayeur de la mort a fait mourir en effet, des femmes surtout que la crainte de la douleur anéantissait; ces terribles alarmes semblent même n'être faites que pour les personnes élevées et devenues par leur éducation plus sensibles que les autres, car le commun des hommes, surtout ceux de la campagne, voient la mort sans effroi.

La vraie philosophie est de voir les choses telles qu'elles sont; le sentiment intérieur serait toujours d'accord avec cette philosophie, s'il n'était perverti par les illusions de notre imagination et par l'habitude malheureuse que nous avons prise de nous forger des fantômes de douleur et de plaisir. Il n'y a rien de terrible ni rien de charmant que de loin, mais pour s'en assurer il faut avoir le courage ou la sagesse de voir l'un et l'autre de près.

Si quelque chose peut confirmer ce que nous avons dit au sujet de la cessation graduelle de la vie, et prouver encore mieux que sa fin n'arrive que par nuances, souvent insensibles, c'est l'incertitude des signes de la mort; qu'on consulte les recueils d'observations, et en particulier celles que MM. Winslow et Bruhier nous ont données sur ce sujet, on sera convaincu qu'entre la mort et la vie il n'y a souvent qu'une nuance si faible, qu'on ne peut l'apercevoir même avec toutes les lumières de l'art de la médecine et de l'observation la plus attentive. Selon eux, « le coloris du visage, la chaleur du corps, « la mollesse des parties flexibles, sont des signes incer- « tains d'une vie encore subsistante, comme la pâleur du « visage, le froid du corps, la roideur des extrémités,

« la cessation des mouvements et l'abolition des sens
« externes sont des signes très-équivoques d'une mort
« certaine : » il en est de même de la cessation apparente
du pouls et de la respiration : ces mouvements sont quelquefois tellement engourdis et assoupis qu'il n'est pas possible de les apercevoir; on approche un miroir ou une lumière de la bouche du malade : si le miroir se ternit, ou si la lumière vacille, on conclut qu'il respire encore; mais souvent ces effets arrivent par d'autres causes, lors même que le malade est mort en effet, et quelquefois ils n'arrivent pas, quoiqu'il soit encore vivant; ces moyens sont donc très-équivoques : on irrite les narines par des sternutatoires, des liqueurs pénétrantes; on cherche à réveiller les organes du tact par des piqûres, des brûlures, etc.; on donne des lavements de fumée, on agite les membres par des mouvements violents, on fatigue l'oreille par des sons aigus et des cris, on scarifie les omoplates, le dedans des mains et la plante des pieds; on y applique des fers rouges, de la cire d'Espagne brûlante, etc., lorsqu'on veut être bien convaincu de la certitude de la mort de quelqu'un; mais il y a des cas où toutes ces épreuves sont inutiles, et on a des exemples, surtout de personnes cataleptiques, qui, les ayant subies sans donner aucun signe de vie, sont ensuite revenues d'elles-mêmes, au grand étonnement des spectateurs.

Rien ne prouve mieux combien un certain état de vie ressemble à l'état de la mort; rien aussi ne serait plus raisonnable et plus selon l'humanité, que de se presser moins qu'on ne fait d'abandonner, d'ensevelir et d'enterrer les corps; pourquoi n'attendre que dix, vingt ou vingt-quatre heures, puisque ce temps ne suffit pas pour distinguer une mort vraie d'une mort apparente, et qu'on

a des exemples de personnes qui sont sorties de leur tombeau au bout de deux ou trois jours? Pourquoi laisser avec indifférence précipiter les funérailles des personnes mêmes dont nous aurions ardemment désiré de prolonger la vie? Pourquoi cet usage, au changement duquel tous les hommes sont également intéressés, subsiste-t-il? ne suffit-il pas qu'il y ait eu quelquefois de l'abus par les enterrements précipités, pour nous engager à les différer et à suivre les avis des sages médecins, qui nous disent[1]: « qu'il est incontestable que le corps est quelquefois tel-
« lement privé de toute fonction vitale, et que le souffle
« de vie y est quelquefois tellement caché, qu'il ne paraît
« en rien différent de celui d'un mort; que la charité et
« la religion veulent qu'on détermine un temps suffisant
« pour attendre que la vie puisse, si elle subsiste encore,
« se manifester par des signes; qu'autrement on s'expose
« à devenir homicide en enterrant des personnes vivantes:
« or, disent-ils, c'est ce qui peut arriver, si l'on en croit
« la plus grande partie des auteurs, dans l'espace de trois
« jours naturels ou de soixante-douze heures; mais si
« pendant ce temps il ne paraît aucun signe de vie, et
« qu'au contraire les corps exhalent une odeur cadavé-
« reuse, on a une preuve infaillible de la mort, et on peut
« les enterrer sans scrupule. »

Nous parlerons ailleurs des usages des différents peuples au sujet des obsèques, des enterrements, des embaumements, etc.; la plupart même de ceux qui sont sauvages font plus d'attention que nous à ces derniers instants; ils regardent comme le premier devoir ce qui

---

[1]. Voyez la *Dissertation* de M. Winslow *sur l'incertitude des signes de la mort*, p. 84, où ces paroles sont rapportées d'après Terilli, qu'il appelle l'Esculape vénitien.

n'est chez nous qu'une cérémonie; ils respectent leurs morts, ils les vêtissent, ils leur parlent, ils récitent leurs exploits, louent leurs vertus ; et nous qui nous piquons d'être sensibles, nous ne sommes pas même humains, nous fuyons, nous les abandonnons, nous ne voulons pas les voir, nous n'avons ni le courage ni la volonté d'en parler, nous évitons même de nous trouver dans les lieux qui peuvent nous en rappeler l'idée : nous sommes donc trop indifférents ou trop faibles.

DES SENS.

DU SENS DE LA VUE.

Après avoir donné la description des différentes parties qui composent le corps humain, examinons ses principaux organes; voyons le développement et les fonctions des sens, cherchons à reconnaître leur usage dans toute son étendue, et marquons en même temps les erreurs auxquelles nous sommes, pour ainsi dire, assujettis par la nature.

Les yeux paraissent être formés de fort bonne heure dans le fœtus; ce sont même des parties doubles celles qui paraissent se développer les premières dans le petit poulet, et j'ai observé sur des œufs de plusieurs espèces d'oiseaux et sur des œufs de lézards que les yeux étaient beaucoup plus gros et plus avancés dans leur développement que toutes les autres parties doubles de leur corps : il est vrai que dans les vivipares, et en particulier dans le fœtus humain, ils ne sont pas à beaucoup près aussi gros à proportion qu'ils le sont dans les embryons des ovipares, mais cependant ils sont plus formés et ils paraissent se développer plus promptement que toutes les autres parties du corps. Il en est de même de l'organe de l'ouïe : les osselets de l'oreille sont entièrement formés dans le temps que d'autres os qui doivent devenir beaucoup plus grands que ceux-ci n'ont pas encore acquis les premiers degrés de leur grandeur et de leur solidité; dès le cinquième mois, les osselets de l'oreille sont solides et durs; il ne reste que quelques petites parties qui sont encore cartilagineuses dans le marteau et dans l'enclume; l'étrier achève de prendre sa forme au septième mois, et dans ce peu de temps tous ces osselets ont entièrement acquis dans le fœtus la grandeur, la forme et la dureté qu'ils doivent avoir dans l'adulte.

Il paraît donc que les parties auxquelles il aboutit une plus grande quantité de nerfs sont les premières qui se développent. Nous avons dit que la vésicule qui contient le cerveau, le cervelet et les autres parties simples du milieu de la tête, est ce qui paraît le premier, aussi bien que l'épine du dos, ou plutôt la moelle allongée qu'elle contient : cette moelle allongée, prise dans toute sa longueur, est la partie fondamentale du corps et celle qui est la première formée; les nerfs sont donc ce qui existe le premier, et les organes auxquels il aboutit un grand nombre de différents nerfs, comme les oreilles, ou ceux qui sont eux-mêmes de gros nerfs épanouis, comme les yeux, sont aussi ceux qui se développent le plus promptement et les premiers.

Si l'on examine les yeux d'un enfant quelques heures ou quelques jours après sa naissance, on reconnaît aisément qu'il n'en fait encore aucun usage; cet organe n'ayant pas encore assez de consistance, les rayons de la lumière ne peuvent arriver que confusément sur la rétine; ce n'est qu'au bout d'un mois ou environ qu'il paraît que l'œil a pris de la solidité et le degré de tension nécessaire pour transmettre ces rayons dans l'ordre que suppose la vision; cependant alors même, c'est-à-dire au bout d'un mois, les yeux des enfants ne s'arrêtent encore sur rien : ils les remuent et les tournent indifféremment, sans qu'on puisse remarquer si quelques objets les affectent réellement; mais bientôt, c'est-à-dire à six ou sept semaines, ils commencent à arrêter leurs regards sur les choses les plus brillantes, à tourner souvent les yeux et à les fixer du côté du jour, des lumières ou des fenêtres; cependant l'exercice qu'ils donnent à cet organe ne fait que le fortifier sans leur donner encore aucune notion exacte des différents objets, car le premier défaut du sens de la vue est de représenter tous les objets renversés. Les enfants, avant que de s'être assurés par le toucher de la position des choses et de celle de leur propre corps, voient en bas tout ce qui est en haut, et en haut tout ce qui est en bas : ils prennent donc par les yeux une fausse idée de la position des objets. Un second défaut, et qui doit induire les enfants dans une autre espèce d'erreur ou de faux jugement, c'est qu'ils voient d'abord tous les objets doubles, parce que dans chaque œil il se forme une image du même objet : ce ne peut encore être que par l'expérience du toucher qu'ils acquièrent la connaissance nécessaire pour rectifier cette erreur et qu'ils apprennent en effet à juger simples les objets qui leur paraissent doubles. Cette erreur de la vue, aussi bien que la première, est dans la suite si bien rectifiée par la vérité du toucher, que, quoique nous voyions en effet tout les objets doubles et renversés, nous nous imaginons cependant les voir réellement simples et droits, et que nous nous persuadons que cette sensation par laquelle nous voyons les objets simples et droits, qui n'est qu'un jugement de notre âme occasionné par le toucher, est une appréhension réelle produite par le sens de la vue : si nous étions privés du toucher, les yeux nous tromperaient donc non-seulement sur la position, mais aussi sur le nombre des objets.

La première erreur est une suite de la conformation de l'œil, sur le fond duquel les objets se peignent dans une situation renversée, parce que les rayons lumineux qui forment les images de ces mêmes objets ne peuvent entrer dans l'œil qu'en se croisant dans la petite ouverture de la pupille. On aura une idée bien claire de la manière dont se fait ce renversement des images, si l'on fait un petit trou dans un lieu fort obscur : on verra que les objets du dehors se peindront sur la muraille de cette chambre obscure dans une situation renversée, parce que tous les rayons qui partent des différents points de l'objet ne peuvent pas passer par le petit trou dans la position et dans l'étendue qu'ils ont en partant de l'objet, puisqu'il faudrait alors que le trou fût aussi grand que l'objet même ; mais comme chaque partie, chaque point de l'objet renvoie des images de tous côtés, et que les rayons qui forment ces images partent de tous les points de l'objet comme d'autant de centres, il ne peut passer par le petit trou que ceux qui arrivent dans des directions différentes ; le petit trou devient un centre pour l'objet entier, auquel les rayons de la partie d'en haut arrivent aussi bien que ceux de la partie d'en bas, sous des directions convergentes : par conséquent ils se croisent dans ce centre et peignent ensuite les objets dans une situation renversée.

Il est aussi fort aisé de se convaincre que nous voyons

réellement tous les objets doubles, quoique nous les jugions simples : il ne faut pour cela que regarder le même objet; d'abord, avec l'œil droit, on le verra correspondre à quelque point d'une muraille ou d'un plan que nous supposons au delà de l'objet; ensuite, en le regardant avec l'œil gauche, on verra qu'il correspond à un autre point de la muraille, et enfin, en le regardant des deux yeux, on le verra dans le milieu, entre les deux points auxquels il correspondait auparavant : ainsi, il se forme une image dans chacun de nos yeux; nous voyons l'objet double, c'est-à-dire nous voyons une image de cet objet à droite et une image à gauche, et nous le jugeons simple et dans le milieu parce que nous avons rectifié par le sens du toucher cette erreur de la vue. De même si l'on regarde des deux yeux deux objets qui soient à peu près dans la même direction par rapport à nous, en fixant les yeux sur le premier, qui est le plus voisin, on le verra simple, mais en même temps on verra double celui qui est le plus éloigné; et au contraire, si l'on fixe ses yeux sur celui-ci, qui est le plus éloigné, on le verra simple, tandis qu'on verra double en même temps l'objet le plus voisin : ceci prouve encore évidemment que nous voyons en effet tous les objets doubles, quoique nous les jugions simples, et que nous les voyons où ils ne sont pas réellement, quoique nous les jugions où ils sont en effet. Si le sens du toucher ne rectifiait donc pas le sens de la vue dans toutes les occasions, nous nous tromperions sur la position des objets, sur leur nombre et encore sur leur lieu; nous les jugerions renversés, nous les jugerions doubles, et nous les jugerions à droite et à gauche du lieu qu'ils occupent réellement; et si au lieu de deux yeux nous en avions cent, nous jugerions toujours les objets simples, quoique nous les vissions multipliés cent fois.

Il se forme donc dans chaque œil une image de l'objet, et lorsque ces deux images tombent sur les parties de la rétine qui sont correspondantes, c'est-à-dire qui sont toujours affectées en même temps, les objets nous paraissent simples, parce que nous avons pris l'habitude de les juger tels ; mais si les images des objets tombent sur des parties de la rétine qui ne sont pas ordinairement affectées ensemble et en même temps, alors les objets nous paraissent doubles, parce que nous n'avons pas pris l'habitude de rectifier cette sensation, qui n'est pas ordinaire ; nous sommes alors dans le cas d'un enfant qui commence à voir et qui juge en effet d'abord les objets doubles. M. Cheselden rapporte dans son *Anatomie*, page 342, qu'un homme étant devenu louche par l'effet d'un coup à la tête, vit les objets doubles pendant fort longtemps, mais que peu à peu il vint à juger simples ceux qui lui étaient les plus familiers, et qu'enfin après bien du temps il les jugea tous simples comme auparavant, quoique ses yeux eussent toujours la mauvaise disposition que le coup avait occasionnée. Cela ne prouve-t-il pas encore bien évidemment que nous voyons en effet les objets doubles, et que ce n'est que par l'habitude que nous les jugeons simples ? et si l'on demande pourquoi il faut si peu de temps aux enfants pour apprendre à les juger simples, et qu'il en faut tant à des personnes avancées en âge, lorsqu'il leur arrive par accident de les voir doubles, comme dans l'exemple que nous venons de citer, on peut répondre que les enfants n'ayant aucune habitude contraire à celle qu'ils acquièrent, il leur faut moins de temps pour rectifier leurs sensations, mais que les personnes qui ont pendant 20, 30 ou 40 ans vu les objets simples, parce qu'ils tombaient sur deux parties correspondantes de la rétine, et qui les voient doubles parce qu'ils ne tombent plus sur ces mêmes parties, ont le désavantage d'une habitude contraire à celle qu'ils veulent acquérir, et qu'il faut peut-être un exercice de 20, 30 ou 40 ans pour effacer les traces de cette ancienne habitude de juger ; et l'on peut croire que s'il arrivait à des gens âgés un changement dans la direction des axes optiques de l'œil, et qu'ils vissent les objets doubles, leur vie ne serait plus assez longue pour qu'ils pussent rectifier leur jugement en effaçant les traces de la première habitude, et que par conséquent ils verraient tout le reste de leur vie les objets doubles.

Nous ne pouvons avoir par le sens de la vue aucune idée des distances ; sans le toucher tous les objets nous paraîtraient être dans nos yeux, parce que les images de ces objets y sont en effet ; et un enfant qui n'a encore rien touché doit être affecté comme si tous ces objets étaient en lui-même ; il les voit seulement plus gros ou plus petits, selon qu'ils s'approchent ou qu'ils s'éloignent de ses yeux ; une mouche qui s'approche de son œil doit lui paraître un animal d'une grandeur énorme ; un cheval ou un bœuf qui en est éloigné lui paraît plus petit que la mouche : ainsi il ne peut avoir par ce sens aucune connaissance de la grandeur relative des objets, parce qu'il n'a aucune idée de la distance à laquelle il les voit ; ce n'est qu'après avoir mesuré la distance en étendant la main ou en transportant son corps d'un lieu à un autre, qu'il peut acquérir cette idée de la distance et de la grandeur des objets : auparavant il ne connaît point du tout cette distance, et il ne peut juger de la grandeur d'un objet que par celle de l'image qu'il forme dans son œil.

Dans ce cas le jugement de la grandeur n'est produit que par l'ouverture de l'angle formé par les deux rayons extrêmes de la partie supérieure et de la partie inférieure de l'objet : par conséquent il doit juger grand tout ce qui est près, et petit tout ce qui est loin de lui ; mais après avoir acquis par le toucher ces idées de distance, le jugement de la grandeur des objets commence à se rectifier ; on ne se fie plus à la première appréhension qui nous vient par les yeux pour juger de cette grandeur ; on tâche de connaître la distance, on cherche en même temps à reconnaître l'objet par sa forme, et ensuite on juge de sa grandeur.

Il n'est pas douteux que dans une file de vingt soldats, le premier, dont je suppose qu'on soit fort près, ne nous parût beaucoup plus grand que le dernier si nous en jugions seulement par les yeux, et si par le toucher nous n'avions pas pris l'habitude de juger également grand le même objet, ou des objets semblables, à différentes distances. Nous savons que le dernier soldat est un soldat comme le premier ; dès lors nous le jugeons de la même grandeur, comme nous jugerions que le premier serait toujours de la même grandeur quand il passerait de la tête à la queue de la file ; et comme nous avons l'habitude de juger le même objet toujours également grand à toutes les distances ordinaires auxquelles nous pouvons en reconnaître aisément la forme, nous ne nous trompons jamais sur cette grandeur que quand la distance devient trop grande, ou bien lorsque l'intervalle de cette distance n'est pas dans la direction ordinaire ; car une distance cesse d'être ordinaire pour nous toutes les fois qu'elle devient trop grande, ou bien qu'au lieu de la mesurer horizontalement nous la mesurons du haut en bas ou du bas en haut. Les premières idées de la comparaison de grandeur entre les objets nous sont venues en mesurant, soit avec la main, soit avec le corps en marchant, la distance de ces objets relativement à nous et entre eux : toutes ces expériences par lesquelles nous avons rectifié les idées de grandeur que nous en donnait le sens de la vue ayant été faites horizontalement, nous n'avons pu acquérir la même habitude de juger de la grandeur des objets élevés ou abaissés au-dessous de nous, parce que ce n'est pas dans cette direction que nous les avons mesurés par le toucher, et c'est par cette raison et faute d'habitude à juger les distances dans cette direction, que lorsque nous nous trouvons au-dessus d'une tour élevée, nous jugeons les hommes et les animaux qui sont au-dessous beaucoup plus petits que nous ne les jugerions en effet à une distance égale qui serait horizontale, c'est-à-dire dans la direction ordinaire. Il en est de même d'un coq ou d'une boule qu'on voit au-dessus d'un clocher ; ces objets nous paraissent être beaucoup plus petits que nous ne les jugerions être en effet si nous les voyions dans la direction ordinaire et à la même distance horizontalement à laquelle nous les voyons verticalement.

Quoique avec un peu de réflexion il soit aisé de se convaincre de la vérité de tout ce que nous venons de dire au sujet du sens de la vue, il ne sera cependant pas inutile de rapporter ici les faits qui peuvent la confirmer. M. Cheselden, fameux chirurgien de Londres, ayant fait l'opération de la cataracte à un jeune homme de treize ans, aveugle de naissance, et ayant réussi à lui donner le sens de la vue, observa la manière dont ce jeune homme commençait à voir, et publia ensuite dans les *Transactions philosophiques*, n° 402, et dans le 55e article du *Tattler*, les remarques qu'il avait faites à ce sujet. Ce jeune homme, quoique aveugle, ne l'était pas absolument et entièrement : comme la cécité provenait d'une cataracte, il était dans le cas de tous les aveugles de cette espèce qui peuvent toujours distinguer le jour de la nuit; il distinguait même à une forte lumière le noir, le blanc et le rouge vif qu'on appelle écarlate, mais il ne voyait ni n'entrevoyait en aucune façon la forme des choses; on ne lui fit l'opération d'abord que sur l'un des yeux. Lorsqu'il vit pour la première fois, il était si éloigné de pouvoir juger en aucune façon des distances, qu'il croyait que tous les objets indifféremment touchaient ses yeux (ce fut l'expression dont il se servit) comme les choses qu'il palpait touchaient sa peau. Les objets qui lui étaient le plus agréables étaient ceux dont la forme était unie et la figure régulière, quoiqu'il ne pût encore former aucun jugement sur leur forme, ni dire pourquoi ils lui paraissaient plus agréables que les autres; il n'avait eu pendant le temps de son aveuglement que des idées si faibles des couleurs qu'il pouvait distinguer alors à une forte lumière, qu'elles n'avaient pas laissé des traces suffisantes pour qu'il pût les reconnaître lorsqu'il les vit en effet; il disait que ces couleurs qu'il voyait n'étaient pas les mêmes que celles qu'il avait vues autrefois; il ne connaissait la forme d'aucun objet, et il ne distinguait aucune chose d'une autre, quelque différentes qu'elles pussent être de figure ou de grandeur : lorsqu'on lui montrait les choses qu'il connaissait auparavant par le toucher, il les regardait avec attention, et les observait avec soin pour les reconnaître une autre fois; mais comme il avait trop d'objets à retenir à la fois, il en oubliait la plus grande partie, et dans le commencement qu'il apprenait (comme il disait) à voir et à connaître les objets, il oubliait mille choses pour une qu'il retenait. Il était fort surpris que les choses qu'il avait le mieux aimées n'étaient pas celles qui étaient le plus agréables à ses yeux; il s'attendait à trouver les plus belles les personnes qu'il aimait le mieux. Il se passa plus de deux mois avant qu'il pût reconnaître que les tableaux représentaient des corps solides; jusqu'alors il ne les avait considérés que comme des plans différemment colorés, et des surfaces diversifiées par la variété des couleurs; mais lorsqu'il commença à reconnaître que ces tableaux représentaient des corps solides, il s'attendait à trouver en effet des corps solides en touchant la toile du tableau, et il fut extrêmement étonné, lorsqu'en touchant les parties qui par la lumière et les ombres lui paraissaient rondes et inégales, il les trouva plates et unies comme le reste; il demandait quel était donc le sens qui le trompait, si c'était la vue, ou si c'était le toucher. On lui montra alors un petit portrait de son père, qui était dans la boîte de la montre de sa mère; il dit qu'il connaissait bien que c'était la ressemblance de son père, mais il demandait avec un grand étonnement comment il était possible qu'un visage aussi large pût tenir dans un si petit lieu, que cela lui paraissait aussi impossible que de faire tenir un boisseau dans une pinte. Dans les commencements il ne pouvait supporter qu'une très-petite lumière, et il voyait tous les objets extrêmement gros; mais à mesure qu'il voyait des choses plus grosses en effet, il jugeait les premières plus petites : il croyait qu'il n'y avait rien au delà des limites de ce qu'il voyait; il savait bien que la chambre dans laquelle il était ne faisait qu'une partie de la maison, cependant il ne pouvait concevoir comment la maison pouvait paraître plus grande que sa chambre. Avant qu'on lui eût fait l'opération, il n'espérait pas un grand plaisir du nouveau sens qu'on lui promettait, et il n'était touché que de l'avantage qu'il aurait de pouvoir apprendre à lire et à écrire; il disait, par exemple, qu'il ne pouvait pas avoir plus de plaisir à se promener dans le jardin, lorsqu'il aurait ce sens, qu'il en avait, parce qu'il s'y promenait librement et aisément, et qu'il en connaissait tous les différents endroits; il avait même très-bien remarqué que son état de cécité lui avait donné un avantage sur les autres hommes, avantage qu'il conserva longtemps après avoir obtenu le sens de la vue, qui était d'aller la nuit plus aisément et plus sûrement que ceux qui voient. Mais lorsqu'il eut commencé à se servir de ce nouveau sens, il était transporté de joie; il disait que chaque nouvel objet était un délice nouveau, et que son plaisir était si grand qu'il ne pouvait l'exprimer. Un an après on le mena à Epsom, où la vue est très-belle et très-étendue; il parut enchanté de ce spectacle, et il appelait ce paysage une nouvelle façon de voir. On lui fit la même opération sur l'autre œil plus d'un an après la première, et elle réussit également; il vit d'abord de ce second œil les objets beaucoup plus grands qu'il ne les voyait de l'autre, mais cependant pas aussi grands qu'il les avait vus du premier œil; et lorsqu'il regardait le même objet des deux yeux à la fois, il disait que cet objet lui paraissait une fois plus grand qu'avec son premier œil tout seul, mais il ne le voyait pas double, ou du moins on ne put pas s'assurer qu'il eût vu d'abord les objets doubles, lorsqu'on lui eut procuré l'usage de son second œil.

M. Cheselden rapporte quelques autres exemples

d'aveugles qui ne se souvenaient pas d'avoir jamais vu, et auxquels il avait fait la même opération, et il assure que, lorsqu'ils commençaient à apprendre à voir, ils avaient dit les mêmes choses que le jeune homme dont nous venons de parler, mais à la vérité avec moins de détail, et qu'il avait observé sur tous que comme ils n'avaient jamais eu besoin de faire mouvoir leurs yeux pendant le temps de leur cécité, ils étaient fort embarrassés d'abord pour leur donner du mouvement et pour les diriger sur un objet en particulier, et que ce n'était que peu à peu, par degrés et avec le temps, qu'ils apprenaient à conduire leurs yeux et à les diriger sur les objets qu'ils désiraient de considérer [1].

Lorsque, par des circonstances particulières, nous ne pouvons avoir une idée juste de la distance, et que nous ne pouvons juger des objets que par la grandeur de l'angle ou plutôt de l'image qu'ils forment dans nos yeux, nous nous trompons alors nécessairement sur la grandeur de ces objets; tout le monde a éprouvé qu'en voyageant la nuit, on prend un buisson dont on est près pour un grand arbre dont on est loin, ou bien on prend un grand arbre éloigné pour un buisson qui est voisin : de même si on ne connaît pas les objets par leur forme, et qu'on ne puisse avoir par ce moyen aucune idée de distance, on se trompera encore nécessairement; une mouche qui passera avec rapidité à quelques pouces de distance de nos yeux nous paraîtra dans ce cas être un oiseau qui en

---

[1]. On trouvera un grand nombre de faits très-intéressants au sujet des aveugles-nés dans un petit ouvrage qui vient de paraître, et qui a pour titre : *Lettres sur les aveugles, à l'usage de ceux qui voient*. L'auteur (Diderot) y a répandu partout une métaphysique très-fine et très-vraie, par laquelle il rend raison de toutes les différences que doit produire dans l'esprit d'un homme la privation absolue du sens de la vue.

serait à une très-grande distance; un cheval qui serait sans mouvement dans le milieu d'une campagne, et qui serait dans une attitude semblable, par exemple, à celle d'un mouton, ne nous paraîtra pas plus gros qu'un mouton, tant que nous ne reconnaîtrons pas que c'est un cheval; mais dès que nous l'aurons reconnu, il nous paraîtra dans l'instant gros comme un cheval, et nous rectifierons sur-le-champ notre premier jugement.

Toutes les fois qu'on se trouvera donc la nuit dans des lieux inconnus où l'on ne pourra juger de la distance, et où l'on ne pourra reconnaître la forme des choses à cause de l'obscurité, on sera en danger de tomber à tout instant dans l'erreur au sujet des jugements que l'on fera sur les objets qui se présenteront : c'est de là que vient la frayeur et l'espèce de crainte intérieure que l'obscurité de la nuit fait sentir à presque tous les hommes ; c'est sur cela qu'est fondée l'apparence des spectres et des figures gigantesques et épouvantables que tant de gens disent avoir vues. On leur répond communément que ces figures étaient dans leur imagination, cependant elles pouvaient être réellement dans leurs yeux, et il est très-possible qu'ils aient en effet vu ce qu'ils disent avoir vu, car il doit arriver nécessairement, toutes les fois qu'on ne pourra juger d'un objet que par l'angle qu'il forme dans l'œil, que cet objet inconnu grossira et grandira à mesure qu'on en sera plus voisin, et que s'il a paru d'abord au spectateur qui ne peut connaître ce qu'il voit, ni juger à quelle distance il le voit, que s'il a paru, dis-je, d'abord de la hauteur de quelques pieds lorsqu'il était à la distance de vingt ou trente pas, il doit paraître haut de plusieurs toises lorsqu'il n'en sera plus éloigné que de quelques pieds, ce qui doit en effet l'étonner et l'effrayer, jusqu'à ce qu'enfin il vienne à toucher l'objet ou à le reconnaître, car dans l'instant même qu'il reconnaîtra ce que c'est, cet objet qui lui paraissait gigantesque diminuera tout à coup, et ne lui paraîtra plus avoir que sa grandeur réelle; mais si l'on fuit, ou qu'on n'ose approcher, il est certain qu'on n'aura d'autre idée de cet objet que celle de l'image qu'il formait dans l'œil, et qu'on aura réellement vu une figure gigantesque ou épouvantable par la grandeur et par la forme. Le préjugé des spectres est donc fondé dans la nature, et ces apparences ne dépendent pas, comme le croient les philosophes, uniquement de l'imagination.

Lorsque nous ne pouvons prendre une idée de la distance par la comparaison de l'intervalle intermédiaire qui est entre nous et les objets, nous tâchons de reconnaître la forme de ces objets pour juger de leur grandeur; mais lorsque nous connaissons cette forme, et qu'en même temps nous voyons plusieurs objets semblables et de cette même forme, nous jugeons que ceux qui sont les plus éclairés sont les plus voisins, et que ceux qui nous paraissent les plus obscurs sont les plus éloignés, et ce jugement produit quelquefois des erreurs et des apparences singulières. Dans une file d'objets disposés sur une ligne droite, comme le sont, par exemple, les lanternes sur le chemin de Versailles en arrivant à Paris, de la proximité ou de l'éloignement desquelles nous ne pouvons juger que par le plus ou le moins de lumière qu'elles envoient à notre œil, il arrive souvent que l'on voit toutes ces lanternes à droite au lieu de les voir à gauche où elles sont réellement, lorsqu'on les regarde de loin, comme d'un demi-quart de lieue. Ce changement de situation de gauche à droite est une apparence trompeuse, et qui est produite par la cause que nous venons d'indiquer ; car, comme le spectateur n'a aucun autre indice de la distance où il est de ces lanternes que la quantité de lumière qu'elles lui envoient, il juge que la plus brillante de ces lumières est la première et celle de laquelle il est le plus voisin : or s'il arrive que les premières lanternes soient plus obscures, ou seulement si dans la file de ces lumières il s'en trouve une seule qui soit plus brillante et plus vive que les autres, cette lumière plus vive paraîtra au spectateur comme si elle était la première de la file, et il jugera dès lors que les autres, qui cependant la précèdent réellement, la suivent au contraire : or cette transposition apparente ne peut se faire, ou plutôt se marquer, que par le changement de leur situation de gauche à droite ; car juger devant ce qui est derrière dans une longue file, c'est voir à droite ce qui est à gauche, ou à gauche ce qui est à droite.

Voilà les défauts principaux du sens de la vue, et quelques-unes des erreurs que ces défauts produisent ; examinons à présent la nature, les propriétés et l'étendue de cet organe admirable, par lequel nous communiquons avec les objets les plus éloignés. La vue n'est qu'une espèce de toucher, mais bien différente du toucher ordinaire : pour toucher quelque chose avec le corps ou avec la main, il faut ou que nous nous approchions de cette chose ou qu'elle s'approche de nous, afin d'être à portée de pouvoir la palper ; mais nous la pouvons toucher des yeux à quelque distance qu'elle soit, pourvu qu'elle puisse renvoyer une assez grande quantité de lumière pour faire impression sur cet organe, ou bien qu'elle puisse s'y peindre sous un angle sensible. Le plus petit angle sous lequel les hommes puissent voir les objets est d'environ une minute : il est rare de trouver des yeux qui puissent apercevoir un objet sous un angle plus petit ; cet angle donne, pour la plus grande distance à laquelle les meilleurs yeux peuvent apercevoir un objet, environ 3,436 fois le diamètre de cet objet : par exemple, on cessera de voir à 3,436 pieds de distance un objet haut et large d'un pied ; on cessera de voir un homme haut de cinq pieds à la distance de 17,180 pieds ou d'une lieue et un tiers de lieue, en supposant même que ces objets soient éclairés du soleil. Je crois que cette estimation que l'on a faite de la portée des yeux est plutôt trop forte que trop faible, et qu'il y a en effet peu d'hommes qui puissent apercevoir les objets à d'aussi grandes distances.

Mais il s'en faut bien qu'on ait par cette estimation une idée juste de la force et de l'étendue de la portée de nos yeux, car il faut faire attention à une circonstance essentielle dont la considération prise généralement a, ce me semble, échappé aux auteurs qui ont écrit sur l'optique, c'est que la portée de nos yeux diminue ou augmente à proportion de la quantité de lumière qui nous environne, quoiqu'on suppose que celle de l'objet reste toujours la même ; en sorte que si le même objet, que nous voyons pendant le jour à la distance de 3,436 fois son diamètre, restait éclairé pendant la nuit de la même quantité de lumière dont il l'était pendant le jour, nous pourrions l'apercevoir à une distance cent fois plus grande, de la même façon que nous apercevons la lumière d'une chandelle pendant la nuit à plus de deux lieues, c'est-à-dire, en supposant le diamètre de cette lumière égal à un pouce, à plus de 316,800 fois la longueur de son diamètre, au lieu que pendant le jour, et surtout à midi, on n'apercevra pas cette lumière à plus de dix ou douze mille fois la longueur de son diamètre, c'est-à-dire, à plus de deux cents toises, si nous la supposons éclairée aussi bien que nos yeux par la lumière du soleil. Il en est de même d'un objet brillant sur lequel la lumière du soleil se réfléchit avec vivacité; on peut l'apercevoir pendant le jour à une distance trois ou quatre fois plus grande que les autres objets; mais si cet objet était éclairé pendant la nuit de la même lumière dont il l'était pendant le jour, nous l'apercevrions à une distance infiniment plus grande que nous n'apercevons les autres objets; on doit donc conclure que la portée de nos yeux est beaucoup plus grande que nous ne l'avons supposée d'abord, et que ce qui empêche que nous ne distinguions les objets éloignés est moins le défaut de lumière, ou la petitesse de l'angle sous lequel ils se peignent dans notre œil, que l'abondance de cette lumière dans les objets intermédiaires et dans ceux qui sont les plus voisins de notre œil, qui causent une sensation plus vive et empêchent que nous nous apercevions de la sensation plus faible que causent en même temps les objets éloignés. Le fond de l'œil est comme une toile sur laquelle se peignent les objets; ce tableau a des parties plus brillantes, plus lumineuses, plus colorées que les autres parties; quand les objets sont fort éloignés, ils ne peuvent se représenter que par des nuances très-faibles qui disparaissent lorsqu'elles sont environnées de la vive lumière avec laquelle se peignent les objets voisins; cette faible nuance est donc insensible et disparaît dans le tableau, mais si les objets voisins et intermédiaires n'envoient qu'une lumière plus faible que celle de l'objet éloigné, comme cela arrive dans l'obscurité lorsqu'on regarde une lumière : alors la nuance de l'objet éloigné étant plus vive que celle des objets voisins, elle est sensible et paraît dans le tableau, quand même elle serait réellement beaucoup plus faible qu'auparavant. De là il suit qu'en se mettant dans l'obscurité, on peut avec un long tuyau noirci faire une lunette d'approche sans verre, dont l'effet ne laisserait pas que d'être fort considérable pendant le jour; c'est aussi par cette raison que du fond d'un puits ou d'une cave profonde on peut voir les étoiles en plein midi, ce qui était connu des anciens, comme il paraît par ce passage d'Aristote : « Manu enim admota aut per fistulam « longius cernet. Quidam ex foveis puteisque interdum « stellas conspiciunt. »

On peut donc avancer que notre œil a assez de sensibilité pour pouvoir être ébranlé et affecté d'une manière sensible par des objets qui ne formeraient un angle que d'une seconde, et moins d'une seconde, quand ces objets ne réfléchiraient ou n'enverraient à l'œil qu'autant de lumière qu'ils en réfléchissaient lorsqu'ils étaient aperçus sous un angle d'une minute, et que par conséquent la puissance de cet organe est bien plus grande qu'elle ne paraît d'abord; mais si ces objets, sans former un plus grand angle, avaient une plus grande intensité de lumière, nous les apercevrions encore de beaucoup plus loin. Une petite lumière fort vive, comme celle d'une étoile d'artifice, se verra de beaucoup plus loin qu'une lumière plus obscure et plus grande, comme celle d'un flambeau. Il y a donc trois choses à considérer pour déterminer la distance à laquelle nous pouvons apercevoir un objet éloigné : la première est la grandeur de l'angle qu'il forme dans notre œil, la seconde le degré de lumière des objets voisins et intermédiaires que l'on voit en même temps, et la troisième l'intensité de lumière de l'objet lui-même; chacune de ces causes influe sur l'effet de la vision, et ce n'est qu'en les estimant et en les comparant qu'on peut déterminer dans tous les cas la distance à laquelle on peut apercevoir tel ou tel objet particulier. On peut donner une preuve sensible de cette influence qu'a sur la vision l'intensité de lumière. On sait que les lunettes d'approche et les microscopes sont des instruments de même genre, qui tous deux augmentent l'angle sous lequel nous apercevons les objets, soit qu'ils soient en effet très-petits, soit qu'ils nous paraissent être tels à cause de leur éloignement. Pourquoi donc les lunettes d'approche font-elles si peu d'effet en comparaison des microscopes, puisque la plus longue et la meilleure lunette grossit à peine mille fois l'objet, tandis qu'un bon microscope semble le grossir un million de fois et plus? Il est bien clair que cette différence ne vient que de l'intensité de la lumière, et que si l'on pouvait éclairer les objets éloignés avec une lumière additionnelle, comme on éclaire les objets qu'on veut observer au microscope, on les verrait en effet infiniment mieux, quoiqu'on les vît toujours sous le même angle, et que les lunettes feraient sur les objets éloignés le même effet que les microscopes font sur les petits objets; mais ce n'est pas ici le lieu de m'étendre sur les conséquences utiles et pratiques qu'on peut tirer de cette réflexion.

La portée de la vue, ou la distance à laquelle on peut voir le même objet, est assez rarement la même pour chaque œil : il y a peu de gens qui aient les deux yeux également forts; lorsque cette inégalité de force est à un certain degré, on ne se sert que d'un œil, c'est-à-dire de celui dont on voit le mieux : c'est cette inégalité de portée de vue dans les yeux qui produit le regard louche, comme je l'ai prouvé dans ma dissertation sur le strabisme. (Voyez les *Mémoires de l'Académie*, année 1743.) Lorsque les deux yeux sont d'égale force et que l'on regarde le même objet avec les deux yeux, il semble qu'on devrait le voir une fois mieux qu'avec un seul œil ; cependant la sensation qui résulte de ces deux espèces de visions paraît être la même. Il n'y a pas de différence sensible entre les sensations qui résultent de l'une et de l'autre façon de voir, et, après avoir fait sur cela des expériences, on a trouvé qu'avec deux yeux égaux en force on voyait mieux qu'avec un seul œil, mais d'une treizième partie seulement[1], en sorte qu'avec les deux yeux on voit l'objet comme s'il était éclairé de treize lumières égales, au lieu qu'avec un seul œil on ne le voit que comme s'il était éclairé de douze lumières. Pourquoi y a-t-il si peu d'augmentation ? pourquoi ne voit-on pas une fois mieux avec les deux yeux qu'avec un seul ? comment se peut-il que cette cause, qui est double, produise un effet simple ou presque simple ? J'ai cru qu'on pouvait donner une réponse à cette question, en regardant la sensation comme une espèce de mouvement communiqué aux nerfs. On sait que les deux nerfs optiques se portent, au sortir du cerveau, vers la partie antérieure de la tête, où ils se réunissent, et qu'ensuite ils s'écartent l'un de l'autre en faisant un angle obtus avant que d'arriver aux yeux. Le mouvement, communiqué à ces nerfs par l'impression de chaque image, formée dans chaque œil en même temps, ne peut pas se propager jusqu'au cerveau, où je suppose que se fait le sentiment, sans passer par la partie réunie de ces deux nerfs : dès lors ces deux mouvements se composent et produisent le même effet que deux corps en mouvement sur les deux côtés d'un carré produisent sur un troisième corps, auquel ils font parcourir la diagonale ; or, si l'angle

---

1. Voyez le Traité de M. Jurin, qui a pour titre : *Essay on distinct and indistinct vision*.

avait environ cent quinze ou cent seize degrés d'ouverture, la diagonale du losange serait au côté comme treize à douze, c'est-à-dire comme la sensation résultante des deux yeux est à celle qui résulte d'un seul œil : les deux nerfs optiques étant donc écartés l'un de l'autre à peu près de cette quantité, on peut attribuer à cette position la perte de mouvement ou de sensation qui se fait dans la vision des deux yeux à la fois, et cette perte doit être d'autant plus grande que l'angle formé par les deux nerfs optiques est plus ouvert.

Il y a plusieurs raisons qui pourraient faire penser que les personnes qui ont la vue courte voient les objets plus grands que les autres hommes ne les voient; cependant c'est tout le contraire : ils les voient certainement plus petits. J'ai la vue courte et l'œil gauche plus fort que l'œil droit; j'ai mille fois éprouvé qu'en regardant le même objet, comme les lettres d'un livre, à la même distance, successivement avec l'un et ensuite avec l'autre œil, celui dont je vois le mieux et le plus loin est aussi celui avec lequel les objets me paraissent les plus grands, et en tournant les yeux pour voir le même objet double, l'image de l'œil droit est plus petite que celle de l'œil gauche; ainsi je ne puis pas douter que plus on a la vue courte, et plus les objets paraissent être petits. J'ai interrogé plusieurs personnes dont la force ou la portée de chacun de leurs yeux était fort inégale : elles m'ont toutes assuré qu'elles voyaient les objets bien plus grands avec le bon qu'avec le mauvais œil. Je crois que, comme les gens qui ont la vue courte sont obligés de regarder de très-près et qu'ils ne peuvent voir distinctement qu'un petit espace ou un petit objet à la fois, ils se font une unité de grandeur plus petite que les autres hommes dont les yeux peuvent embrasser distinctement un plus grand espace à la fois, et que par conséquent ils jugent relativement à cette unité tous les objets plus petits que les autres hommes ne les jugent. On explique la cause de la vue courte d'une manière assez satisfaisante par le trop grand renflement des humeurs réfringentes de l'œil ; mais cette cause n'est pas unique, et l'on a vu des personnes devenir tout d'un coup myopes par accident, comme le jeune homme dont parle M. Smith dans son *Optique*, page 10 des notes, tome II, qui devint myope tout à coup en sortant d'un bain froid, dans lequel cependant il ne s'était pas entièrement plongé, et depuis ce temps-là il fut obligé de se servir d'un verre concave. On ne dira pas que le cristallin et l'humeur vitrée aient pu tout d'un coup se renfler assez pour produire cette différence dans la vision ; et quand même on voudrait le supposer, comment concevra-t-on que ce renflement considérable, et qui a été produit en un instant, ait pu se conserver toujours au même point? En effet, la vue courte peut provenir aussi bien de la position respective des parties de l'œil, et surtout de la rétine, que de la forme des humeurs réfringentes ; elle peut provenir d'un degré moindre de sensibilité dans la rétine, d'une ouverture moindre dans la pupille, etc. ; mais il est vrai que pour ces deux dernières espèces de vues courtes les verres concaves seraient inutiles et même nuisibles. Ceux qui sont dans les deux premiers cas peuvent s'en servir utilement, mais jamais ils ne pourront voir avec le verre concave, qui leur convient le mieux, les objets aussi distinctement ni d'aussi loin que les autres hommes les voient avec les yeux seuls, parce que, comme nous venons de le dire, tous les gens qui ont la vue courte voient les objets plus petits que les autres; et lorsqu'ils font usage du verre concave, l'image de l'objet diminuant encore, ils cesseront de voir dès que cette image deviendra trop petite pour faire une trace sensible sur la rétine; par conséquent ils ne verront jamais d'aussi loin avec ce verre que les autres hommes voient avec les yeux seuls.

Les enfants, ayant les yeux plus petits que les personnes adultes, doivent aussi voir les objets plus petits, parce que le plus grand angle que puisse faire un objet dans l'œil est proportionné à la grandeur du fond de l'œil, et si l'on suppose que le tableau entier des objets qui se peignent sur la rétine est d'un demi-pouce pour les adultes, il ne sera que d'un tiers ou d'un quart de pouce pour les enfants : par conséquent ils ne verront pas non plus d'aussi loin que les adultes, puisque, les objets leur paraissant plus petits, ils doivent nécessairement disparaître plus tôt; mais comme la pupille des enfants est ordinairement plus large, à proportion du reste de l'œil, que la pupille des personnes adultes, cela peut compenser en partie l'effet que produit la petitesse de leurs yeux et leur faire apercevoir les objets d'un peu plus loin; cependant il s'en faut bien que la compensation soit complète, car on voit par expérience que les enfants ne lisent pas de si loin et ne peuvent pas apercevoir les objets éloignés d'aussi loin que les personnes adultes. La cornée, étant très-flexible à cet âge, prend très-aisément la convexité nécessaire pour voir de plus près ou de plus loin, et ne peut par conséquent être la cause de leur vue plus courte, et il me paraît qu'elle dépend uniquement de ce que leurs yeux sont plus petits.

Il n'est donc pas douteux que si toutes les parties de l'œil souffraient en même temps une diminution proportionnelle, par exemple de moitié, on ne vît tous les objets une fois plus petits. Les vieillards, dont les yeux, dit-on, se dessèchent, devraient avoir la vue plus courte : cependant c'est tout le contraire, ils voient de plus loin et cessent de voir distinctement de près : cette vue plus longue ne provient donc pas uniquement de la diminution ou de l'aplatissement des humeurs de l'œil, mais plutôt d'un changement de position entre les parties de l'œil, comme entre la cornée et le cristallin, ou bien entre l'humeur vitrée et la rétine, ce qu'on peut entendre aisément en supposant que la cornée devienne plus solide à mesure qu'on avance en âge, car alors elle ne pourra pas prêter aussi aisément, ni prendre la plus grande convexité qui est nécessaire pour voir les objets qui sont près, et elle se sera un peu aplatie en se desséchant avec l'âge, ce qui suffit seul pour qu'on puisse voir de plus loin les objets éloignés.

On doit distinguer dans la vision deux qualités qu'on regarde ordinairement comme la même ; on confond mal à propos la vue claire avec la vue distincte, quoique réellement l'une soit bien différente de l'autre : on voit clairement un objet toutes les fois qu'il est assez éclairé pour qu'on puisse le reconnaître en général ; on ne le voit distinctement que lorsqu'on approche d'assez près pour en distinguer toutes les parties. Lorsqu'on aperçoit une tour ou un clocher de loin, on voit clairement cette tour ou ce clocher dès qu'on peut assurer que c'est une tour ou un clocher ; mais on ne les voit distinctement que quand on en est assez près pour reconnaître non-seulement la hauteur, la grosseur, mais les parties mêmes dont l'objet est composé, comme l'ordre d'architecture, les matériaux, les fenêtres, etc. On peut donc voir clairement un objet sans le voir distinctement, et on peut le voir distinctement sans le voir en même temps clairement, parce que la vue distincte ne peut se porter que successivement sur les différentes parties de l'objet. Les vieillards ont la vue claire et non distincte : ils aperçoivent de loin les objets assez éclairés ou assez gros pour tracer dans l'œil une image d'une certaine étendue ; ils ne peuvent, au contraire, distinguer les petits objets, comme les caractères d'un livre, à moins que l'image n'en soit augmentée par le moyen d'un verre qui grossit. Les personnes qui ont la vue courte voient, au contraire, très-distinctement les petits objets et ne voient pas clairement les grands, pour peu qu'ils soient éloignés, à moins qu'ils n'en diminuent l'image par le moyen d'un verre qui rapetisse. Une grande quantité de lumière est nécessaire pour la vue claire ; une petite quantité de lumière suffit pour la vue distincte : aussi les personnes qui ont la vue courte voient-elles à proportion beaucoup mieux la nuit que les autres.

Lorsqu'on jette les yeux sur un objet trop éclatant ou qu'on les fixe et les arrête trop longtemps sur le même objet, l'organe en est blessé et fatigué, la vision devient indistincte, et l'image de l'objet ayant frappé trop vivement ou occupé trop longtemps la partie de la rétine sur laquelle elle se peint, elle y forme une impression durable, que l'œil semble porter ensuite sur tous les autres objets : je ne dirai rien ici des effets de cet accident de la vue ; on en trouvera l'explication dans ma dissertation sur les couleurs accidentelles. (Voyez les *Mémoires de l'Académie*, année 1743.) Il me suffira d'observer que la trop grande quantité de lumière est peut-être tout ce qu'il y a de plus nuisible à l'œil, que c'est une des principales causes qui peuvent occasionner la cécité. On en a des exemples fréquents dans les pays du nord, où la neige, éclairée par le soleil, éblouit les yeux des voyageurs au point qu'ils sont obligés de se couvrir d'un crêpe pour n'être pas aveuglés. Il en est de même des plaines sablonneuses de l'Afrique : la réflexion de la lumière y est si vive qu'il n'est pas possible d'en soutenir l'effet sans courir le risque de perdre la vue; les personnes qui écrivent ou qui lisent trop longtemps de suite doivent donc, pour ménager leurs yeux, éviter de travailler à une lumière trop forte; il vaut beaucoup mieux faire usage d'une lumière trop faible, l'œil s'y accoutume bientôt : on ne peut tout au plus que le fatiguer en diminuant la quantité de lumière, et on ne peut manquer de le blesser en la multipliant.

DU SENS DE L'OUIE.

Comme le sens de l'ouïe a de commun avec celui de la vue de nous donner la sensation des choses éloignées, il est sujet à des erreurs semblables, et il doit nous tromper toutes les fois que nous ne pouvons pas rectifier par le toucher les idées qu'il produit : de la même façon que le sens de la vue ne nous donne aucune idée de la distance des objets, le sens de l'ouïe ne nous donne aucune idée de la distance des corps qui produisent le son; un grand bruit fort éloigné et un petit bruit fort voisin produisent la même sensation, et à moins qu'on ait déterminé la distance par les autres sens, on ne sait point si ce qu'on a entendu est en effet un grand ou un petit bruit.

Toutes les fois qu'on entend un son inconnu, on ne

peut donc pas juger par ce son de la distance, non plus que de la quantité d'action du corps qui le produit; mais dès que nous pouvons rapporter ce son à une unité connue, c'est-à-dire dès que nous pouvons savoir que ce bruit est de telle ou telle espèce, nous pouvons juger alors à peu près non-seulement de la distance, mais encore de la quantité d'action : par exemple, si l'on entend un coup de canon ou le son d'une cloche, comme ces effets sont des bruits qu'on peut comparer avec des bruits de même espèce qu'on a autrefois entendus, on pourra juger grossièrement de la distance à laquelle on se trouve du canon ou de la cloche, et aussi de leur grosseur, c'est-à-dire de la quantité d'action.

Tout corps qui en choque un autre produit un son, mais ce son est simple dans les corps qui ne sont pas élastiques, au lieu qu'il se multiplie dans ceux qui ont du ressort. Lorsqu'on frappe une cloche ou un timbre de pendule, un seul coup produit d'abord un son qui se répète ensuite par les ondulations du corps sonore et se multiplie réellement autant de fois qu'il y a d'oscillations ou de vibrations dans le corps sonore. Nous devrions donc juger ces sons non pas comme simples, mais comme composés, si par l'habitude nous n'avions pas appris à juger qu'un coup ne produit qu'un son. Je dois rapporter ici une chose qui m'arriva il y a trois ans. J'étais dans mon lit à demi endormi; ma pendule sonna et je comptai cinq heures, c'est-à-dire j'entendis distinctement cinq coups de marteau sur le timbre : je me levai sur-le-champ, et ayant approché la lumière, je vis qu'il n'était qu'une heure, et la pendule n'avait en effet sonné qu'une heure, car la sonnerie n'était point dérangée; je conclus, après un moment de réflexion, que si l'on ne savait pas par expérience qu'un coup ne doit produire qu'un son, chaque vibration du timbre serait entendue comme un différent son et comme si plusieurs coups se succédaient réellement sur le corps sonore. Dans le moment que j'entendis sonner ma pendule, j'étais dans le cas où serait quelqu'un qui entendrait pour la première fois, et qui, n'ayant aucune idée de la manière dont se produit le son, jugerait de la succession des différents sons sans préjugé aussi bien que sans règle et par la seule impression qu'ils font sur l'organe, et dans ce cas il entendrait en effet autant de sons distincts qu'il y a de vibrations successives dans le corps sonore.

C'est la succession de tous ces petits coups répétés, ou, ce qui revient au même, c'est le nombre des vibrations du corps élastique qui fait le ton du son; il n'y a point de ton dans un son simple; un coup de fusil, un coup de fouet, un coup de canon, produisent des sons différents qui cependant n'ont aucun ton; il en est de même de tous les autres sons qui ne durent qu'un instant. Le ton consiste donc dans la continuité du même son pendant un certain temps; cette continuité de son peut être opérée de deux manières différentes : la première et la plus ordinaire est la succession des vibrations dans les corps élastiques et sonores, et la seconde pourrait être la répétition prompte et nombreuse du même coup sur les corps qui sont incapables de vibrations, car un corps à ressort qu'un seul coup ébranle et met en vibration agit à l'extérieur et sur notre oreille, comme s'il était en effet frappé par autant de petits coups égaux qu'il fait de vibrations; chacune de ces vibrations équivaut à un coup, et c'est ce qui fait la continuité de ce son et ce qui lui donne un ton; mais si l'on veut trouver cette même continuité de son dans un corps non élastique et incapable de former des vibrations, il faudra le frapper de plusieurs coups égaux, successifs et très-prompts : c'est le seul moyen de donner un ton au son que produit ce corps, et la répétition de ces coups égaux pourra faire dans ce cas ce que fait dans l'autre la succession des vibrations.

En considérant sous ce point de vue la production du son et des différents tons qui le modifient, nous reconnaîtrons que puisqu'il ne faut que la répétition de plusieurs coups égaux sur un corps incapable de vibrations pour produire un ton, si l'on augmente le nombre de ces coups égaux dans le même temps, cela ne fera que rendre le ton plus égal et plus sensible, sans rien changer ni au son ni à la nature du ton que ces coups produiront, mais qu'au contraire si on augmente la force des coups égaux, le son deviendra plus fort et le ton pourra changer : par exemple, si la force des coups est double de la première, elle produira un effet double, c'est-à-dire un son une fois plus fort que le premier, dont le ton sera à l'octave; il sera une fois plus grave, parce qu'il appartient à un son qui est une fois plus fort, et qu'il n'est que l'effet continué d'une force double : si la force, au lieu d'être double de la première, est plus grande dans un autre rapport, elle produira des sons plus forts dans le même rapport, qui par conséquent auront chacun des tons proportionnels à cette quantité de force du son, ou, ce qui revient au même, de la force des coups qui le produisent, et non pas de la fréquence plus ou moins grande de ces coups égaux.

Ne doit-on pas considérer les corps élastiques qu'un seul coup met en vibration comme des corps dont la figure ou la longueur détermine précisément la force de ce coup, et la borne à ne produire que tel son qui ne peut être ni plus fort ni plus faible? Qu'on frappe sur une cloche un coup une fois moins fort qu'un autre coup, on n'entendra pas d'aussi loin le son de cette cloche, mais on entendra toujours le même ton; il en est de même d'une corde d'instrument, la même longueur donnera toujours le même ton : dès lors ne doit-on pas croire que, dans l'explication qu'on a donnée de la production des différents tons par le plus ou le moins de fréquence des vibrations, on a pris l'effet pour la cause? car les vibrations dans les corps sonores ne pouvant faire que ce que font les coups égaux répétés sur des corps incapables de vibrations, la plus grande ou la moindre fréquence de ces vibrations ne doit pas plus faire à l'égard des tons qui en résultent, que la répétition plus ou moins prompte des coups successifs doit faire au ton des corps non sonores : or, cette répétition plus ou moins prompte n'y change rien ; la fréquence des vibrations ne doit donc rien changer non plus, et le ton qui dans le premier cas dépend de la force du coup dépend dans le second de la masse du corps sonore : s'il est une fois plus gros dans la même longueur, ou une fois plus long dans la même grosseur, le ton sera une fois plus grave, comme il l'est lorsque le coup est donné avec une fois plus de force sur un corps incapable de vibrations.

Si donc l'on frappe un corps incapable de vibrations avec une masse double, il produira un son qui sera double, c'est-à-dire à l'octave en bas du premier, car c'est la même chose que si l'on frappait le même corps avec deux masses égales, au lieu de ne le frapper qu'avec une seule, ce qui ne peut manquer de donner au son une fois plus d'intensité. Supposons donc qu'on frappe deux corps incapables de vibrations, l'un avec une seule masse, et l'autre avec deux masses chacune égale à la première, le premier de ces corps produira un son dont l'intensité ne sera que la moitié de celle du son que produira le second ; mais si l'on frappe l'un de ces corps avec deux masses et l'autre avec trois, alors ce premier corps produira un son dont l'intensité sera moindre d'un tiers que celle du son que produira le second corps; et de même si l'on frappe l'un de ces corps avec trois masses égales et l'autre avec quatre, le premier produira un son dont l'intensité sera moindre d'un quart que celle du son produit par le second : or de toutes les comparaisons possibles de nombre à nombre, celles que nous faisons le plus facilement sont celles d'un à deux, d'un à trois, d'un à quatre, etc.; et de tous les rapports compris entre le simple et le double, ceux que nous apercevons le plus aisément sont ceux de deux contre un, de trois contre deux, de quatre contre trois, etc. ; ainsi nous ne pouvons pas manquer, en jugeant les sons, de trouver que l'octave est le son qui convient ou qui s'accorde le mieux avec le premier, et qu'ensuite ce qui s'accorde le mieux est la quinte et la quarte, parce que ces tons sont en effet dans cette proportion ; car supposons que les parties osseuses de l'intérieur des oreilles soient des corps durs et incapables de vibrations, qui reçoivent les coups frappés par ces masses égales, nous rapporterons beaucoup mieux à une certaine unité de son, produit par une de ces masses, les autres sons qui seront produits par des masses dont les rapports seront à la première masse comme 1 à 2, ou 2 à 3, ou 3 à 4, parce que ce sont en effet les rapports que l'âme aperçoit le plus aisément. En considérant donc le son comme sensation, on peut donner la raison du plaisir que font les sons harmoniques; il consiste dans la proportion du son fondamental aux autres sons : si ces autres sons mesurent exactement et par grandes parties le son fondamental, ils seront toujours harmoniques et agréables; si au contraire ils sont incommensurables ou seulement commensurables par petites parties, ils seront discordants et désagréables.

On pourrait me dire qu'on ne conçoit pas trop comment une proportion peut causer du plaisir, et qu'on ne voit pas pourquoi tel rapport, parce qu'il est exact, est plus agréable que tel autre qui ne peut pas se mesurer exactement. Je répondrai que c'est cependant dans cette justesse de proportion que consiste la cause du plaisir, puisque toutes les fois que nos sens sont ébranlés de cette façon il en résulte un sentiment agréable, et qu'au contraire ils sont toujours affectés désagréablement par la disproportion. On peut se souvenir de ce que nous avons dit au sujet de l'aveugle-né auquel M. Cheselden donna la vue en lui abattant la cataracte : les objets qui lui étaient les plus agréables lorsqu'il commençait à voir étaient les formes régulières et unies; les corps pointus et irréguliers étaient pour lui des objets désagréables; il n'est donc pas douteux que l'idée de la beauté et le sentiment du plaisir, qui nous arrive par les yeux, ne naisse de la proportion et de la régularité; il en est de même du toucher : les formes égales, rondes et uniformes nous font plus de plaisir à toucher que les angles, les pointes et les inégalités des corps raboteux; le plaisir du toucher a donc pour cause, aussi bien que celui de la vue, la proportion des corps et des objets : pourquoi le plaisir de l'oreille ne viendrait-il pas de la proportion des sons?

Le son a, comme la lumière, non-seulement la propriété de se propager au loin, mais encore celle de se réfléchir; les lois de cette réflexion du son ne sont pas à la vérité aussi bien connues que celles de la réflexion de la lumière; on est seulement assuré qu'il se réfléchit à la rencontre des corps durs. Une montagne, un bâtiment, une muraille réfléchissent le son, quelquefois si parfaitement, qu'on croit qu'il vient réellement de ce côté opposé, et lorsqu'il se trouve des concavités dans ces surfaces planes, ou lorsqu'elles sont elles-mêmes régulièrement concaves, elles forment un écho qui est une réflexion du son plus parfaite et plus distincte; les voûtes dans un bâtiment, les rochers dans une montagne, les arbres dans une forêt, forment presque toujours des échos : les voûtes, parce qu'elles ont une figure concave régulière, les rochers, parce qu'ils forment des voûtes et des cavernes, ou qu'ils sont disposés en forme concave et régulière, et les arbres, parce que dans le grand nombre de pieds d'arbres qui forment la forêt, il y en a presque toujours un certain nombre qui sont disposés et plantés les uns à l'égard des autres, de manière qu'ils forment une espèce de figure concave.

La cavité intérieure de l'oreille paraît être un écho où le son se réfléchit avec la plus grande précision; cette cavité est creusée dans la partie pierreuse de l'os temporal, comme une concavité dans un rocher; le son se répète et s'articule dans cette cavité, et ébranle ensuite la partie solide de la lame du limaçon; cet ébranlement se communique à la partie membraneuse de cette lame; cette partie membraneuse est une expansion du nerf auditif, qui transmet à l'âme ces différents ébranlements dans l'ordre où elle les reçoit : comme les parties osseuses sont solides et insensibles, elles ne peuvent servir qu'à recevoir et réfléchir le son; les nerfs seuls sont capables d'en produire la sensation. Or, dans l'organe de l'ouïe, la seule partie qui soit nerf est cette portion de la lame spirale; tout le reste est solide, et c'est par cette raison que je fais consister dans cette partie l'organe immédiat du son : on peut même le prouver par les réflexions suivantes.

L'oreille extérieure n'est qu'un accessoire à l'oreille intérieure : sa concavité, ses plis, peuvent servir à augmenter la quantité du son, mais on entend encore fort bien sans oreilles extérieures; on le voit par les animaux auxquels on les a coupées. La membrane du tympan, qui est ensuite la partie la plus extérieure de cet organe, n'est pas plus essentielle que l'oreille extérieure à la sensation du son; il y a des personnes dans lesquelles cette membrane est détruite en tout ou en partie, qui ne laissent pas d'entendre fort distinctement : on voit des gens qui font passer de la bouche dans l'oreille et font sortir au dehors de la fumée de tabac, des cordons de soie, des lames de plomb, etc., et qui cependant ont le sens de l'ouïe tout aussi bon que les autres. Il en est encore à peu près de même des osselets de l'oreille : ils ne sont pas absolument nécessaires à l'exercice du sens de l'ouïe; il est arrivé plus d'une fois que ces osselets se sont cariés et sont même sortis de l'oreille par morceaux après des suppurations, et ces personnes, qui n'avaient plus d'osselets, ne laissaient pas d'entendre; d'ailleurs on sait que ces osselets ne se trouvent pas dans les oiseaux, qui cependant ont l'ouïe très-fine et très-bonne ; les canaux semi-circulaires paraissent être plus nécessaires : ce sont des espèces de tuyaux courbés dans l'os pierreux, qui semblent servir à diriger et conduire les parties sonores jusqu'à la partie membraneuse du limaçon sur laquelle se fait l'action du son et la production de la sensation.

Une incommodité des plus communes dans la vieillesse est la surdité : cela se peut expliquer fort naturellement par le plus de densité que doit prendre la partie membraneuse de la lame du limaçon; elle augmente en solidité à mesure qu'on avance en âge : dès qu'elle devient trop solide on a l'oreille dure, et lorsqu'elle s'ossifie on est entièrement sourd, parce qu'alors il n'y a plus aucune partie sensible dans l'organe qui puisse transmettre la sensation du son. La surdité qui provient de cette cause est incurable, mais elle peut aussi quelquefois venir d'une cause plus extérieure; le canal auditif peut se trouver rempli et bouché par des matières épaisses : dans ce cas il me semble qu'on pourrait guérir la surdité, soit en seringuant des liqueurs ou en introduisant même des instruments dans ce canal; et il y a un moyen fort simple pour reconnaître si la surdité est intérieure ou si elle n'est qu'extérieure, c'est-à-dire pour reconnaître si la lame spirale est en effet insensible, ou bien si c'est la partie extérieure du canal auditif qui est bouchée; il ne faut pour cela que prendre une petite montre à répétition, la mettre dans la bouche du sourd et la faire sonner; s'il entend ce son, sa surdité sera certainement causée par un embarras extérieur auquel il est toujours possible de remédier en partie.

J'ai aussi remarqué sur plusieurs personnes qui avaient l'oreille et la voix fausses, qu'elles entendaient mieux d'une oreille que d'une autre : on peut se souvenir de ce que j'ai dit au sujet des yeux louches; la cause de ce défaut est l'inégalité de force ou de portée dans les yeux; une personne louche ne voit pas d'aussi loin avec l'œil qui se détourne qu'avec l'autre; l'analogie m'a conduit à faire quelques épreuves sur des personnes qui ont la voix fausse, et jusqu'à présent j'ai trouvé qu'elles avaient en effet une oreille meilleure que l'autre; elles reçoivent donc à la fois par les deux oreilles deux sensations inégales, ce qui doit produire une discordance dans le résultat total de la sensation, et c'est par cette raison qu'entendant toujours faux, ils chantent faux nécessairement, et sans pouvoir même s'en apercevoir. Ces personnes, dont les oreilles sont inégales en sensibilité, se trompent souvent sur le côté d'où vient le son; si leur bonne oreille est à droite, le son leur paraîtra venir beaucoup plus souvent du côté droit que du côté gauche. Au reste, je ne parle ici que des personnes nées avec ce défaut; ce n'est que dans ce cas que l'inégalité de sensibilité des deux oreilles leur rend l'oreille et la voix fausses, car ceux auxquels cette différence n'arrive que par accident, et qui viennent avec l'âge à avoir une des oreilles plus dure que l'autre, n'auront pas pour cela l'oreille et la voix fausses, parce qu'ils avaient auparavant les oreilles également sensibles, qu'ils ont commencé par entendre et chanter juste, et que si dans la suite leurs oreilles deviennent inégalement sensibles et produisent une sensation de faux, ils la rectifient sur-le-champ par l'habitude où ils ont toujours été d'entendre juste et de juger en conséquence.

Les cornets ou entonnoirs servent à ceux qui ont l'oreille dure, comme les verres convexes servent à ceux dont les yeux commencent à baisser lorsqu'ils approchent de la vieillesse; ceux-ci ont la rétine et la cornée plus dure et plus solide, et peut-être aussi les humeurs de l'œil plus épaisses et plus denses; ceux-là ont la partie membraneuse de la lame spirale plus solide et plus dure, il leur faut donc des instruments qui augmentent la quantité des parties lumineuses ou sonores qui doivent frapper ces organes; les verres convexes et les cornets produisent cet effet. Tout le monde connaît ces longs cornets avec lesquels on porte la voix à des distances assez grandes; on pourrait aisément perfectionner cette machine, et la rendre, à l'égard de l'oreille, ce qu'est la lunette d'approche à l'égard des yeux; mais il est vrai qu'on ne pourrait se servir de ce cornet d'approche que dans les lieux solitaires où toute la nature serait dans le silence, car les bruits voisins se confondent avec les sons éloignés beaucoup plus que la lumière des objets qui sont dans le même cas. Cela vient de ce que la propagation de la lumière se fait toujours en ligne droite, et que quand il se trouve un obstacle intermédiaire, elle est presque totalement interceptée; au lieu que le son se propage, à la vérité, en ligne droite : mais quand il rencontre un obstacle intermédiaire, il circule autour de cet obstacle et ne laisse pas d'arriver ainsi obliquement à l'oreille presque en aussi grande quantité que s'il n'eût pas changé de direction.

L'ouïe est bien plus nécessaire à l'homme qu'aux animaux; ce sens n'est dans ceux-ci qu'une propriété passive capable seulement de leur transmettre les impressions étrangères. Dans l'homme c'est non-seulement une propriété passive, mais une faculté qui devient active par l'organe de la parole; c'est en effet par ce sens que nous vivons en société, que nous recevons la pensée des autres, et que nous pouvons leur communiquer la nôtre : les organes de la voix seraient des instruments inutiles s'ils n'étaient mis en mouvement par ce sens; un sourd de naissance est nécessairement muet, il ne doit avoir aucune connaissance des choses abstraites et générales. Je dois rapporter ici l'histoire abrégée d'un sourd de cette espèce, qui entendit tout à coup pour la première fois à l'âge de vingt-quatre ans, telle qu'on la trouve dans le volume de l'*Académie*, année 1703, page 18. «

« M. Félibien, de l'Académie des Inscriptions, fit savoir

« à l'Académie des Sciences un événement singulier, peut-
« être inouï, qui venait d'arriver à Chartres. Un jeune
« homme de vingt-trois à vingt-quatre ans, fils d'un arti-
« san, sourd et muet de naissance, commença tout d'un
« coup à parler, au grand étonnement de toute la ville.
« On sut de lui que quelque trois ou quatre mois aupara-
« vant il avait entendu le son des cloches et avait été
« extrêmement surpris de cette sensation nouvelle et incon-
« nue; ensuite il lui était sorti une espèce d'eau de l'oreille
« gauche, et il avait entendu parfaitement des deux oreil-
« les. Il fut ces trois ou quatre mois à écouter sans rien
« dire, s'accoutumant à répéter tout bas les paroles qu'il
« entendait, et s'affermissant dans la prononciation et dans
« les idées attachées aux mots. Enfin il se crut en état de
« rompre le silence, et il déclara qu'il parlait, quoique ce
« ne fût encore qu'imparfaitement; aussitôt des théologiens
« habiles l'interrogèrent sur son état passé, et leurs prin-
« cipales questions roulèrent sur Dieu, sur l'âme, sur la
« bonté ou la malice morale des actions; il ne parut pas
« avoir poussé ses pensées jusque-là. Quoiqu'il fût né de
« parents catholiques, qu'il assistât à la messe, qu'il fût
« instruit à faire le signe de la croix et à se mettre à genoux
« dans la contenance d'un homme qui prie, il n'avait
« jamais joint à tout cela aucune intention, ni compris
« celle que les autres y joignaient; il ne savait pas bien
« distinctement ce que c'était que la mort, et il n'y pensait
« jamais; il menait une vie purement animale, tout occupé
« des objets sensibles et présents et du peu d'idées qu'il
« recevait par les yeux; il ne tirait pas même de la com-
« paraison de ces idées tout ce qu'il semble qu'il en aurait
« pu tirer : ce n'est pas qu'il n'eût naturellement de
« l'esprit, mais l'esprit d'un homme privé du commerce

« des autres est si peu exercé et si peu cultivé, qu'il ne
« pense qu'autant qu'il y est indispensablement forcé par
« les objets extérieurs; le plus grand fonds des idées des
« hommes est dans leur commerce réciproque. »

Il serait cependant très-possible de communiquer aux sourds ces idées qui leur manquent, et même de leur donner des notions exactes et précises des choses abstraites et générales par des signes et par l'écriture; un sourd de naissance pourrait avec le temps et des secours assidus lire et comprendre tout ce qui serait écrit, et par conséquent écrire lui-même et se faire entendre sur les choses même les plus compliquées; il y en a, dit-on, dont on a suivi l'éducation avec assez de soin pour les amener à un point plus difficile encore, qui est de comprendre le sens des paroles par le mouvement des lèvres de ceux qui les prononcent; rien ne prouverait mieux combien les sens se ressemblent au fond, et jusqu'à quel point ils peuvent se suppléer; cependant il me paraît que comme la plus grande partie des sons se forment et s'articulent au dedans de la bouche par des mouvements de la langue qu'on n'aperçoit pas dans un homme qui parle à la manière ordinaire, un sourd et muet ne pourrait connaître de cette façon que le petit nombre des syllabes qui sont en effet articulées par le mouvement des lèvres.

Nous pouvons citer à ce sujet un fait tout nouveau, duquel nous venons d'être témoins. M. Rodrigue Pereire, portugais, ayant cherché les moyens les plus faciles pour faire parler les sourds et muets de naissance, s'est exercé assez longtemps dans cet art singulier pour le porter à un grand point de perfection; il m'amena il y a environ quinze jours son élève M. d'Azy d'Étavigny; ce jeune homme, sourd et muet de naissance, est âgé d'environ 19 ans;

M. Pereire entreprit de lui apprendre à parler, à lire, etc., au mois de juillet 1746 ; au bout de quatre mois, il prononçait déjà des syllabes et des mots, et après dix mois il avait l'intelligence d'environ treize cents mots, et il les prononçait tous assez distinctement. Cette éducation si heureusement commencée fut interrompue pendant neuf mois par l'absence du maître, et il ne reprit son élève qu'au mois de février 1748 ; il le retrouva bien moins instruit qu'il ne l'avait laissé ; sa prononciation était devenue très-vicieuse, et la plupart des mots qu'il avait appris étaient déjà sortis de sa mémoire, parce qu'il ne s'en était pas servi pendant un assez long temps pour qu'ils eussent fait des impressions durables et permanentes. M. Pereire commença donc à l'instruire, pour ainsi dire de nouveau, au mois de février 1748, et depuis ce temps-là il ne l'a pas quitté jusqu'à ce jour (au mois de juin 1749). Nous avons vu ce jeune sourd et muet à l'une de nos assemblées de l'Académie, on lui a fait plusieurs questions par écrit ; il y a très-bien répondu, tant par l'écriture que par la parole ; il a à la vérité la prononciation lente et le son de la voix rude, mais cela ne peut guère être autrement, puisque ce n'est que par l'imitation que nous amenons peu à peu nos organes à former des sons précis, doux et bien articulés, et comme ce jeune sourd et muet n'a pas même l'idée d'un son, et qu'il n'a par conséquent jamais tiré aucun secours de l'imitation, sa voix ne peut manquer d'avoir une certaine rudesse que l'art de son maître pourra bien corriger peu à peu jusqu'à un certain point. Le peu de temps que le maître a employé à cette éducation, et les progrès de l'élève qui, à la vérité, paraît avoir de la vivacité et de l'esprit, sont plus que suffisants pour démontrer qu'on peut avec de l'art amener tous les sourds et muets de naissance au point de commercer avec les autres hommes; car je suis persuadé que si l'on eût commencé à instruire ce jeune sourd dès l'âge de sept ou huit ans, il serait actuellement au même point où sont les sourds qui ont autrefois parlé, et qu'il aurait un aussi grand nombre d'idées que les autres hommes en ont communément.

DES SENS EN GÉNÉRAL.

Le corps animal est composé de plusieurs matières différentes dont les unes, comme les os, la graisse, le sang, la lymphe, etc., sont insensibles, et dont les autres, comme les membranes et les nerfs, paraissent être des matières actives desquelles dépendent le jeu de toutes les parties et l'action de tous les membres; les nerfs surtout sont l'organe immédiat du sentiment qui se diversifie et change, pour ainsi dire, de nature suivant leur différente disposition, en sorte que, selon leur position, leur arrangement, leur qualité, ils transmettent à l'âme des espèces différentes de sentiments, qu'on a distinguées par le nom de sensations, qui semblent, en effet, n'avoir rien de semblable entre elles. Cependant, si l'on fait attention que tous ces sens externes ont un sujet commun et qu'ils ne sont tous que des membranes nerveuses différemment disposées et placées, que les nerfs sont l'organe général du sentiment, que, dans le corps animal, nulle autre matière que les nerfs n'a cette propriété de produire le sentiment, on sera porté à croire que, les sens ayant tous un principe commun et n'étant que des formes variées de la même substance, n'étant en un mot que des nerfs différemment ordonnés et disposés, les sensations qui en résultent ne sont pas aussi essentiellement différentes entre elles qu'elles le paraissent.

L'œil doit être regardé comme une expansion du nerf optique, ou plutôt l'œil lui-même n'est que l'épanouissement d'un faisceau de nerfs, qui, étant exposé à l'extérieur plus qu'aucun autre nerf, est aussi celui qui a le sentiment le plus vif et le plus délicat : il sera donc ébranlé par les plus petites parties de la matière, telles que sont celles de la lumière, et il nous donnera par conséquent une sensation de toutes les substances les plus éloignées, pourvu qu'elles soient capables de produire ou de réfléchir ces petites particules de matière. L'oreille, qui n'est pas un organe aussi extérieur que l'œil, et dans lequel il n'y a pas un aussi grand épanouissement de nerfs, n'aura pas le même degré de sensibilité et ne pourra pas être affectée par des parties de matière aussi petites que celles de la lumière, mais elle le sera par des parties plus grosses, qui sont celles qui forment le son, et nous donnera encore une sensation des choses éloignées qui pourront mettre en mouvement ces parties de matière : comme elles sont beaucoup plus grosses que celles de la lumière et qu'elles ont moins de vitesse, elles ne pourront s'étendre qu'à de petites distances, et par conséquent l'oreille ne nous donnera la sensation que de choses beaucoup moins éloignées que celles dont l'œil nous donne la sensation. La membrane qui est le siége de l'odorat, étant encore moins fournie de nerfs que celle qui fait le siége de l'ouïe, elle ne nous donnera la sensation que des parties de matière qui sont plus grosses et moins éloignées, telles que sont les particules odorantes des corps, qui sont probablement celles de l'huile essentielle qui s'en exhale et surnage, pour ainsi dire, dans l'air, comme les corps légers nagent dans l'eau ; et comme les nerfs sont encore en moindre quantité et qu'ils sont plus divisés sur le palais et sur la langue, les particules odorantes ne sont pas assez fortes pour ébranler cet organe : il faut que ces parties huileuses ou salines se détachent des autres corps et s'arrêtent sur la langue pour produire une sensation qu'on appelle le *goût*, et qui diffère principalement de l'odorat, parce que ce dernier sens nous donne la sensation des choses à une certaine distance et que le goût ne peut nous la donner que par une espèce de contact qui s'opère au moyen de la fonte de certaines parties de matière, telles que les sels, les huiles, etc. Enfin, comme les nerfs sont le plus divisés qu'il est possible et qu'ils sont très-légèrement parsemés dans la peau, aucune partie aussi petite que celles qui forment la lumière ou les sons, les odeurs ou les saveurs, ne pourra les ébranler ni les affecter d'une manière sensible, et il faudra de très-grosses parties de matière, c'est-à-dire des corps solides, pour qu'ils puissent en être affectés : aussi le sens du toucher ne nous donne aucune sensation des choses éloignées, mais seulement de celles dont le contact est immédiat.

Il me paraît donc que la différence qui est entre nos sens ne vient que de la position plus ou moins extérieure des nerfs et de leur quantité plus ou moins grande dans les différentes parties qui constituent les organes. C'est par cette raison qu'un nerf ébranlé par un coup ou découvert par une blessure nous donne souvent la sensation de la lumière sans que l'œil y ait part, comme on a souvent aussi, par la même cause, des tintements et des sensations de sons, quoique l'oreille ne soit affectée par rien d'extérieur.

Lorsque les petites particules de la matière lumineuse ou sonore se trouvent réunies en très-grande quantité, elles forment une espèce de corps solide qui produit différentes espèces de sensations, lesquelles ne paraissent avoir aucun rapport avec les premières, car toutes les fois que les parties qui composent la lumière sont en très-grande quantité, alors elles affectent non-seulement les yeux, mais aussi toutes les parties nerveuses de la peau, et elles produisent dans l'œil la sensation de la lumière et dans le reste du corps la sensation de la chaleur, qui est une autre espèce de sentiment différent du premier, quoiqu'il soit produit par la même cause. La chaleur n'est donc que le toucher de la lumière qui agit comme corps solide ou comme une masse de matière en mouvement; on reconnaît évidemment l'action de cette masse en mouvement lorsqu'on expose des matières légères au foyer d'un bon miroir ardent : l'action de la lumière réunie leur communique, avant même que de les échauffer, un mouvement qui les pousse et les déplace; la chaleur agit donc comme agissent les corps solides sur les autres corps, puisqu'elle est capable de les déplacer en leur communiquant un mouvement d'impulsion.

De même, lorsque les parties sonores se trouvent réunies en très-grande quantité, elles produisent une secousse et un ébranlement très-sensibles, et cet ébranlement est fort différent de l'action du son sur l'oreille. Une violente explosion, un grand coup de tonnerre ébranle les maisons, nous frappe et communique une espèce de tremblement à tous les corps voisins : le son agit donc aussi comme corps solide sur les autres corps, car ce n'est pas l'agitation de l'air qui cause cet ébranlement, puisque dans le temps qu'il se fait on ne remarque pas qu'il soit accompagné de vent, et que d'ailleurs, quelque violent que fût le vent, il ne produirait pas d'aussi fortes secousses. C'est par cette action des parties sonores qu'une corde en vibration en fait remuer une autre, et c'est par ce toucher du son que nous sentons nous-mêmes, lorsque le bruit est violent, une espèce de trémoussement fort différent de la sensation du son par l'oreille, quoiqu'il dépende de la même cause.

Toute la différence qui se trouve dans nos sensations ne vient donc que du nombre plus ou moins grand et de la position plus ou moins extérieure des nerfs, ce qui fait que les uns de ces sens peuvent être affectés par de petites particules de matière qui émanent des corps, comme l'œil, l'oreille et l'odorat; les autres par des parties plus grosses qui se détachent des corps au moyen du contact, comme le goût, et les autres par le corps ou même par les émanations des corps, lorsqu'elles sont assez réunies et assez abondantes pour former une espèce de masse solide, comme le toucher qui nous donne des sensations de la solidité, de la fluidité et de la chaleur des corps.

Un fluide diffère d'un solide parce qu'il n'a aucune partie assez grosse pour que nous puissions la saisir et la toucher par différents côtés à la fois : c'est ce qui fait aussi que les fluides sont liquides; les particules qui les composent ne peuvent être touchées par les particules voisines que dans un point ou un si petit nombre de points, qu'aucune partie ne peut avoir d'adhérence avec une autre partie. Les corps solides réduits en poudre, même impalpable, ne perdent pas absolument leur solidité parce que les parties, se touchant par plusieurs côtés, conservent de l'adhérence entre elles, et c'est ce qui fait qu'on en peut faire des masses et les serrer pour en palper une grande quantité à la fois.

Le sens du toucher est répandu dans le corps entier, mais il s'exerce différemment dans les différentes parties. Le sentiment qui résulte du toucher ne peut être excité que par le contact et l'application immédiate de la superficie de quelque corps étranger sur celle de notre propre corps : qu'on applique contre la poitrine ou sur les épaules d'un homme un corps étranger, il le sentira, c'est-à-dire il saura qu'il y a un corps étranger qui le touche, mais il n'aura aucune idée de la forme de ce corps, parce que, la poitrine ou les épaules ne touchant le corps que dans un seul plan, il ne pourra en résulter aucune connaissance de la figure de ce corps : il en est de même de toutes les autres parties du corps qui ne peuvent pas s'ajuster sur la surface des corps étrangers et se plier pour embrasser à la fois plusieurs parties de leur superficie ; ces parties de notre corps ne peuvent donc nous donner aucune idée juste de leur forme ; mais celles qui, comme la main, sont divisées en plusieurs petites parties flexibles et mobiles, et qui peuvent par conséquent s'appliquer en même temps sur les différents plans de la superficie des corps, sont celles qui nous donnent en effet les idées de leur forme et de leur grandeur.

Ce n'est donc pas uniquement parce qu'il y a une plus grande quantité de houppes nerveuses à l'extrémité des doigts que dans les autres parties du corps, ce n'est pas, comme on le prétend vulgairement, parce que la main a le sentiment plus délicat qu'elle est en effet le principal organe du toucher : on pourrait dire, au contraire, qu'il y a des parties plus sensibles et dont le toucher est plus délicat, comme les yeux, la langue, etc. ; mais c'est uniquement parce que la main est divisée en plusieurs parties toutes mobiles, toutes flexibles, toutes agissantes en même temps et obéissantes à la volonté, qu'elle est le seul organe qui nous donne des idées distinctes de la forme des corps. Le toucher n'est qu'un contact de superficie : qu'on suppute la superficie de la main et des cinq doigts, on la trouvera plus grande à proportion que celle de toute autre partie du corps, parce qu'il n'y en a aucune qui soit autant divisée ; ainsi elle a d'abord l'avantage de pouvoir présenter aux corps étrangers plus de superficie ; ensuite les doigts peuvent s'étendre, se raccourcir, se plier, se séparer, se joindre et s'ajuster à toutes sortes de surfaces, autre avantage qui suffirait pour rendre cette partie l'organe de ce sentiment exact et précis qui est nécessaire pour nous donner l'idée de la force des corps. Si la main avait encore un plus grand nombre de parties, qu'elle fût, par exemple, divisée en vingt doigts, que ces doigts eussent un plus grand nombre d'articulations et de mouvements, il n'est pas douteux que le sentiment du toucher ne fût infiniment plus parfait dans cette conformation qu'il ne l'est, parce que cette main pourrait alors s'appliquer beaucoup plus immédiatement et plus précisément sur les différentes surfaces des corps ; et si nous supposions qu'elle fût divisée en une infinité de parties toutes mobiles et flexibles, et qui pussent toutes s'appliquer en même temps sur tous les points de la surface des corps, un pareil organe serait une espèce de géométrie universelle (si je puis m'exprimer ainsi) par le secours de laquelle nous aurions, dans le moment même de l'attouchement, des idées exactes et précises de la figure de tous les corps et de la différence, même infiniment petite, de ces figures.

Si, au contraire, la main était sans doigts, elle ne pourrait nous donner que des notions très-imparfaites de la forme des choses les plus palpables, et nous n'aurions qu'une connaissance très-confuse des objets qui nous environnent, ou du moins il nous faudrait beaucoup plus d'expériences et de temps pour les acquérir.

Les animaux qui ont des mains paraissent être les plus spirituels : les singes font des choses si semblables aux actions mécaniques de l'homme, qu'il semble qu'elles aient pour cause la même suite de sensations corporelles : tous les autres animaux qui sont privés de cet organe ne peuvent avoir aucune connaissance assez distincte de la forme des choses ; comme ils ne peuvent rien saisir et qu'ils n'ont aucune partie assez divisée et assez flexible pour pouvoir s'ajuster sur la superficie des corps, ils n'ont certainement aucune notion précise de la forme non plus que de la grandeur de ces corps : c'est pour cela que nous les voyons souvent incertains ou effrayés à l'aspect des choses qu'ils devraient le mieux connaître et qui leur sont les plus familières. Le principal organe de leur toucher est dans leur museau, parce que cette partie est divisée en deux par la bouche et que la langue est une autre partie qui leur sert en même temps pour toucher les corps qu'on leur voit tourner et retourner avant que de les saisir avec les dents. On peut aussi conjecturer que les animaux qui, comme les seiches, les polypes et d'autres insectes, ont un grand nombre de bras ou de pattes qu'ils peuvent réunir et joindre, et avec lesquels ils peuvent saisir par différents endroits les corps étrangers, que ces animaux, dis-je, ont de l'avantage sur les autres et qu'ils connaissent et choisissent beaucoup mieux les choses qui leur conviennent. Les poissons dont le corps est couvert d'écailles et qui ne peuvent se plier doivent être les plus stupides de tous les animaux, car ils ne peuvent avoir aucune connaissance de la forme des corps, puisqu'ils n'ont aucun moyen de les embrasser, et d'ailleurs l'impression du sentiment doit être très-faible et le sentiment fort obtus, puisqu'ils ne peuvent sentir qu'à travers les écailles : ainsi tous les animaux dont le corps n'a point d'extrémités qu'on puisse regarder comme des parties divisées, telles que les bras, les jambes, les pattes, etc., auront beaucoup moins de sentiment par le toucher que les autres ; les serpents sont cependant moins stupides que les poissons parce que, quoiqu'ils n'aient point d'extrémités et qu'ils soient recouverts d'une peau dure et écailleuse, ils ont la faculté de plier leur corps en plusieurs sens sur les corps étrangers, et par conséquent de les saisir en quelque façon et de les toucher beaucoup mieux que ne peuvent le faire les poissons dont le corps ne peut se plier.

Les deux grands obstacles à l'exercice du sens du toucher sont donc premièrement l'uniformité de la forme du corps de l'animal, ou, ce qui est la même chose, le défaut de parties différentes, divisées et flexibles, et secondement le revêtement de la peau, soit par du poil, de la plume, des écailles, des taies, des coquilles, etc.; plus ce revêtement sera dur et solide, et moins le sentiment du toucher pourra s'exercer ; plus, au contraire, la peau sera fine et déliée, et plus le sentiment sera vif et exquis. Les femmes ont, entre autres avantages sur les hommes, celui d'avoir la peau plus belle et le toucher plus délicat.

Le fœtus, dans le sein de la mère, a la peau très-déliée ; il doit donc sentir vivement toutes les impressions extérieures ; mais comme il nage dans une liqueur et que les liquides reçoivent et rompent l'action de toutes les causes qui peuvent occasionner des chocs, il ne peut être blessé que rarement et seulement par des coups ou des efforts très-violents ; il a donc fort peu d'exercice de cette partie même du toucher qui ne dépend que de la finesse de la peau et qui est commune à tout le corps : comme il ne fait aucun usage de ses mains, il ne peut avoir de sensations ni acquérir aucune connaissance dans le sein de sa mère, à moins qu'on ne veuille supposer qu'il peut toucher avec ses mains différentes parties de son corps, comme son visage, sa poitrine, ses genoux, car on trouve souvent les mains du fœtus ouvertes ou fermées, appliquées contre son visage.

Dans l'enfant nouveau-né, les mains restent aussi inutiles que dans le fœtus, parce qu'on ne lui donne la liberté de s'en servir qu'au bout de six ou sept semaines : les bras sont emmaillottés avec tout le reste du corps jusqu'à ce terme, et je ne sais pourquoi cette manière est en usage. Il est certain qu'on retarde par là le développement de ce sens important, duquel toutes nos connaissances dépendent, et qu'on ferait bien de laisser à l'enfant le libre usage de ses mains dès le moment de sa naissance : il acquerrait plus tôt les premières notions de la forme des choses, et qui sait jusqu'à quel point ces premières idées influent sur les autres? Un homme n'a peut-être beaucoup plus d'esprit qu'un autre que pour avoir fait, dans sa première enfance, un plus grand et un plus prompt usage de ce sens. Dès que les enfants ont la liberté de se servir de leurs mains, ils ne tardent pas à en faire un grand usage; ils cherchent à toucher tout ce qu'on leur présente ; on les voit s'amuser et prendre plaisir à manier les choses que leur petite main peut saisir : il semble qu'ils cherchent à connaître la forme des corps en les touchant de tous côtés et pendant un temps considérable; ils s'amusent ainsi, ou plutôt ils s'instruisent de choses nouvelles. Nous-mêmes dans le reste de la vie, si nous y faisons réflexion, nous amusons-nous autrement qu'en faisant ou en cherchant à faire quelque chose de nouveau?

C'est par le toucher seul que nous pouvons acquérir des connaissances complètes et réelles, c'est ce sens qui rectifie tous les autres sens dont les effets ne seraient que des illusions et ne produiraient que des erreurs dans notre esprit, si le toucher ne nous apprenait à juger. Mais comment se fait le développement de ce sens important? Comment nos premières connaissances arrivent-elles à notre âme? n'avons-nous pas oublié tout ce qui s'est passé dans les ténèbres de notre enfance? Comment retrouverons-nous la première trace de nos pensées, n'y a-t-il pas même de la témérité à vouloir remonter jusque-là? Si la chose était moins importante, on aurait raison de nous blâmer; mais elle est peut-être plus que toute autre digne de nous occuper, et ne sait-on pas qu'on doit faire des efforts toutes les fois qu'on veut atteindre à quelque grand objet?

J'imagine donc un homme tel qu'on peut croire qu'était le premier homme au moment de la création, c'est-à-dire, un homme dont le corps et les organes seraient parfaitement formés, mais qui s'éveillerait tout neuf pour lui-même et pour tout ce qui l'environne. Quels seraient ses premiers mouvements, ses premières sensations, ses premiers jugements? Si cet homme voulait nous faire l'histoire de ses premières pensées, qu'aurait-il à nous dire? quelle serait cette histoire? Je ne puis me dispenser de le faire parler lui-même, afin d'en rendre les faits plus sensibles :

ce récit philosophique, qui sera court, ne sera pas une digression inutile.

« Je me souviens de cet instant plein de joie et de
« trouble, où je sentis pour la première fois ma singulière
« existence; je ne savais ce que j'étais, où j'étais, d'où je
« venais. J'ouvris les yeux, quel surcroît de sensation ! la
« lumière, la voûte céleste, la verdure de la terre, le cris-
« tal des eaux, tout m'occupait, m'animait, et me donnait
« un sentiment inexprimable de plaisir; je crus d'abord
« que tous ces objets étaient en moi et faisaient partie de
« moi-même.

« Je m'affermissais dans cette pensée naissante lorsque
« je tournai les yeux vers l'astre de la lumière; son éclat
« me blessa, je fermai involontairement la paupière, et je
« sentis une légère douleur. Dans ce moment d'obscurité
« je crus avoir perdu presque tout mon être.

« Affligé, saisi d'étonnement, je pensais à ce grand
« changement, quand tout à coup j'entends des sons : le
« chant des oiseaux, le murmure des airs, formaient un
« concert dont la douce impression me remuait jusqu'au
« fond de l'âme; j'écoutai longtemps, et je me persuadai
« bientôt que cette harmonie était moi.

« Attentif, occupé tout entier de ce nouveau genre
« d'existence, j'oubliais déjà la lumière, cette autre partie
« de mon être que j'avais connue la première, lorsque je
« rouvris les yeux. Quelle joie de me retrouver en posses-
« sion de tant d'objets brillants! mon plaisir surpassa tout
« ce que j'avais senti la première fois, et suspendit pour
« un temps le charmant effet des sons.

« Je fixai mes regards sur mille objets divers, je
« m'aperçus bientôt que je pouvais perdre et retrouver ces
« objets, et que j'avais la puissance de détruire et de

« reproduire à mon gré cette belle partie de moi-même,
« et quoiqu'elle me parût immense en grandeur par la
« quantité des accidents de lumière et par la variété des
« couleurs, je crus reconnaître que tout était contenu dans
« une portion de mon être.

« Je commençais à voir sans émotion et à entendre
« sans trouble, lorsqu'un air léger, dont je sentis la fraî-
« cheur, m'apporta des parfums qui me causèrent un
« épanouissement intime et me donnèrent un sentiment
« d'amour pour moi-même.

« Agité par toutes ces sensations, pressé par les plai-
« sirs d'une si belle et si grande existence, je me levai
« tout d'un coup, et je me sentis transporté par une force
« inconnue.

« Je ne fis qu'un pas; la nouveauté de ma situation me
« rendit immobile, ma surprise fut extrême, je crus que
« mon existence fuyait; le mouvement que j'avais fait
« avait confondu les objets, je m'imaginais que tout était
« en désordre.

« Je portai la main sur ma tête, je touchai mon front
« et mes yeux, je parcourus mon corps, ma main me
« parut être alors le principal organe de mon existence;
« ce que je sentais dans cette partie était si distinct et si
« complet, la jouissance m'en paraissait si parfaite en
« comparaison du plaisir que m'avaient causé la lumière et
« les sons, que je m'attachai tout entier à cette partie
« solide de mon être, et je sentis que mes idées prenaient
« de la profondeur et de la réalité.

« Tout ce que je touchais sur moi semblait rendre à
« ma main sentiment pour sentiment, et chaque attouche-
« ment produisait dans mon âme une double idée.

« Je ne fus pas longtemps sans m'apercevoir que cette

« faculté de sentir était répandue dans toutes les parties
« de mon être ; je reconnus bientôt les limites de mon
« existence, qui m'avait paru d'abord immense en éten-
« due.

« J'avais jeté les yeux sur mon corps, je le jugeais
« d'un volume énorme et si grand, que tous les objets qui
« avaient frappé mes yeux ne me paraissaient être en
« comparaison que des points lumineux.

« Je m'examinai longtemps : je me regardais avec plai-
« sir, je suivais ma main de l'œil, et j'observais ses mou-
« vements ; j'eus sur tout cela les idées les plus étranges,
« je croyais que le mouvement de ma main n'était qu'une
« espèce d'existence fugitive, une succession de choses
« semblables ; je l'approchai de mes yeux, elle me parut
« alors plus grande que tout mon corps, et elle fit dispa-
« raître à ma vue un nombre infini d'objets.

« Je commençai à soupçonner qu'il y avait de l'illusion
« dans cette sensation qui me venait par les yeux ; j'avais
« vu distinctement que ma main n'était qu'une petite partie
« de mon corps, et je ne pouvais comprendre qu'elle fût
« augmentée au point de me paraître d'une grandeur
« démesurée ; je résolus donc de ne me fier qu'au toucher,
« qui ne m'avait pas encore trompé, et d'être en garde
« sur toutes les autres façons de sentir et d'être.

« Cette précaution me fut utile ; je m'étais remis en
« mouvement, et je marchais la tête haute et levée vers
« le ciel ; je me heurtai légèrement contre un palmier ;
« saisi d'effroi, je portai ma main sur ce corps étranger,
« je le jugeai tel, parce qu'il ne me rendit pas sentiment
« pour sentiment ; je me détournai avec une espèce d'hor-
« reur, et je connus pour la première fois qu'il y avait
« quelque chose hors de moi.

« Plus agité par cette nouvelle découverte que je ne
« l'avais été par toutes les autres, j'eus peine à me rassu-
« rer, et après avoir médité sur cet événement je conclus
« que je devais juger des objets extérieurs comme j'avais
« jugé des parties de mon corps, et qu'il n'y avait que le
« toucher qui pût m'assurer de leur existence.

« Je cherchai donc à toucher tout ce que je voyais, je
« voulais toucher le soleil, j'étendais les bras pour embras-
« ser l'horizon, et je ne trouvais que le vide des airs.

« A chaque expérience que je tentais, je tombais de
« surprise en surprise, car tous les objets me paraissaient
« être également près de moi, et ce ne fut qu'après une
« infinité d'épreuves que j'appris à me servir de mes yeux
« pour guider ma main; et comme elle me donnait des
« idées toutes différentes des impressions que je recevais
« par le sens de la vue, mes sensations n'étant pas d'ac-
« cord entre elles, mes jugements n'en étaient que plus
« imparfaits, et le total de mon être n'était encore pour
« moi-même qu'une existence en confusion.

« Profondément occupé de moi, de ce que j'étais, de
« ce que je pouvais être, les contrariétés que je venais
« d'éprouver m'humilièrent; plus je réfléchissais, plu. il
« se présentait de doutes : lassé de tant d'incertitudes,
« fatigué des mouvements de mon âme, mes genoux fléchi-
« rent et je me trouvai dans une situation de repos. Cet
« état de tranquillité donna de nouvelles forces à mes
« sens; j'étais assis à l'ombre d'un bel arbre, des fruits
« d'une couleur vermeille descendaient en forme de grappe
« à la portée de ma main; je les touchai légèrement, aus-
« sitôt ils se séparèrent de la branche, comme la figue s'en
« sépare dans le temps de sa maturité.

« J'avais saisi un de ces fruits, je m'imaginais avoir fait

« une conquête, et je me glorifiais de la faculté que je
« sentais de pouvoir contenir dans ma main un autre être
« tout entier ; sa pesanteur, quoique peu sensible, me
« parut une résistance animée que je me faisais un plaisir
« de vaincre.

« J'avais approché ce fruit de mes yeux, j'en considé-
« rais la forme et les couleurs ; une odeur délicieuse me le
« fit approcher davantage ; il se trouva près de mes lèvres ;
« je tirais à longues inspirations le parfum, et goûtais à
« longs traits les plaisirs de l'odorat ; j'étais intérieurement
« rempli de cet air embaumé, ma bouche s'ouvrit pour
« l'exhaler, elle se rouvrit pour en reprendre, je sentis
« que je possédais un odorat intérieur plus fin, plus déli-
« cat encore que le premier : enfin je goûtai.

« Quelle saveur ! quelle nouveauté de sensation ! Jus-
« que-là je n'avais eu que des plaisirs ; le goût me donna
« le sentiment de la volupté, l'intimité de la jouissance fit
« naître l'idée de la possession, je crus que la substance de
« ce fruit était devenue la mienne, et que j'étais le maître
« de transformer les êtres.

« Flatté de cette idée de puissance, incité par le plaisir
« que j'avais senti, je cueillis un second et un troisième
« fruit, et je ne me lassais pas d'exercer ma main pour
« satisfaire mon goût ; mais une langueur agréable, s'empa-
« rant peu à peu de tous mes sens, appesantit mes mem-
« bres et suspendit l'activité de mon âme ; je jugeai de son
« inaction par la mollesse de mes pensées ; mes sensations
« émoussées arrondissaient tous les objets et ne me pré-
« sentaient que des images faibles et mal terminées : dans
« cet instant mes yeux, devenus inutiles, se fermèrent, et
« ma tête, n'étant plus soutenue par la force des muscles,
« pencha pour trouver un appui sur le gazon.

« Tout fut effacé, tout disparut, la trace de mes pen-
« sées fut interrompue, je perdis le sentiment de mon
« existence : ce sommeil fut profond, mais je ne sais s'il
« fut de longue durée, n'ayant point encore l'idée du
« temps, et ne pouvant le mesurer; mon réveil ne fut
« qu'une seconde naissance, et je sentis seulement que
« j'avais cessé d'être.

« Cet anéantissement que je venais d'éprouver me
« donna quelque idée de crainte, et me fit sentir que je
« ne devais pas exister toujours.

« J'eus une autre inquiétude : je ne savais si je n'avais
« pas laissé dans le sommeil quelque partie de mon être;
« j'essayai mes sens, je cherchai à me reconnaître.

« Mais tandis que je parcourais des yeux les bornes de
« mon corps pour m'assurer que mon existence m'était
« demeurée tout entière, quelle fut ma surprise de voir à
« mes côtés une forme semblable à la mienne! je la pris
« pour un autre moi-même : loin d'avoir rien perdu pen-
« dant que j'avais cessé d'être, je crus m'être doublé.

« Je portai ma main sur ce nouvel être, quel saisisse-
« ment! ce n'était pas moi, mais c'était plus que moi,
« mieux que moi; je crus que mon existence allait changer
« de lieu et passer tout entière à cette seconde moitié de
« moi-même.

« Je la sentis s'animer sous ma main, je la vis prendre
« de la pensée dans mes yeux; les siens firent couler dans
« mes veines une nouvelle source de vie, j'aurais voulu
« lui donner tout mon être; cette volonté vive acheva mon
« existence, je sentis naître un sixième sens.

« Dans cet instant l'astre du jour, sur la fin de sa
« course, éteignit son flambeau; je m'aperçus à peine que
« je perdais le sens de la vue, j'existais trop pour craindre

« de cesser d'être, et ce fut vainement que l'obscurité où
« je me trouvais me rappela l'idée de mon premier som-
« meil. »

VARIÉTÉS DANS L'ESPÈCE HUMAINE.

Tout ce que nous avons dit jusqu'ici de la génération de l'homme, de sa formation, de son développement, de son état dans les différents âges de sa vie, de ses sens et de la structure de son corps, telle qu'on la connaît par les dissections anatomiques, ne fait encore que l'histoire de l'individu ; celle de l'espèce demande un détail particulier, dont les faits principaux ne peuvent se tirer que des variétés qui se trouvent entre les hommes des différents climats. La première et la plus remarquable de ces variétés est celle de la couleur ; la seconde est celle de la forme et de la grandeur, et la troisième est celle du naturel des différents peuples : chacun de ces objets, considéré dans toute son étendue, pourrait fournir un ample traité; mais nous nous bornerons à ce qu'il y a de plus général et de plus avéré.

En parcourant, dans cette vue, la surface de la terre, et en commençant par le Nord, on trouve en Laponie et sur les côtes septentrionales de la Tartarie une race d'hommes de petite stature, d'une figure bizarre, dont la physionomie est aussi sauvage que les mœurs. Ces hommes, qui paraissent avoir dégénéré de l'espèce humaine, ne laissent pas que d'être assez nombreux et d'occuper de très-vastes contrées. Les Lapons danois, suédois, moscovites et indépendants, les Zembliens, les Borandiens, les Samoïèdes, les Tartares septentrionaux, et peut-être les Ostiaques dans l'ancien continent, les Groenlandais et les sauvages au nord des Esquimaux, dans l'autre continent, semblent être tous de la même race qui s'est étendue et multipliée le long des côtes des mers septentrionales, dans des déserts et sous un climat inhabitable pour toutes les autres nations. Tous ces peuples ont le visage large et plat[1], le nez camus et écrasé, l'iris de l'œil jaune-brun et tirant sur le noir[2], les paupières retirées vers les tempes[3], les joues extrêmement élevées, la bouche très-grande, le bas du visage étroit, les lèvres grosses et relevées, la voix grêle, la tête grosse, les cheveux noirs et lisses, la peau basanée; ils sont très-petits, trapus, quoique maigres; la plupart n'ont que quatre pieds de hauteur, et les plus grands n'en ont que quatre et demi. Cette race est, comme l'on voit, bien différente des autres; il semble que ce soit une espèce particulière dont tous les individus ne sont que des avortons, car s'il y a des différences parmi ces peuples, elles ne tombent que sur le plus ou le moins de difformité : par exemple, les Borandiens sont encore plus petits que les Lapons; ils ont l'iris de l'œil de la même couleur, mais le blanc est d'un jaune plus rougeâtre; ils sont aussi plus basanés et ils ont les jambes grosses, au lieu que les Lapons les ont menues. Les Samoïèdes sont plus trapus que les Lapons; ils ont la tête plus grosse, le nez plus large et le teint plus obscur, les jambes plus courtes, les

---

1. Voyez le *Voyage de Regnard*, t. I de ses *OEuvres*, page 169. Voyez aussi *Il Genio vagante del conte Aurelio degli Anzi*. In Parma, 1691. Et les *Voyages du Nord* faits par les Hollandais.
2. Voyez *Linnœi Fauna Suecica*. Stockholm, 1746, p. 1.
3. Voyez la Martinière, p. 39.

genoux plus en dehors, les cheveux plus longs et moins de barbe. Les Groenlandais ont encore la peau plus basanée qu'aucun des autres ; ils sont couleur d'olive foncée : on prétend même qu'il y en a parmi eux d'aussi noirs que les Éthiopiens. Chez tous ces peuples, les femmes sont aussi laides que les hommes et leur ressemblent si fort qu'on ne les distingue pas d'abord : celles de Groenland sont de fort petite taille, mais elles ont le corps bien proportionné ; elles ont aussi les cheveux plus noirs et la peau moins douce que les femmes samoïèdes ; leurs mamelles sont molles et si longues, qu'elles donnent à teter à leurs enfants par-dessus l'épaule ; le bout de ces mamelles est noir comme du charbon, et la peau de leur corps est couleur olivâtre très-foncée. Quelques voyageurs disent qu'elles n'ont de poil que sur la tête et qu'elles ne sont pas sujettes à l'évacuation périodique qui est ordinaire à leur sexe ; elles ont le visage large, les yeux petits, très-noirs et très-vifs, les pieds courts aussi bien que les mains, et elles ressemblent pour le reste aux femmes samoïèdes. Les sauvages qui sont au nord des Esquimaux, et même dans la partie septentrionale de l'île de Terre-Neuve, ressemblent à ces Groenlandais : ils sont, comme eux, de très-petite stature, leur visage est large et plat, ils ont le nez camus, mais les yeux plus gros que les Lapons [1].

Non-seulement ces peuples se ressemblent par la laideur, la petitesse de la taille, la couleur des cheveux et des yeux, mais ils ont tous à peu près les mêmes inclinations et les mêmes mœurs : ils sont tous également grossiers, superstitieux, stupides. Les Lapons danois ont un gros chat

---

[1]. Voyez le *Recueil des voyages du Nord*, 1716, t. I, p. 130, et t. III, p. 6.

noir auquel ils disent tous leurs secrets et qu'ils consultent dans toutes leurs affaires, qui se réduisent à savoir s'il faut aller ce jour-là à la chasse ou à la pêche. Chez les Lapons suédois, il y a dans chaque famille un tambour pour consulter le diable, et, quoiqu'ils soient robustes et grands coureurs, ils sont si peureux, qu'on n'a jamais pu les faire aller à la guerre. Gustave-Adolphe avait entrepris d'en faire un régiment, mais il ne put jamais en venir à bout : il semble qu'ils ne peuvent vivre que dans leur pays et à leur façon. Ils se servent, pour courir sur la neige, de patins fort épais de bois de sapin, longs d'environ deux aunes et larges d'un demi-pied; ces patins sont relevés en pointe sur le devant et percés dans le milieu pour y passer un cuir qui tient le pied ferme et immobile; ils courent sur la neige avec tant de vitesse qu'ils attrapent aisément les animaux les plus légers à la course; ils portent un bâton ferré, pointu d'un bout et arrondi de l'autre : ce bâton leur sert à se mettre en mouvement, à se diriger, se soutenir, s'arrêter, et aussi à percer les animaux qu'ils poursuivent à la course; ils descendent avec ces patins les fonds les plus précipités et montent les montagnes les plus escarpées. Les patins dont se servent les Samoïèdes sont bien plus courts et n'ont que deux pieds de longueur. Chez les uns et les autres, les femmes s'en servent comme les hommes; ils ont aussi tous l'usage de l'arc, de l'arbalète, et on prétend que les Lapons moscovites lancent un javelot avec tant de force et de dextérité, qu'ils sont sûrs de mettre à trente pas dans un blanc de la largeur d'un écu, et qu'à cet éloignement ils perceraient un homme d'outre en outre; ils vont tous à la chasse de l'hermine, du loup-cervier, du renard, de la marte, pour en avoir les peaux, et ils changent ces pelleteries contre de l'eau-de-vie et du tabac, qu'ils aiment beaucoup. Leur nourriture est du poisson sec, de la chair de renne ou d'ours, leur pain n'est que de la farine d'os de poisson broyée et mêlée avec de l'écorce tendre de pin ou de bouleau ; la plupart ne font aucun usage du sel ; leur boisson est de l'huile de baleine et de l'eau, dans laquelle ils laissent infuser des grains de genièvre. Ils n'ont, pour ainsi dire, aucune idée de religion ni d'un Être suprême ; la plupart sont idolâtres et tous sont très-superstitieux ; ils sont plus grossiers que sauvages, sans courage, sans respect pour soi-même, sans pudeur : ce peuple abject n'a de mœurs qu'assez pour être méprisé. Ils se baignent nus et tous ensemble, filles et garçons, mères et fils, frères et sœurs, et ne craignent point qu'on les voie dans cet état ; en sortant de ces bains extrêmement chauds, ils vont se jeter dans une rivière très-froide. Ils offrent aux étrangers leurs femmes et leurs filles, et tiennent à grand honneur qu'on veuille bien coucher avec elles ; cette coutume est également établie chez les Samoïèdes, les Borandiens, les Lapons et les Groenlandais. Les Lapones sont habillées l'hiver de peaux de rennes, et l'été de peaux d'oiseaux qu'elles ont écorchés ; l'usage du linge leur est inconnu. Les Zembliennes ont le nez et les oreilles percés pour porter des pendants de pierre bleue ; elles se font aussi des raies bleues au front et au menton ; leurs maris se coupent la barbe en rond et ne portent point de cheveux. Les Groenlandaises s'habillent de peaux de chien de mer ; elles se peignent aussi le visage de bleu et de jaune, et portent des pendants d'oreilles. Tous vivent sous terre ou dans des cabanes presque entièrement enterrées et couvertes d'écorces d'arbres ou d'os de poisson ; quelques-uns font des tranchées souterraines pour communiquer de cabane en cabane chez leurs voisins pendant l'hiver. Une nuit de plusieurs mois les oblige à conserver de la lumière dans ce séjour par des espèces de lampes qu'ils entretiennent avec la même huile de baleine qui leur sert de boisson. L'été ils ne sont guère plus à leur aise que l'hiver, car ils sont obligés de vivre continuellement dans une épaisse fumée : c'est le seul moyen qu'ils aient imaginé pour se garantir de la piqûre des moucherons, plus abondants peut-être dans ce climat glacé qu'ils ne le sont dans les pays les plus chauds. Avec cette manière de vivre si dure et si triste, ils ne sont presque jamais malades, et ils parviennent tous à une vieillesse extrême : les vieillards sont même si vigoureux qu'on a peine à les distinguer d'avec les jeunes; la seule incommodité à laquelle ils soient sujets, et qui est fort commune parmi eux, est la cécité ; comme ils sont continuellement éblouis par l'éclat de la neige pendant l'hiver, l'automne et le printemps, et toujours aveuglés par la fumée pendant l'été, la plupart perdent les yeux en avançant en âge.

Les Samoïèdes, les Zembliens, les Borandiens, les Lapons, les Groenlandais et les sauvages du Nord au-dessus des Esquimaux, sont donc tous des hommes de même espèce, puisqu'ils se ressemblent par la forme, par la taille, par la couleur, par les mœurs et même par la bizarrerie des coutumes : celle d'offrir aux étrangers leurs femmes et d'être fort flattés qu'on veuille bien en faire usage peut venir de ce qu'ils connaissent leur propre difformité et la laideur de leurs femmes; ils trouvent apparemment moins laides celles que les étrangers n'ont pas dédaignées. Ce qu'il y a de certain, c'est que cet usage est général chez tous ces peuples, qui sont cependant fort éloignés les uns des autres et même séparés par une grande mer, et qu'on le retrouve chez les Tartares de

Crimée, chez les Calmoucks et plusieurs autres peuples de Sibérie et de Tartarie qui sont presque aussi laids que ces peuples du Nord, au lieu que dans toutes les nations voisines, comme à la Chine, en Perse[1], où les femmes sont belles, les hommes sont jaloux à l'excès.

En examinant tous les peuples voisins de cette longue bande de terre qu'occupe la race lapone, on trouvera qu'ils n'ont aucun rapport avec cette race; il n'y a que les Ostiaques et les Tonguses qui leur ressemblent; ces peuples touchent aux Samoïèdes du côté du midi et du sud-est. Les Samoïèdes et les Borandiens ne ressemblent point aux Russiens; les Lapons ne ressemblent en aucune façon aux Finnois, aux Goths, aux Danois, aux Norvégiens; les Groenlandais sont tout aussi différents des sauvages du Canada; ces autres peuples sont grands, bien faits, et quoiqu'ils soient assez différents entre eux, ils le sont infiniment plus des Lapons. Mais les Ostiaques semblent être des Samoïèdes un peu moins laids et moins raccourcis que les autres, car ils sont petits et mal faits[2]; ils vivent de poisson ou de viande crue, ils mangent la chair de toutes les espèces d'animaux sans aucun apprêt, ils boivent plus volontiers du sang que de l'eau; ils sont pour la plupart idolâtres et errants, comme les Lapons et les Samoïèdes; enfin ils me paraissent faire la nuance entre la race lapone et la race tartare, ou, pour mieux dire, les Lapons, les

---

1. La Boullaye dit qu'après la mort des femmes du Shah l'on ne sait où elles sont enterrées, afin de lui ôter tout sujet de jalousie, de même que les anciens Égyptiens ne voulaient point faire embaumer leurs femmes que quatre ou cinq jours après leur mort, de crainte que les chirurgiens n'eussent quelque tentation. *Voyage de la Boullaye*, p. 110.

2. Voyez le *Voyage d'Evertisbrand**, p. 212, 217, etc., et les nouveaux *Mémoires sur l'état de la Russie*, 1725, t. I, p. 270.

* Everard Ysbrantz.

Samoïèdes, les Borandiens, les Zembliens, et peut-être les Groenlandais et les Pygmées du nord de l'Amérique sont des Tartares dégénérés autant qu'il est possible ; les Ostiaques sont des Tartares qui ont moins dégénéré ; les Tonguses encore moins que les Ostiaques, parce qu'ils sont moins petits et moins mal faits, quoique tout aussi laids. Les Samoïèdes et les Lapons sont environ sous le 68 ou 69ᵉ degré de latitude, mais les Ostiaques et les Tonguses habitent sous le 60ᵉ degré ; les Tartares, qui sont au 55ᵉ degré le long du Volga, sont grossiers, stupides et brutaux ; ils ressemblent aux Tonguses, qui n'ont, comme eux, presque aucune idée de religion : ils ne veulent pour femmes que des filles qui ont eu commerce avec d'autres hommes.

La nation tartare, prise en général, occupe des pays immenses en Asie ; elle est répandue dans toute l'étendue de terre qui est depuis la Russie jusqu'à Kamtchatka, c'est-à-dire dans un espace de onze ou douze cents lieues en longueur sur plus de sept cent cinquante lieues de largeur, ce qui fait un terrain plus de vingt fois plus grand que celui de la France. Les Tartares bornent la Chine du côté du nord et de l'ouest, les royaumes de Boutan, d'Ava, l'empire du Mogol et celui de Perse jusqu'à la mer Caspienne du côté du nord ; ils se sont aussi répandus le long du Volga et de la côte occidentale de la mer Caspienne jusqu'au Daghestan ; ils ont pénétré jusqu'à la côte septentrionale de la mer Noire, et ils se sont établis dans la Crimée et dans la petite Tartarie, près de la Moldavie et de l'Ukraine. Tous ces peuples ont le haut du visage fort large et ridé, même dans leur jeunesse, le nez court et gros, les yeux petits et enfoncés [1], les joues fort élevées, le bas du visage

---

1. Voyez les Voyages de Rubruquis, de Marc Paul, de Jean Struys, du père Avril, etc.

étroit, le menton long et avancé, la mâchoire supérieure enfoncée, les dents longues et séparées, les sourcils gros qui leur couvrent les yeux, les paupières épaisses, la face plate, le teint basané et olivâtre, les cheveux noirs ; ils sont de stature médiocre, mais très-forts et très-robustes ; ils n'ont que peu de barbe, et elle est par petits épis comme celle des Chinois ; ils ont les cuisses grosses et les jambes courtes : les plus laids de tous sont les Calmoucks, dont l'aspect a quelque chose d'effroyable ; ils sont tous errants et vagabonds, habitant sous des tentes de toile, de feutre, de peaux ; ils mangent la chair de cheval, de chameau, etc., crue ou un peu mortifiée sous la selle de leurs chevaux ; ils mangent aussi du poisson desséché au soleil. Leur boisson la plus ordinaire est du lait de jument fermenté avec de la farine de millet ; ils ont presque tous la tête rasée, à l'exception du toupet qu'ils laissent croître assez pour en faire une tresse de chaque côté du visage. Les femmes, qui sont aussi laides que les hommes, portent leurs cheveux ; elles les tressent et y attachent de petites plaques de cuivre et d'autres ornements de cette espèce ; la plupart de ces peuples n'ont aucune religion, aucune retenue dans leurs mœurs, aucune décence ; ils sont tous voleurs, et ceux du Daghestan qui sont voisins des pays policés font un grand commerce d'esclaves et d'hommes, qu'ils enlèvent par force pour les vendre ensuite aux Turcs et aux Persans. Leurs principales richesses consistent en chevaux : il y en a peut-être plus en Tartarie qu'en aucun autre pays du monde. Ces peuples se font une habitude de vivre avec leurs chevaux, ils s'en occupent continuellement ; ils les dressent avec tant d'adresse et les exercent si souvent, qu'il semble que ces animaux n'aient qu'un même esprit avec ceux qui les manient, car non-seulement ils obéissent parfaitement au moindre mouvement de la bride, mais ils sentent, pour ainsi dire, l'intention et la pensée de celui qui les monte.

Pour connaître les différences particulières qui se trouvent dans cette race tartare, il ne faut que comparer les descriptions que les voyageurs ont faites de chacun des différents peuples qui la composent. Les Calmoucks qui habitent dans le voisinage de la mer Caspienne, entre les Moscovites et les grands Tartares, sont, selon Tavernier, des hommes robustes, mais les plus laids et les plus difformes qui soient sous le ciel; ils ont le visage si plat et si large que d'un œil à l'autre il y a l'espace de cinq ou six doigts; leurs yeux sont extraordinairement petits, et le peu qu'ils ont de nez est si plat qu'on n'y voit que deux trous au lieu de narines; ils ont les genoux tournés en dehors et les pieds en dedans. Les Tartares du Daghestan sont, après les Calmoucks, les plus laids de tous les Tartares; les petits Tartares ou Tartares Nogais, qui habitent près de la mer Noire, sont beaucoup moins laids que les Calmoucks, mais ils ont cependant le visage large, les yeux petits, et la forme du corps semblable à celle des Calmoucks; et on peut croire que cette race de petits Tartares a perdu une partie de sa laideur, parce qu'ils se sont mêlés avec les Circassiens, les Moldaves et les autres peuples dont ils sont voisins. Les Tartares Vagolistes en Sibérie ont le visage large comme les Calmoucks, le nez court et gros, les yeux petits, et, quoique leur langage soit différent de celui des Calmoucks, ils ont tant de ressemblance qu'on doit les regarder comme étant de la même race. Les Tartares Bratski sont, selon le père Avril, de la même race que les Calmoucks. A mesure qu'on avance vers l'orient dans la Tartarie indépendante, les traits des Tartares se radoucissent un peu, mais les caractères essentiels à leur race restent toujours ; et enfin les Tartares Mongoux, qui ont conquis la Chine, et qui de tous ces peuples étaient les plus policés, sont encore aujourd'hui ceux qui sont les moins laids et les moins mal faits ; ils ont cependant, comme tous les autres, les yeux petits, le visage large et plat, peu de barbe, mais toujours noire ou rousse [1], le nez écrasé et court, le teint basané, mais moins olivâtre. Les peuples du Thibet et des autres provinces méridionales de la Tartarie sont, aussi bien que les Tartares voisins de la Chine, beaucoup moins laids que les autres. M. Sanchez, premier médecin des armées russiennes, homme distingué par son mérite et par l'étendue de ses connaissances, a bien voulu me communiquer par écrit les remarques qu'il a faites en voyageant en Tartarie.

Dans les années 1735, 1736 et 1737, il a parcouru l'Ukraine, les bords du Don jusqu'à la mer de Zabache et les confins du Cuban jusqu'à Azoff ; il a traversé les déserts qui sont entre les pays de Crimée et de Backmut ; il a vu les Calmoucks qui habitent, sans avoir de demeure fixe, depuis le royaume de Cazan jusqu'aux bords du Don ; il a aussi vu les Tartares de Crimée et de Nogai, qui errent dans les déserts qui sont entre la Crimée et l'Ukraine, et aussi les Tartares Kergissi et Tcheremissi, qui sont au nord d'Astracan, depuis le 50e jusqu'au 60e degré de latitude. Il a observé que les Tartares de Crimée et de la province de Cuban jusqu'à Astracan sont de taille médiocre, qu'ils ont les épaules larges, le flanc étroit, les membres nerveux, les yeux noirs et le teint basané ; les Tartares

---

[1]. Voyez Palafox, p. 444.

Kergissi et Tcheremissi sont plus petits et plus trapus, ils sont moins agiles et plus grossiers, ils ont aussi les yeux noirs, le teint basané, le visage encore plus large que les premiers. Il observe que parmi ces Tartares on trouve plusieurs hommes et femmes qui ne leur ressemblent point du tout ou qui ne leur ressemblent qu'imparfaitement, et dont quelques-uns sont aussi blancs que les Polonais. Comme il y a parmi ces nations plusieurs esclaves, hommes et femmes, enlevés en Pologne et en Russie, que leur religion leur permet la polygamie et la multiplicité des concubines, et que leurs sultans ou murzas, qui sont les nobles de ces nations, prennent leurs femmes en Circassie et en Géorgie, les enfants qui naissent de ces alliances sont moins laids et plus blancs que les autres. Il y a même parmi ces Tartares un peuple entier dont les hommes et les femmes sont d'une beauté singulière : ce sont les Kabardinski. M. Sanchez dit en avoir rencontré trois cents à cheval qui venaient au service de la Russie, et il assure qu'il n'a jamais vu de plus beaux hommes, et d'une figure plus noble et plus mâle ; ils ont le visage beau, frais et vermeil, les yeux grands, vifs et noirs, la taille haute et bien prise : il dit que le lieutenant général de Serapikin, qui avait demeuré longtemps en Kabarda, lui avait assuré que les femmes étaient aussi belles que les hommes ; mais cette nation, si différente des Tartares qui l'environnent, vient originairement de l'Ukraine, à ce que dit M. Sanchez, et a été transportée en Kabarda il y a environ cent cinquante ans.

Ce sang tartare s'est mêlé d'un côté avec les Chinois et de l'autre avec les Russes orientaux ; et ce mélange n'a pas fait disparaître en entier les traits de cette race, car il y a parmi les Moscovites beaucoup de visages tartares, et quoique en général cette nation soit du même sang que les autres nations européennes, on y trouve cependant beaucoup d'individus qui ont la forme du corps carrée, les cuisses grosses et les jambes courtes comme les Tartares; mais les Chinois ne sont pas à beaucoup près aussi différents des Tartares que le sont les Moscovites, et il n'est pas même sûr qu'ils soient d'une autre race; la seule chose qui pourrait le faire croire, c'est la différence totale du naturel, des mœurs et des coutumes de ces deux peuples. Les Tartares en général sont naturellement fiers, belliqueux, chasseurs; ils aiment la fatigue, l'indépendance; ils sont durs et grossiers jusqu'à la brutalité. Les Chinois ont des mœurs tout opposées; ce sont des peuples mous, pacifiques, indolents, superstitieux, soumis, dépendants jusqu'à l'esclavage, cérémonieux, complimenteurs jusqu'à la fadeur et à l'excès; mais si on les compare aux Tartares par la figure et par les traits, on y trouvera des caractères d'une ressemblance non équivoque.

Les Chinois, selon Jean Hugon, ont les membres bien proportionnés, et sont gros et gras; ils ont le visage large et rond, les yeux petits, les sourcils grands, les paupières élevées, le nez petit et écrasé; ils n'ont que sept ou huit épis de barbe noire à chaque lèvre, et fort peu au menton : ceux qui habitent les provinces méridionales sont plus bruns et ont le teint plus basané que les autres; ils ressemblent par la couleur aux peuples de la Mauritanie et aux Espagnols les plus basanés, au lieu que ceux qui habitent les provinces du milieu de l'empire sont blancs comme les Allemands. Selon Dampier et quelques autres voyageurs, les Chinois ne sont pas tous à beaucoup près gros et gras, mais il est vrai qu'ils font grand cas de la grosse taille et de l'embonpoint. Ce voyageur dit même, en parlant des habitants de l'île Saint-Jean sur les côtes de la Chine, que les Chinois sont grands, droits et peu chargés de graisse, qu'ils ont le visage long et le front haut, les yeux petits, le nez assez large et élevé dans le milieu, la bouche ni grande ni petite, les lèvres assez déliées, le teint couleur de cendre, les cheveux noirs, qu'ils ont peu de barbe, qu'ils l'arrachent et n'en laissent venir que quelques poils au menton et à la lèvre supérieure. Selon Le Gentil, les Chinois n'ont rien de choquant dans la physionomie; ils sont naturellement blancs, surtout dans les provinces septentrionales; ceux que la nécessité oblige de s'exposer aux ardeurs du soleil sont basanés, surtout dans les provinces du midi; ils ont en général les yeux petits et ovales, le nez court, la taille épaisse et d'une hauteur médiocre : il assure que les femmes font tout ce qu'elles peuvent pour faire paraître leurs yeux petits, et que les jeunes filles instruites par leurs mères se tirent continuellement les paupières afin d'avoir les yeux petits et longs, ce qui, joint à un nez écrasé et à des oreilles longues, larges, ouvertes et pendantes, les rend beautés parfaites; il prétend qu'elles ont le teint beau, les lèvres fort vermeilles, la bouche bien faite, les cheveux fort noirs, mais que l'usage du bétel leur noircit les dents, et que celui du fard dont elles se servent leur gâte si fort la peau qu'elles paraissent vieilles avant l'âge de trente ans.

Palafox assure que les Chinois sont plus blancs que les Tartares orientaux leurs voisins, qu'ils ont aussi moins de barbe, mais qu'au reste il y a peu de différence entre les visages de ces deux nations; il dit qu'il est très-rare de voir à la Chine ou aux Philippines des yeux bleus, et que jamais on n'en a vu dans ce pays qu'aux Européens ou à des personnes nées dans ces climats de parents européens.

Inigo de Biervillas prétend que les femmes chinoises sont mieux faites que les hommes : ceux-ci, selon lui, ont le visage large et le teint assez jaune, le nez gros et fait à peu près comme une nèfle, et, pour la plupart, écrasé, la taille épaisse à peu près comme celle des Hollandais; les femmes, au contraire, ont la taille dégagée, quoiqu'elles aient presque toutes de l'embonpoint, le teint et la peau admirables, les yeux les plus beaux du monde; mais à la vérité il y en a peu, dit-il, qui aient le nez bien fait, parce qu'on le leur écrase dans leur jeunesse.

Les voyageurs hollandais s'accordent tous à dire que les Chinois ont, en général, le visage large, les yeux petits, le nez camus et presque point de barbe; que ceux qui sont nés à Canton et tout le long de la côte méridionale sont aussi basanés que les habitants de Fez en Afrique, mais que ceux des provinces intérieures sont blancs pour la plupart. Si nous comparons maintenant les descriptions de tous ces voyageurs que nous venons de citer avec celles que nous avons faites des Tartares, nous ne pourrons guère douter que, quoiqu'il y ait de la variété dans la forme du visage et de la taille des Chinois, ils n'aient cependant beaucoup plus de rapport avec les Tartares qu'avec aucun autre peuple, et que ces différences et cette variété ne viennent du climat et du mélange des races : c'est le sentiment de Chardin.

« Les petits Tartares, dit ce voyageur, ont communé-
« ment la taille plus petite de quatre pouces que la nôtre,
« et plus grosse à proportion; leur teint est rouge et
« basané; leurs visages sont plats, larges et carrés; ils ont
« le nez écrasé et les yeux petits. Or, comme ce sont là
« tout à fait les traits des habitants de la Chine, j'ai
« trouvé, après avoir bien observé la chose durant mes

« voyages, qu'il y a la même configuration de visage et de
« taille dans tous les peuples qui sont à l'orient et au sep-
« tentrion de la mer Caspienne et à l'orient de la presqu'île
« de Malacca, ce qui depuis m'a fait croire que ces divers
« peuples sortent tous d'une même souche, quoiqu'il
« paraisse des différences dans leur teint et dans leurs
« mœurs, car, pour ce qui est du teint, la différence vient
« de la qualité du climat et de celle des aliments, et à
« l'égard des mœurs la différence vient aussi de la nature
« du terroir et de l'opulence plus ou moins grande [1]. »

Le père Parennin, qui, comme l'on sait, a demeuré si longtemps à la Chine et en a si bien observé les peuples et les mœurs, dit que les voisins des Chinois du côté de l'occident, depuis le Thibet en allant au nord jusqu'à Chamo, semblent être différents des Chinois par les mœurs, par la langue, par les traits du visage et par la configuration extérieure; que ce sont gens ignorants, grossiers, fainéants, défauts rares parmi les Chinois; que, quand il vient quelqu'un de ces Tartares à Pékin et qu'on demande aux Chinois la raison de cette différence, ils disent que cela vient de l'eau et de la terre, c'est-à-dire de la nature du pays qui opère ce changement sur le corps et même sur l'esprit des habitants. Il ajoute que cela paraît encore plus vrai à la Chine que dans tous les autres pays qu'il ait vus, et qu'il se souvient qu'ayant suivi l'empereur jusqu'au 48e degré de latitude nord dans la Tartarie, il y trouva des Chinois de Nankin qui s'y étaient établis, et que leurs enfants y étaient devenus de vrais Mongoux, ayant la tête enfoncée dans les épaules, les jambes cagneuses, et dans tout l'air une grossièreté et une malpropreté qui rebutait.

---

1. Voyez les *Voyages de Chardin*. Amsterdam, t. III, p. 86.

(Voyez la *Lettre du P. Parennin*, datée de Pékin, le 28 septembre 1735. Recueil XXIV des *Lettres édifiantes*.)

Les Japonais sont assez semblables aux Chinois pour qu'on puisse les regarder comme ne faisant qu'une seule et même race d'hommes ; ils sont seulement plus jaunes ou plus bruns, parce qu'ils habitent un climat plus méridional ; en général, ils sont de forte complexion, ils ont la taille ramassée, le visage large et plat, le nez de même, les yeux petits[1], peu de barbe, les cheveux noirs ; ils sont d'un naturel fort altier, aguerris, adroits, vigoureux, civils et obligeants, parlant bien, féconds en compliments, mais inconstants et fort vains ; ils supportent avec une constance admirable la faim, la soif, le froid, le chaud, les veilles, la fatigue et toutes les incommodités de la vie, de laquelle ils ne font pas grand cas : ils se servent, comme les Chinois, de petits bâtons pour manger, et font aussi plusieurs cérémonies ou plutôt plusieurs grimaces et plusieurs mines fort étranges pendant le repas ; ils sont laborieux et très-habiles dans les arts et dans tous les métiers ; ils ont, en un mot, à très-peu près, le même naturel, les mêmes mœurs et les mêmes coutumes que les Chinois.

L'une des plus bizarres, et qui est commune à ces deux nations, est de rendre les pieds des femmes si petits, qu'elles ne peuvent presque se soutenir. Quelques voyageurs disent qu'à la Chine, quand une fille a passé l'âge de trois ans, on lui casse le pied, en sorte que les doigts sont rabattus sous la plante, qu'on y applique une eau forte qui brûle les chairs et qu'on l'enveloppe de plusieurs bandages jusqu'à ce qu'il ait pris son pli ; ils ajoutent que les femmes ressentent cette douleur pendant

---

1. Voyez les *Voyages de Jean Struys*. Rouen, 1719, t. I, p. 112.

toute leur vie, qu'elles peuvent à peine marcher, et que rien n'est plus désagréable que leur démarche; que cependant elles souffrent cette incommodité avec joie, et que, comme c'est un moyen de plaire, elles tâchent de se rendre le pied aussi petit qu'il leur est possible. D'autres voyageurs ne disent pas qu'on leur casse le pied dans leur enfance, mais seulement qu'on le serre avec tant de violence qu'on l'empêche de croître, et ils conviennent assez unanimement qu'une femme de condition, ou seulement une jolie femme, à la Chine, doit avoir le pied assez petit pour trouver trop aisée la pantoufle d'un enfant de six ans.

Les Japonais et les Chinois sont donc une seule et même race d'hommes qui se sont très-anciennement civilisés et qui diffèrent des Tartares plus par les mœurs que par la figure. La bonté du terrain, la douceur du climat, le voisinage de la mer ont pu contribuer à rendre ces peuples policés, tandis que les Tartares, éloignés de la mer et du commerce des autres nations, et séparés des autres peuples du côté du midi par de hautes montagnes, sont demeurés errants dans leurs vastes déserts sous un ciel dont la rigueur, surtout du côté du nord, ne peut être supportée que par des hommes durs et grossiers. Le pays d'Yeço, qui est au nord du Japon, quoique situé sous un climat qui devrait être tempéré, est cependant très-froid, très-stérile et très-montueux : aussi les habitants de cette contrée sont-ils tout différents des Japonais et des Chinois; ils sont grossiers, brutaux, sans mœurs, sans arts; ils ont le corps court et gros, les cheveux longs et hérissés, les yeux noirs, le front plat, le teint jaune, mais un peu moins que celui des Japonais; ils sont fort velus sur le corps et même sur le visage; ils vivent comme des sauvages et se nourrissent de lard de baleine et d'huile de poisson; ils sont très-paresseux, très-malpropres dans leurs vêtements : les enfants vont presque nus ; les femmes n'ont trouvé, pour se parer, d'autre moyen que de se peindre de bleu les sourcils et les lèvres; les hommes n'ont d'autre plaisir que d'aller à la chasse des loups marins, des ours, des élans, des rennes, et à la pêche de la baleine; il y en a cependant qui ont quelques coutumes japonaises, comme celle de chanter d'une voix tremblante; mais, en général, ils ressemblent plus aux Tartares septentrionaux ou aux Samoïèdes qu'aux Japonais.

Maintenant, si l'on examine les peuples voisins de la Chine au midi et à l'occident, on trouvera que les Cochinchinois, qui habitent un pays montueux et plus méridional que la Chine, sont plus basanés et plus laids que les Chinois, et que les Tunquinois, dont le pays est meilleur, et qui vivent sous un climat moins chaud que les Cochinchinois, sont mieux faits et moins laids. Selon Dampier, les Tunquinois sont, en général, de moyenne taille; ils ont le teint basané comme les Indiens, mais avec cela la peau si belle et si unie qu'on peut s'apercevoir du moindre changement qui arrive sur leur visage lorsqu'ils pâlissent ou qu'ils rougissent, ce qu'on ne peut pas reconnaître sur le visage des autres Indiens. Ils ont communément le visage plat et ovale, le nez et les lèvres assez bien proportionnés, les cheveux noirs, longs et fort épais: ils se rendent les dents aussi noires qu'il leur est possible. Selon les Relations qui sont à la suite des Voyages de Tavernier, les Tunquinois sont de belle taille et d'une couleur un peu olivâtre; ils n'ont pas le nez et le visage si plats que les Chinois, et ils sont en général mieux faits.

Ces peuples, comme l'on voit, ne diffèrent pas beaucoup des Chinois : ils ressemblent par la couleur à ceux des provinces méridionales; s'ils sont plus basanés, c'est parce qu'ils habitent sous un climat plus chaud, et quoiqu'ils aient le visage moins plat et le nez moins écrasé que les Chinois, on peut les regarder comme des peuples de même origine.

Il en est de même des Siamois, des Péguans, des habitants d'Aracan, de Laos, etc. : tous ces peuples ont les traits assez ressemblants à ceux des Chinois, et quoiqu'ils en diffèrent plus ou moins par la couleur, ils ne diffèrent cependant pas tant des Chinois que des autres Indiens. Selon La Loubère, les Siamois sont plutôt petits que grands, ils ont le corps bien fait : la figure de leur visage tient moins de l'ovale que du losange : il est large et élevé par le haut des joues, et tout d'un coup le front se rétrécit et se termine autant en pointe que leur menton ; ils ont les yeux petits et fendus obliquement, le blanc de l'œil jaunâtre, les joues creuses parce qu'elles sont trop élevées par le haut, la bouche grande, les lèvres grosses et les dents noircies; leur teint est grossier et d'un brun mêlé de rouge, d'autres voyageurs disent d'un gris cendré; à quoi le hâle continuel contribue autant que la naissance ; ils ont le nez court et arrondi par le bout, les oreilles plus grandes que les nôtres, et plus elles sont grandes, plus ils les estiment. Ce goût pour les longues oreilles est commun à tous les peuples de l'Orient; mais les uns tirent leurs oreilles par le bas pour les allonger, sans les percer qu'autant qu'il le faut pour y attacher des boucles; d'autres, comme au pays de Laos, en agrandissent le trou si prodigieusement qu'on pourrait presque y passer le poing, en sorte que leurs oreilles descendent jusque sur les épaules. Pour les Siamois, ils ne les ont qu'un peu plus grandes que les nôtres, et c'est naturellement et sans artifice;

leurs cheveux sont gros, noirs et plats : les hommes et les femmes les portent si courts qu'ils ne leur descendent qu'à la hauteur des oreilles tout autour de la tête. Ils mettent sur leurs lèvres une pommade parfumée qui les fait paraître encore plus pâles qu'elles ne le seraient naturellement; ils ont peu de barbe et ils arrachent le peu qu'ils en ont; ils ne coupent point leurs ongles, etc. Struys dit que les femmes siamoises portent des pendants d'oreilles si massifs et si pesants, que les trous où ils sont attachés deviennent assez grands pour y passer le pouce; il ajoute que le teint des hommes et des femmes est basané, que leur taille n'est pas avantageuse, mais qu'elle est bien prise et dégagée, et qu'en général les Siamois sont doux et polis. Selon le père Tachard, les Siamois sont très-dispos : ils ont parmi eux d'habiles sauteurs et des faiseurs de tours d'équilibre aussi agiles que ceux d'Europe; il dit que la coutume de se noircir les dents vient de l'idée qu'ont les Siamois, qu'il ne convient point à des hommes d'avoir les dents blanches comme les animaux, que c'est pour cela qu'ils se les noircissent avec une espèce de vernis qu'il faut renouveler de temps en temps, et que quand ils appliquent ce vernis, ils sont obligés de se passer de manger pendant quelques jours, afin de donner le temps à cette drogue de s'attacher.

Les habitants des royaumes de Pégu, d'Aracan, ressemblent assez aux Siamois et ne diffèrent pas beaucoup des Chinois par la forme du corps ni par la physionomie : ils sont seulement plus noirs[1]; ceux d'Aracan estiment un front large et plat, et pour le rendre tel, ils appliquent une plaque de plomb sur le front des enfants qui viennent

---

1. *Vide primam partem* Indiæ Orientalis *per Pigafettam*. Francofurti, 1598, p. 46.

de naître. Ils ont les narines larges et ouvertes, les yeux petits et vifs, et les oreilles si allongées qu'elles leur pendent jusque sur les épaules; ils mangent sans dégoût des souris, des rats, des serpents et du poisson corrompu[1]. Les femmes y sont passablement blanches, et portent les oreilles aussi allongées que celles des hommes[2]. Les peuples d'Achen, qui sont encore plus au nord que ceux d'Aracan, ont aussi le visage plat et la couleur olivâtre; ils sont grossiers et laissent aller leurs enfants tout nus; les filles ont seulement une plaque d'argent sur leurs parties naturelles. (Voyez le *Recueil des Voyages de la Compagnie Hollandaise*, t. IV, p. 63, et le *Voyage de Mandelslo*, t. II, p. 328.)

Tous ces peuples, comme l'on voit, ne diffèrent pas beaucoup des Chinois, et tiennent encore des Tartares les petits yeux, le visage plat, la couleur olivâtre; mais, en descendant vers le midi, les traits commencent à changer d'une manière plus sensible, ou du moins à se diversifier. Les habitants de la presqu'île de Malacca et de l'île de Sumatra sont noirs, petits, vifs et bien proportionnés dans leur petite taille; ils ont même l'air fier, quoiqu'ils soient nus de la ceinture en haut, à l'exception d'une petite écharpe qu'ils portent tantôt sur l'une et tantôt sur l'autre épaule[3]. Ils sont naturellement braves et même redoutables lorsqu'ils ont pris de l'opium, dont ils font souvent usage et qui leur cause une espèce d'ivresse furieuse[4]. Selon Dampier, les habitants de Sumatra et ceux de Malacca sont de la même race; ils parlent à peu près la même

1. Voyez les *Voyages de Jean Ovington*. Paris, 1725, t. II, p. 274.
2. Voyez le *Recueil des voyages de la Comp. de Holl.* Amsterd., 1702, t. VI, p. 251.
3. Voyez les *Voyages de Gherardini*. Paris, 1700, p. 46 et suiv.
4. Voyez les *Lettres édifiantes*, Recueil II, p. 60.

langue ; ils ont tous l'humeur fière et hautaine ; ils ont la taille médiocre, le visage long, les yeux noirs, le nez d'une grandeur médiocre, les lèvres minces et les dents noircies par le fréquent usage du bétel [1]. Dans l'île de Pugniatan ou Pissagan, à seize lieues en deçà de Sumatra, les naturels sont de grande taille et d'un teint jaune, comme celui des Brésiliens ; ils portent de longs cheveux fort lisses et vont absolument nus [2]. Ceux des îles Nicobar, au nord de Sumatra, sont d'une couleur basanée et jaunâtre, et ils vont aussi presque nus [3]. Dampier dit que les naturels de ces îles Nicobar sont grands et bien proportionnés, qu'ils ont le visage assez long, les cheveux noirs et lisses, et le nez d'une grandeur médiocre ; que les femmes n'ont point de sourcils, qu'apparemment elles se les arrachent, etc. Les habitants de l'île de Sombrero, au nord de Nicobar, sont fort noirs, et ils se bigarrent le visage de diverses couleurs, comme de vert, de jaune, etc. (Voyez l'*Histoire générale des Voyages*; Paris, 1746, t. I, p. 387.) Ces peuples de Malacca, de Sumatra et des petites îles voisines, quoique différents entre eux, le sont encore plus des Chinois, des Tartares, etc., et semblent être issus d'une autre race ; cependant les habitants de Java, qui sont voisins de Sumatra et de Malacca, ne leur ressemblent point et sont assez semblables aux Chinois, à la couleur près, qui est, comme celle des Malais, rouge, mêlée de noir ; ils sont assez semblables, dit Pigafetta [4], aux habitants du Brésil ; ils sont d'une forte complexion et d'une taille carrée ; ils ne sont ni trop grands, ni trop petits, mais bien musclés ;

---

1. Voyez les *Voyages de Guill. Dampier*. Rouen, 1715, t. III, p. 156.
2. Voyez le *Recueil de la Comp. de Holl.* Amsterd., 1702, t. I, p. 281.
3. Voyez les *Lettres édifiantes*, Recueil II, p. 172.
4. *Vide* Indiæ Orientalis *partem primam*, p. 51.

ils ont le visage plat, les joues pendantes et gonflées, les sourcils gros et inclinés, les yeux petits, la barbe noire ; ils en ont fort peu et fort peu de cheveux, qui sont très-courts et très-noirs. Le père Tachard dit que ces peuples de Java sont bien faits et robustes, qu'ils paraissent vifs et résolus, et que l'extrême chaleur du climat les oblige à aller presque nus [1]. Dans les *Lettres édifiantes*, on trouve que ces habitants de Java ne sont ni noirs ni blancs, mais d'un rouge pourpré, et qu'ils sont doux, familiers et caressants [2]. François Legat rapporte que les femmes de Java, qui ne sont pas exposées comme les hommes aux grandes ardeurs du soleil, sont moins basanées qu'eux, et qu'elles ont le visage beau, le sein élevé et bien fait, le teint uni et beau, quoique brun, la main belle, l'air doux, les yeux vifs, le rire agréable, et qu'il y en a qui dansent fort joliment [3]. La plus grande partie des voyageurs hollandais s'accordent à dire que les habitants naturels de cette île, dont ils sont actuellement les possesseurs et les maîtres, sont robustes, bien faits, nerveux et bien musclés ; qu'ils ont le visage plat, les joues larges et élevées, de grandes paupières, de petits yeux, les mâchoires grandes, les cheveux longs, le teint basané, et qu'ils n'ont que peu de barbe, qu'ils portent les cheveux et les ongles fort longs, et qu'ils se font limer les dents [4]. Dans une petite île qui est en face de celle de Java, les femmes ont le teint basané, les yeux petits, la bouche grande, le nez écrasé, les cheveux noirs et longs [5]. Par toutes ces relations, on peut

---

1. Voyez le premier ouvrage du père Tachard. Paris, 1686, p. 134.
2. Voyez les *Lettres édifiantes*, Recueil XVI, p. 13.
3. Voyez les *Voyages de François Legat*. Amsterd., 1708, t. II, p. 130.
4. Voyez le *Recueil des voyages de la Comp. de Holl.* Amsterd., 1702, t. I, p. 392. Voyez aussi les *Voyages de Mandelslo*, t. II, p. 344.
5. Voyez les *Voyages de Le Gentil*. Paris, 1725, t. III, p. 92.

juger que les habitants de Java ressemblent beaucoup aux Tartares et aux Chinois, tandis que les Malais et les peuples de Sumatra et des petites îles voisines en diffèrent et par les traits et par la forme du corps, ce qui a pu arriver très-naturellement ; car la presqu'île de Malacca et les îles de Sumatra et de Java, aussi bien que toutes les autres îles de l'archipel indien, doivent avoir été peuplées par les nations des continents voisins et même par les Européens, qui s'y sont habitués depuis plus de deux cent cinquante ans ; ce qui fait qu'on doit y trouver une très-grande variété dans les hommes, soit pour les traits du visage et la couleur de la peau, soit pour la forme du corps et la proportion des membres ; par exemple, il y a dans cette île de Java une nation qu'on appelle *Chacrelas*, qui est toute différente non-seulement des autres habitants de cette île, mais même de tous les autres Indiens. Ces Chacrelas sont blancs et blonds : ils ont les yeux faibles et ne peuvent supporter le grand jour ; au contraire, ils voient bien la nuit : le jour ils marchent les yeux baissés et presque fermés [1]. Tous les habitants des îles Moluques sont, selon François Pyrard, semblables à ceux de Sumatra et de Java pour les mœurs, la façon de vivre, les armes, les habits, le langage, la couleur, etc. [2]. Selon Mandelslo, les hommes des Moluques sont plutôt noirs que basanés, et les femmes le sont moins ; ils ont tous les cheveux noirs et lisses, les yeux gros, les sourcils et les paupières larges, le corps fort et robuste ; ils sont adroits et agiles, ils vivent longtemps, quoique leurs cheveux deviennent blancs de bonne heure. Ce voyageur dit aussi que chaque île a

---

1. Voyez les *Voyages de François Legat*. Amsterd., 1708, t. II, p. 137.
2. Voyez les *Voyages de François Pyrard*. Paris, 1619, t. II, p. 178.

son langage particulier, et qu'on doit croire qu'elles ont été peuplées par différentes nations [1]. Selon lui, les habitants de Bornéo et de Baly ont le teint plutôt noir que basané [2]; mais, selon les autres voyageurs, ils sont seulement bruns comme les autres Indiens [3]. Gemelli-Careri dit que les habitants de Ternate sont de la même couleur que les Malais, c'est-à-dire un peu plus bruns que ceux des Philippines; que leur physionomie est belle, que les hommes sont mieux faits que les femmes, et que les uns et les autres ont grand soin de leurs cheveux [4]. Les voyageurs hollandais rapportent que les naturels de l'île de Banda vivent fort longtemps, et qu'ils y ont vu un homme âgé de cent trente ans et plusieurs autres qui approchaient de cet âge; qu'en général ces insulaires sont fort fainéants, que les hommes ne font que se promener et que ce sont les femmes qui travaillent [5]. Selon Dampier, les naturels originaires de l'île de Timor, qui est l'une des plus voisines de la Nouvelle-Hollande, ont la taille médiocre, le corps droit, les membres déliés, le visage long, les cheveux noirs et pointus et la peau fort noire; ils sont adroits et agiles, mais paresseux au suprême degré [6]. Il dit cependant que, dans la même île, les habitants de la baie de Laphao sont pour la plupart basanés et de couleur de cuivre jaune, et qu'ils ont les cheveux noirs et tout plats [7].

Si l'on remonte vers le nord, on trouve Manille et les autres îles Philippines, dont le peuple est peut-être le

---

1. Voyez les *Voyages de Mandelslo*, t. II, p. 378.
2. Voyez *ibid.*, t. II, p. 363 et 366.
3. Voyez le *Recueil des voyages de la Comp. de Holl.*, t. II, p. 120.
4. Voyez les *Voyages de Gemelli-Careri*, t. V, p. 224.
5. Voyez le *Recueil des voyages de la Comp. de Holl.*, t. I, p. 566.
6. Voyez les *Voyages de Dampier*. Rouen, 1715, t. V, p. 631.
7. Voyez *ibid.*, t. I, p. 52.

plus mêlé de l'univers, par les alliances qu'ont faites ensemble les Espagnols, les Indiens, les Chinois, les Malabares, les Noirs, etc. Ces Noirs, qui vivent dans les rochers et les bois de cette île, diffèrent entièrement des autres habitants ; quelques-uns ont les cheveux crépus, comme les nègres d'Angola, les autres les ont longs ; la couleur de leur visage est comme celle des autres nègres : quelques-uns sont un peu moins noirs ; on en a vu plusieurs parmi eux qui avaient des queues longues de quatre ou cinq pouces, comme les insulaires dont parle Ptolomée. (Voyez les *Voyages de Gemilli-Careri*. Paris, 1719, t. V, p. 68.) Ce voyageur ajoute que des jésuites, très-dignes de foi, lui ont assuré que dans l'île de Mindoro, voisine de Manille, il y a une race d'hommes appelé Manghiens, qui tous ont des queues de quatre ou cinq pouces de longueur, et même que quelques-uns de ces hommes à queue avaient embrassé la foi catholique (voyez *id.*, t. V, p. 92), et que ces Manghiens ont le visage de couleur olivâtre et les cheveux longs (voyez *id.*, t. V, p. 298). Dampier dit que les habitants de l'île de Mindanao, qui est une des principales et des plus méridionales des Philippines, sont de taille médiocre, qu'ils ont les membres petits, le corps droit et la tête menue, le visage ovale, le front plat, les yeux noirs et peu fendus, le nez court, la bouche assez grande, les lèvres petites et rouges, les dents noires et fort saines, les cheveux noirs et lisses, le teint tanné, mais tirant plus sur le jaune clair que celui de certains autres Indiens ; que les femmes ont le teint plus clair que les hommes ; qu'elles sont aussi mieux faites, qu'elles ont le visage plus long, et que leurs traits sont assez réguliers, si ce n'est que leur nez est fort court et tout à fait plat entre les yeux ; qu'elles ont les membres très-petits, les cheveux noirs et longs, et que les hommes en général sont spirituels et agiles, mais fainéants et larrons. On trouve dans les *Lettres édifiantes* que les habitants des Philippines ressemblent aux Malais, qui ont autrefois conquis ces îles ; qu'ils ont, comme eux, le nez petit, les yeux grands, la couleur olivâtre jaune, et que leurs coutumes et leurs langues sont à peu près les mêmes [1].

Au nord de Manille on trouve l'île Formose, qui n'est pas éloignée de la côte de la province de Fokien à la Chine ; ces insulaires ne ressemblent cependant pas aux Chinois. Selon Struys, les hommes y sont de petite taille, particulièrement ceux qui habitent les montagnes : la plupart ont le visage large ; les femmes ont les mamelles grosses et pleines, et de la barbe comme les hommes ; elles ont les oreilles fort longues, et elles en augmentent encore la longueur par certaines grosses coquilles qui leur servent de pendants ; elles ont les cheveux fort noirs et fort longs, le teint jaune noir : il y en a aussi d'un jaune blanc et de tout à fait jaunes ; ces peuples sont fort fainéants ; leurs armes sont le javelot et l'arc, dont ils tirent très-bien ; ils sont aussi excellents nageurs, et ils courent avec une vitesse incroyable. C'est dans cette île où Struys dit avoir vu de ses propres yeux un homme qui avait une queue longue de plus d'un pied, toute couverte d'un poil roux, et fort semblable à celle d'un bœuf ; cet homme à queue assurait que ce défaut, si c'en était un, venait du climat, et que tous ceux de la partie méridionale de cette île avaient des queues comme lui [2]. Je ne sais si ce que dit Struys des habitants de cette île mérite une entière con-

---

1. Voyez les *Lettres édifiantes*, Recueil II, p. 140.
2. Voyez les *Voyages de Jean Struys*. Rouen, 1719, t. I, p. 100.

fiance, et surtout si le dernier fait est vrai ; il me paraît au moins exagéré et différent de ce qu'ont dit les autres voyageurs au sujet de ces hommes à queue, et même de ce qu'en ont dit Ptolomée, que j'ai cité ci-dessus, et Marc Paul, dans sa description géographique imprimée à Paris en 1556, où il rapporte que dans le royaume de Lambry il y a des hommes qui ont des queues de la longueur de la main, qui vivent dans les montagnes. Il paraît que Struys s'appuie de l'autorité de Marc Paul, comme Gemelli-Careri de celle de Ptolomée, et la queue qu'il dit avoir vue est fort différente, pour les dimensions, de celle que les autres voyageurs donnent aux noirs de Manille, aux habitants de Lambry, etc. L'éditeur des Mémoires de Plasmanasar sur l'île de Formose ne parle point de ces hommes extraordinaires et si différents des autres ; il dit même que, quoiqu'il fasse fort chaud dans cette île, les femmes y sont fort belles et fort blanches, surtout celles qui ne sont pas obligées de s'exposer aux ardeurs du soleil ; qu'elles ont un grand soin de se laver avec certaines eaux préparées pour se conserver le teint ; qu'elles ont le même soin de leurs dents, qu'elles tiennent blanches autant qu'elles le peuvent, au lieu que les Chinois et les Japonais les ont noires par l'usage du bétel ; que les hommes ne sont point de grande taille, mais qu'ils ont en grosseur ce qui leur manque en grandeur ; qu'ils sont communément vigoureux, infatigables, bons soldats, fort adroits, etc. [1]. Les voyageurs hollandais ne s'accordent point avec ceux que je viens de citer, au sujet des habitants de Formose : Mandelslo, aussi bien que ceux dont les relations ont été

---

1. Voyez la *Description de l'île Formose*, dressée sur les Mémoires de George Plasmanasar, par le sieur N. F. D. B. R. Amsterd., 1705, p. 103 et suiv.

publiées dans le *Recueil des Voyages qui ont servi à l'établissement de la Compagnie des Indes de Hollande*, disent que ces insulaires sont fort grands et beaucoup plus hauts de taille que les Européens ; que la couleur de leur peau est entre le blanc et le noir, ou d'un brun tirant sur le noir ; qu'ils ont le corps velu ; que les femmes y sont de petite taille, mais qu'elles sont robustes, grasses et assez bien faites. La plupart des écrivains qui ont parlé de l'île Formose n'ont donc fait aucune mention de ces hommes à queue, et ils diffèrent beaucoup entre eux dans la description qu'ils donnent de la forme et des traits de ces insulaires ; mais ils semblent s'accorder sur un fait qui n'est peut-être pas moins extraordinaire que le premier : c'est que dans cette île il n'est pas permis aux femmes d'accoucher avant trente-cinq ans, quoiqu'il leur soit libre de se marier longtemps avant cet âge. Rechteren parle de cette coutume dans les termes suivants : « D'abord que les « femmes sont mariées, elles ne mettent point d'enfants « au monde ; il faut au moins pour cela qu'elles aient « trente-cinq ou trente-sept ans ; quand elles sont « grosses, leurs prêtresses vont leur fouler le ventre avec « les pieds s'il le faut, et les font avorter avec autant ou « plus de douleur qu'elles n'en souffriraient en accou- « chant ; ce serait non-seulement une honte, mais même « un gros péché de laisser venir un enfant avant l'âge « prescrit. J'en ai vu qui avaient déjà fait quinze ou seize « fois périr leur fruit, et qui étaient grosses pour la dix- « septième fois, lorsqu'il leur était permis de mettre un « enfant au monde [1]. »

Les îles Mariannes ou des Larrons, qui sont, comme

[1]. Voyez les Voyages de Rechteren dans le *Recueil des voyages de la Compagnie Hollandaise*, t. V, p. 96.

l'on sait, les îles les plus éloignées du côté de l'orient, et, pour ainsi dire, les dernières terres de notre hémisphère, sont peuplées d'hommes très-grossiers. Le père Gobien dit qu'avant l'arrivée des Européens ils n'avaient jamais vu de feu, que cet élément si nécessaire leur était entièrement inconnu, qu'ils ne furent jamais si surpris que quand ils en virent pour la première fois, lorsque Magellan descendit dans l'une de leurs îles; ils ont le teint basané, mais cependant moins brun et plus clair que celui des habitants des Philippines; ils sont plus forts et plus robustes que les Européens; leur taille est haute, et leur corps est bien proportionné; quoiqu'ils ne se nourrissent que de racines, de fruits et de poisson, ils ont tant d'embonpoint qu'ils en paraissent enflés, mais cet embonpoint ne les empêche pas d'être souples et agiles. Ils vivent longtemps, et ce n'est pas une chose extraordinaire que de voir chez eux des personnes âgées de cent ans, et cela sans avoir jamais été malades[1]. Gemelli-Careri dit que les habitants de ces îles sont tous d'une figure gigantesque, d'une grosse corpulence et d'une grande force; qu'ils peuvent aisément lever sur leurs épaules un poids de cinq cents livres[2]. Ils ont pour la plupart les cheveux crépus[3], le nez gros, de grands yeux et la couleur du visage comme les Indiens. Les habitants de Guan, l'une de ces îles, ont les cheveux noirs et longs, les yeux ni trop gros ni trop petits, le nez grand, les lèvres grosses, les dents assez blanches, le visage long, l'air féroce; ils sont très-robustes et d'une taille fort avantageuse : on dit même qu'ils ont jusqu'à sept pieds de hauteur[4].

1. Voyez l'*Histoire des îles Mariannes*, par le père Charles le Gobien, 1700.
2. Voyez les *Voyages de Gemelli-Careri*, t. V, p. 298.
3. Voyez les *Lettres édifiantes*, Recueil XVIII, p. 198.
4. Voyez les *Voyages de Dampier*, t. I, p. 378. Voyez aussi le *Voyage autour du monde* de Cowley.

Au midi des îles Mariannes et à l'orient des îles Moluques, on trouve la terre des Papous et la Nouvelle-Guinée, qui paraissent être les parties les plus méridionales des terres australes. Selon Argensola, ces Papous sont noirs comme les Cafres ; ils ont les cheveux crépus, le visage maigre et fort désagréable, et parmi ce peuple si noir on trouve quelques gens qui sont aussi blancs et aussi blonds que les Allemands ; ces blancs ont les yeux très-faibles et très-délicats [1]. On trouve dans la relation de la navigation australe de Le Maire une description des habitants de cette contrée, dont je vais rapporter les principaux traits. Selon ce voyageur, ces peuples sont fort noirs, sauvages et brutaux ; ils portent des anneaux aux deux oreilles, aux deux narines, et quelquefois aussi à la cloison du nez, et des bracelets de nacre de perle au-dessus des coudes et aux poignets, et ils se couvrent la tête d'un bonnet d'écorce d'arbre, peinte de différentes couleurs ; ils sont puissants et bien proportionnés dans leur taille ; ils ont les dents noires, assez de barbe, et les cheveux noirs, courts et crépus, qui n'approchent cependant pas autant de la laine que ceux des nègres ; ils sont agiles à la course, ils se servent de massues et de lances, de sabres et d'autres armes faites de bois dur, l'usage du fer leur étant inconnu ; ils se servent aussi de leurs dents comme d'armes offensives, et mordent comme les chiens. Ils mangent du bétel et du piment mêlé avec de la chaux, qui leur sert aussi à poudrer leur barbe et leurs cheveux. Les femmes sont affreuses : elles ont de longues mamelles qui leur tombent sur le nombril, le ventre extrêmement gros, les jambes fort menues, les bras de même, des physionomies de

---

[1]. Voyez l'*Histoire de la conquête des îles Moluques*. Amsterdam, 1706, t. I, p. 148.

singe, de vilains traits[1], etc. Dampier dit que les habitants de l'île Sabala dans la Nouvelle-Guinée sont une sorte d'Indiens fort basanés, qui ont les cheveux noirs et longs, et qui, par les manières, ne diffèrent pas beaucoup de ceux de l'île Mindanao et des autres naturels de ces îles orientales; mais qu'outre ceux-là, qui paraissent être les principaux de l'île, il y a aussi des nègres, et que ces nègres de la Nouvelle-Guinée ont les cheveux crépus et cotonnés[2]; que les habitants d'une autre île qu'il appelle Garret-Denys, sont noirs, vigoureux et bien taillés; qu'ils ont la tête grosse et ronde, les cheveux frisés et courts; qu'ils les coupent de différentes manières et les teignent aussi de différentes couleurs : de rouge, de blanc, de jaune; qu'ils ont le visage rond et large, avec un gros nez plat; que cependant leur physionomie ne serait pas absolument désagréable s'ils ne se défiguraient pas le visage par une espèce de cheville de la grosseur du doigt et longue de quatre pouces, dont ils traversent les deux narines, en sorte que les deux bouts touchent à l'os des joues, qu'il ne paraît qu'un petit brin de nez autour de ce bel ornement[3], et qu'ils ont aussi de gros trous aux oreilles où ils mettent des chevilles comme au nez.

Les habitants de la côte de la Nouvelle-Hollande, qui est à 16 degrés 15 minutes de latitude méridionale et au midi de l'île de Timor, sont peut-être les gens du monde les plus misérables et ceux de tous les humains qui approchent le plus des brutes : ils sont grands, droits et

---

1. Voyez la navigation australe de Jacques Le Maire, t. IV du *Recueil des voyages qui ont servi à l'établissement de la Compagnie des Indes de Hollande*, p. 648.
2. Voyez les *Voyages de Dampier*, t. V, p. 82.
3. Voyez *idem*, t. V, p. 102.

menus; ils ont les membres longs et déliés, la tête grosse, le front rond, les sourcils épais; leurs paupières sont toujours à demi fermées : ils prennent cette habitude dès leur enfance pour garantir leurs yeux des moucherons qui les incommodent beaucoup, et comme ils n'ouvrent jamais les yeux, ils ne sauraient voir de loin, à moins qu'ils ne lèvent la tête comme s'ils voulaient regarder quelque chose au-dessus d'eux. Ils ont le nez gros, les lèvres grosses et la bouche grande; ils s'arrachent apparemment les deux dents du devant de la mâchoire supérieure, car elles manquent à tous, tant aux hommes qu'aux femmes, aux jeunes et aux vieux; ils n'ont point de barbe : leur visage est long, d'un aspect très-désagréable, sans un seul trait qui puisse plaire; leurs cheveux ne sont pas longs et lisses comme ceux de presque tous les Indiens, mais ils sont courts, noirs et crépus comme ceux des nègres; leur peau est noire comme celle des nègres de Guinée. Ils n'ont point d'habits, mais seulement un morceau d'écorce d'arbre attaché au milieu du corps en forme de ceinture, avec une poignée d'herbes longues au milieu; ils n'ont point de maisons; ils couchent à l'air sans aucune couverture et n'ont pour lit que la terre; ils demeurent en troupe de vingt ou trente, hommes, femmes et enfants, tout cela pêle-mêle. Leur unique nourriture est un petit poisson qu'ils prennent en faisant des réservoirs de pierre dans de petits bras de mer; ils n'ont ni pain, ni grains, ni légumes [1], etc.

Les peuples d'une autre côte de la Nouvelle-Hollande, à 22 ou 23 degrés latitude sud, semblent être de la même race que ceux dont nous venons de parler : ils sont extrêmement laids, ils ont de même le regard de travers, la

---

1. Voyez les *Voyages de Dampier*, t. II, p. 171.

peau noire, les cheveux crépus, le corps grand et délié[1].

Il paraît, par toutes ces descriptions, que les îles et les côtes de l'océan indien sont peuplées d'hommes très-différents entre eux. Les habitants de Malacca, de Sumatra et des îles Nicobar semblent tirer leur origine des Indiens de la presqu'île de l'Inde; ceux de Java, des Chinois, à l'exception de ces hommes blancs et blonds qu'on appelle *Chacrelas*, qui doivent venir des Européens; ceux des îles Moluques paraissent aussi venir pour la plupart des Indiens de la presqu'île; mais les habitants de l'île de Timor, qui est la plus voisine de la Nouvelle-Hollande, sont à peu près semblables aux peuples de cette contrée. Ceux de l'île Formose et des îles Mariannes se ressemblent par la hauteur de la taille, la force et les traits : ils paraissent former une race à part, différente de toutes les autres qui les avoisinent. Les Papous et les autres habitants des terres voisines de la Nouvelle-Guinée sont de vrais noirs et ressemblent à ceux d'Afrique, quoiqu'ils en soient prodigieusement éloignés et que cette terre soit séparée du continent de l'Afrique par un intervalle de 2,200 lieues de mer. Les habitants de la Nouvelle-Hollande ressemblent aux Hottentots; mais avant que de tirer des conséquences de tous ces rapports, et avant que de raisonner sur ces différences, il est nécessaire de continuer notre examen en détail des peuples de l'Asie et de l'Afrique.

Les Mogols et les autres peuples de la presqu'île de l'Inde ressemblent assez aux Européens par la taille et par les traits, mais ils en diffèrent plus ou moins par la couleur. Les Mogols sont olivâtres, quoiqu'en langue indienne *mogol* veuille dire blanc. Les femmes y sont extrêmement

---

[1]. Voyez les *Voyages de Dampier*, t. IV, p. 134.

propres, et elles se baignent très-souvent; elles sont de couleur olivâtre comme les hommes et elles ont les jambes et les cuisses fort longues et le corps assez court, ce qui est le contraire des femmes européennes[1]. Tavernier dit que lorsqu'on a passé Lahor et le royaume de Cachemire, toutes les femmes du Mogol naturellement n'ont de poil en aucune partie du corps, et que les hommes n'ont que très-peu de barbe[2]. Selon Thevenot, les femmes mogoles sont assez fécondes, quoique très-chastes; elles accouchent aussi fort aisément, et on en voit quelquefois marcher par la ville dès le lendemain qu'elles sont accouchées; il ajoute qu'au royaume de Decan on marie les enfants extrêmement jeunes; dès que le mari a dix ans et la femme huit, les parents les laissent coucher ensemble, et il y en a qui ont des enfants à cet âge; mais les femmes qui ont des enfants de si bonne heure cessent ordinairement d'en avoir après l'âge de trente ans, et elles deviennent extrêmement ridées[3]. Parmi ces femmes, il y en a qui se font découper la chair en fleur, comme quand on applique des ventouses; elles peignent ces fleurs de diverses couleurs avec du jus de racines, de manière que leur peau paraît comme une étoffe à fleurs[4].

Les Bengalais sont plus jaunes que les Mogols; ils ont aussi des mœurs toutes différentes; les femmes sont beaucoup moins chastes: on prétend même que, de toutes les femmes de l'Inde, ce sont les plus lascives. On fait à Bengale un grand commerce d'esclaves mâles et femelles; on y fait aussi beaucoup d'eunuques, soit de ceux auxquels

---

1. Voyez les *Voyages de la Boullaye le Gouz.* Paris, 1657, p. 153.
2. Voyez les *Voyages de Tavernier.* Rouen, 1713, t. III, p. 80.
3. Voyez les *Voyages de Thevenot*, t. III, p. 246.
4. Voyez les *Voyages de Tavernier*, t. III, p. 34.

on n'ôte que les testicules, soit de ceux à qui on fait l'amputation tout entière. Ces peuples sont beaux et bien faits; ils aiment le commerce et ont beaucoup de douceur dans les mœurs[1]. Les habitants de la côte de Coromandel sont plus noirs que les Bengalais, ils sont aussi moins civilisés; les gens du peuple vont presque nus. Ceux de la côte de Malabar sont encore plus noirs; ils ont tous les cheveux noirs, lisses et fort longs; ils sont de la taille des Européens; les femmes portent des anneaux d'or au nez; les hommes, les femmes et les filles se baignent ensemble et publiquement dans des bassins au milieu des villes; les femmes sont propres et bien faites, quoique noires, ou du moins très-brunes; on les marie dès l'âge de huit ans[2]. Les coutumes de ces différents peuples de l'Inde sont toutes fort singulières et même bizarres. Les Banians ne mangent de rien de ce qui a eu vie; ils craignent même de tuer le moindre insecte, pas même les poux qui les rongent; ils jettent du riz et des fèves dans la rivière pour nourrir les poissons, et des graines sur la terre pour nourrir les oiseaux et les insectes : quand ils rencontrent ou un chasseur ou un pêcheur, ils le prient instamment de se désister de son entreprise, et si on est sourd à leurs prières, ils offrent de l'argent pour le fusil et pour les filets, et quand on refuse leurs offres, ils troublent l'eau pour épouvanter les poissons et crient de toute leur force pour faire fuir le gibier et les oiseaux[3]. Les naires de Calicut sont des militaires qui sont tous nobles et qui n'ont d'autre profession que celle des armes; ce sont des hommes beaux et bien faits, quoiqu'ils aient le teint de

---

1. Voyez les *Voyages de Pyrard*, p. 354.
2. Voyez le *Recueil des Voyages*. Amsterdam, 1702, t. VI, p. 461.
3. Voyages de *Jean Struys*, t. II, p. 225.

couleur olivâtre; ils ont la taille élevée et ils sont hardis, courageux et très-adroits à manier les armes; ils s'agrandissent les oreilles au point qu'elles descendent jusque sur leurs épaules et quelquefois plus bas. Ces naires ne peuvent avoir qu'une femme, mais les femmes peuvent prendre autant de maris qu'il leur plaît. Le père Tachard, dans sa lettre au père de la Chaise, datée de Pondichéry du 16 février 1702, dit que dans les castes ou tribus nobles une femme peut avoir légitimement plusieurs maris, qu'il s'en est trouvé qui en avaient eu tout à la fois jusqu'à dix, qu'elles regardaient comme autant d'esclaves qu'elles s'étaient soumis par leur beauté[1]. Cette liberté d'avoir plusieurs maris est un privilége de noblesse que les femmes de condition font valoir autant qu'elles peuvent, mais les bourgeoises ne peuvent avoir qu'un mari : il est vrai qu'elles adoucissent la dureté de leur condition par le commerce qu'elles ont avec les étrangers, auxquels elles s'abandonnent sans aucune crainte de leurs maris et sans qu'ils osent leur rien dire. Les mères prostituent leurs filles le plus jeunes qu'elles peuvent. Ces bourgeois de Calicut ou Moucois semblent être d'une autre race que les nobles ou naires, car ils sont, hommes et femmes, plus laids, plus jaunes, plus mal faits et de plus petite taille[2]. Il y a parmi les naires de certains hommes et de certaines femmes qui ont les jambes aussi grosses que le corps d'un autre homme; cette difformité n'est point une maladie, elle leur vient de naissance; il y en a qui n'ont qu'une jambe et d'autres qui les ont toutes les deux de cette grosseur monstrueuse; la peau de ces jambes est dure et rude comme une verrue : avec cela ils ne laissent pas d'être

---

1. Voyez les *Lettres édifiantes*, Recueil II, p. 188.
2. Voyez les *Voyages de François Pyrard*, p. 411 et suiv.

fort dispos. Cette race d'hommes à grosses jambes s'est plus multipliée parmi les naires que dans aucun autre peuple des Indes; on en trouve cependant quelques-uns ailleurs, et surtout à Ceylan [1], où l'on dit que ces hommes à grosses jambes sont de la race de saint Thomas.

Les habitants de Ceylan ressemblent assez à ceux de la côte de Malabar; ils ont les oreilles aussi larges, aussi basses et aussi pendantes; ils sont seulement moins noirs [2], quoiqu'ils soient cependant fort basanés; ils ont l'air doux et sont naturellement fort agiles, adroits et spirituels; ils ont tous les cheveux très-noirs; les hommes les portent fort courts; les gens du peuple sont presque nus, les femmes ont le sein découvert : cet usage est même assez général dans l'Inde [3]. Il y a des espèces de sauvages dans l'île de Ceylan, qu'on appelle Bedas; ils demeurent dans la partie septentrionale de l'île et n'occupent qu'un petit canton; ces Bedas semblent être une espèce d'hommes toute différente de celles de ces climats : ils habitent un petit pays tout couvert de bois si épais qu'il est fort difficile d'y pénétrer, et ils s'y tiennent si bien cachés qu'on a de la peine à en découvrir quelques-uns; ils sont blancs comme les Européens, il y en a même quelques-uns qui sont roux; ils ne parlent pas la langue de Ceylan, et leur langage n'a aucun rapport avec toutes les langues des Indes; ils n'ont ni villages, ni maisons, ni communication avec personne; leurs armes sont l'arc et les flèches, avec lesquels ils tuent beaucoup de sangliers, de cerfs, etc.; ils

---

1. Voyez les *Voyages de François Pyrard*, p. 416 et suiv. Voyez aussi le *Recueil des Voyages qui ont servi à l'établissement de la Compagnie des Indes de Hollande*, t. IV, p. 362, et le *Voyage de Jean Huguens*.
2. *Vide Philip. Pigafettæ* Indiæ Orient. *partem primam*, 1598, p. 39.
3. Voyez le *Recueil des voyages*, etc., t. VII, p. 19.

ne font jamais cuire leur viande, mais ils la confisent dans du miel, qu'ils ont en abondance. On ne sait point l'origine de cette nation, qui n'est pas fort nombreuse, et dont les familles demeurent séparées les unes des autres[1]. Il me paraît que ces Bedas de Ceylan, aussi bien que les *Chacrelas* de Java, pourraient bien être de race européenne, d'autant plus que ces hommes blancs et blonds sont en très-petit nombre. Il est très-possible que quelques hommes et quelques femmes européennes aient été abandonnés autrefois dans ces îles, ou qu'ils y aient abordé dans un naufrage, et que, dans la crainte d'être maltraités des naturels du pays, ils soient demeurés eux et leurs descendants dans les bois et dans les lieux les plus escarpés des montagnes, où ils continuent à mener la vie de sauvages, qui peut-être a ses douceurs lorsqu'on y est accoutumé.

On croit que les Maldivois viennent des habitants de l'île de Ceylan; cependant ils ne leur ressemblent pas, car les habitants de Ceylan sont noirs et mal formés, au lieu que les Maldivois sont bien formés et proportionnés, et qu'il y a peu de différence d'eux aux Européens, à l'exception qu'ils sont d'une couleur olivâtre; au reste, c'est un peuple mêlé de toutes les nations. Ceux qui habitent du côté du nord sont plus civilisés que ceux qui habitent ces îles au sud : ces derniers ne sont pas même si bien faits et sont plus noirs; les femmes y sont assez belles, quoique de couleur olivâtre : il y en a aussi quelques-unes qui sont aussi blanches qu'en Europe; toutes ont les cheveux noirs, ce qu'ils regardent comme une beauté; l'art peut bien y contribuer, car ils tâchent de les faire devenir de cette

---

1. Voyez l'*Histoire de Ceylan*, par Ribeyro, 1701, p. 177 et suiv.

couleur, en tenant la tête rase à leurs filles jusqu'à l'âge de huit ou neuf ans. Ils rasent aussi leurs garçons, et cela tous les huit jours, ce qui avec le temps leur rend à tous les cheveux noirs, car il est probable que sans cet usage ils ne les auraient pas tous de cette couleur, puisqu'on voit de petits enfants qui les ont à demi blonds. Une autre beauté pour les femmes est de les avoir fort longs et fort épais. Ils se frottent la tête et le corps d'huile parfumée ; au reste, leurs cheveux ne sont jamais frisés, mais toujours lisses ; les hommes y sont velus par le corps plus qu'on ne l'est en Europe. Les Maldivois aiment l'exercice et sont industrieux dans les arts ; ils sont superstitieux et fort adonnés aux femmes ; elles cachent soigneusement leur sein, quoiqu'elles soient extraordinairement débauchées et qu'elles s'abandonnent fort aisément ; elles sont fort oisives et se font bercer continuellement ; elles mangent à tout moment du bétel, qui est une herbe fort chaude, et beaucoup d'épices à leurs repas ; pour les hommes, ils sont beaucoup moins vigoureux qu'il ne conviendrait à leurs femmes. (Voyez les *Voyages de Pyrard*, p. 120 et 324.)

Les habitants de Cambaye ont le teint gris ou couleur de cendre, les uns plus, les autres moins, et ceux qui sont voisins de la mer sont plus noirs que les autres[1] : ceux de Guzarate sont jaunâtres[2]. Les Canarins, qui sont les Indiens de Goa et des îles voisines, sont olivâtres[3].

Les voyageurs hollandais rapportent que les habitants de Guzarate sont jaunâtres, les uns plus que les autres ; qu'ils sont de même taille que les Européens ; que les femmes, qui ne s'exposent que très-rarement aux ardeurs

---

1. *Vide Pigafettæ* Indiæ Orientalis *partem primam*, p. 34.
2. Voyez les *Voyages de la Boullaye le Gouz*, p. 225.
3. Voyez *idem*, *ibid*.

du soleil, sont un peu plus blanches que les hommes, et qu'il y en a quelques-unes qui sont à peu près aussi blanches que les Portugaises [1].

Mandelslo en particulier dit que les habitants de Guzarate sont tous basanés ou de couleur olivâtre plus ou moins foncée, selon le climat où ils demeurent; que ceux du côté du midi le sont le plus, que les hommes y sont forts et bien proportionnés, qu'ils ont le visage large et les yeux noirs; que les femmes sont de petite taille, mais propres et bien faites; qu'elles portent les cheveux longs; qu'elles ont aussi des bagues aux narines et de grands pendants d'oreilles (page 195). Il y a parmi eux fort peu de bossus ou de boiteux; quelques-uns ont le teint plus clair que les autres, mais ils ont tous les cheveux noirs et lisses. Les anciens habitants de Guzarate sont aisés à reconnaître; on les distingue des autres par leur couleur, qui est beaucoup plus noire; ils sont aussi plus stupides et plus grossiers. (*Idem*, t. II, p. 222.)

La ville de Goa est, comme l'on sait, le principal établissement des Portugais dans les Indes, et quoiqu'elle soit beaucoup déchue de son ancienne splendeur, elle ne laisse pas d'être encore une ville riche et commerçante; c'est le pays du monde où il se vendait autrefois le plus d'esclaves; on y trouvait à acheter des filles et des femmes fort belles de tous les pays des Indes; ces esclaves savent pour la plupart jouer des instruments, coudre et broder en perfection; il y en a de blanches, d'olivâtres, de basanées, et de toutes couleurs; celles dont les Indiens sont le plus amoureux sont les filles Cafres de Mozambique, qui sont toutes noires. « C'est, dit Pyrard, une chose remarquable

---

1. Voyez le *Recueil des Voyages qui ont servi à l'établissement de la Compagnie des Indes de Hollande*, t. VI, p. 405.

« entre tous ces peuples Indiens, tant mâles que femelles,
« et que j'ai remarquée, que leur sueur ne pue point où
« les nègres d'Afrique, tant en deçà que delà le Cap de
« Bonne-Espérance, sentent de telle sorte quand ils sont
« échauffés, qu'il est impossible d'approcher d'eux, tant
« ils puent et sentent mauvais comme des poireaux verts. »
Il ajoute que les femmes indiennes aiment beaucoup les
hommes blancs d'Europe, et qu'elles les préfèrent aux
blancs des Indes et à tous les autres Indiens [1].

Les Persans sont voisins des Mogols, et ils leur ressemblent assez ; ceux surtout qui habitent les parties méridionales de la Perse ne diffèrent presque pas des Indiens ; les habitants d'Ormus, ceux de la province de Bascie et de Balascie sont très-bruns et très-basanés ; ceux de la province de Chesimur et des autres parties de la Perse, où la chaleur n'est pas aussi grande qu'à Ormus, sont moins bruns, et enfin ceux des provinces septentrionales sont assez blancs [2]. Les femmes des îles du golfe Persique sont, au rapport des voyageurs hollandais, brunes ou jaunes et fort peu agréables ; elles ont le visage large et de vilains yeux ; elles ont aussi des modes et des coutumes semblables à celles des femmes indiennes, comme celles de se passer dans le cartilage du nez des anneaux, et une épingle d'or au travers de la peau du nez près des yeux [3] ; mais il est vrai que cet usage de se percer le nez pour porter des bagues et d'autres joyaux s'est étendu beaucoup plus loin, car il y a beaucoup de femmes chez les Arabes qui ont une narine percée pour y passer un grand anneau, et c'est une

---

1. Voyez la deuxième partie du *Voyage de Pyrard*, t. II, p. 64 et suiv.

2. Voyez la *Description des provinces orientales*, par Marc Paul. Paris, 1559, p. 22 et 39. Voyez aussi le *Voyage de Pyrard*, t. II, p. 256.

3. Voyez le *Recueil des voyages de la Compagnie de Hollande*. Amsterdam, 1702, t. V, p. 191.

galanterie chez ces peuples de baiser la bouche de leurs femmes à travers ces anneaux, qui sont quelquefois assez grands pour enfermer toute la bouche dans leur rondeur [1].

Xénophon, en parlant des Persans, dit qu'ils étaient la plupart gros et gras ; Marcellin dit au contraire que de son temps ils étaient maigres et secs. Olearius, qui fait cette remarque, ajoute qu'ils sont aujourd'hui, comme du temps de ce dernier auteur, maigres et secs, mais qu'ils ne laissent pas d'être forts et robustes ; selon lui, ils ont le teint olivâtre, les cheveux noirs et le nez aquilin [2]. Le sang de Perse, dit Chardin, est naturellement grossier ; cela se voit aux Guèbres, qui sont le reste des anciens Persans ; ils sont laids, mal faits, pesants, ayant la peau rude et le teint coloré : cela se voit aussi dans les provinces les plus proches de l'Inde, où les habitants ne sont guère moins mal faits que les Guèbres, parce qu'ils ne s'allient qu'entre eux ; mais dans le reste du royaume le sang persan est présentement devenu fort beau par le mélange du sang géorgien et circassien : ce sont les deux nations du monde où la nature forme de plus belles personnes. Aussi il n'y a presque aucun homme de qualité en Perse qui ne soit né d'une mère géorgienne ou circassienne ; le roi lui-même est ordinairement Géorgien ou Circassien d'origine, du côté maternel ; et comme il y a un grand nombre d'années que ce mélange a commencé de se faire, le sexe féminin est embelli comme l'autre, et les Persanes sont devenues fort belles et fort bien faites, quoique ce ne soit pas au point des Géorgiennes. Pour les hommes, ils sont communément hauts, droits, vermeils, vigoureux, de bon air et

---

1. Voyez le *Voyage fait par ordre du roi dans la Palestine*, par M. D. L. R. Paris, 1717, p. 260.
2. Voyez le *Voyage d'Olearius*. Paris, 1656, t. I, p. 501.

de belle apparence. La bonne température de leur climat et la sobriété dans laquelle on les élève ne contribuent pas peu à leur beauté corporelle ; ils ne la tiennent pas de leurs pères, car, sans le mélange dont je viens de parler, les gens de qualité de Perse seraient les plus laids hommes du monde, puisqu'ils sont originaires de la Tartarie, dont les habitants sont, comme nous l'avons dit, laids, mal faits et grossiers ; ils sont au contraire fort polis et ont beaucoup d'esprit ; leur imagination est vive, prompte et fertile, leur mémoire aisée et féconde ; ils ont beaucoup de dispositions pour les sciences et les arts libéraux et mécaniques, ils en ont aussi beaucoup pour les armes ; ils aiment la gloire, ou la vanité qui en est la fausse image ; leur naturel est pliant et souple, leur esprit facile et intrigant ; ils sont galants, même voluptueux ; ils aiment le luxe, la dépense, et ils s'y livrent jusqu'à la prodigalité : aussi n'entendent-ils ni l'économie ni le commerce. (Voyez les *Voyages de Chardin*. Amst., 1711, t. II, p. 34.)

Ils sont en général assez sobres, et cependant immodérés dans la quantité de fruits qu'ils mangent ; il est fort ordinaire de leur voir manger un *man* de melons, c'est-à-dire douze livres pesant ; il y en a même qui en mangent trois ou quatre *mans* : aussi en meurt-il quantité par les excès des fruits [1].

On voit en Perse une grande quantité de belles femmes de toutes couleurs, car les marchands qui les amènent de tous les côtés choisissent les plus belles. Les blanches viennent de Pologne, de Moscovie, de Circassie, de Géorgie et des frontières de la grande Tartarie ; les basanées, des terres du Grand Mogol et de celles du roi de Golconde, et

---

1. Voyez les *Voyages de Thevenot*. Paris, 1664, t. II, p. 181.

du roi de Visapour; et, pour les noires, elles viennent de la côte de Melinde et de celles de la mer Rouge [1]. Les femmes du peuple ont une singulière superstition : celles qui sont stériles s'imaginent que pour devenir fécondes il faut passer sous les corps morts des criminels qui sont suspendus aux fourches patibulaires; elles croient que le cadavre d'un mâle peut influer, même de loin, et rendre une femme capable de faire des enfants. Lorsque ce remède singulier ne leur réussit pas, elles vont chercher les canaux des eaux qui s'écoulent des bains, elles attendent le temps où il y a dans ces bains un grand nombre d'hommes, alors elles traversent plusieurs fois l'eau qui en sort, et lorsque cela ne leur réussit pas mieux que la première recette, elles se déterminent enfin à avaler la partie du prépuce qu'on retranche dans la circoncision : c'est le souverain remède contre la stérilité [2].

Les peuples de la Perse, de la Turquie, de l'Arabie, de l'Égypte et de toute la Barbarie peuvent être regardés comme une même nation qui, dans le temps de Mahomet et de ses successeurs, s'est extrêmement étendue, a envahi des terrains immenses et s'est prodigieusement mêlée avec les peuples naturels de tous ces pays. Les Persans, les Turcs, les Maures, se sont policés jusqu'à un certain point, mais les Arabes sont demeurés pour la plupart dans un état d'indépendance qui suppose le mépris des lois; ils vivent, comme les Tartares, sans règle, sans police et presque sans société; le larcin, le rapt, le brigandage, sont autorisés par leurs chefs; ils se font honneur de leurs vices; ils n'ont aucun respect pour la vertu, et de toutes les con-

---

[1]. Voyez les *Voyages de Tavernier*. Rouen, 1713, t. II, p. 368.
[2]. Voyez les *Voyages de Gemelli-Careri*. Paris, 1719, t. II, p. 200.

ventions humaines ils n'ont admis que celles qu'ont produites le fanatisme et la superstition.

Ces peuples sont fort endurcis au travail ; ils accoutument aussi leurs chevaux à la plus grande fatigue ; ils ne leur donnent à boire et à manger qu'une seule fois en vingt-quatre heures ; aussi ces chevaux sont-ils très-maigres, mais en même temps ils sont très-prompts à la course, et pour ainsi dire infatigables. Les Arabes pour la plupart vivent misérablement : ils n'ont ni pain ni vin, ils ne prennent pas la peine de cultiver la terre ; au lieu de pain, ils se nourrissent de quelques graines sauvages qu'ils détrempent et pétrissent avec le lait de leur bétail [1]. Ils ont des troupeaux de chameaux, de moutons et de chèvres qu'ils mènent paître çà et là dans les lieux où ils trouvent de l'herbe ; ils y plantent leurs tentes, qui sont faites de poil de chèvre, et ils y demeurent avec leurs femmes et leurs enfants jusqu'à ce que l'herbe soit mangée, après quoi ils décampent pour aller en chercher ailleurs [2]. Avec une manière de vivre aussi dure et une nourriture aussi simple, les Arabes ne laissent pas d'être très-robustes et très-forts ; ils sont même d'une assez grande taille et assez bien faits, mais ils ont le visage et le corps brûlés de l'ardeur du soleil, car la plupart vont tout nus ou ne portent qu'une mauvaise chemise [3]. Ceux des côtes de l'Arabie heureuse et de l'île de Socotora sont plus petits ; ils ont le teint couleur de cendre ou fort basané, et ils ressemblent pour la forme aux Abyssins [4]. Les Arabes sont dans l'usage de se faire appliquer une couleur bleue foncée

---

1. Voyez les *Voyages de Villamont*. Lyon, 1620, p. 603.
2. Voyez les *Voyages de Thévenot*. Paris, 1664, t. I, p. 330.
3. Voyez les *Voyages de Villamont*, p. 604.
4. *Vide Philip. Pigafettæ* Indiæ Orientalis *part. prim.* Francofurti, 1598, p. 25. Voyez aussi la suite des *Voyages d'Olearius*, t. II, p. 108.

aux bras, aux lèvres et aux parties les plus apparentes du corps; ils mettent cette couleur par petits points et la font pénétrer dans la chair avec une aiguille faite exprès : la marque en est ineffaçable [1]. Cette coutume singulière se retrouve chez les nègres qui ont eu commerce avec les mahométans.

Chez les Arabes qui demeurent dans les déserts sur les frontières de Tremecen et de Tunis, les filles, pour paraître plus belles, se font des chiffres de couleur bleue sur tout le corps avec la pointe d'une lancette et du vitriol, et les Africaines en font autant à leur exemple, mais non pas celles qui demeurent dans les villes, car elles conservent la même blancheur de visage avec laquelle elles sont venues au monde; quelques-unes seulement se peignent une petite fleur ou quelque autre chose aux joues, au front ou au menton, avec de la fumée de noix de galle et du safran, ce qui rend la marque fort noire ; elles se noircissent aussi les sourcils. (Voyez l'*Afrique de Marmol*, p. 88, t. I.) La Boullaye dit que les femmes des Arabes du désert ont les mains, les lèvres et le menton peints de bleu, que la plupart ont des anneaux d'or ou d'argent au nez, de trois pouces de diamètre, qu'elles sont assez laides parce qu'elles sont perpétuellement au soleil, mais qu'elles naissent blanches; que les jeunes filles sont très-agréables, qu'elles chantent sans cesse et que leur chant n'est pas triste comme celui des Turques ou des Persanes, mais qu'il est bien plus étrange parce qu'elles poussent leur haleine de toute leur force et qu'elles articulent extrêmement vite. (Voyez les *Voyages de La Boullaye le Gouz*, p. 318.)

1. Voyez les *Voyages de Pietro della Valle*. Rouen, 1745, t. II, p. 269.

« Les princesses et les dames arabes, dit un autre
« voyageur, qu'on m'a montrées par le coin d'une tente,
« m'ont paru fort belles et bien faites : on peut juger par
« celles-ci et par ce qu'on m'en a dit que les autres ne le
« sont guère moins ; elles sont fort blanches, parce qu'elles
« sont toujours à couvert du soleil. Les femmes du com-
« mun sont extrêmement hâlées, outre la couleur brune
« et basanée qu'elles ont naturellement ; je les ai trouvées
« fort laides dans toute leur figure et je n'ai rien vu en
« elles que les agréments ordinaires qui accompagnent une
« grande jeunesse. Ces femmes se piquent les lèvres avec
« des aiguilles et mettent par-dessus de la poudre à canon
« mêlée avec du fiel de bœuf qui pénètre la peau et les
« rend bleues et livides pour tout le reste de leur vie ;
« elles font des petits points de la même façon aux coins
« de leur bouche, au côté du menton et sur les joues ; elles
« noircissent le bord de leurs paupières d'une poudre noire
« composée avec de la tutie, et tirent une ligne de ce noir
« au dehors du coin de l'œil pour le faire paraître plus
« fendu ; car en général la principale beauté des femmes
« de l'Orient est d'avoir de grands yeux noirs, bien ouverts
« et relevés à fleur de tête. Les Arabes expriment la beauté
« d'une femme en disant qu'elle a les yeux d'une gazelle :
« toutes leurs chansons amoureuses ne parlent que des
« yeux noirs et des yeux de gazelle, et c'est à cet animal
« qu'ils comparent toujours leurs maîtresses ; effective-
« ment, il n'y a rien de si joli que ces gazelles ; on voit
« surtout en elles une certaine crainte innocente qui res-
« semble fort à la pudeur et à la timidité d'une jeune fille.
« Les dames et les nouvelles mariées noircissent leurs
« sourcils et les font joindre sur le milieu du front ; elles
« se piquent aussi les bras et les mains, formant plusieurs

« sortes de figures d'animaux, de fleurs, etc. ; elles se
« peignent les ongles d'une couleur rougeâtre, et les
« hommes peignent aussi de la même couleur les crins et
« la queue de leurs chevaux ; elles ont les oreilles percées
« en plusieurs endroits avec autant de petites boucles et
« d'anneaux ; elles portent des bracelets aux bras et aux
« jambes. » (Voyez le *Voyage fait par ordre du roi dans
la Palestine*, par M. D. L. R., p. 260.)

Au reste, tous les Arabes sont jaloux de leurs femmes, et quoiqu'ils les achètent ou qu'ils les enlèvent, ils les traitent avec douceur et même avec quelque respect.

Les Égyptiens, qui sont si voisins des Arabes, qui ont la même religion et qui sont comme eux soumis à la domination des Turcs, ont cependant des coutumes fort différentes de celles des Arabes : par exemple, dans toutes les villes et villages le long du Nil, on trouve des filles destinées aux plaisirs des voyageurs, sans qu'ils soient obligés de les payer : c'est l'usage d'avoir des maisons d'hospitalité toujours remplies de ces filles, et les gens riches se font en mourant un devoir de piété de fonder ces maisons et de les peupler de filles qu'ils font acheter dans cette vue charitable : lorsqu'elles accouchent d'un garçon, elles sont obligées de l'élever jusqu'à l'âge de trois ou quatre ans, après quoi elles le portent au patron de la maison ou à ses héritiers, qui sont obligés de recevoir l'enfant et qui s'en servent dans la suite comme d'un esclave ; mais les petites filles restent toujours avec leurs mères et servent ensuite à les remplacer[1]. Les Égyptiennes sont fort brunes, elles ont les yeux vifs[2] ; leur taille est au-dessous de la médiocre, la manière dont elles sont vêtues n'est point du

1. Voyez les *Voyages de Paul Lucas*. Paris, 1704, p. 363, etc.
2. Voyez les *Voyages de Gemelli-Careri*, t. I, p. 190.

tout agréable, et leur conversation est fort ennuyeuse[1]; au reste, elles font beaucoup d'enfants, et quelques voyageurs prétendent que la fécondité occasionnée par l'inondation du Nil ne se borne pas à la terre seule, mais qu'elle s'étend aux hommes et aux animaux ; ils disent qu'on voit, par une expérience qui ne s'est jamais démentie, que les eaux nouvelles rendent les femmes fécondes, soit qu'elles en boivent, soit qu'elles se contentent de s'y baigner; que c'est dans les premiers mois qui suivent l'inondation, c'est-à-dire aux mois de juillet et d'août, qu'elles conçoivent ordinairement, et que les enfants viennent au monde dans les mois d'avril et de mai; qu'à l'égard des animaux, les vaches portent presque toujours deux veaux à la fois, les brebis deux agneaux, etc.[2]. On ne sait pas trop comment concilier ce que nous venons de dire de ces bénignes influences du Nil avec les maladies fâcheuses qu'il produit; car M. Granger dit que l'air de l'Égypte est malsain, que les maladies des yeux y sont très-fréquentes, et si difficiles à guérir que presque tous ceux qui en sont attaqués perdent la vue; qu'il y a plus d'aveugles en Égypte qu'en aucun autre pays, et que, dans le temps de la crue du Nil, la plupart des habitants sont attaqués de dyssenteries opiniâtres causées par les eaux de ce fleuve, qui dans ce temps-là sont fort chargées de sels[3].

Quoique les femmes soient communément assez petites en Égypte, les hommes sont ordinairement de haute taille[4]. Les uns et les autres sont, généralement parlant, de couleur olivâtre, et plus on s'éloigne du Caire en re-

---

1. Voyez les *Voyages du père Vansleb*. Paris, 1767, p. 43.
2. Voyez les *Voyages du sieur Lucas*. Rouen, 1719, p. 83.
3. Voyez le *Voyage de M. Granger*. Paris, 1745, p. 21.
4. Voyez les *Voyages de Pietro della Valle*, t. I, p. 401.

montant, plus les habitants sont basanés, jusque-là que ceux qui sont aux confins de la Nubie sont presque aussi noirs que les Nubiens mêmes. Les défauts les plus naturels aux Égyptiens sont l'oisiveté et la poltronnerie; ils ne font presque autre chose tout le jour que boire du café, fumer, dormir ou demeurer oisifs en une place, ou causer dans les rues; ils sont fort ignorants, et cependant pleins d'une vanité ridicule. Les Coptes eux-mêmes ne sont pas exempts de ces vices, et quoiqu'ils ne puissent pas nier qu'ils n'aient perdu leur noblesse, les sciences, l'exercice des armes, leur propre histoire et leur langue même, et que d'une nation illustre et vaillante ils ne soient devenus un peuple vil et esclave, leur orgueil va néanmoins jusqu'à mépriser les autres nations et à s'offenser lorsqu'on leur propose de faire voyager leurs enfants en Europe pour y être élevés dans les sciences et dans les arts [1].

Les nations nombreuses qui habitent les côtes de la Méditerranée depuis l'Égypte jusqu'à l'Océan, et toute la profondeur des terres de Barbarie jusqu'au mont Atlas et au delà, sont des peuples de différente origine: les naturels du pays, les Arabes, les Vandales, les Espagnols, et plus anciennement les Romains et les Égyptiens, ont peuplé cette contrée d'hommes assez différents entre eux: par exemple, les habitants des montagnes d'Auress ont un air et une physionomie différente de celle de leurs voisins: leur teint, loin d'être basané, est au contraire blanc et vermeil, et leurs cheveux sont d'un jaune foncé, au lieu que les cheveux de tous les autres sont noirs, ce qui, selon M. Shaw, peut faire croire que ces hommes blonds descendent des Vandales, qui, après avoir été

---

1. Voyez les *Voyages du sieur Lucas*, t. III, p. 194; et la *Relation d'un voyage fait en Égypte*, par le père Vansleb, p. 42.

chassés, trouvèrent moyen de se rétablir dans quelques endroits de ces montagnes[1]. Les femmes du royaume de Tripoli ne ressemblent point aux Égyptiennes, dont elles sont voisines : elles sont grandes, et elles font même consister la beauté à avoir la taille excessivement longue : elles se font, comme les femmes arabes, des piqûres sur le visage, principalement aux joues et au menton ; elles estiment beaucoup les cheveux roux, comme en Turquie, et elles font même peindre en vermillon les cheveux de leurs enfants[2].

En général, les femmes maures affectent toutes de porter les cheveux longs jusque sur les talons : celles qui n'ont pas beaucoup de cheveux ou qui ne les ont pas si longs que les autres en portent de postiches, et toutes les tressent avec des rubans ; elles se teignent le poil des paupières avec de la poudre de mine de plomb ; elles trouvent que la couleur sombre que cela donne aux yeux est une beauté singulière. Cette coutume est fort ancienne et assez générale, puisque les femmes grecques et romaines se brunissaient les yeux comme les femmes de l'Orient. (*Voyage de M. Shaw*, t. I, p. 382.)

La plupart des femmes maures passeraient pour belles, même en ce pays-ci ; leurs enfants ont le plus beau teint du monde et le corps fort blanc ; il est vrai que les garçons qui sont exposés au soleil brunissent bientôt, mais les filles qui se tiennent à la maison conservent leur beauté jusqu'à l'âge de trente ans qu'elles cessent communément d'avoir des enfants ; en récompense elles en ont souvent à onze ans, et se trouvent quelquefois grand'mères à vingt-deux ; et comme elles vivent aussi longtemps que les

---

1. Voyez les *Voyages de M. Shaw*. La Haye, 1743, t. I, p. 168.
2. Voyez l'*État des royaumes de Barbarie*. La Haye, 1704.

femmes européennes, elles voient ordinairement plusieurs générations. (*Idem*, t. I, p. 395.)

On peut remarquer, en lisant la description de ces différents peuples dans Marmol, que les habitants des montagnes de la Barbarie sont blancs, au lieu que les habitants des côtes de la mer et des plaines sont basanés et très-bruns. Il dit expressément que les habitants de Capez, ville du royaume de Tunis sur la Méditerranée, sont de pauvres gens fort noirs[1]; que ceux qui habitent le long de la rivière de Dara dans la province d'Escure, au royaume de Maroc, sont fort basanés[2]; qu'au contraire les habitants de Zarhou et des montagnes de Fez du côté du mont Atlas, sont fort blancs, et il ajoute que ces derniers sont si peu sensibles au froid, qu'au milieu des neiges et des glaces de ces montagnes ils s'habillent très-légèrement et vont tête nue toute l'année[3]; et à l'égard des habitants de la Numidie, il dit qu'ils sont plutôt basanés que noirs, que les femmes y sont même assez blanches et ont beaucoup d'embonpoint, quoique les hommes soient maigres[4], mais que les habitants du Guaden dans le fond de la Numidie, sur les frontières du Sénégal, sont plutôt noirs que basanés[5], au lieu que dans la province de Dara les femmes sont belles, fraîches, et que partout il y a une grande quantité d'esclaves nègres de l'un et de l'autre sexe[6].

Tous les peuples qui habitent entre le 20e et le 30e ou le 35e degré de latitude nord dans l'ancien continent,

1. Voyez l'*Afrique de Marmol*, t. II, p. 536.
2. *Idem*, t. II, p. 125.
3. *Idem*, t. II, p. 198 et 305.
4. *Idem*, t. III, p. 6.
5. *Idem*, t. III, p. 7.
6. *Idem*, t. III, p. 11.

depuis l'empire du Mogol jusqu'en Barbarie, et même depuis le Gange jusqu'aux côtes occidentales du royaume de Maroc, ne sont donc pas fort différents les uns des autres, si l'on excepte les variétés particulières occasionnées par le mélange d'autres peuples plus septentrionaux qui ont conquis ou peuplé quelques-unes de ces vastes contrées. Cette étendue de terre sous les mêmes parallèles est d'environ deux mille lieues; les hommes en général y sont bruns et basanés, mais ils sont en même temps assez beaux et assez bien faits. Si nous examinons maintenant ceux qui habitent sous un climat plus tempéré, nous trouverons que les habitants des provinces septentrionales du Mogol et de la Perse, les Arméniens, les Turcs, les Géorgiens, les Mingréliens, les Circassiens, les Grecs et tous les peuples de l'Europe, sont les hommes les plus beaux, les plus blancs et les mieux faits de toute la terre, et quoiqu'il y ait fort loin de Cachemire en Espagne, ou de la Circassie à la France, il ne laisse pas d'y avoir une singulière ressemblance entre ces peuples si éloignés les uns des autres, mais situés à peu près à une égale distance de l'équateur. Les Cachemiriens, dit Bernier, sont renommés pour la beauté; ils sont aussi bien faits que les Européens et ne tiennent en rien du visage tartare; ils n'ont point ce nez écaché et ces petits yeux de cochon qu'on trouve chez leurs voisins; les femmes surtout sont très-belles : aussi la plupart des étrangers nouveau-venus à la cour du Mogol se fournissent de femmes cachemiriennes, afin d'avoir des enfants qui soient plus blancs que les Indiens, et qui puissent aussi passer pour vrais Mogols[1]. Le sang de Géorgie est encore plus beau que celui

---

1. Voyez les *Voyages de Bernier*. Amsterdam, 1710, t. II, p. 281.

de Cachemire; on ne trouve pas un laid visage dans ce pays, et la nature a répandu sur la plupart des femmes des grâces qu'on ne voit pas ailleurs : elles sont grandes, bien faites, extrêmement déliées à la ceinture, elles ont le visage charmant[1]. Les hommes sont aussi fort beaux[2]; ils ont naturellement de l'esprit, et ils seraient capables des sciences et des arts, mais leur mauvaise éducation les rend très-ignorants et très-vicieux, et il n'y a peut-être aucun pays dans le monde où le libertinage et l'ivrognerie soient à un si haut point qu'en Géorgie. Chardin dit que les gens d'église, comme les autres, s'enivrent très-souvent et tiennent chez eux de belles esclaves dont ils font des concubines; que personne n'en est scandalisé, parce que la coutume en est générale et même autorisée, et il ajoute que le préfet des Capucins lui a assuré avoir ouï dire au *Catholicos* (on appelle ainsi le patriarche de Géorgie) que celui qui aux grandes fêtes, comme Pâques et Noël, ne s'enivre pas entièrement, ne passe pas pour chrétien et doit être excommunié[3]. Avec tous ces vices, les Géorgiens ne laissent pas d'être civils, humains, graves et modérés; ils ne se mettent que très-rarement en colère, quoiqu'ils soient ennemis irréconciliables lorsqu'ils ont conçu de la haine contre quelqu'un.

Les femmes, dit Struys, sont aussi fort belles et fort blanches en Circassie, et elles ont le plus beau teint et les plus belles couleurs du monde; leur front est grand et uni, et sans le secours de l'art elles ont si peu de sourcils qu'on dirait que ce n'est qu'un filet de soie recourbé; elles ont

---

1. Voyez les *Voyages de Chardin*, première partie. Londres, 1686, p. 204.
2. Voyez *Il Genio vagante del conte Aurelio degli Anzi*. In Parma, 1691, t. I, p. 170.
3. Voyez les *Voyages de Chardin*, p. 205.

les yeux grands, doux et pleins de feu, le nez bien fait, les lèvres vermeilles, la bouche riante et petite, et le menton comme il doit être pour achever un parfait ovale; elles ont le cou et la gorge parfaitement bien faits, la peau blanche comme neige, la taille grande et aisée, les cheveux du plus beau noir; elles portent un petit bonnet d'étoffe noire, sur lequel est attaché un bourrelet de même couleur; mais ce qu'il y a de ridicule, c'est que les veuves portent à la place de ce bourrelet une vessie de bœuf ou de vache des plus enflées, ce qui les défigure merveilleusement. L'été, les femmes du peuple ne portent qu'une simple chemise qui est ordinairement bleue, jaune ou rouge, et cette chemise est ouverte jusqu'à mi-corps; elles ont le sein parfaitement bien fait, elles sont assez libres avec les étrangers, mais cependant fidèles à leurs maris, qui n'en sont point jaloux. (Voyez les *Voyages de Struys*, t. II, p. 75.)

Tavernier dit aussi que les femmes de la Comanie et de la Circassie sont, comme celles de Géorgie, très-belles et très-bien faites; qu'elles paraissent toujours fraîches jusqu'à l'âge de quarante-cinq ou cinquante ans; qu'elles sont toutes fort laborieuses, et qu'elles s'occupent souvent des travaux les plus pénibles; ces peuples ont conservé la plus grande liberté dans le mariage, car s'il arrive que le mari ne soit pas content de sa femme et qu'il s'en plaigne le premier, le seigneur du lieu envoie prendre la femme, la fait vendre, et en donne une autre à l'homme qui s'en plaint; et de même si la femme se plaint la première, on la laisse libre, et on lui ôte son mari [1].

Les Mingréliens sont, au rapport des voyageurs, tout

---

1. Voyez les *Voyages de Tavernier*. Rouen, 1713, t. I, p. 469.

aussi beaux et aussi bien faits que les Géorgiens ou les Circassiens, et il semble que ces trois peuples ne fassent qu'une seule et même race d'hommes. « Il y a en Min-
« grélie, dit Chardin, des femmes merveilleusement bien
« faites, d'un air majestueux, de visage et de taille admi-
« rables; elles ont outre cela un regard engageant qui
« caresse tous ceux qui les regardent : les moins belles et
« celles qui sont âgées se fardent grossièrement et se pei-
« gnent tout le visage, sourcils, joues, front, nez, men-
« ton; les autres se contentent de se peindre les sourcils;
« elles se parent le plus qu'elles peuvent. Leur habit est
« semblable à celui des Persanes; elles portent un voile
« qui ne couvre que le dessus et le derrière de la tête;
« elles ont de l'esprit, elles sont civiles et affectueuses,
« mais en même temps très-perfides, et il n'y a point de
« méchancetés qu'elles ne mettent en usage pour se faire
« des amants, pour les conserver ou pour les perdre. Les
« hommes ont aussi bien de mauvaises qualités : ils sont
« tous élevés au larcin, ils l'étudient, ils en font leur
« emploi, leur plaisir et leur honneur; ils content avec une
« satisfaction extrême les vols qu'ils ont faits, ils en sont
« loués, ils en tirent leur plus grande gloire; l'assassinat,
« le vol, le mensonge, c'est ce qu'ils appellent de belles
« actions; le concubinage, la bigamie, l'inceste, sont des
« habitudes vertueuses en Mingrélie; l'on s'y enlève les
« femmes les uns aux autres, on y prend sans scrupule sa
« tante, sa nièce, la tante de sa femme; on épouse deux ou
« trois femmes à la fois, et chacun entretient autant de
« concubines qu'il veut. Les maris sont très-peu jaloux,
« et quand un homme prend sa femme sur le fait avec son
« galant, il a droit de le contraindre à payer un cochon,
« et d'ordinaire il ne prend pas d'autre vengeance; le

« cochon se mange entre eux trois. Ils prétendent que
« c'est une très-bonne et très-louable coutume d'avoir
« plusieurs femmes et plusieurs concubines, parce qu'on
« engendre beaucoup d'enfants qu'on vend argent comp-
« tant, ou qu'on échange pour des hardes et pour des
« vivres. » (Voyez les *Voyages de Chardin*, p. 77 et suiv.)

Au reste, ces esclaves ne sont pas fort chers, car les hommes âgés depuis vingt-cinq ans jusqu'à quarante ne coûtent que quinze écus; ceux qui sont plus âgés, huit ou dix; les belles filles d'entre treize et dix-huit ans, vingt écus, les autres moins; les femmes douze écus, et les enfants trois ou quatre. (*Idem*, p. 105.)

Les Turcs, qui achètent un très-grand nombre de ces esclaves, sont un peuple composé de plusieurs autres peuples : les Arméniens, les Géorgiens, les Turcomans, se sont mêlés avec les Arabes, les Égyptiens, et même avec les Européens dans le temps des croisades; il n'est donc guère possible de reconnaître les habitants naturels de l'Asie Mineure, de la Syrie et du reste de la Turquie : tout ce qu'on peut dire, c'est qu'en général les Turcs sont des hommes robustes et assez bien faits; il est même assez rare de trouver parmi eux des bossus et des boiteux[1]. Les femmes sont aussi ordinairement belles, bien faites et sans défaut; elles sont fort blanches parce qu'elles sortent peu, et que quand elles sortent elles sont toujours voilées[2].

« Il n'y a femme de laboureur ou de paysan en Asie,
« dit Belon, qui n'ait le teint frais comme une rose, la
« peau délicate et blanche, si polie et si bien tendue qu'il
« semble toucher du velours; elles se servent de terre de
« Chio qu'elles détrempent pour en faire une espèce d'on-

---

1. Voyez le *Voyage de Thévenot*. Paris, 1664, t. I, p. 55.
2. *Idem*, t. I, p. 105.

« guent dont elles se frottent tout le corps en entrant au
« bain, aussi bien que le visage et les cheveux. Elles se
« peignent aussi les sourcils en noir, d'autres se les font
« abattre avec du rusma, et se font de faux sourcils avec
« de la teinture noire; elles les font en forme d'arc et
« élevés en croissant : cela est beau à voir de loin, mais
« laid lorsqu'on regarde de près; cet usage est pourtant
« de toute ancienneté. » (Voyez les *Observations de Pierre
Belon*. Paris, 1555, page 199.) Il ajoute que les Turcs,
hommes et femmes, ne portent de poil en aucune partie
du corps, excepté les cheveux et la barbe; qu'ils se servent du rusma pour l'ôter, qu'ils mêlent moitié autant de
chaux vive qu'il y a de rusma, et qu'ils détrempent le tout
dans de l'eau; qu'en entrant dans le bain on applique
cette pommade, qu'on la laisse sur la peau à peu près
autant de temps qu'il en faut pour cuire un œuf; dès que
l'on commence à suer dans ce bain chaud, le poil tombe
de lui-même en le lavant seulement d'eau chaude avec la
main, et la peau demeure lisse et polie sans aucun vestige
de poil. (*Idem*, p. 198.) Il dit encore qu'il y a en Égypte
un petit arbrisseau nommé *Alcanna*, dont les feuilles desséchées et mises en poudre servent à teindre en jaune; les
femmes de toute la Turquie s'en servent pour se teindre
les mains, les pieds et les cheveux en couleur jaune ou
rouge; ils teignent aussi de la même couleur les cheveux
des petits enfants, tant mâles que femelles, et les crins
de leurs chevaux, etc. (*Idem*, p. 136.)

Les femmes turques se mettent de la tutie brûlée et
préparée dans les yeux pour les rendre plus noirs; elles se
servent pour cela d'un petit poinçon d'or ou d'argent
qu'elles mouillent de leur salive pour prendre cette poudre
noire et la faire passer doucement entre leurs paupières et

leurs prunelles[1]; elles se baignent aussi très-souvent, elles se parfument tous les jours, et il n'y a rien qu'elles ne mettent en usage pour conserver ou pour augmenter leur beauté; on prétend cependant que les Persanes se recherchent encore plus sur la propreté que les Turques; les hommes sont aussi de différents goûts sur la beauté; les Persans veulent des brunes, et les Turcs des rousses[2].

On a prétendu que les juifs, qui tous sortent originairement de la Syrie et de la Palestine, ont encore aujourd'hui le teint brun comme ils l'avaient autrefois; mais, comme le remarque fort bien Misson, c'est une erreur de dire que tous les juifs sont basanés; cela n'est vrai que des juifs portugais. Ces gens-là se mariant toujours les uns avec les autres, les enfants ressemblent à leurs père et mère, et leur teint brun se perpétue ainsi avec peu de diminution partout où ils habitent, même dans les pays du nord; mais les juifs allemands, comme, par exemple, ceux de Prague, n'ont pas le teint plus basané que tous les autres Allemands[3].

Aujourd'hui les habitants de la Judée ressemblent aux autres Turcs; seulement ils sont plus bruns que ceux de Constantinople ou des côtes de la mer Noire, comme les Arabes sont aussi plus bruns que les Syriens, parce qu'ils sont plus méridionaux.

Il en est de même chez les Grecs; ceux de la partie septentrionale de la Grèce sont fort blancs, ceux des îles ou des provinces méridionales sont bruns : généralement parlant, les femmes grecques sont encore plus belles et

---

1. Voyez la *Nouvelle relation du Levant*, par M. P. A. Paris, 1667, p. 355.
2. Voyez le *Voyage de La Boullaye*, p. 110.
3. Voyez les *Voyages de Misson*, 1717, t. II, p. 225.

plus vives que les Turques, et elles ont de plus l'avantage d'une beaucoup plus grande liberté. Gemelli-Careri dit que les femmes de l'île de Chio sont blanches, belles, vives et fort familières avec les hommes, que les filles voient les étrangers fort librement, et que toutes ont la gorge entièrement découverte [1]. Il dit aussi que les femmes grecques ont les plus beaux cheveux du monde, surtout dans le voisinage de Constantinople; mais il remarque que ces femmes, dont les cheveux descendent jusqu'aux talons, n'ont pas les traits aussi réguliers que les autres Grecques [2].

Les Grecs regardent comme une très-grande beauté dans les femmes d'avoir de grands et de gros yeux et les sourcils fort élevés, et ils veulent que les hommes les aient encore plus gros et plus grands [3]. On peut remarquer, dans tous les bustes antiques, les médailles, etc., des anciens Grecs, que les yeux sont d'une grandeur excessive en comparaison de celle des yeux dans les bustes et les médailles romaines.

Les habitants des îles de l'Archipel sont presque tous grands nageurs et très-bons plongeurs. Thévenot dit qu'ils s'exercent à tirer les éponges du fond de la mer, et même les hardes et les marchandises des vaisseaux qui se perdent, et que dans l'île de Samos on ne marie pas les garçons qu'ils ne puissent plonger sous l'eau à huit brasses au moins [4]; Dapper dit vingt brasses [5], et il ajoute que dans quelques îles, comme dans celle de Nicarie, ils ont une coutume assez bizarre qui est de se parler de loin,

---

1. Voyez les *Voyages de Gemelli-Careri*. Paris, 1719, t. I, p. 110.
2. *Idem*, t. I, p. 373.
3. Voyez les *Observations de Belon*, p. 200.
4. Voyez le *Voyage de Thévenot*, t. I, p. 206.
5. Voyez la *Description des îles de l'Archipel*, par Dapper. Amsterdam, 1703, p. 163.

surtout à la campagne, et que ces insulaires ont la voix si forte qu'ils se parlent ordinairement d'un quart de lieue, et souvent d'une lieue, en sorte que la conversation est coupée par de grands intervalles, la réponse n'arrivant que plusieurs secondes après la question.

Les Grecs, les Napolitains, les Siciliens, les habitants de Corse, de Sardaigne, et les Espagnols étant situés à peu près sous le même parallèle, sont assez semblables pour le teint : tous ces peuples sont plus basanés que les Français, les Anglais, les Allemands, les Polonais, les Moldaves, les Circassiens, et tous les autres habitants du nord de l'Europe jusqu'en Laponie, où, comme nous l'avons dit au commencement, on trouve une autre espèce d'hommes. Lorsqu'on fait le voyage d'Espagne, on commence à s'apercevoir dès Bayonne de la différence de couleur; les femmes ont le teint un peu plus brun, elles ont aussi les yeux plus brillants [1].

Les Espagnols sont maigres et assez petits; ils ont la taille fine, la tête belle, les traits réguliers, les yeux beaux, les dents assez bien rangées, mais ils ont le teint jaune et basané; les petits enfants naissent fort blancs et sont fort beaux, mais en grandissant leur teint change d'une manière surprenante : l'air les jaunit, le soleil les brûle, et il est aisé de reconnaître un Espagnol de toutes les autres nations européennes [2]. On a remarqué que dans quelques provinces d'Espagne, comme aux environs de la rivière de Bidassoa, les habitants ont les oreilles d'une grandeur démesurée [3].

Les hommes à cheveux noirs ou bruns commencent à

---

1. Voyez la *Relation du voyage d'Espagne*. Paris, 1691, p. 4.
2. *Idem*, p. 187.
3. *Idem*, p. 326.

être rares en Angleterre, en Flandre, en Hollande et dans les provinces septentrionales de l'Allemagne; on n'en trouve presque point en Danemark, en Suède, en Pologne. Selon M. Linnæus, les Goths sont de haute taille; ils ont les cheveux lisses, blonds, argentés, et l'iris de l'œil bleuâtre : *Gothi corpore proceriore, capillis albidis rectis, oculorum iridibus cinereo-cœrulescentibus.* Les Finnois ont le corps musculeux et charnu, les cheveux blonds jaunes et longs, l'iris de l'œil jaune foncé : *Fennones corpore toroso, capillis flavis prolixis, oculorum iridibus fuscis*[1].

Les femmes sont fort fécondes en Suède; Rudbeck dit qu'elles y font ordinairement huit, dix ou douze enfants, et qu'il n'est pas rare qu'elles en fassent dix-huit, vingt, vingt-quatre, vingt-huit et jusqu'à trente; il dit de plus qu'il s'y trouve souvent des hommes qui passent cent ans, que quelques-uns vivent jusqu'à cent quarante ans, et qu'il y en a même eu deux, dont l'un a vécu cent cinquante-six et l'autre cent soixante et un ans[2]. Mais il est vrai que cet auteur est un enthousiaste au sujet de sa patrie, et que, selon lui, la Suède est à tous égards le premier pays du monde. Cette fécondité dans les femmes ne suppose pas qu'elles aient plus de penchant à l'amour; les hommes mêmes sont beaucoup plus chastes dans les pays froids que dans les climats méridionaux. On est moins amoureux en Suède qu'en Espagne ou en Portugal, et cependant les femmes y font beaucoup plus d'enfants. Tout le monde sait que les nations du Nord ont inondé toute l'Europe au point que les historiens ont appelé le Nord : *officina gentium.*

1. *Vide Linnæi Faunam Suecicam.* Stockholm, 1746, p. 1.
2. *Vide Olaii Rudbekii Atlantica.* Upsal, 1684.

L'auteur des voyages historiques de l'Europe dit aussi, comme Rudbeck, que les hommes vivent ordinairement en Suède plus longtemps que dans la plupart des autres royaumes de l'Europe, et qu'il en a vu plusieurs qu'on lui assurait avoir plus de cent cinquante ans [1]. Il attribue cette longue durée de la vie des Suédois à la salubrité de l'air de ce climat; il dit à peu près la même chose du Danemark : selon lui, les Danois sont grands et robustes, d'un teint vif et coloré, et ils vivent fort longtemps à cause de la pureté de l'air qu'ils respirent; les femmes sont aussi fort blanches, assez bien faites et très-fécondes [2].

Avant le czar Pierre Ier, les Moscovites étaient, dit-on, encore presque barbares; le peuple, né dans l'esclavage, était grossier, brutal, cruel, sans courage et sans mœurs. Ils se baignaient très-souvent, hommes et femmes pêle-mêle, dans des étuves échauffées à un degré de chaleur insoutenable pour tout autre que pour eux; ils allaient ensuite, comme les Lapons, se jeter dans l'eau froide au sortir de ces bains chauds. Ils se nourrissaient fort mal; leurs mets favoris n'étaient que des concombres ou des melons d'Astracan qu'ils mettaient pendant l'été confire avec de l'eau, de la farine et du sel [3]. Ils se privaient de quelques viandes, comme de pigeons ou de veau, par des scrupules ridicules : cependant, dès ce temps-là même, les femmes savaient se mettre du rouge, s'arracher les sourcils, se les peindre ou s'en former d'artificiels; elles savaient aussi porter des pierreries, parer leurs coiffures de perles, se vêtir d'étoffes riches et précieuses : ceci ne

---

1. Voyez les *Voyages historiques de l'Europe*. Paris, 1693, t. VIII, p. 229.
2. *Idem, ibid.*, p. 279 et 280.
3. Voyez la *Relation curieuse de Moscovie*. Paris, 1698, p. 181.

prouve-t-il pas que la barbarie commençait à finir, et que leur souverain n'a pas eu autant de peine à les policer que quelques auteurs ont voulu l'insinuer? Ce peuple est aujourd'hui civilisé, commerçant, curieux des arts et des sciences, aimant les spectacles et les nouveautés ingénieuses. Il ne suffit pas d'un grand homme pour faire ces changements, il faut encore que ce grand homme naisse à propos.

Quelques auteurs ont dit que l'air de Moscovie est si bon qu'il n'y a jamais eu de peste; cependant les annales du pays rapportent qu'en 1421, et pendant les six années suivantes, la Moscovie fut tellement affligée de maladies contagieuses que la constitution des habitants et de leurs descendants en fut altérée, peu d'hommes depuis ce temps arrivant à l'âge de cent ans, au lieu qu'auparavant il y en avait beaucoup qui allaient au delà de ce terme [1].

Les Ingriens et les Caréliens qui habitent les provinces septentrionales de la Moscovie, et qui sont les naturels du pays des environs de Pétersbourg, sont des hommes vigoureux et d'une constitution robuste; ils ont pour la plupart les cheveux blancs ou blonds [2]; ils ressemblent assez aux Finnois, et ils parlent la même langue, qui n'a aucun rapport avec toutes les autres langues du Nord.

En réfléchissant sur la description historique que nous venons de faire de tous les peuples de l'Europe et de l'Asie, il paraît que la couleur dépend beaucoup du climat, sans cependant qu'on puisse dire qu'elle en dépende entièrement; il y a en effet plusieurs causes qui doivent influer

---

1. Voyez le *Voyage d'un ambassadeur de l'empereur Léopold au czar Michaelowits*. Leyde, 1688, p. 220.
2. Voyez les *Nouveaux mémoires sur l'état de la grande Russie*. Paris, 1725, t. II, p. 64.

sur la couleur et même sur la forme du corps et des traits des différents peuples : l'une des principales est la nourriture, et nous examinerons dans la suite les changements qu'elle peut occasionner. Une autre qui ne laisse pas de produire son effet, sont les mœurs ou la manière de vivre; un peuple policé qui vit dans une certaine aisance, qui est accoutumé à une vie réglée, douce et tranquille, qui par les soins d'un bon gouvernement est à l'abri d'une certaine misère et ne peut manquer des choses de première nécessité, sera par cette seule raison composé d'hommes plus forts, plus beaux et mieux faits qu'une nation sauvage et indépendante, où chaque individu, ne tirant aucun secours de la société, est obligé de pourvoir à sa subsistance, de souffrir alternativement la faim ou les excès d'une nourriture souvent mauvaise, de s'épuiser de travaux ou de lassitude, d'éprouver les rigueurs du climat sans pouvoir s'en garantir, d'agir en un mot plus souvent comme animal que comme homme. En supposant ces deux différents peuples sous un même climat, on peut croire que les hommes de la nation sauvage seraient plus basanés, plus laids, plus petits, plus ridés que ceux de la nation policée. S'ils avaient quelque avantage sur ceux-ci, ce serait par la force ou plutôt par la dureté de leur corps; il pourrait se faire aussi qu'il y eût dans cette nation sauvage beaucoup moins de bossus, de boiteux, de sourds, de louches, etc. Ces hommes défectueux vivent et même se multiplient dans une nation policée où l'on se supporte les uns les autres, où le fort ne peut rien contre le faible, où les qualités du corps font beaucoup moins que celles de l'esprit; mais dans un peuple sauvage, comme chaque individu ne subsiste, ne vit, ne se défend que par ses qualités corporelles, son adresse et sa force, ceux qui sont malheureusement nés faibles, défectueux, ou qui deviennent incommodés, cessent bientôt de faire partie de la nation.

J'admettrais donc trois causes qui toutes trois concourent à produire les variétés que nous remarquons dans les différents peuples de la terre. La première est l'influence du climat; la seconde, qui tient beaucoup à la première, est la nourriture; et la troisième, qui tient peut-être encore plus à la première et à la seconde, sont les mœurs; mais avant que d'exposer les raisons sur lesquelles nous croyons devoir fonder cette opinion, il est nécessaire de donner la description des peuples de l'Afrique et de l'Amérique, comme nous avons donné celle des autres peuples de la terre.

Nous avons déjà parlé des nations de toute la partie septentrionale de l'Afrique, depuis la mer Méditerranée jusqu'au tropique; tous ceux qui sont au delà du tropique depuis la mer Rouge jusqu'à l'Océan, sur une largeur d'environ cent ou cent cinquante lieues, sont encore des espèces de Maures, mais si basanés qu'ils paraissent presque tout noirs; les hommes surtout sont extrêmement bruns: les femmes sont un peu plus blanches, bien faites et assez belles; il y a parmi ces Maures une grande quantité de mulâtres qui sont encore plus noirs qu'eux, parce qu'ils ont pour mères des négresses que les Maures achètent, et desquelles ils ne laissent pas d'avoir beaucoup d'enfants[1]. Au delà de cette étendue de terrain, sous le 17e ou 18e degré de la latitude nord et au même parallèle, on trouve les nègres du Sénégal et ceux de la Nubie, les uns sur la mer Océane et les autres sur la mer Rouge; et ensuite tous les autres peuples de l'Afrique qui habitent

---

1. Voyez l'*Afrique de Marmol*, t. III, p. 29 et 33.

depuis ce 18ᵉ degré de latitude nord jusqu'au 18ᵉ degré latitude sud, sont noirs, à l'exception des Éthiopiens ou Abyssins : il paraît donc que la portion du globe qui est départie par la nature à cette race d'hommes, est une étendue de terrain parallèle à l'équateur, d'environ neuf cents lieues de largeur sur une longueur bien plus grande, surtout au nord de l'équateur ; et au delà des 18 ou 20 degrés de latitude sud les hommes ne sont plus des nègres, comme nous le dirons en parlant des Cafres et des Hottentots.

On a été longtemps dans l'erreur au sujet de la couleur et des traits du visage des Éthiopiens, parce qu'on les a confondus avec les Nubiens leurs voisins, qui sont cependant d'une race différente. Marmol dit que les Éthiopiens sont absolument noirs : qu'ils ont le visage large et le nez plat[1] ; les voyageurs hollandais disent la même chose[2], cependant la vérité est qu'ils sont différents des Nubiens par la couleur et par les traits : la couleur naturelle des Éthiopiens est brune ou olivâtre, comme celle des Arabes méridionaux, desquels ils ont probablement tiré leur origine. Ils ont la taille haute, les traits du visage bien marqués, les yeux beaux et bien fendus, le nez bien fait, les lèvres petites et les dents blanches ; au lieu que les habitants de la Nubie ont le nez écrasé, les lèvres grosses et épaisses, et le visage fort noir[3]. Ces Nubiens, aussi bien que les Barberins leurs voisins du côté de l'occident, sont des espèces de nègres, assez semblables à ceux du Sénégal.

---

1. Voyez l'*Afrique de Marmol*, t. III, p. 68 et 69.
2. Voyez le *Recueil des voyages de la Compagnie des Indes de Hollande*, t. IV, p. 33.
3. Voyez les *Lettres édifiantes*. Recueil IV, p. 349.

Les Éthiopiens sont un peuple à demi policé; leurs vêtements sont de toile de coton, et les plus riches en ont de soie; leurs maisons sont basses et mal bâties, leurs terres sont fort mal cultivées, parce que les nobles méprisent, maltraitent et dépouillent, autant qu'ils le peuvent, les bourgeois et les gens du peuple; ils demeurent cependant séparément les uns des autres dans des bourgades ou des hameaux différents, la noblesse dans les uns, la bourgeoisie dans les autres, et les gens du peuple encore dans d'autres endroits. Ils manquent de sel, et ils l'achètent au poids de l'or; ils aiment assez la viande crue, et dans les festins le second service, qu'ils regardent comme le plus délicat, est en effet de viandes crues; ils ne boivent point de vin, quoiqu'ils aient des vignes: leur boisson ordinaire est faite avec des tamarins et a un goût aigrelet. Ils se servent de chevaux pour voyager et de mulets pour porter leurs marchandises; ils ont très-peu de connaissance des sciences et des arts, car leur langue n'a aucune règle; et leur manière d'écrire est très-peu perfectionnée; il leur faut plusieurs jours pour écrire une lettre, quoique leurs caractères soient plus beaux que ceux des Arabes[1]. Ils ont une manière singulière de saluer, ils se prennent la main droite les uns aux autres et se la portent mutuellement à la bouche; ils prennent aussi l'écharpe de celui qu'ils saluent et ils se l'attachent autour du corps, de sorte que ceux qu'on salue demeurent à moitié nus, car la plupart ne portent que cette écharpe avec un caleçon de coton[2].

On trouve dans la relation du voyage autour du monde,

---

1. Voyez le *Recueil des Voyages de la Compagnie des Indes de Hollande*, t. IV, p. 34.

2. Voyez les *Lettres édifiantes*. Recueil IV, p. 349.

de l'amiral Drack, un fait qui, quoique très-extraordinaire, ne me paraît pas incroyable : il y a, dit ce voyageur, sur les frontières des déserts de l'Éthiopie, un peuple qu'on a appelé Acridophages, ou mangeurs de sauterelles; ils sont noirs, maigres, très-légers à la course et plus petits que les autres. Au printemps, certains vents chauds qui viennent de l'occident leur amènent un nombre infini de sauterelles; comme ils n'ont ni bétail ni poisson, ils sont réduits à vivre de ces sauterelles qu'ils ramassent en grande quantité; ils les saupoudrent de sel, et ils les gardent pour se nourrir pendant toute l'année; cette mauvaise nourriture produit deux effets singuliers : le premier est qu'ils vivent à peine jusqu'à l'âge de quarante ans, et le second c'est que, lorsqu'ils approchent de cet âge, il s'engendre dans leur chair des insectes ailés qui d'abord leur causent une démangeaison vive, et se multiplient en si grand nombre, qu'en très-peu de temps toute leur chair en fourmille; ils commencent par leur manger le ventre, ensuite la poitrine, et les rongent jusqu'aux os; en sorte que tous ces hommes, qui ne se nourrissent que d'insectes, sont à leur tour mangés par des insectes. Si ce fait était bien avéré, il fournirait matière à d'amples réflexions.

Il y a de vastes déserts de sable en Éthiopie, et dans cette grande pointe de terre qui s'étend jusqu'au cap Gardafu. Ce pays, qu'on peut regarder comme la partie orientale de l'Éthiopie, est presque entièrement inhabité; au midi l'Éthiopie est bornée par les Bédouins et par quelques autres peuples qui suivent la loi mahométane, ce qui prouve encore que les Éthiopiens sont originaires d'Arabie; ils n'en sont en effet séparés que par le détroit de Bab-el-Mandel; il est donc assez probable que les Arabes auront autrefois envahi l'Éthiopie, et qu'ils en auront chassé les naturels du pays qui auront été forcés de se retirer vers le nord dans la Nubie. Ces Arabes se sont même étendus le long de la côte de Mélinde, car les habitants de cette côte ne sont que basanés et ils sont mahométans de religion [1]. Ils ne sont pas non plus tout à fait noirs dans le Zanguebar; la plupart parlent arabe et sont vêtus de toile de coton. Ce pays d'ailleurs, quoique dans la zone torride, n'est pas excessivement chaud; cependant les naturels ont les cheveux noirs et crépus comme les nègres [2]; on trouve même sur toute cette côte, aussi bien qu'à Mozambique et à Madagascar, quelques hommes blancs, qui sont, à ce qu'on prétend, Chinois d'origine, et qui s'y sont habitués dans le temps que les Chinois voyageaient dans toutes les mers de l'Orient, comme les Européens y voyagent aujourd'hui : quoi qu'il en soit de cette opinion qui me paraît hasardée, il est certain que les naturels de cette côte orientale de l'Afrique sont noirs d'origine, et que les hommes basanés ou blancs qu'on y trouve viennent d'ailleurs. Mais pour se former une idée juste des différences qui se trouvent entre ces peuples noirs, il est nécessaire de les examiner plus particulièrement.

Il paraît d'abord, en rassemblant les témoignages des voyageurs, qu'il y a autant de variétés dans la race des noirs que dans celle des blancs; les noirs ont, comme les blancs, leurs Tartares et leurs Circassiens; ceux de Guinée sont extrêmement laids, et ont une odeur insupportable; ceux de Sofala et de Mozambique sont beaux et n'ont aucune mauvaise odeur. Il est donc nécessaire de diviser les noirs en différentes races, et il me semble qu'on peut les

---

1. *Vide* Indiæ Orientalis *partem primam, per* Philipp. Pigafettam, Francofurti, 1598, p. 56.
2. Voyez l'*Afrique de Marmol*, p. 107.

réduire à deux principales, celle des Nègres et celle des Cafres : dans la première je comprends les noirs de Nubie, du Sénégal, du cap Vert, de Gambie, de Sierra-Léona, de la côte des Dents, de la côte d'Or, de celle de Juda, de Bénin, de Gabon, de Lowango, de Congo, d'Angola et de Benguela jusqu'au cap Nègre; dans la seconde je mets les peuples qui sont au delà du cap Nègre jusqu'à la pointe de l'Afrique, où ils prennent le nom de *Hottentots*, et aussi tous les peuples de la côte orientale de l'Afrique, comme ceux de la terre de Natal, de Sofala, du Monomotapa, de Mozambique, de Mélinde; les noirs de Madagascar et des îles voisines seront aussi des Cafres et non pas des Nègres. Ces deux espèces d'hommes noirs se ressemblent plus par la couleur que par les traits du visage: leurs cheveux, leur peau, l'odeur de leur corps, leurs mœurs et leur naturel sont aussi très-différents.

Ensuite en examinant en particulier les différents peuples qui composent chacune de ces races noires, nous y verrons autant de variétés que dans les races blanches, et nous y trouverons toutes les nuances du brun au noir, comme nous avons trouvé dans les races blanches toutes les nuances du brun au blanc.

Commençons donc par les pays qui sont au nord du Sénégal; et en suivant toutes les côtes de l'Afrique, considérons tous les différents peuples que les voyageurs ont reconnus, et desquels ils ont donné quelque description : d'abord il est certain que les naturels des îles Canaries ne sont pas des Nègres, puisque les voyageurs assurent que les anciens habitants de ces îles étaient bien faits, d'une belle taille, d'une forte complexion; que les femmes étaient belles et avaient les cheveux fort beaux et fort fins, et que ceux qui habitaient la partie méridionale de chacune de ces îles étaient plus olivâtres que ceux qui demeuraient dans la partie septentrionale [1]. Duret, page 72 de la relation de son voyage à Lima, nous apprend que les anciens habitants de l'île de Ténériffe étaient une nation robuste et de haute taille, mais maigre et basanée, que la plupart avaient le nez plat [2]. Ces peuples, comme l'on voit, n'ont rien de commun avec les Nègres, si ce n'est le nez plat; ceux qui habitent dans le continent de l'Afrique à la même hauteur de ces îles sont des Maures assez basanés, mais qui appartiennent, aussi bien que ces insulaires, à la race des blancs.

Les habitants du cap Blanc sont encore des Maures qui suivent la loi mahométane; ils ne demeurent pas longtemps dans un même lieu; ils sont errants, comme les Arabes, de place en place, selon les pâturages qu'ils y trouvent pour leur bétail dont le lait leur sert de nourriture; ils ont des chevaux, des chameaux, des bœufs, des chèvres, des moutons; ils commercent avec les Nègres, qui leur donnent huit ou dix esclaves pour un cheval, et deux ou trois pour un chameau [3]; c'est de ces Maures que nous tirons la gomme arabique, ils en font dissoudre dans le lait dont ils se nourrissent; ils ne mangent que très-rarement de la viande, et ils ne tuent guère leurs bestiaux que quand ils les voient près de mourir de vieillesse ou de maladie [4].

Ces Maures s'étendent jusqu'à la rivière du Sénégal, qui les sépare d'avec les Nègres; les Maures, comme nous

---

1. Voyez l'*Histoire de la première découverte des Canaries*, par Bontier et Jean le Verrière. Paris, 1630, p. 251.
2. Voyez l'*Histoire générale des voyages*, par M. l'abbé Prévôt. Paris, 1746, t. II, p. 230.
3. Voyez le *Voyage du sieur Le Maire* sous M. Dancourt. Paris, 1695, p. 46 et 47.
4. *Idem*, p. 66.

venons de le dire, ne sont que basanés, ils habitent au nord du fleuve; les Nègres sont au midi et sont absolument noirs; les Maures sont errants dans la campagne; les Nègres sont sédentaires et habitent dans des villages; les premiers sont libres et indépendants, les seconds ont des rois qui les tyrannisent et dont ils sont esclaves; les Maures sont assez petits, maigres et de mauvaise mine, avec de l'esprit et de la finesse; les Nègres, au contraire, sont grands, gros, bien faits, mais niais et sans génie; enfin le pays habité par les Maures n'est que du sable si stérile qu'on n'y trouve de la verdure qu'en très-peu d'endroits, au lieu que le pays des Nègres est gras, fécond en pâturages, en millet et en arbres toujours verts, qui, à la vérité, ne portent presque aucun fruit bon à manger.

On trouve en quelques endroits, au nord et au midi du fleuve, une espèce d'hommes qu'on appelle *Foules*, qui semblent faire la nuance entre les Maures et les Nègres, et qui pourraient bien n'être que des mulâtres produits par le mélange des deux nations: ces Foules ne sont pas tout à fait noirs comme les Nègres, mais ils sont bien plus bruns que les Maures et tiennent le milieu entre les deux: ils sont aussi plus civilisés que les Nègres, ils suivent la loi de Mahomet comme les Maures, et reçoivent assez bien les étrangers [1].

Les îles du cap Vert sont de même toutes peuplées de mulâtres venus des premiers Portugais qui s'y établirent, et des Nègres qu'ils y trouvèrent : on les appelle *Nègres couleur de cuivre*, parce qu'en effet, quoiqu'ils ressemblent assez aux Nègres par les traits, ils sont cependant moins noirs, ou plutôt ils sont jaunâtres; au reste ils sont bien

---

1. Voyez le *Voyage du sieur Le Maire* sous M. Dancourt. Paris, 1695, p. 75. Voyez aussi l'*Afrique de Marmol*, t. I, p. 34.

faits et spirituels, mais fort paresseux; ils ne vivent, pour ainsi dire, que de chasse et de pêche; ils dressent leurs chiens à chasser et à prendre les chèvres sauvages; ils font part de leurs femmes et de leurs filles aux étrangers, pour peu qu'ils veuillent les payer; ils donnent aussi pour des épingles, ou d'autres choses de pareille valeur, de fort beaux perroquets très-faciles à apprivoiser, de belles coquilles appelées Porcelaines, et même de l'ambre gris, etc.[1].

Les premiers Nègres qu'on trouve sont donc ceux qui habitent le bord méridional du Sénégal; ces peuples, aussi bien que ceux qui occupent toutes les terres comprises entre cette rivière et celle de Gambie, s'appellent *Jalofes*; ils sont tous fort noirs, bien proportionnés et d'une taille assez avantageuse : les traits de leur visage sont moins durs que ceux des autres Nègres; il y en a, surtout des femmes, qui ont les traits fort réguliers; ils ont aussi les mêmes idées que nous de la beauté, car ils veulent de beaux yeux, une petite bouche, des lèvres proportionnées, et un nez bien fait; il n'y a que sur le fond du tableau qu'ils pensent différemment : il faut que la couleur soit très-noire et très-luisante; ils ont aussi la peau très-fine et très-douce, et il y a parmi eux d'aussi belles femmes, à la couleur près, que dans aucun autre pays du monde; elles sont ordinairement très-bien faites, très-gaies, très-vives et très-portées à l'amour; elles ont du goût pour tous les hommes, et particulièrement pour les blancs, qu'elles cherchent avec empressement, tant pour se satisfaire, que pour en obtenir quelques présents; leurs maris ne s'opposent point à leur penchant pour les étrangers, et ils n'en sont jaloux que quand elles

---

1. Voyez les *Voyages de Roberts*, p. 387 ; ceux de Jean Struys, t. I, p. 11 ; et ceux d'Innigo de Biervillas, p. 15.

ont commerce avec des hommes de leur nation ; ils se battent même souvent, à ce sujet, à coup de sabre ou de couteau, au lieu qu'ils offrent souvent aux étrangers leurs femmes, leurs filles ou leurs sœurs, et tiennent à honneur de n'être pas refusés. Au reste, ces femmes ont toujours la pipe à la bouche, et leur peau ne laisse pas d'avoir aussi une odeur désagréable lorsqu'elles sont échauffées, quoique l'odeur de ces Nègres du Sénégal soit beaucoup moins forte que celle des autres Nègres ; elles aiment beaucoup à sauter et à danser au bruit d'une calebasse, d'un tambour ou d'un chaudron ; tous les mouvements de leurs danses sont autant de postures lascives et de gestes indécents ; elles se baignent souvent, et elles se liment les dents pour les rendre plus égales ; la plupart des filles, avant que de se marier, se font découper et broder la peau de différentes figures d'animaux, de fleurs, etc.

Les Négresses portent presque toujours leurs petits enfants sur le dos pendant qu'elles travaillent ; quelques voyageurs prétendent que c'est par cette raison que les Nègres ont communément le ventre gros et le nez aplati : la mère, en se haussant et baissant par secousses, fait donner du nez contre son dos à l'enfant, qui, pour éviter le coup, se retire en arrière autant qu'il le peut, en avançant le ventre[1]. Ils ont tous les cheveux noirs et crépus comme de la laine frisée ; c'est aussi par les cheveux et par la couleur qu'ils diffèrent principalement des autres hommes, car leurs traits ne sont peut-être pas si différents de ceux des Européens que le visage tartare l'est du visage

---

1. Voyez le *Voyage du sieur Le Maire* sous M. Dancourt. Paris, 1695, p. 144 jusqu'à 155. Voyez aussi la troisième partie de l'*Histoire des choses mémorables advenües aux Indes*, etc., par le père du Jaric. Bordeaux, 1614, p. 364 ; et l'*Histoire des Antilles*, par le père du Tertre. Paris, 1667, p. 493 jusqu'à 537.

français. Le père du Tertre dit expressément que si presque tous les Nègres sont camus, c'est parce que les pères et mères écrasent le nez à leurs enfants, qu'ils leur pressent aussi les lèvres pour les rendre plus grosses, et que ceux auxquels on ne fait ni l'une ni l'autre de ces opérations ont les traits du visage aussi beaux, le nez aussi élevé, et les lèvres aussi minces que les Européens; cependant ceci ne doit s'entendre que des Nègres du Sénégal, qui sont de tous les Nègres les plus beaux et les mieux faits, et il paraît que, dans presque tous les autres peuples nègres, les grosses lèvres et le nez large et épaté sont des traits donnés par la nature, qui ont servi de modèle à l'art, qui est chez eux en usage d'aplatir le nez et de grossir les lèvres à ceux qui sont nés avec cette perfection de moins.

Les Négresses sont fort fécondes et accouchent avec beaucoup de facilité et sans aucun secours; les suites de leurs couches ne sont point fâcheuses, et il ne leur faut qu'un jour ou deux de repos pour se rétablir; elles sont très-bonnes nourrices, et elles ont une très-grande tendresse pour leurs enfants; elles sont aussi beaucoup plus spirituelles et plus adroites que les hommes; elles cherchent même à se donner des vertus, comme celles de la discrétion et de la tempérance. Le père du Jaric dit que, pour s'accoutumer à manger et à parler peu, les Négresses jalofes prennent de l'eau le matin et la tiennent dans leur bouche pendant tout le temps qu'elles s'occupent à leurs affaires domestiques, et qu'elles ne la rejettent que quand l'heure du premier repas est arrivée [1].

Les Nègres de l'île de Gorée et de la côte du cap Vert sont, comme ceux du bord du Sénégal, bien faits et très-

---

1. Voyez la troisième partie de l'*Histoire*, par le père du Jaric, p. 365.

noirs; ils font un si grand cas de leur couleur, qui est en effet d'un noir d'ébène profond et éclatant, qu'ils méprisent les autres Nègres qui ne sont pas si noirs, comme les blancs méprisent les basanés. Quoiqu'ils soient forts et robustes, ils sont très-paresseux; ils n'ont point de blé, point de vin, point de fruits, ils ne vivent que de poisson et de millet; ils ne mangent que très-rarement de la viande, et quoiqu'ils aient fort peu de mets à choisir, ils ne veulent point manger d'herbes, et ils comparent les Européens aux chevaux, parce qu'ils mangent de l'herbe; au reste, ils aiment passionnément l'eau-de-vie, dont ils s'enivrent souvent; ils vendent leurs enfants, leurs parents, et quelquefois ils se vendent eux-mêmes pour en avoir[1]. Ils vont presque nus; leur vêtement ne consiste que dans une toile de coton qui les couvre depuis la ceinture jusqu'au milieu de la cuisse : c'est tout ce que la chaleur du pays leur permet, disent-ils, de porter sur eux[2]; la mauvaise chère qu'ils font et la pauvreté dans laquelle ils vivent ne les empêchent pas d'être contents et très-gais; ils croient que leur pays est le meilleur et le plus beau climat de la terre, qu'ils sont eux-mêmes les plus beaux hommes de l'univers, parce qu'ils sont les plus noirs, et si leurs femmes ne marquaient pas du goût pour les blancs, ils en feraient fort peu de cas à cause de leur couleur.

Quoique les Nègres de Sierra-Léona ne soient pas tout à fait aussi noirs que ceux du Sénégal, ils ne sont cependant pas, comme le dit Struys (tome I, page 22), d'une couleur roussâtre et basanée; ils sont, comme ceux de Guinée, d'un noir un peu moins foncé que les premiers; ce

---

1. Voyez le *Voyage de M. de Gennes*, par M. Froger. Paris, 1698, p. 15 et suiv.

Voyez les *Lettres édifiantes*. Recueil XI, p. 48 et 49.

qui a pu tromper ce voyageur, c'est que ces Nègres de Sierra-Léona et de Guinée se peignent souvent tout le corps de rouge et d'autres couleurs; ils se peignent aussi le tour des yeux de blanc, de jaune, de rouge, et se font des marques et des raies de différentes couleurs sur le visage; ils se font aussi les uns et les autres déchiqueter la peau pour y imprimer des figures de bêtes ou de plantes; les femmes sont encore plus débauchées que celles du Sénégal : il y en a un très-grand nombre qui sont publiques, et cela ne les déshonore en aucune façon. Ces Nègres, hommes et femmes, vont toujours la tête découverte; ils se rasent ou se coupent les cheveux, qui sont fort courts, de plusieurs manières différentes; ils portent des pendants d'oreilles qui pèsent jusqu'à trois ou quatre onces : ces pendants d'oreilles sont des dents, des coquilles, des cornes, des morceaux de bois, etc.; il y en a aussi qui se font percer la lèvre supérieure ou les narines pour y suspendre de pareils ornements; leur vêtement consiste en une espèce de tablier fait d'écorce d'arbre et quelques peaux de singe qu'ils portent par-dessus ce tablier; ils attachent à ces peaux des sonnailles semblables à celles que portent nos mulets; ils couchent sur des nattes de jonc, et ils mangent du poisson ou de la viande lorsqu'ils peuvent en avoir; mais leur principale nourriture sont des ignames et des bananes [1]. Ils n'ont aucun goût que celui des femmes, et aucun désir que celui de ne rien faire; leurs maisons ne sont que de misérables chaumières; ils demeurent très-souvent dans des lieux sauvages et dans des terres stériles, tandis qu'il ne tiendrait qu'à eux d'habiter de belles vallées, des collines agréables et cou-

1. *Vide* Indiæ Orientalis *partem secundam, in qua Johannis Hugonis Lintscotani navigatio,* etc. Francofurti, 1599, p. 11 et 12.

vertes d'arbres, et des campagnes vertes, fertiles et entrecoupées de rivières et de ruisseaux agréables; mais tout cela ne leur fait aucun plaisir; ils ont la même indifférence presque sur tout : les chemins qui conduisent d'un lieu à un autre sont ordinairement deux fois plus longs qu'il ne faut; ils ne cherchent point à les rendre plus courts, et quoiqu'on leur en indique les moyens, ils ne pensent jamais à passer par le plus court; ils suivent machinalement le chemin battu [1], et se soucient si peu de perdre ou d'employer leur temps, qu'ils ne le mesurent jamais.

Quoique les Nègres de Guinée soient d'une santé ferme et très-bonne, rarement arrivent-ils cependant à une certaine vieillesse : un Nègre de cinquante ans est dans son pays un homme fort vieux; ils paraissent l'être dès l'âge de quarante; l'usage prématuré des femmes est peut-être la cause de la brièveté de leur vie : les enfants sont si débauchés et si peu contraints par les pères et mères, que dès leur plus tendre jeunesse ils se livrent à tout ce que la nature leur suggère [2] : rien n'est si rare que de trouver dans ce peuple quelque fille qui puisse se souvenir du temps auquel elle a cessé d'être vierge.

Les habitants de l'île Saint-Thomas, de l'île d'Anabon, etc., sont des Nègres semblables à ceux du continent voisin; ils y sont seulement en bien plus petit nombre, parce que les Européens les ont chassés et qu'ils n'ont gardé que ceux qu'ils ont réduits en esclavage. Ils vont nus, hommes et femmes, à l'exception d'un petit tablier de coton [3]. Mandelslo dit que les Européens qui se sont habitués ou

---

1. Voyez le *Voyage de Guinée*, par Guill. Bosman. Utrecht, 1705, p. 143.
2. Voyez *idem*, p. 118.
3. Voyez les *Voyages de Pyrard*, p. 16.

qui s'habituent actuellement dans cette île de Saint-Thomas, qui n'est qu'à un degré et demi de l'équateur, conservent leur couleur et demeurent blancs jusqu'à la troisième génération, et il semble insinuer qu'après cela ils deviennent noirs; mais il ne me paraît pas que ce changement puisse se faire en aussi peu de temps.

Les Nègres de la côte de Juda et d'Arada sont moins noirs que ceux de Sénégal et de Guinée, et même que ceux de Congo; ils aiment beaucoup la chair de chien et la préfèrent à toutes les autres viandes : ordinairement la première pièce de leurs festins est un chien rôti; le goût pour la chair de chien n'est pas particulier aux Nègres: les sauvages de l'Amérique septentrionale et quelques nations tartares ont le même goût; on dit même qu'en Tartarie on châtre les chiens pour les engraisser et les rendre meilleurs à manger. (Voyez les *Nouveaux voyages des Iles*, Paris, 1722, t. IV, p. 165.)

Selon Pigafetta, et selon l'auteur du Voyage de Drack, qui paraît avoir copié mot à mot Pigafetta sur cet article, les Nègres de Congo sont noirs, mais les uns plus que les autres, et moins que les Sénégalais; ils ont pour la plupart les cheveux noirs et crépus, mais quelques-uns les ont roux; les hommes sont de grandeur médiocre : les uns ont les yeux bruns et les autres couleur de vert de mer; ils n'ont pas les lèvres si grosses que les autres Nègres, et les traits de leur visage sont assez semblables à ceux des Européens[1].

Ils ont des usages très-singuliers dans certaines provinces de Congo : par exemple, lorsque quelqu'un meurt à Lowango, ils placent le cadavre sur une espèce d'amphi-

---

1. *Vide* Indiæ Orientalis *partem primam*, p. 5. Voyez aussi le *Voyage de l'amiral Drack*, p. 110.

théâtre élevé de six pieds, dans la posture d'un homme qui est assis les mains appuyées sur les genoux; ils l'habillent de ce qu'ils ont de plus beau, et ensuite ils allument du feu devant et derrière le cadavre; à mesure qu'il se dessèche et que les étoffes s'imbibent, ils le couvrent d'autres étoffes jusqu'à ce qu'il soit entièrement desséché, après quoi ils le portent en terre avec beaucoup de pompe. Dans celle de Malimba, c'est la femme qui anoblit le mari: quand le roi meurt et qu'il ne laisse qu'une fille, elle est maîtresse absolue du royaume, pourvu néanmoins qu'elle ait atteint l'âge nubile; elle commence par se mettre en marche pour faire le tour de son royaume; dans tous les bourgs et villages où elle passe, tous les hommes sont obligés à son arrivée de se mettre en haie pour la recevoir, et celui d'entre eux qui lui plaît le plus va passer la nuit avec elle; au retour de son voyage elle fait venir celui de tous dont elle a été le plus satisfaite, et elle l'épouse; après quoi elle cesse d'avoir aucun pouvoir sur son peuple, toute l'autorité étant dès lors dévolue à son mari. J'ai tiré ces faits d'une relation qui m'a été communiquée par M. de La Brosse, qui a écrit les principales choses qu'il a remarquées dans un voyage qu'il fit à la côte d'Angola en 1738; il ajoute un fait qui n'est pas moins singulier : « Ces Nègres, « dit-il, sont extrêmement vindicatifs; je vais en donner « une preuve convaincante : ils envoient à chaque instant « à tous nos comptoirs demander de l'eau-de-vie pour le « roi et pour les principaux du lieu; un jour qu'on refusa « de leur en donner, on eut tout lieu de s'en repentir, car « tous les officiers français et anglais ayant fait une partie « de pêche dans un petit lac qui est au bord de la mer, et « ayant fait tendre une tente sur le bord du lac pour y « manger leur pêche, comme ils étaient à se divertir à la

« fin du repas, il vint sept à huit nègres en palanquins, qui
« étaient les principaux de Lowango, qui leur présentèrent
« la main pour les saluer selon la coutume du pays ; ces
« nègres avaient frotté leurs mains avec une herbe qui est
« un poison très-subtil, et qui agit dans l'instant lorsque
« malheureusement on touche quelque chose ou que l'on
« prend du tabac sans s'être auparavant lavé les mains ;
« ces nègres réussirent si bien dans leur mauvais dessein,
« qu'il mourut sur-le-champ cinq capitaines et trois chi-
« rurgiens du nombre desquels était mon capitaine, etc. »

Lorsque ces Nègres de Congo sentent de la douleur à la tête ou dans quelque autre partie du corps, ils font une légère blessure à l'endroit douloureux ; et ils appliquent sur cette blessure une espèce de petite corne percée, au moyen de laquelle ils sucent comme avec un chalumeau le sang jusqu'à ce que la douleur soit apaisée [1].

Les Nègres du Sénégal, de Gambie, du cap Vert, d'Angola et de Congo, sont d'un plus beau noir que ceux de la côte de Juda, d'Issigni, d'Arada et des lieux circonvoisins : ils sont tous bien noirs quand ils se portent bien, mais leur teint change dès qu'ils sont malades ; ils deviennent alors couleur de bistre, ou même couleur de cuivre [2]. On préfère dans nos îles les Nègres d'Angola à ceux du cap Vert pour la force du corps, mais ils sentent si mauvais lorsqu'ils sont échauffés, que l'air des endroits par où ils ont passé en est infecté pendant plus d'un quart d'heure ; ceux du cap Vert n'ont pas une odeur si mauvaise à beaucoup près que ceux d'Angola, et ils ont aussi la peau plus

---

1. *Vide* Indiæ Orientalis *partem primam*, *per Philippum Pigafettam*, p. 51.
2. Voyez les *Nouveaux voyages aux îles de l'Amérique*. Paris, 1722, t. IV, p. 138.

belle et plus noire, le corps mieux fait, les traits du visage moins durs, le naturel plus doux et la taille plus avantageuse[1]. Ceux de Guinée sont aussi très-bons pour le travail de la terre et pour les autres gros ouvrages ; ceux du Sénégal ne sont pas si forts, mais ils sont plus propres pour le service domestique, et plus capables d'apprendre des métiers[2]. Le père Charlevoix dit que les Sénégalais sont de tous les Nègres les mieux faits, les plus aisés à discipliner et les plus propres au service domestique; que les Bambaras sont les plus grands, mais qu'ils sont fripons; que les Aradas sont ceux qui entendent le mieux la culture des terres ; que les Congos sont les plus petits, qu'ils sont fort habiles pêcheurs, mais qu'ils désertent aisément ; que les Nagos sont les plus humains, les Mondongos les plus cruels, les Mimes les plus résolus, les plus capricieux et les plus sujets à se désespérer, et que les Nègres créoles, de quelque nation qu'ils tirent leur origine, ne tiennent de leurs pères et mères que l'esprit de servitude et la couleur, qu'ils sont plus spirituels, plus raisonnables, plus adroits, mais plus fainéants et plus libertins que ceux qui sont venus d'Afrique. Il ajoute que tous les Nègres de Guinée ont l'esprit extrêmement borné, qu'il y en a même plusieurs qui paraissent être tout à fait stupides; qu'on en voit qui ne peuvent jamais compter au delà de trois, que d'eux-mêmes ils ne pensent à rien, qu'ils n'ont point de mémoire, que le passé leur est aussi inconnu que l'avenir ; que ceux qui ont de l'esprit font d'assez bonnes plaisanteries et saisissent assez bien le ridicule ; qu'au reste ils sont très-dissimulés et qu'ils mourraient plutôt que de dire leur secret ; qu'ils ont communément le naturel fort

---

1. Voyez l'*Histoire des Antilles*, du père du Tertre. Paris, 1667, p. 493.
2. Voyez les *Nouveaux voyages aux îles de l'Amérique*, t. IV, p. 116.

doux, qu'ils sont humains, dociles, simples, crédules, et même superstitieux; qu'ils sont assez fidèles, assez braves, et que si on voulait les discipliner et les conduire, on en ferait d'assez bons soldats [1].

Quoique les Nègres aient peu d'esprit, ils ne laissent pas d'avoir beaucoup de sentiment : ils sont gais ou mélancoliques, laborieux ou fainéants, amis ou ennemis, selon la manière dont on les traite; lorsqu'on les nourrit bien et qu'on ne les maltraite pas, ils sont contents, joyeux, prêts à tout faire, et la satisfaction de leur âme est peinte sur leur visage; mais quand on les traite mal, ils prennent le chagrin fort à cœur et périssent quelquefois de mélancolie; ils sont donc fort sensibles aux bienfaits et aux outrages, et ils portent une haine mortelle contre ceux qui les ont maltraités : lorsqu'au contraire ils s'affectionnent à un maître, il n'y a rien qu'ils ne fussent capables de faire pour lui marquer leur zèle et leur dévouement. Ils sont naturellement compatissants et même tendres pour leurs enfants, pour leurs amis, pour leurs compatriotes [2]; ils partagent volontiers le peu qu'ils ont avec ceux qu'ils voient dans le besoin, sans même les connaître autrement que par leur indigence. Ils ont donc, comme l'on voit, le cœur excellent, ils ont le germe de toutes les vertus. Je ne puis écrire leur histoire sans m'attendrir sur leur état; ne sont-ils pas assez malheureux d'être réduits à la servitude, d'être obligés de toujours travailler sans pouvoir jamais rien acquérir? faut-il encore les excéder, les frapper, et les traiter comme des animaux? L'humanité se révolte contre ces traitements odieux que

---

1. Voyez l'*Histoire de Saint-Domingue*, par le père Charlevoix. Paris, 1730.

2. Voyez l'*Histoire des Antilles*, p. 483 jusqu'à 533.

l'avidité du gain a mis en usage, et qu'elle renouvellerait peut-être tous les jours, si nos lois n'avaient pas mis un frein à la brutalité des maîtres, et resserré les limites de la misère de leurs esclaves. On les force de travail, on leur épargne la nourriture, même la plus commune; ils supportent, dit-on, très-aisément la faim; pour vivre trois jours il ne leur faut que la portion d'un Européen pour un repas; quelque peu qu'ils mangent et qu'ils dorment, ils sont toujours également durs, également forts au travail [1]. Comment des hommes à qui il reste quelque sentiment d'humanité peuvent-ils adopter ces maximes, en faire un préjugé, et chercher à légitimer par ces raisons les excès que la soif de l'or leur fait commettre? Mais laissons ces hommes durs, et revenons à notre objet.

On ne connaît guère les peuples qui habitent les côtes et l'intérieur des terres de l'Afrique, depuis le cap Nègre jusqu'au cap des Voltes, ce qui fait une étendue d'environ quatre cents lieues : on sait seulement que ces hommes sont beaucoup moins noirs que les autres Nègres, et ils ressemblent assez aux Hottentots, desquels ils sont voisins du côté du midi. Ces Hottentots, au contraire, sont bien connus, et presque tous les voyageurs en ont parlé : ce ne sont pas des Nègres, mais des Cafres, qui ne seraient que basanés s'ils ne se noircissaient pas la peau avec des graisses et des couleurs. M. Kolbe, qui a fait une description si exacte de ces peuples, les regarde cependant comme des Nègres; il assure qu'ils ont tous les cheveux courts, noirs, frisés et laineux comme ceux des Nègres [2], et qu'il n'a jamais vu un seul Hottentot avec des cheveux

---

1. Voyez l'*Histoire de Saint-Domingue*, p. 498 et suiv.
2. *Description du Cap de Bonne-Espérance*, par M. Kolbe. Amsterdam, 1741, p. 95.

longs : cela seul ne suffit pas, ce me semble, pour qu'on doive les regarder comme de vrais Nègres ; d'abord ils en diffèrent absolument par la couleur. M. Kolbe dit qu'ils sont couleur d'olive, et jamais noirs, quelque peine qu'ils se donnent pour le devenir ; ensuite il me paraît assez difficile de prononcer sur leurs cheveux, puisqu'ils ne les peignent ni ne les lavent jamais, qu'ils les frottent tous les jours d'une très-grande quantité de graisse et de suie mêlées ensemble, et qu'il s'y amasse tant de poussière et d'ordure que, se collant à la longue les uns aux autres, ils ressemblent à la toison d'un mouton noir remplie de crotte[1]. D'ailleurs, leur naturel est différent de celui des Nègres : ceux-ci aiment la propreté, sont sédentaires et s'accoutument aisément au joug de la servitude ; les Hottentots, au contraire, sont de la plus affreuse malpropreté ; ils sont errants, indépendants et très-jaloux de leur liberté ; ces différences sont, comme l'on voit, plus que suffisantes pour qu'on doive les regarder comme un peuple différent des Nègres que nous avons décrits.

Gama, qui le premier doubla le cap de Bonne-Espérance et fraya la route des Indes aux nations européennes, arriva à la baie de Sainte-Hélène le 4 novembre 1497 ; il trouva que les habitants étaient fort noirs, de petite taille et de fort mauvaise mine[2], mais il ne dit pas qu'ils fussent naturellement noirs comme les Nègres, et sans doute ils ne lui ont paru fort noirs que par la graisse et la suie dont ils se frottent pour tâcher de se rendre tels ; ce voyageur ajoute que l'articulation de leurs voix ressemblait à des soupirs, qu'ils étaient vêtus de peaux de bêtes, que leurs

---

1. *Description du Cap de Bonne-Espérance*, p. 92.
2. Voyez l'*Histoire générale des voyages*, par M. l'abbé Prévôt, t. I p. 22.

armes étaient des bâtons durcis au feu, armés par la pointe d'une corne de quelque animal, etc.[1] ; ces peuples n'avaient donc aucun des arts en usage chez les Nègres.

Les voyageurs hollandais disent que les sauvages qui sont au nord du Cap sont des hommes plus petits que les Européens, qu'ils ont le teint roux brun, quelques-uns plus roux et d'autres moins, qu'ils sont fort laids et qu'ils cherchent à se rendre noirs par de la couleur qu'ils s'appliquent sur le corps et sur le visage, que leur chevelure est semblable à celle d'un pendu qui a demeuré quelque temps au gibet[2]. Ils disent dans un autre endroit que les Hottentots sont de la couleur des mulâtres, qu'ils ont le visage difforme, qu'ils sont d'une taille médiocre, maigres et fort légers à la course ; que leur langage est étrange, et qu'ils gloussent comme les coqs d'Inde[3]. Le père Tachard dit que quoiqu'ils aient communément les cheveux presque aussi cotonneux que ceux des Nègres, il y en a cependant plusieurs qui les ont plus longs et qui les laissent flotter sur leurs épaules ; il ajoute même que parmi eux il s'en trouve d'aussi blancs que les Européens, mais qu'ils se noircissent avec de la graisse et de la poudre d'une certaine pierre noire dont ils se frottent le visage et tout le corps ; que leurs femmes sont naturellement fort blanches, mais qu'afin de plaire à leurs maris elles se noircissent comme eux[4]. Ovington dit que les Hottentots sont plus basanés que les autres Indiens, qu'il n'y a point de peuple qui ressemble tant aux Nègres par la couleur et par les traits, que cependant ils ne sont pas si noirs, que

---

1. Voyez l'*Histoire générale des voyages*, par M. l'abbé Prévôt, t. I, p. 22.
2. Voyez le *Recueil des Voyages de la Compagnie hollandaise*, p. 218.
3. Voyez le *Voyage de Spilberg*, p. 443.
4. Voyez le *Premier voyage du père Tachard*. Paris, 1686, p. 108.

leurs cheveux ne sont pas si crépus, ni leur nez si plat [1].

Par tous ces témoignages, il est aisé de voir que les Hottentots ne sont pas de vrais Nègres, mais des hommes qui dans la race des noirs commencent à se rapprocher du blanc, comme les Maures dans la race blanche commencent à s'approcher du noir; ces Hottentots sont au reste des espèces de sauvages fort extraordinaires; les femmes surtout, qui sont beaucoup plus petites que les hommes, ont une espèce d'excroissance ou de peau dure et large qui leur croît au-dessus de l'os pubis, et qui descend jusqu'au milieu des cuisses en forme de tablier [2]. Thévenot dit la même chose des femmes égyptiennes, mais qu'elles ne laissent pas croître cette peau et qu'elles la brûlent avec des fers chauds : je doute que cela soit aussi vrai des Égyptiennes que des Hottentotes. Quoi qu'il en soit, toutes les femmes naturelles du Cap sont sujettes à cette monstrueuse difformité, qu'elles découvrent à ceux qui ont assez de curiosité ou d'intrépidité pour demander à la voir ou à la toucher. Les hommes de leur côté sont tous à demi eunuques, mais il est vrai qu'ils ne naissent pas tels et qu'on leur ôte un testicule ordinairement à l'âge de huit ans, et souvent plus tard. M. Kolbe dit avoir vu faire cette opération à un jeune Hottentot de dix-huit ans; les circonstances dont cette cérémonie est accompagnée sont si singulières, que je ne puis m'empêcher de les rapporter ici d'après le témoin oculaire que je viens de citer.

Après avoir bien frotté le jeune homme de la graisse des entrailles d'une brebis qu'on vient de tuer exprès, on le couche à terre sur le dos; on lui lie les mains et les

---

1. Voyez le *Voyage de Jean Ovington*. Paris, 1725, p. 194.
2. Voyez la *Description du Cap*, par M. Kolbe, t. I, p. 91 ; voyez aussi le *Voyage de Courlai*, p. 291.

pieds, et trois ou quatre de ses amis le tiennent; alors le prêtre (car c'est une cérémonie religieuse), armé d'un couteau bien tranchant, fait une incision, enlève le testicule gauche [1] et remet à la place une boule de graisse de la même grosseur, qui a été préparée avec quelques herbes médicinales; il coud ensuite la plaie avec l'os d'un petit oiseau qui lui sert d'aiguille et un filet de nerf de mouton; cette opération étant finie on délie le patient, mais le prêtre, avant que de le quitter, le frotte avec de la graisse toute chaude de la brebis tuée, ou plutôt il lui en arrose tout le corps avec tant d'abondance, que lorsqu'elle est refroidie, elle forme une espèce de croûte; il le frotte en même temps si rudement, que le jeune homme, qui ne souffre déjà que trop, sue à grosses gouttes et fume comme un chapon qu'on rôtit; ensuite l'opérateur fait avec ses ongles des sillons dans cette croûte de suif d'une extrémité du corps à l'autre, et pisse dessus aussi copieusement qu'il le peut, après quoi il recommence à le frotter encore, et il recouvre avec la graisse les sillons remplis d'urine. Aussitôt chacun abandonne le patient, on le laisse seul plus mort que vif; il est obligé de se traîner comme il peut dans une petite hutte qu'on lui a bâtie exprès tout proche du lieu où s'est faite l'opération; il y périt ou il y recouvre la santé sans qu'on lui donne aucun secours, et sans aucun autre rafraîchissement ou nourriture que la graisse qui lui couvre tout le corps et qu'il peut lécher s'il le veut : au bout de deux jours il est ordinairement rétabli, alors il peut sortir et se montrer, et pour prouver qu'il est en effet parfaitement guéri, il se met à courir avec autant de légèreté qu'un cerf [2].

1. Tavernier dit que c'est le testicule droit, t. IV, p. 297.
2. Voyez la *Description du Cap*, par M. Kolbe, p. 275.

Tous les Hottentots ont le nez fort plat et fort large : ils ne l'auraient cependant pas tel si les mères ne se faisaient un devoir de leur aplatir le nez peu de temps après leur naissance ; elles regardent un nez proéminent comme une difformité ; ils ont aussi les lèvres fort grosses, surtout la supérieure, les dents fort blanches, les sourcils épais, la tête grosse, le corps maigre, les membres menus ; ils ne vivent guère passé quarante ans : la malpropreté dans laquelle ils se plaisent et croupissent, et les viandes infectées et corrompues dont ils font leur principale nourriture, sont sans doute les causes qui contribuent le plus au peu de durée de leur vie. Je pourrais m'étendre bien davantage sur la description de ce vilain peuple, mais comme presque tous les voyageurs en ont écrit fort au long, je me contenterai d'y renvoyer [1]. Seulement je ne dois pas passer sous silence un fait rapporté par Tavernier, c'est que les Hollandais ayant pris une petite fille hottentote peu de temps après sa naissance, et l'ayant élevée parmi eux, elle devint aussi blanche qu'une Européenne, et il présume que tout ce peuple serait assez blanc s'il n'était pas dans l'usage de se barbouiller continuellement avec des drogues noires.

En remontant le long de la côte de l'Afrique au delà du cap de Bonne-Espérance, on trouve la terre de Natal ; les habitants sont déjà différents des Hottentots, ils sont beaucoup moins malpropres et moins laids, ils sont aussi naturellement plus noirs, ils ont le visage en ovale, le nez bien

---

1. Voyez la *Description du Cap*, par M. Kolbe ; le *Recueil des Voyages de la Compagnie hollandaise* ; le *Voyage de Robert Lade*, traduit par M. l'abbé Prévôt, t. I, p. 88 ; le *Voyage de Jean Ovington* ; celui de La Loubère, t. II, p. 134 ; le *Premier voyage du père Tachard*, p. 95 ; celui d'Innigo de Biervillas, première partie, p. 34 ; ceux de Tavernier, t. IV, p. 296 ; ceux de François Légat, t. II, p. 154 ; ceux de Dampier, t. II, p. 255, etc.

proportionné, les dents blanches, la mine agréable, les cheveux naturellement frisés; mais ils ont aussi un peu de goût pour la graisse, car ils portent des bonnets faits de suif de bœuf, et ces bonnets ont huit à dix pouces de hauteur; ils emploient beaucoup de temps à les faire, car il faut pour cela que le suif soit bien épuré : ils ne l'appliquent que peu à peu, et le mêlent si bien dans leurs cheveux qu'il ne se défait jamais [1]. M. Kolbe prétend qu'ils ont le nez plat, même de naissance et sans qu'on le leur aplatisse, et qu'ils diffèrent aussi des Hottentots en ce qu'ils ne bégayent point, qu'ils ne frappent pas leur palais de leur langue comme ces derniers, qu'ils ont des maisons, qu'ils cultivent la terre, y sèment une espèce de maïs ou blé de Turquie dont ils font de la bière, boisson inconnue aux Hottentots [2].

Après la terre de Natal on trouve celle de Sofala et du Monomotapa; selon Pigafetta, les peuples de Sofala sont noirs, mais plus grands et plus gros que les autres Cafres. C'est aux environs de ce royaume de Sofala que cet auteur place les Amazones [3], mais rien n'est plus incertain que ce qu'on a débité sur le sujet de ces femmes guerrières. Ceux du Monomotapa sont, au rapport des voyageurs hollandais, assez grands, bien faits dans leur taille, noirs et de bonne complexion; les jeunes filles vont nues et ne portent qu'un morceau de toile de coton; mais dès qu'elles sont mariées, elles prennent des vêtements [4]. Ces peuples, quoique assez noirs, sont différents des Nègres; ils n'ont

---

1. Voyez les *Voyages de Dampier*, t. I, p. 393.
2. *Description du Cap*, t. I, p. 136.
3. *Vide* Indiæ Orientalis *partem primam*, p. 54.
4. Voyez le *Recueil des Voyages de la Compagnie hollandaise,* t. III, p. 625; voyez aussi le *Voyage de l'amiral Drack,* seconde partie, p. 99; et celui de Jean Mocquet, p. 266.

pas les traits si durs ni si laids, leur corps n'a point de mauvaise odeur, et ils ne peuvent supporter la servitude ni le travail. Le père Charlevoix dit qu'on a vu en Amérique de ces noirs du Monomotapa et de Madagascar ; qu'ils n'ont jamais pu servir, et qu'ils y périssent même en fort peu de temps [1].

Ces peuples de Madagascar et de Mozambique sont noirs, les uns plus et les autres moins ; ceux de Madagascar ont les cheveux du sommet de la tête moins crépus que ceux de Mozambique : ni les uns ni les autres ne sont de vrais Nègres, et quoique ceux de la côte soient fort soumis aux Portugais, ceux de l'intérieur du continent sont fort sauvages et jaloux de leur liberté ; ils vont tous absolument nus, hommes et femmes ; ils se nourrissent de chair d'éléphant et font commerce de l'ivoire [2]. Il y a des hommes de différentes espèces à Madagascar, surtout des noirs et des blancs qui, quoique fort basanés, semblent être d'une autre race ; les premiers ont les cheveux noirs et crépus, les seconds les ont moins noirs, moins frisés et plus longs : l'opinion commune des voyageurs est que ces blancs tirent leur origine des Chinois ; mais, comme le remarque fort bien François Cauche, il y a plus d'apparence qu'ils sont de race européenne, car il assure que, de tous ceux qu'il a vus, aucun n'avait le nez ni le visage plats comme les Chinois ; il dit aussi que ces blancs le sont plus que les Castillans, que leurs cheveux sont longs, et qu'à l'égard des noirs, ils ne sont pas camus comme ceux du continent, et qu'ils ont les lèvres assez minces ; il y a aussi dans cette île une grande quantité

---

1. Voyez l'*Histoire de Saint-Domingue*, p. 499.
2. Voyez le *Recueil des Voyages*, t. III, p. 623 ; le *Voyage de Mocquet*, p. 265 ; et la *Navigation de Jean Hugues Lintscot*, p. 20.

d'hommes de couleur olivâtre ou basanée ; ils proviennent apparemment du mélange des noirs et des blancs. Le voyageur que je viens de citer dit que ceux de la baie de Saint-Augustin sont basanés, qu'ils n'ont point de barbe, qu'ils ont les cheveux longs et lisses, qu'ils sont de haute taille et bien proportionnés, et enfin qu'ils sont tous circoncis, quoiqu'il y ait grande apparence qu'ils n'ont jamais entendu parler de la loi de Mahomet, puisqu'ils n'ont ni temples, ni mosquées, ni religion [1]. Les Français ont été les premiers qui aient abordé et fait un établissement dans cette île, qui ne fut pas soutenu [2] ; lorsqu'ils y descendirent, ils y trouvèrent les hommes blancs dont nous venons de parler, et ils remarquèrent que les noirs, qu'on doit regarder comme les naturels du pays, avaient du respect pour ces blancs [3]. Cette île de Madagascar est extrêmement peuplée et fort abondante en pâturages et en bétail ; les hommes et les femmes sont fort débauchés, et celles qui s'abandonnent publiquement ne sont pas déshonorées ; ils aiment tous beaucoup à danser, à chanter et à se divertir, et, quoiqu'ils soient fort paresseux, ils ne laissent pas d'avoir quelque connaissance des arts mécaniques : ils ont des laboureurs, des forgerons, des charpentiers, des potiers, et même des orfévres ; ils n'ont cependant aucune commodité dans leurs maisons, aucuns meubles ; ils couchent sur des nattes, ils mangent la chair presque crue et dévorent même le cuir de leurs bœufs après avoir fait un peu griller le poil ; ils mangent aussi la cire avec le miel ; les gens du peuple vont presque tout

---

1. Voyez le *Voyage de François Cauche*. Paris, 1671, p. 45.
2. Voyez le *Voyage de Flacour*. Paris, 1661.
3. Voyez la relation d'un *Voyage fait aux Indes*, par M. Delon. Amsterdam, 1699.

nus; les plus riches ont des caleçons ou des jupons de coton et de soie [1].

Les peuples qui habitent l'intérieur de l'Afrique ne nous sont pas assez connus pour pouvoir les décrire : ceux que les Arabes appellent Zingues sont des noirs presque sauvages. Marmol dit qu'ils multiplient prodigieusement et qu'ils inonderaient tous les pays voisins, si de temps en temps il n'y avait pas une grande mortalité parmi eux, causée par des vents chauds.

Il paraît, par tout ce que nous venons de rapporter, que les Nègres proprement dits sont différents des Cafres, qui sont des noirs d'une autre espèce; mais ce que ces descriptions indiquent encore plus clairement, c'est que la couleur dépend principalement du climat, et que les traits dépendent beaucoup des usages où sont les différents peuples de s'écraser le nez, de se tirer les paupières, de s'allonger les oreilles, de se grossir les lèvres, de s'aplatir le visage, etc. Rien ne prouve mieux combien le climat influe sur la couleur, que de trouver sous le même parallèle, à plus de mille lieues de distance, des peuples aussi semblables que le sont les Sénégalais et les Nubiens, et de voir que les Hottentots, qui n'ont pu tirer leur origine que de nations noires, sont cependant les plus blancs de tous ces peuples de l'Afrique, parce qu'en effet ils sont dans le climat le plus froid de cette partie du monde; et si l'on s'étonne de ce que sur les bords du Sénégal on trouve d'un côté une nation basanée et de l'autre côté une nation entièrement noire, on peut se souvenir de ce que nous avons déjà insinué au sujet des effets de la nourriture; ils doivent influer sur la couleur comme sur les autres habi-

---

[1]. Voyez le *Voyage de Flacour*, p. 90; celui de Struys, t. I, p. 32; celui de Peyrard, p. 38.

tudes du corps; et si on en veut un exemple, on peut en donner un tiré des animaux, que tout le monde est en état de vérifier : les lièvres de plaine et des endroits aquatiques ont la chair bien plus blanche que ceux de montagne et des terrains secs; et dans le même lieu ceux qui habitent la prairie sont tout différents de ceux qui demeurent sur les collines; la couleur de la chair vient de celle du sang et des autres humeurs du corps sur la qualité desquelles la nourriture doit nécessairement influer.

L'origine des noirs a dans tous les temps fait une grande question : les anciens, qui ne connaissaient guère que ceux de Nubie, les regardaient comme faisant la dernière nuance des peuples basanés, et ils les confondaient avec les Éthiopiens et les autres nations de cette partie de l'Afrique, qui, quoique extrêmement bruns, tiennent plus de la race blanche que de la race noire; ils pensaient donc que la différente couleur des hommes ne provenait que de la différence du climat, et que ce qui produisait la noirceur de ces peuples était la trop grande ardeur du soleil, à laquelle ils sont perpétuellement exposés : cette opinion, qui est fort vraisemblable, a souffert de grandes difficultés lorsqu'on reconnut qu'au delà de la Nubie, dans un climat encore plus méridional, et sous l'équateur même, comme à Mélinde et à Mombaze, la plupart des hommes ne sont pas noirs comme les Nubiens, mais seulement fort basanés, et lorsqu'on eut observé qu'en transportant des noirs de leur climat brûlant dans des pays tempérés, ils n'ont rien perdu de leur couleur et l'ont également communiquée à leurs descendants; mais si l'on fait attention d'un côté à la migration des différents peuples, et de l'autre au temps qu'il faut peut-être pour noircir ou pour blanchir une race, on verra que tout peut se concilier avec le sentiment des anciens, car les habitants naturels de cette partie de l'Afrique sont les Nubiens, qui sont noirs, et originairement noirs, et qui demeureront perpétuellement noirs tant qu'ils habiteront le même climat et qu'ils ne se mêleront pas avec les blancs; les Éthiopiens au contraire, les Abyssins, et même ceux de Mélinde, qui tirent leur origine des blancs, puisqu'ils ont la même religion et les mêmes usages que les Arabes, et qu'ils leur ressemblent par la couleur, sont à la vérité encore plus basanés que les Arabes méridionaux; mais cela même prouve que dans une même race d'hommes le plus ou moins de noir dépend de la plus ou moins grande ardeur du climat; il faut peut-être plusieurs siècles et une succession d'un grand nombre de générations pour qu'une race blanche prenne par nuances la couleur brune et devienne enfin tout à fait noire; mais il y a apparence qu'avec le temps un peuple blanc transporté du nord à l'équateur pourrait devenir brun et même tout à fait noir, surtout si ce même peuple changeait de mœurs et ne se servait pour nourriture que des productions du pays chaud dans lequel il aurait été transporté.

L'objection qu'on pourrait faire contre cette opinion, et qu'on voudrait tirer de la différence des traits, ne me paraît pas bien forte, car on peut répondre qu'il y a moins de différence entre les traits d'un Nègre qu'on n'aura pas défiguré dans son enfance et les traits d'un Européen, qu'entre ceux d'un Tartare ou d'un Chinois et ceux d'un Circassien ou d'un Grec; et à l'égard des cheveux, leur nature dépend si fort de celle de la peau, qu'on ne doit les regarder que comme faisant une différence très-accidentelle, puisqu'on trouve dans le même pays et dans la même ville des hommes qui, quoique blancs, ne laissent pas d'avoir les cheveux très-différents les uns des autres, au point qu'on trouve, même en France, des hommes qui les ont aussi courts et aussi crépus que les Nègres, et que d'ailleurs on voit que le climat, le froid et le chaud, influent si fort sur la couleur des cheveux des hommes et du poil des animaux, qu'il n'y a point de cheveux noirs dans les royaumes du Nord, et que les écureuils, les lièvres, les belettes et plusieurs autres animaux y sont blancs ou presque blancs, tandis qu'ils sont bruns ou gris dans les pays moins froids; cette différence, qui est produite par l'influence du froid ou du chaud, est même si marquée, que, dans la plupart des pays du Nord, comme dans la Suède, certains animaux, comme les lièvres, sont tout gris pendant l'été et tout blancs pendant l'hiver[1].

Mais il y a une autre raison beaucoup plus forte contre cette opinion, et qui d'abord paraît invincible, c'est qu'on a découvert un continent entier, un nouveau monde, dont la plus grande partie des terres habitées se trouvent situées dans la zone torride, et où cependant il ne se trouve pas un homme noir, tous les habitants de cette partie de la terre étant plus ou moins rouges, plus ou moins basanés ou couleur de cuivre; car on aurait dû trouver aux îles Antilles, au Mexique, au royaume de Santa-Fé, dans la Guyane, dans le pays des Amazones et dans le Pérou, des Nègres ou du moins des peuples noirs; puisque ces pays de l'Amérique sont situés sous la même latitude que le Sénégal, la Guinée et le pays d'Angola en Afrique. On aurait dû trouver au Brésil, au Paraguay, au Chili, des hommes semblables aux Cafres, aux Hottentots,

---

[1]. *Lepus apud nos æstate cinereus, hieme semper albus.* Linnæi Fauna Suecica, p. 8.

si le climat ou la distance du pôle était la cause de la couleur des hommes. Mais avant que d'exposer ce qu'on peut dire sur ce sujet, nous croyons qu'il est nécessaire de considérer tous les différents peuples de l'Amérique comme nous avons considéré ceux des autres parties du monde; après quoi nous serons plus en état de faire de justes comparaisons et d'en tirer des résultats généraux.

En commençant par le nord on trouve, comme nous l'avons dit, dans les parties les plus septentrionales de l'Amérique, des espèces de Lapons semblables à ceux d'Europe ou aux Samoyèdes d'Asie; et quoiqu'ils soient peu nombreux en comparaison de ceux-ci, ils ne laissent pas d'être répandus dans une étendue de terre fort considérable. Ceux qui habitent les terres du détroit de Davis sont petits, d'un teint olivâtre; ils ont les jambes courtes et grosses, ils sont habiles pêcheurs, ils mangent leur poisson et leur viande crus; leur boisson est de l'eau pure ou du sang de chien de mer; ils sont fort robustes et vivent fort longtemps[1]. Voilà, comme l'on voit, la figure, la couleur et les mœurs des Lapons, et ce qu'il y a de singulier, c'est que de même qu'on trouve auprès des Lapons en Europe les Finnois, qui sont blancs, beaux, assez grands et assez bien faits, on trouve aussi auprès de ces Lapons d'Amérique une autre espèce d'hommes qui sont grands, bien faits et assez blancs, avec les traits du visage fort réguliers[2]. Les sauvages de la baie d'Hudson et du nord de la terre de Labrador ne paraissent pas être de la même race que les premiers, quoiqu'ils soient laids, petits, mal faits; ils ont le visage presque entièrement couvert de poil comme les sauvages du pays d'Yéço au

1. Voyez l'*Histoire naturelle des îles*. Rotterdam, 1558, p. 189.
2. *Idem, ibidem.*

nord du Japon; ils habitent l'été sous des tentes faites de peaux d'orignal ou de caribou[1]; l'hiver ils vivent sous terre comme les Lapons et les Samoyèdes, et se couchent comme eux tous pêle-mêle sans aucune distinction; ils vivent aussi fort longtemps, quoiqu'ils ne se nourrissent que de chair ou de poisson crus[2]. Les sauvages de Terre-Neuve ressemblent assez à ceux du détroit de Davis: ils sont de petite taille, ils n'ont que peu ou point de barbe, leur visage est large et plat, leurs yeux gros, et ils sont généralement assez camus. Le voyageur qui en donne cette description dit qu'ils ressemblent assez bien aux sauvages du continent septentrional et des environs du Groënland[3].

Au-dessous de ces sauvages qui sont répandus dans les parties les plus septentrionales de l'Amérique, on trouve d'autres sauvages plus nombreux et tout différents des premiers : ces sauvages sont ceux du Canada et de toute la profondeur des terres jusqu'aux Assiniboïls; ils sont tous assez grands, robustes, forts et assez bien faits ; ils ont tous les cheveux et les yeux noirs, les dents très-blanches, le teint basané, peu de barbe, et point ou presque point de poil en aucune partie du corps; ils sont durs et infatigables à la marche, très-légers à la course; ils supportent aussi aisément la faim que les plus grands excès de nourriture ; ils sont hardis, courageux, fiers, graves et modérés ; enfin ils ressemblent si fort aux Tartares orientaux par la couleur de la peau, des cheveux et des yeux, par le peu de barbe et de poil, et aussi par le naturel et les mœurs, qu'on les croirait issus de cette

---

1. C'est le nom qu'on donne au renne en Amérique.
2. Voyez le *Voyage de Robert Lade*, traduit par M. l'abbé Prévôt. Paris, 1744, t. II, p. 309 et suivantes.
3. Voyez le *Recueil des voyages au Nord*. Rouen, 1716, t. III, p. 7.

nation, si on ne les regardait pas comme séparés les uns des autres par une vaste mer; ils sont aussi sous la même latitude, ce qui prouve encore combien le climat influe sur la couleur et même sur la figure des hommes. En un mot, on trouve dans le nouveau continent, comme dans l'ancien, d'abord des hommes, au nord, semblables aux Lapons, et aussi des hommes blancs et à cheveux blonds, semblables aux peuples du nord de l'Europe, ensuite des hommes velus semblables aux sauvages d'Yéço, et enfin les sauvages du Canada et de toute la Terre-Ferme, jusqu'au golfe du Mexique, qui ressemblent aux Tartares par tant d'endroits, qu'on ne douterait pas qu'ils ne fussent Tartares en effet, si l'on n'était embarrassé sur la possibilité de la migration; cependant si l'on fait attention au petit nombre d'hommes qu'on a trouvés dans cette étendue immense des terres de l'Amérique septentrionale, et qu'aucun de ces hommes n'était encore civilisé, on ne pourra guère se refuser à croire que toutes ces nations sauvages ne soient de nouvelles peuplades produites par quelques individus échappés d'un peuple plus nombreux. Il est vrai qu'on prétend que dans l'Amérique septentrionale, en la prenant depuis le nord jusqu'aux îles Lucayes et au Mississipi, il ne reste pas actuellement la vingtième partie du nombre des peuples naturels qui y étaient lorsqu'on en fit la découverte, et que ces nations sauvages ont été ou détruites ou réduites à un si petit nombre d'hommes, que nous ne devons pas tout à fait en juger aujourd'hui comme nous en aurions jugé dans ce temps; mais quand même on accorderait que l'Amérique septentrionale avait alors vingt fois plus d'habitants qu'il n'en reste aujourd'hui, cela n'empêche pas qu'on ne dût la considérer dès lors comme une terre déserte ou si nouvellement peuplée, que les hommes n'avaient pas encore eu le temps de s'y multiplier. M. Fabry, que j'ai cité[1], et qui a fait un très-long voyage dans la profondeur des terres au nord-ouest du Mississipi où personne n'avait encore pénétré, et où par conséquent les nations sauvages n'ont pas été détruites, m'a assuré que cette partie de l'Amérique est si déserte qu'il a souvent fait cent et deux cents lieues sans trouver une face humaine ni aucun autre vestige qui pût indiquer qu'il y eût quelque habitation voisine des lieux qu'il parcourait; et lorsqu'il rencontrait quelques-unes de ces habitations, c'était toujours à des distances extrêmement grandes les unes des autres; et dans chacune il n'y avait souvent qu'une seule famille, quelquefois deux ou trois, mais rarement plus de vingt personnes ensemble; et ces vingt personnes étaient éloignées de cent lieues de vingt autres personnes. Il est vrai que, le long des fleuves et des lacs que l'on a remontés ou suivis, on a trouvé des nations sauvages composées d'un bien plus grand nombre d'hommes, et qu'il en reste encore quelques-unes qui ne laissent pas d'être assez nombreuses pour inquiéter quelquefois les habitants de nos colonies; mais ces nations les plus nombreuses se réduisent à trois ou quatre mille personnes, et ces trois ou quatre mille personnes sont répandues dans un espace de terrain souvent plus grand que tout le royaume de France : de sorte que je suis persuadé qu'on pourrait avancer, sans craindre de se tromper, que dans une seule ville comme Paris il y a plus d'hommes qu'il n'y a de sauvages dans toute cette partie de l'Amérique septentrionale comprise entre la mer du Nord et la mer du Sud, depuis le golfe du Mexique

---

1. Tome Ier, p. 181.

jusqu'au nord, quoique cette étendue de terre soit beaucoup plus grande que toute l'Europe.

La multiplication des hommes tient encore plus à la société qu'à la nature, et les hommes ne sont si nombreux, en comparaison des animaux sauvages, que parce qu'ils se sont réunis en société, qu'ils se sont aidés, défendus, secourus mutuellement. Dans cette partie de l'Amérique dont nous venons de parler, les bisons [1] sont peut-être plus abondants que les hommes; mais de la même façon que le nombre des hommes ne peut augmenter considérablement que par leur réunion en société, c'est le nombre des hommes déjà augmenté à un certain point qui produit presque nécessairement la société; il est donc à présumer que, comme l'on n'a trouvé dans toute cette partie de l'Amérique aucune nation civilisée, le nombre des hommes y était encore trop petit, et leur établissement dans ces contrées trop nouveau pour qu'ils aient pu sentir la nécessité ou même les avantages de se réunir en société; car quoique ces nations sauvages eussent des espèces de mœurs ou de coutumes particulières à chacune, et que les unes fussent plus ou moins farouches, plus ou moins cruelles, plus ou moins courageuses, elles étaient toutes également stupides, également ignorantes, également dénuées d'arts et d'industrie.

Je ne crois donc pas devoir m'étendre beaucoup sur ce qui a rapport aux coutumes de ces nations sauvages : tous les auteurs qui en ont parlé n'ont pas fait attention que ce qu'ils nous donnaient pour des usages constants, et pour les mœurs d'une société d'hommes, n'était que des actions particulières à quelques individus souvent déterminés par

---

1. Espèce de bœufs sauvages différents de nos bœufs.

les circonstances ou par le caprice ; certaines nations, nous disent-ils, mangent leurs ennemis, d'autres les brûlent, d'autres les mutilent ; les unes sont perpétuellement en guerre, d'autres cherchent à vivre en paix ; chez les unes on tue son père lorsqu'il a atteint un certain âge, chez les autres les pères et mères mangent leurs enfants. Toutes ces histoires sur lesquelles les voyageurs se sont étendus avec tant de complaisance se réduisent à des récits de faits particuliers, et signifient seulement que tel sauvage a mangé son ennemi, tel autre l'a brûlé ou mutilé, tel autre a tué ou mangé son enfant, et tout cela peut se trouver dans une seule nation de sauvages comme dans plusieurs nations ; car toute nation où il n'y a ni règle, ni loi, ni maître, ni société habituelle, est moins une nation qu'un assemblage tumultueux d'hommes barbares et indépendants, qui n'obéissent qu'à leurs passions particulières, et qui, ne pouvant avoir un intérêt commun, sont incapables de se diriger vers un même but et de se soumettre à des usages constants, qui tous supposent une suite de desseins raisonnés et approuvés par le plus grand nombre.

La même nation, dira-t-on, est composée d'hommes qui se reconnaissent, qui parlent la même langue, qui se réunissent, lorsqu'il le faut, sous un chef, qui s'arment de même, qui hurlent de la même façon, qui se barbouillent de la même couleur ; oui, si ces usages étaient constants, s'ils ne se réunissaient pas souvent sans savoir pourquoi, s'ils ne se séparaient pas sans raison, si leur chef ne cessait pas de l'être par son caprice ou par le leur, si leur langue même n'était pas si simple qu'elle leur est presque commune à tous.

Comme ils n'ont qu'un très-petit nombre d'idées, ils n'ont aussi qu'une très-petite quantité d'expressions, qui toutes ne peuvent rouler que sur les choses les plus générales et les objets les plus communs ; et quand même la plupart de ces expressions seraient différentes, comme elles se réduisent à un fort petit nombre de termes, ils ne peuvent manquer de s'entendre en très-peu de temps, et il doit être plus facile à un sauvage d'entendre et de parler toutes les langues des autres sauvages, qu'il ne l'est à un homme d'une nation policée d'apprendre celle d'une autre nation également policée.

Autant il est donc inutile de se trop étendre sur les coutumes et les mœurs de ces prétendues nations, autant il serait peut-être nécessaire d'examiner la nature de l'individu ; l'homme sauvage est en effet de tous les animaux le plus singulier, le moins connu, et le plus difficile à décrire ; mais nous distinguons si peu ce que la nature seule nous a donné, de ce que l'éducation, l'imitation, l'art et l'exemple nous ont communiqué, ou nous le confondons si bien, qu'il ne serait pas étonnant que nous nous méconnussions totalement au portrait d'un sauvage, s'il nous était présenté avec les vraies couleurs et les seuls traits naturels qui doivent en faire le caractère.

Un sauvage absolument sauvage, tel que l'enfant élevé avec les ours, dont parle Connor[1], le jeune homme trouvé dans les forêts d'Hanower, ou la petite fille trouvée dans les bois en France, seraient un spectacle curieux pour un philosophe ; il pourrait, en observant son sauvage, évaluer au juste la force des appétits de la nature, il y verrait l'âme à découvert, il en distinguerait tous les mouvements naturels, et peut-être y reconnaîtrait-il plus de douceur, de tranquillité et de calme que dans la sienne ; peut-être

---

1. *Évang. med.*, p. 133, etc.

verrait-il clairement que la vertu appartient à l'homme sauvage plus qu'à l'homme civilisé, et que le vice n'a pris naissance que dans la société.

Mais revenons à notre principal objet : si l'on n'a rencontré dans toute l'Amérique septentrionale que des sauvages, on a trouvé au Mexique et au Pérou des hommes civilisés, des peuples policés, soumis à des lois et gouvernés par des rois; ils avaient de l'industrie, des arts et une espèce de religion; ils habitaient dans des villes où l'ordre et la police étaient maintenus par l'autorité du souverain. Ces peuples, qui d'ailleurs étaient assez nombreux, ne peuvent pas être regardés comme des nations nouvelles ou des hommes provenus de quelques individus échappés des peuples de l'Europe ou de l'Asie, dont ils sont si éloignés; d'ailleurs, si les sauvages de l'Amérique septentrionale ressemblent aux Tartares parce qu'ils sont situés sous la même latitude, ceux-ci qui sont, comme les Nègres, sous la zone torride, ne leur ressemblent point. Quelle est donc l'origine de ces peuples, et quelle est aussi la vraie cause de la différence de couleur dans les hommes, puisque celle de l'influence du climat se trouve ici tout à fait démentie?

Avant que de satisfaire, autant que je le pourrai, à ces questions, il faut continuer notre examen, et donner la description de ces hommes qui paraissent en effet si différents de ce qu'ils devraient être, si la distance du pôle était la cause principale de la variété qui se trouve dans l'espèce humaine; nous avons déjà donné celle des sauvages du nord et des sauvages du Canada [1]; ceux de la Flo-

---

1. Voyez à ce sujet les *Voyages du baron de La Hontan*. La Haye, 1702; la *Relation de la Gaspésie*, par le père le Clercq, récollet. Paris, 1691, p. 44 et 392; la *Description de la Nouvelle France*, par le père Charlevoix. Paris, 1744, t. Ier, p. 16 et suivantes; t. III, p. 24, 302, 310, 323; les *Lettres édifiantes*, Recueil XXIII, p. 203, 242; et le *Voyage au pays des Hurons*, par

ride, du Mississipi et des autres parties méridionales du continent de l'Amérique septentrionale sont plus basanés que ceux du Canada, sans cependant qu'on puisse dire qu'ils soient bruns ; l'huile et les couleurs dont ils se frottent le corps les font paraître plus olivâtres qu'ils ne le sont en effet. Coréal dit que les femmes de la Floride sont grandes, fortes et de couleur olivâtre comme les hommes ; qu'elles ont les bras, les jambes et le corps peints de plusieurs couleurs qui sont ineffaçables, parce qu'elles ont été imprimées dans les chairs par le moyen de plusieurs piqûres, et que la couleur olivâtre des uns et des autres ne vient pas tant de l'ardeur du soleil que de certaines huiles dont, pour ainsi dire, ils se vernissent la peau ; il ajoute que ces femmes sont fort agiles, qu'elles passent à la nage de grandes rivières en tenant même leur enfant avec le bras, et qu'elles grimpent avec une pareille agilité sur les arbres les plus élevés [1] ; tout cela leur est commun avec les femmes sauvages du Canada et des autres contrées de l'Amérique. L'auteur de l'*Histoire naturelle et morale des Antilles* dit que les Apalachites, peuples voisins de la Floride, sont des hommes d'une assez grande stature, de couleur olivâtre, et bien proportionnés, qu'ils ont tous les cheveux noirs et longs, et il ajoute que les Caraïbes ou sauvages des îles Antilles sortent de ces sauvages de la Floride, et qu'ils se souviennent, même par tradition, du temps de leur migration [2].

Gabriel Sabard Théodat, récollet. Paris, 1632, p. 128 et 178 ; le *Voyage de la Nouvelle France*, par Dierville. Rouen, 1708, p. 122 jusqu'à 191, et les *Découvertes de M. de La Salle*, publiées par M. le chevalier Tonti. Paris, 1697, p. 24, 58, etc.

1. Voyez le *Voyage de Coréal*. Paris, 1722, t. I, p. 36.
2. Voyez l'*Histoire naturelle et morale des îles Antilles*. Rotterdam, 1658, p. 351 et 356.

Les naturels des îles Lucayes sont moins basanés que ceux de Saint-Domingue et de l'île de Cuba, mais il reste si peu des uns et des autres aujourd'hui, qu'on ne peut guère vérifier ce que nous en ont dit les premiers voyageurs qui ont parlé de ces peuples. Ils ont prétendu qu'ils étaient fort nombreux et gouvernés par des espèces de chefs qu'ils appelaient *Caciques*; qu'ils avaient aussi des espèces de prêtres, de médecins ou de devins; mais tout cela est assez apocryphe, et importe d'ailleurs assez peu à notre histoire. Les Caraïbes en général sont, selon le père du Tertre, des hommes d'une belle taille et de bonne mine; ils sont puissants, forts et robustes, très-dispos et très-sains; il y en a plusieurs qui ont le front plat et le nez aplati; mais cette forme du visage et du nez ne leur est pas naturelle, ce sont les pères et les mères qui aplatissent ainsi la tête de l'enfant quelque temps après qu'il est né. Cette espèce de caprice qu'ont les sauvages d'altérer la figure naturelle de la tête est assez générale dans toutes les nations sauvages : presque tous les Caraïbes ont les yeux noirs et assez petits, mais la disposition de leur front et de leur visage les fait paraître assez gros; ils ont les dents belles, blanches et bien rangées, les cheveux longs et lisses, et tous les ont noirs; on n'en a jamais vu un seul avec des cheveux blonds; ils ont la peau basanée ou couleur d'olive, et même le blanc des yeux en tient un peu. Cette couleur basanée leur est naturelle et ne provient pas uniquement, comme quelques auteurs l'ont avancé, du rocou dont ils se frottent continuellement, puisque l'on a remarqué que les enfants de ces sauvages, qu'on a élevés parmi les Européens et qui ne se frottaient jamais de ces couleurs, ne laissaient pas d'être basanés et olivâtres comme leurs pères et mères; tous ces sauvages ont l'air rêveur, quoiqu'ils ne pensent à rien ; ils ont aussi le visage triste et ils paraissent être mélancoliques ; ils sont naturellement doux et compatissants, quoique très-cruels à leurs ennemis ; ils prennent assez indifféremment pour femmes leurs parentes ou des étrangères ; leurs cousines germaines leur appartiennent de droit, et on en a vu plusieurs qui avaient en même temps les deux sœurs ou la mère et la fille, et même leur propre fille ; ceux qui ont plusieurs femmes les voient tour à tour chacune pendant un mois, ou un nombre de jours égal, et cela suffit pour que ces femmes n'aient aucune jalousie ; ils pardonnent assez volontiers l'adultère à leurs femmes, mais jamais à celui qui les a débauchées. Ils se nourrissent de burgaux, de crabes, de tortues, de lézards, de serpents et de poissons qu'ils assaisonnent avec du piment et de la farine de manioc[1]. Comme ils sont extrêmement paresseux et accoutumés à la plus grande indépendance, ils détestent la servitude, et on n'a jamais pu s'en servir comme on se sert des Nègres ; il n'y a rien qu'ils ne soient capables de faire pour se remettre en liberté, et lorsqu'ils voient que cela leur est impossible, ils aiment mieux se laisser mourir de faim et de mélancolie que de vivre pour travailler ; on s'est quelquefois servi des Arrouagues, qui sont plus doux que les Caraïbes, mais ce n'est que pour la chasse et pour la pêche, exercices qu'ils aiment, et auxquels ils sont accoutumés dans leur pays ; et encore faut-il, si l'on veut conserver ces esclaves sauvages, les traiter avec autant de douceur au moins que nous traitons nos domestiques en France ; sans cela ils s'enfuient ou périssent de mélancolie. Il en est à peu près de même des esclaves bré-

---

1. Voyez l'*Histoire générale des Antilles,* par le père du Tertre, t. II, p. 453 jusqu'à 482. Voyez aussi les *Nouveaux voyages aux Iles,* Paris, 1722.

siliens, quoique ce soient de tous les sauvages ceux qui paraissent être les moins stupides, les moins mélancoliques et les moins paresseux ; cependant on peut en les traitant avec bonté les engager à tout faire, si ce n'est de travailler à la terre, parce qu'ils s'imaginent que la culture de la terre est ce qui caractérise l'esclavage.

Les femmes sauvages sont toutes plus petites que les hommes ; celles des Caraïbes sont grasses et assez bien faites ; elles ont les yeux et les cheveux noirs, le tour du visage rond, la bouche petite, les dents fort blanches, l'air plus gai, plus riant et plus ouvert que les hommes ; elles ont cependant de la modestie et sont assez réservées ; elles se barbouillent de rocou, mais elles ne se font pas des raies noires sur le visage et sur le corps comme les hommes ; elles ne portent qu'un petit tablier de huit ou dix pouces de largeur sur cinq à six pouces de hauteur ; ce tablier est ordinairement de toile de coton couverte de petits grains de verre ; ils ont cette toile et cette rassade des Européens, qui en font commerce avec eux. Ces femmes portent aussi plusieurs colliers de rassade qui leur environnent le cou et descendent sur leur sein ; elles ont des bracelets de même espèce aux poignets et au-dessus des coudes, et des pendants d'oreilles de pierre bleue ou de grains de verre enfilés ; un dernier ornement qui leur est particulier, et que les hommes n'ont jamais, c'est une espèce de brodequins de toile de coton, garnis de rassade, qui prend depuis la cheville du pied jusqu'au-dessus du gras de la jambe ; dès que les filles ont atteint l'âge de puberté, on leur donne un tablier, et on leur fait en même temps des brodequins aux jambes, qu'elles ne peuvent jamais ôter ; ils sont si serrés qu'ils ne peuvent ni monter ni descendre, et comme ils empêchent le bas de la jambe de grossir, les mollets deviennent beaucoup plus gros et plus fermes qu'ils ne le seraient naturellement [1].

Les peuples qui habitent actuellement le Mexique et la Nouvelle-Espagne sont si mêlés, qu'à peine trouve-t-on deux visages qui soient de la même couleur; il y a dans la ville de Mexico des blancs d'Europe, des Indiens du nord et du sud de l'Amérique, des Nègres d'Afrique, des mulâtres, des métis, en sorte qu'on y voit des hommes de toutes les nuances de couleur qui peuvent être entre le blanc et le noir [2]. Les naturels du pays sont fort bruns et de couleur d'olive, bien faits et dispos; ils ont peu de poil, même aux sourcils; ils ont cependant tous les cheveux fort longs et fort noirs [3].

Selon Wafer, les habitants de l'isthme de l'Amérique sont ordinairement de bonne taille et d'une jolie tournure; ils ont la jambe fine, les bras bien faits, la poitrine large; ils sont actifs et légers à la course; les femmes sont petites et ramassées, et n'ont pas la vivacité des hommes, quoique les jeunes aient de l'embonpoint, la taille jolie et l'œil vif : les uns et les autres ont le visage rond, le nez gros et court, les yeux grands, et pour la plupart gris, pétillants et pleins de feu, surtout dans la jeunesse; le front élevé, les dents blanches et bien rangées, les lèvres minces, la bouche d'une grandeur médiocre, et en gros tous les traits assez réguliers. Ils ont aussi tous, hommes et femmes, les cheveux noirs, longs, plats et rudes, et les hommes auraient de la barbe s'ils ne se la faisaient arracher. Ils ont le teint basané, de couleur

1. Voyez les *Nouveaux voyages aux Iles*, t. II, p. 8 et suivantes.
2. Voyez les *Lettres édifiantes*, Recueil XI, p. 119.
3. Voyez les *Voyages de Coréal*, t. I, p. 116.

de cuivre jaune ou d'orange, et les sourcils noirs comme du jais.

Ces peuples, que nous venons de décrire, ne sont pas les seuls habitants naturels de l'Isthme; on trouve parmi eux des hommes tout différents; et quoiqu'ils soient en très-petit nombre, ils méritent d'être remarqués : ces hommes sont blancs, mais ce blanc n'est pas celui des Européens, c'est plutôt un blanc de lait qui approche beaucoup de la couleur du poil d'un cheval blanc; leur peau est aussi toute couverte, plus ou moins, d'une espèce de duvet court et blanchâtre, mais qui n'est pas si épais sur les joues et sur le front, qu'on ne puisse aisément distinguer la peau; leurs sourcils sont d'un blanc de lait, aussi bien que leurs cheveux, qui sont très-beaux, de la longueur de sept à huit pouces et à demi frisés. Ces Indiens, hommes et femmes, ne sont pas si grands que les autres, et ce qu'ils ont encore de très-singulier, c'est que leurs paupières sont d'une figure oblongue, ou plutôt en forme de croissant dont les pointes tournent en bas; ils ont les yeux si faibles qu'ils ne voient presque pas en plein jour; ils ne peuvent supporter la lumière du soleil, et ne voient bien qu'à celle de la lune : ils sont d'une complexion fort délicate en comparaison des autres Indiens; ils craignent les exercices pénibles; ils dorment pendant le jour et ne sortent que la nuit; et lorsque la lune luit, ils courent dans les endroits les plus sombres des forêts aussi vite que les autres le peuvent faire de jour, à cela près qu'ils ne sont ni aussi robustes ni aussi vigoureux. Au reste, ces hommes ne forment pas une race particulière et distincte; mais il arrive quelquefois qu'un père et une mère qui sont tous deux couleur de cuivre jaune ont un enfant tel que nous venons de le décrire. Wafer, qui rapporte ces faits, dit qu'il a vu lui-même un de ces enfants qui n'avait pas encore un an [1].

Si cela est, cette couleur et cette habitude singulière du corps de ces Indiens blancs ne seraient qu'une espèce de maladie qu'ils tiendraient de leurs pères et mères; mais en supposant que ce dernier fait ne fût pas bien avéré, c'est-à-dire qu'au lieu de venir des Indiens jaunes ils fissent une race à part, alors ils ressembleraient aux Chacrelas du Java, et aux Bedas de Ceylan, dont nous avons parlé; ou si ce fait est bien vrai, et que ces blancs naissent en effet de pères et mères couleur de cuivre, on pourra croire que les Chacrelas et les Bedas viennent aussi de pères et mères basanés, et que tous ces hommes blancs qu'on trouve à de si grandes distances les uns des autres sont des individus qui ont dégénéré de leur race par quelque cause accidentelle.

J'avoue que cette dernière opinion me paraît la plus vraisemblable, et que si les voyageurs nous eussent donné des descriptions aussi exactes des Bedas et des Chacrelas que Wafer l'a fait des Dariens, nous eussions peut-être reconnu qu'ils ne pouvaient pas, plus que ceux-ci, être d'origine européenne. Ce qui me paraît appuyer beaucoup cette manière de penser, c'est que parmi les Nègres il naît aussi des blancs de pères et mères noirs; on trouve la description de deux de ces Nègres blancs dans l'histoire de l'Académie; j'ai vu moi-même l'un des deux, et on assure qu'il s'en trouve un assez grand nombre en Afrique parmi les autres Nègres [2]. Ce que j'en ai vu, indépendamment de ce qu'en disent les voyageurs, ne me laisse aucun doute sur leur origine; ces Nègres blancs sont des

1. Voyez les *Voyages de Dampier*, t. IV, p. 252.
2. Voyez la *Vénus physique*. Paris, 1745.

Nègres dégénérés de leur race, ce ne sont pas une espèce d'hommes particulière et constante; ce sont des individus singuliers qui ne font qu'une variété accidentelle : en un mot, ils sont parmi les Nègres ce que Wafer dit que nos Indiens blancs sont parmi les Indiens jaunes, et ce que sont apparemment les Chacrelas et les Bedas parmi les Indiens bruns : ce qu'il y a de plus singulier, c'est que cette variation de la nature ne se trouve que du noir au blanc, et non pas du blanc au noir, car elle arrive chez les Nègres, chez les Indiens les plus bruns, et aussi chez les Indiens les plus jaunes, c'est-à-dire dans toutes les races d'hommes qui sont les plus éloignées du blanc, et il n'arrive jamais chez les blancs qu'il naisse des individus noirs; une autre singularité, c'est que tous ces peuples des Indes orientales, de l'Afrique et de l'Amérique, chez lesquels on trouve ces hommes blancs, sont tous sous la même latitude : l'isthme de Darien, le pays des Nègres et Ceylan sont absolument sous le même parallèle. Le blanc paraît donc être la couleur primitive de la nature, que le climat, la nourriture et les mœurs altèrent et changent, même jusqu'au jaune, au brun ou au noir, et qui reparaît dans de certaines circonstances, mais avec une si grande altération qu'il ne ressemble point au blanc primitif, qui en effet a été dénaturé par les causes que nous venons d'indiquer.

En tout, les deux extrêmes se rapprochent presque toujours : la nature, aussi parfaite qu'elle peut l'être, a fait les hommes blancs; et la nature altérée autant qu'il est possible les rend encore blancs; mais le blanc naturel ou blanc de l'espèce est fort différent du blanc individuel ou accidentel; on en voit des exemples dans les plantes aussi bien que dans les hommes et les animaux: la rose blanche, la giroflée blanche, etc., sont bien différentes, même pour le blanc, des roses ou des giroflées rouges, qui dans l'automne deviennent blanches, lorsqu'elles ont souffert le froid des nuits et les petites gelées de cette saison.

Ce qui peut encore faire croire que ces hommes blancs ne sont en effet que des individus qui ont dégénéré de leur espèce, c'est qu'ils sont tous beaucoup moins forts et moins vigoureux que les autres, et qu'ils ont les yeux extrêmement faibles; on trouvera ce dernier fait moins extraordinaire, lorsqu'on se rappellera que parmi nous les hommes qui sont d'un blond blanc ont ordinairement les yeux faibles; j'ai aussi remarqué qu'ils avaient souvent l'oreille dure; et on prétend que les chiens qui sont absolument blancs et sans aucune tache sont sourds; je ne sais si cela est généralement vrai; je puis seulement assurer que j'en ai vu plusieurs qui l'étaient en effet.

Les Indiens du Pérou sont aussi couleur de cuivre comme ceux de l'Isthme, surtout ceux qui habitent le bord de la mer et les terres basses, car ceux qui demeurent dans les pays élevés, comme entre les deux chaînes des Cordillères, sont presque aussi blancs que les Européens : les uns sont à une lieue de hauteur au-dessus des autres, et cette différence d'élévation sur le globe fait autant qu'une différence de mille lieues en latitude pour la température du climat. En effet, tous les Indiens naturels de la Terre-Ferme, qui habitent le long de la rivière des Amazones et le continent de la Guyane, sont basanés et de couleur rougeâtre, plus ou moins claire : la diversité de la nuance, dit M. de La Condamine, a vraisemblablement pour cause principale la différente température de l'air des pays qu'ils habitent, variée depuis la plus grande chaleur de la zone torride jusqu'au froid causé par le voisinage de la neige[1]. Quelques-uns de ces sauvages, comme les Omaguas, aplatissent le visage de leurs enfants, en leur serrant la tête entre deux planches[2]; quelques autres se percent les narines, les lèvres ou les joues, pour y passer des os de poissons, des plumes d'oiseaux et d'autres ornements : la plupart se percent les oreilles, se les agrandissent prodigieusement, et remplissent le trou du lobe d'un gros bouquet de fleurs ou d'herbes qui leur sert de pendants d'oreilles[3]. Je ne dirai rien de ces Amazones dont on a tant parlé : on peut consulter à ce sujet ceux qui en ont écrit, et après les avoir lus, on n'y trouvera rien d'assez positif pour constater l'existence actuelle de ces femmes[4].

Quelques voyageurs font mention d'une nation dans la Guyane, dont les hommes sont plus noirs que tous les autres Indiens : les Arras, dit Raleigh, sont presque aussi noirs que les Nègres; ils sont fort vigoureux, et ils se servent de flèches empoisonnées. Cet auteur parle aussi d'une autre nation d'Indiens qui ont le cou si court et les épaules si élevées, que leurs yeux paraissent être sur leurs épaules, et leur bouche dans leur poitrine[5]; cette difformité si monstrueuse n'est sûrement pas naturelle, et il y a grande apparence que ces sauvages qui se plaisent tant à défigurer

---

1. Voyez le *Voyage de l'Amérique méridionale, en descendant la rivière des Amazones*, par M. de La Condamine. Paris, 1745, p. 49.
2. *Idem*, p. 72.
3. *Idem*, p. 48 et suivantes.
4. Voyez le *Voyage de M. de La Condamine*, p. 101 jusqu'à 113; la Relation de la Guyane, par Walter Raleigh, t. II des *Voyages de Coréal*, p. 25; la *Relation du P. d'Acuña*, traduite par Gomberville. Paris, 1682, vol. I, p. 237; les *Lettres édifiantes*, Recueil X, p. 241, et Recueil XII, p. 213; les *Voyages de Mocquet*, p. 101 jusqu'à 105, etc.
5. Voyez le second tome des *Voyages de Coréal*, p. 58 et 59.

la nature en arrondissant, en allongeant la tête de leurs enfants, auront aussi imaginé de leur faire rentrer le cou dans les épaules ; il ne faut pour donner naissance à toutes ces bizarreries que l'idée de se rendre, par ces difformités, plus effroyables et plus terribles à leurs ennemis. Les Scythes, autrefois aussi sauvages que le sont aujourd'hui les Américains, avaient apparemment les mêmes idées, qu'ils réalisaient de la même façon ; et c'est ce qui a sans doute donné lieu à ce que les anciens ont écrit au sujet des hommes acéphales, cynocéphales, etc.

Les sauvages du Brésil sont à peu près de la taille des Européens, mais plus forts, plus robustes et plus dispos ; ils ne sont pas sujets à autant de maladies, et ils vivent communément plus longtemps ; leurs cheveux, qui sont noirs, blanchissent rarement dans la vieillesse ; ils sont basanés, et d'une couleur brune qui tire un peu sur le rouge ; ils ont la tête grosse, les épaules larges et les cheveux longs ; ils s'arrachent la barbe, le poil du corps, et même les sourcils et les cils, ce qui leur donne un regard extraordinaire et farouche ; ils se percent la lèvre de dessous pour y passer un petit os poli comme de l'ivoire, ou une pierre verte assez grosse ; les mères écrasent le nez de leurs enfants peu de temps après la naissance ; ils vont tous absolument nus, et se peignent le corps de différentes couleurs [1]. Ceux qui habitent dans les terres voisines des côtes de la mer se sont un peu civilisés par le commerce volontaire ou forcé qu'ils ont avec les Portugais ; mais ceux de l'intérieur des terres sont encore, pour la plupart,

---

1. Voyez le *Voyage fait au Brésil*, par Jean de Léry. Paris, 1578, p. 108 ; le *Voyage de Coréal*, t. I, p. 163 et suivantes ; les *Mémoires pour servir à l'histoire des Indes*, 1702, p. 287 ; l'*Histoire des Indes*, de Maffée. Paris, 1665, p. 71 ; la seconde partie des *Voyages de Pyrard*, t. II, p. 337 ; les *Lettres édifiantes*, Recueil XV, p. 351, etc.

absolument sauvages ; ce n'est pas même par la force, et en voulant les réduire à un dur esclavage, qu'on vient à bout de les policer ; les Missions ont formé plus d'hommes dans ces nations barbares que les armées victorieuses des princes qui les ont subjuguées. Le Paraguay n'a été conquis que de cette façon ; la douceur, le bon exemple, la charité et l'exercice de la vertu, constamment pratiqués par les missionnaires, ont touché ces sauvages, et vaincu leur défiance et leur férocité ; ils sont venus souvent d'eux-mêmes demander à connaître la loi qui rendait les hommes si parfaits; ils se sont soumis à cette loi et réunis en société : rien ne fait plus d'honneur à la religion que d'avoir civilisé ces nations et jeté les fondements d'un empire, sans autres armes que celles de la vertu.

Les habitants de cette contrée du Paraguay ont communément la taille assez belle et assez élevée; ils ont le visage un peu long et la couleur olivâtre[1]. Il règne quelquefois parmi eux une maladie extrordinaire; c'est une espèce de lèpre qui leur couvre tout le corps, et y forme une croûte semblable à des écailles de poisson ; cette incommodité ne leur cause aucune douleur, ni même aucun autre dérangement dans la santé[2].

Les Indiens du Chili sont, au rapport de M. Frezier, d'une couleur basanée qui tire un peu sur celle du cuivre rouge, comme celle des Indiens du Pérou; cette couleur est différente de celle des mulâtres : comme ils viennent d'un blanc et d'une Négresse, ou d'une blanche et d'un Nègre, leur couleur est brune, c'est-à-dire mêlée de blanc et de noir, au lieu que dans tout le continent de

---

1. Voyez les *Voyages de Coréal*, t. I, p. 240 et 259; les *Lettres édifiantes*, Recueil XI, p. 391 ; Recueil XII, p. 6.
2. Voyez les *Lettres édifiantes*, Recueil XXV, p. 122.

l'Amérique méridionale les Indiens sont jaunes, ou plutôt rougeâtres. Les habitants du Chili sont de bonne taille : ils ont les membres gros, la poitrine large, le visage peu agréable et sans barbe, les yeux petits, les oreilles longues, les cheveux noirs, plats et gros comme du crin ; ils s'allongent les oreilles, et ils s'arrachent la barbe avec des pinces faites de coquilles ; la plupart vont nus, quoique le climat soit froid ; ils portent seulement sur leurs épaules quelques peaux d'animaux. C'est à l'extrémité du Chili, vers les terres Magellaniques, que se trouve, à ce qu'on prétend, une race d'hommes dont la taille est gigantesque ; M. Frezier dit avoir appris de plusieurs Espagnols qui avaient vu quelques-uns de ces hommes, qu'ils avaient quatre varres de hauteur, c'est-à-dire neuf ou dix pieds ; selon lui, ces géants, appelés Patagons, habitent le côté de l'est de la côte déserte dont les anciennes relations ont parlé, qu'on a ensuite traitées de fables, parce que l'on a vu au détroit de Magellan des Indiens dont la taille ne surpassait pas celle des autres hommes. C'est, dit-il, ce qui a pu tromper Froger dans sa relation du voyage de M. de Gennes ; car quelques vaisseaux ont vu en même temps les uns et les autres : en 1709 les gens du vaisseau *le Jacques*, de Saint-Malo, virent sept de ces géants dans la baie Grégoire, et ceux du vaisseau *le Saint-Pierre*, de Marseille, en virent six, dont ils s'approchèrent pour leur offrir du pain, du vin et de l'eau-de-vie, qu'ils refusèrent, quoiqu'ils eussent donné à ces matelots quelques flèches, et qu'ils les eussent aidés à échouer le canot du navire [1]. Au reste, comme M. Frezier ne dit pas avoir vu lui-même aucun de ces géants, et que les relations qui en parlent

---

1. Voyez le *Voyage de M. Frezier*. Paris, 1732, p. 75 et suivantes.

sont remplies d'exagérations sur d'autres choses, on peut encore douter qu'il existe en effet une race d'hommes toute composée de géants, surtout lorsqu'on leur supposera dix pieds de hauteur ; car le volume du corps d'un tel homme serait huit fois plus considérable que celui d'un homme ordinaire ; il semble que la hauteur ordinaire des hommes étant de cinq pieds, les limites ne s'étendent guère qu'à un pied au-dessus et au-dessous ; un homme de six pieds est en effet un très-grand homme, et un homme de quatre pieds est très-petit ; les géants et les nains qui sont au-dessus et au-dessous de ces termes de grandeur doivent être regardés comme des variétés individuelles et accidentelles, et non pas comme des différences permanentes qui produiraient des races constantes.

Au reste, si ces géants des terres Magellaniques existent, ils sont en fort petit nombre, car les habitants des terres du détroit et des îles voisines sont des sauvages d'une taille médiocre ; ils sont de couleur olivâtre, ils ont la poitrine large, le corps assez carré, les membres gros, les cheveux noirs et plats[1]; en un mot, ils ressemblent par la taille à tous les autres hommes, et par la couleur et les cheveux aux autres Américains.

Il n'y a donc, pour ainsi dire, dans tout le nouveau continent, qu'une seule et même race d'hommes, qui tous sont plus ou moins basanés ; et à l'exception du nord de l'Amérique, où il se trouve des hommes semblables aux Lapons, et aussi quelques hommes à cheveux blonds, semblables aux Européens du Nord, tout le reste de cette

---

1. Voyez le *Voyage du Cap Narbrugh*, second volume de Coréal, p. 231 et 284 ; l'*Histoire de la conquête des Moluques*, par Argensola, t. I, p. 35 et 255 ; le *Voyage de M. de Gennes*, par Froger, p. 97 ; le *Recueil des Voyages qui ont servi à l'établissement de la Comp. de Holl.*, t. I, p. 651 ; les *Voyages du capitaine Wood*, cinquième volume de Dampier, p. 179, etc.

vaste partie du monde ne contient que des hommes parmi lesquels il n'y a presque aucune diversité, au lieu que dans l'ancien continent nous avons trouvé une prodigieuse variété dans les différents peuples. Il me paraît que la raison de cette uniformité dans les hommes de l'Amérique vient de ce qu'ils vivent tous de la même façon; tous les Américains naturels étaient ou sont encore sauvages ou presque sauvages; les Mexicains et les Péruviens étaient si nouvellement policés qu'ils ne doivent pas faire une exception. Quelle que soit donc l'origine de ces nations sauvages, elle paraît leur être commune à toutes; tous les Américains sortent d'une même souche, et ils ont conservé jusqu'à présent les caractères de leur race sans grande variation, parce qu'ils sont tous demeurés sauvages, qu'ils ont tous vécu à peu près de la même façon, que leur climat n'est pas à beaucoup près aussi inégal pour le froid et pour le chaud que celui de l'ancien continent, et qu'étant nouvellement établis dans leur pays, les causes qui produisent des variétés n'ont pu agir assez longtemps pour opérer des effets bien sensibles.

Chacune des raisons que je viens d'avancer mérite d'être considérée en particulier. Les Américains sont des peuples nouveaux : il me semble qu'on n'en peut pas douter lorsqu'on fait attention à leur petit nombre, à leur ignorance et au peu de progrès que les plus civilisés d'entre eux avaient faits dans les arts; car quoique les premières relations de la découverte et des conquêtes de l'Amérique nous parlent du Mexique, du Pérou, de Saint-Domingue, etc., comme de pays très-peuplés, et qu'elles nous disent que les Espagnols ont eu à combattre partout des armées très-nombreuses, il est aisé de voir que ces faits sont fort exagérés, premièrement, par le peu de monuments qui restent de la prétendue grandeur de ces peuples; secondement, par la nature même de leur pays qui, quoique peuplé d'Européens plus industrieux sans doute que ne l'étaient les naturels, est cependant encore sauvage, inculte, couvert de bois, et n'est d'ailleurs qu'un groupe de montagnes inaccessibles, inhabitables, qui ne laissent par conséquent que de petits espaces propres à être cultivés et habités; troisièmement, par la tradition même de ces peuples sur le temps qu'ils se sont réunis en société : les Péruviens ne comptaient que douze rois, dont le premier avait commencé à les civiliser [1]; ainsi il n'y avait pas trois cents ans qu'ils avaient cessé d'être, comme les autres, entièrement sauvages; quatrièmement, par le petit nombre d'hommes qui ont été employés à faire la conquête de ces vastes contrées : quelque avantage que la poudre à canon pût leur donner, ils n'auraient jamais subjugué ces peuples, s'ils eussent été nombreux; une preuve de ce que j'avance, c'est qu'on n'a jamais pu conquérir le pays des Nègres ni les assujettir, quoique les effets de la poudre fussent aussi nouveaux et aussi terribles pour eux que pour les Américains; la facilité avec laquelle on s'est emparé de l'Amérique me paraît prouver qu'elle était très-peu peuplée, et par conséquent nouvellement habitée.

Dans le nouveau continent la température des différents climats est bien plus égale que dans l'ancien continent; c'est encore par l'effet de plusieurs causes : il fait beaucoup moins chaud sous la zone torride, en Amérique, que sous la zone torride, en Afrique; les pays compris sous cette zone, en Amérique, sont le Mexique, la Nouvelle-Espagne, le Pérou, la terre des Amazones, le Brésil et la

---

[1]. Voyez l'*Histoire des Incas*, par Garcilasso, etc. Paris, 1744.

Guyane. La chaleur n'est jamais fort grande au Mexique, à la Nouvelle-Espagne et au Pérou, parce que ces contrées sont des terres extrêmement élevées au-dessus du niveau ordinaire de la surface du globe; le thermomètre, dans les grandes chaleurs, ne monte pas si haut au Pérou qu'en France; la neige qui couvre le sommet des montagnes refroidit l'air, et cette cause, qui n'est qu'un effet de la première, influe beaucoup sur la température de ce climat. Aussi les habitants, au lieu d'être noirs ou très-bruns, sont seulement basanés; dans la terre des Amazones, il y a une prodigieuse quantité d'eaux répandues, de fleuves et de forêts; l'air y est donc extrêmement humide, et par conséquent beaucoup plus frais qu'il ne le serait dans un pays plus sec; d'ailleurs on doit observer que le vent d'est, qui souffle constamment entre les tropiques, n'arrive au Brésil, à la terre des Amazones et à la Guyane, qu'après avoir traversé une vaste mer sur laquelle il prend de la fraîcheur qu'il porte ensuite sur toutes les terres orientales de l'Amérique équinoxiale; c'est par cette raison, aussi bien que par la quantité des eaux et des forêts et par l'abondance et la continuité des pluies, que ces parties de l'Amérique sont beaucoup plus tempérées qu'elles ne le seraient en effet sans ces circonstances particulières. Mais lorsque le vent d'est a traversé les terres basses de l'Amérique, et qu'il arrive au Pérou, il a acquis un degré de chaleur plus considérable: aussi ferait-il plus chaud au Pérou qu'au Brésil ou à la Guyane, si l'élévation de cette contrée et les neiges qui s'y trouvent ne refroidissaient pas l'air et n'ôtaient pas au vent d'est toute la chaleur qu'il peut avoir acquise en traversant les terres; il lui en reste cependant assez pour influer sur la couleur des habitants, car ceux qui par leur situation y sont le plus exposés sont les plus jaunes, et ceux qui habitent les vallées entre les montagnes, et qui sont à l'abri de ce vent, sont beaucoup plus blancs que les autres. D'ailleurs ce vent, qui vient frapper contre les hautes montagnes des Cordillères, doit se réfléchir à d'assez grandes distances dans les terres voisines de ces montagnes, et y porter la fraîcheur qu'il a prise sur les neiges qui couvrent leurs sommets : ces neiges elles-mêmes doivent produire des vents froids dans les temps de leur fonte. Toutes ces causes concourant donc à rendre le climat de la zone torride en Amérique beaucoup moins chaud, il n'est point étonnant qu'on n'y trouve pas des hommes noirs, ni même bruns, comme on en trouve sous la zone torride en Afrique et en Asie, où les circonstances sont fort différentes, comme nous le dirons tout à l'heure : soit que l'on suppose donc que les habitants de l'Amérique soient très-anciennement naturalisés dans leur pays, ou qu'ils y soient venus plus nouvellement, on ne devait pas y trouver des hommes noirs, puisque leur zone torride est un climat tempéré.

La dernière raison que j'ai donnée de ce qu'il se trouve peu de variété dans les hommes en Amérique, c'est l'uniformité dans leur manière de vivre; tous étaient sauvages ou très-nouvellement civilisés, tous vivaient ou avaient vécu de la même façon : en supposant qu'ils eussent tous une origine commune, les races s'étaient dispersées sans s'être croisées; chaque famille faisait une nation toujours semblable à elle-même, et presque semblable aux autres, parce que le climat et la nourriture étaient aussi à peu près semblables; ils n'avaient aucun moyen de dégénérer ni de se perfectionner, ils ne pouvaient donc que demeurer toujours les mêmes, et partout à peu près les mêmes.

Quant à leur première origine, je ne doute pas, indépendamment même des raisons théologiques, qu'elle ne soit la même que la nôtre ; la ressemblance des sauvages de l'Amérique septentrionale avec les Tartares orientaux doit faire soupçonner qu'ils sortent anciennement de ces peuples ; les nouvelles découvertes que les Russes ont faites, au delà du Kamtschatka, de plusieurs terres et de plusieurs îles qui s'étendent jusqu'à la partie de l'ouest du continent de l'Amérique, ne laisseraient aucun doute sur la possibilité de la communication, si ces découvertes étaient bien constatées et que ces terres fussent à peu près contiguës ; mais en supposant même qu'il y ait des intervalles de mer assez considérables, n'est-il pas très-possible que des hommes aient traversé ces intervalles, et qu'ils soient allés d'eux-mêmes chercher ces nouvelles terres, ou qu'ils y aient été jetés par la tempête? Il y a peut-être un plus grand intervalle de mer entre les îles Mariannes et le Japon qu'entre aucune des terres qui sont au delà du Kamtschatka et celle de l'Amérique, et cependant les îles Mariannes se sont trouvées peuplées d'hommes qui ne peuvent venir que du continent oriental. Je serais donc porté à croire que les premiers hommes qui sont venus en Amérique ont abordé aux terres qui sont au nord-ouest de la Californie ; que le froid excessif de ce climat les obligea à gagner les parties plus méridionales de leur nouvelle demeure, qu'ils se fixèrent d'abord au Mexique et au Pérou, d'où ils se sont ensuite répandus dans toutes les parties de l'Amérique septentrionale et méridionale ; car le Mexique et le Pérou peuvent être regardés comme les terres les plus anciennes de ce continent, et les plus anciennement peuplées, puisqu'elles sont les plus élevées et les seules où l'on ait trouvé des hommes réunis en société. On peut aussi présumer avec une très-grande vraisemblance que les habitants du nord de l'Amérique au détroit de Davis, et des parties septentrionales de la terre de Labrador, sont venus du Groënland, qui n'est séparé de l'Amérique que par la largeur de ce détroit, qui n'est pas fort considérable ; car, comme nous l'avons dit, ces sauvages du détroit de Davis et ceux de Groënland se ressemblent parfaitement ; et quant à la manière dont le Groënland aura été peuplé, on peut croire, avec tout autant de vraisemblance, que les Lapons y auront passé depuis le cap Nord, qui n'en est éloigné que d'environ cent cinquante lieues ; et d'ailleurs comme l'île d'Islande est presque contiguë au Groënland, que cette île n'est pas éloignée des Orcades septentrionales, qu'elle a été très-anciennement habitée et même fréquentée des peuples de l'Europe, que les Danois avaient même fait des établissements et formé des colonies dans le Groënland, il ne serait pas étonnant qu'on trouvât dans ce pays des hommes blancs et à cheveux blonds, qui tireraient leur origine de ces Danois ; et il y a quelque apparence que les hommes blancs qu'on trouve aussi au détroit de Davis viennent de ces blancs d'Europe qui se sont établis dans les terres du Groënland, d'où ils auront aisément passé en Amérique, en traversant le petit intervalle de mer qui forme le détroit de Davis.

Autant il y a d'uniformité dans la couleur et dans la forme des habitants naturels de l'Amérique, autant on trouve de variété dans les peuples de l'Afrique : cette partie du monde est très-anciennement et très-abondamment peuplée ; le climat y est brûlant, et cependant d'une température très-inégale suivant les différentes contrées ; et les mœurs des différents peuples sont aussi toutes différentes, comme on a pu le remarquer par les descriptions que nous en avons données. Toutes ces causes ont donc concouru pour produire en Afrique une variété dans les hommes plus grande que partout ailleurs; car en examinant d'abord la différence de la température des contrées africaines, nous trouverons que la chaleur n'étant pas excessive en Barbarie et dans toute l'étendue des terres voisines de la mer Méditerranée, les hommes y sont blancs et seulement un peu basanés; toute cette terre de la Barbarie est rafraîchie, d'un côté par l'air de la Méditerranée, et de l'autre par les neiges du mont Atlas; elle est d'ailleurs située dans la zone tempérée en deçà du tropique : aussi tous les peuples qui sont depuis l'Égypte jusqu'aux îles Canaries sont seulement un peu plus ou un peu moins basanés. Au delà du tropique, et de l'autre côté du mont Atlas, la chaleur devient beaucoup plus grande, et les hommes sont très-bruns, mais ils ne sont pas encore noirs; ensuite, au 17e ou 18e degré de latitude nord, on trouve le Sénégal et la Nubie, dont les habitants sont tout à fait noirs, aussi la chaleur y est-elle excessive; on sait qu'au Sénégal elle est si grande que la liqueur du thermomètre monte jusqu'à 38 degrés, tandis qu'en France elle ne monte que très-rarement à 30 degrés, et qu'au Pérou, quoique situé sous la zone torride, elle est presque toujours au même degré, et ne s'élève presque jamais au-dessus de 25 degrés. Nous n'avons pas d'observations faites avec le thermomètre en Nubie, mais tous les voyageurs s'accordent à dire que la chaleur y est excessive : les déserts sablonneux qui sont entre la haute Égypte et la Nubie échauffent l'air au point que le vent du nord des Nubiens doit être un vent brûlant; d'autre côté, le vent d'est qui règne le plus ordinairement entre les tropiques n'arrive en Nubie qu'après avoir parcouru les terres de l'Arabie, sur lesquelles il prend une chaleur que le petit intervalle de la mer Rouge ne peut guère tempérer ; on ne doit donc pas être surpris d'y trouver les hommes tout à fait noirs ; cependant ils doivent l'être encore plus au Sénégal, car le vent d'est ne peut y arriver qu'après avoir parcouru toutes les terres de l'Afrique dans leur plus grande largeur, ce qui doit le rendre d'une chaleur insoutenable. Si l'on prend donc en général toute la partie de l'Afrique qui est comprise entre les tropiques où le vent d'est souffle plus constamment qu'aucun autre, on concevra aisément que toutes les côtes occidentales de cette partie du monde doivent éprouver et éprouvent en effet une chaleur bien plus grande que les côtes orientales, parce que le vent d'est arrive sur les côtes orientales avec la fraîcheur qu'il a prise en parcourant une vaste mer, au lieu qu'il prend une ardeur brûlante en traversant les terres de l'Afrique avant que d'arriver aux côtes occidentales de cette partie du monde : aussi les côtes du Sénégal, de Sierra-Léona, de la Guinée, en un mot, toutes les terres occidentales de l'Afrique qui sont situées sous la zone torride sont les climats les plus chauds de la terre, et il ne fait pas à beaucoup près aussi chaud sur les côtes orientales de l'Afrique, comme à Mozambique, à Mombase, etc. Je ne doute donc pas que ce ne soit par cette raison qu'on trouve les vrais Nègres, c'est-à-dire les plus noirs de tous les noirs, dans les terres occidentales de l'Afrique, et qu'au contraire on trouve les Cafres, c'est-à-dire des noirs moins noirs, dans les terres orientales : la différence marquée qui est entre ces deux espèces de noirs vient de celle de la chaleur de leur climat, qui n'est que très-grande dans la partie de l'orient, mais excessive dans celle de l'occident en Afrique. Au delà du tropique du côté du sud la chaleur est considérablement diminuée, d'abord par la hauteur de la latitude, et aussi parce que la pointe de l'Afrique se rétrécit, et que cette pointe de terre étant environnée de la mer de tous côtés, l'air doit y être beaucoup plus tempéré qu'il ne le serait dans le milieu d'un continent : aussi les hommes de cette contrée commencent à blanchir, et sont même naturellement plus blancs que noirs, comme nous l'avons dit ci-dessus. Rien ne me paraît prouver plus clairement que le climat est la principale cause de la variété dans l'espèce humaine que cette couleur des Hottentots, dont la noirceur ne peut avoir été affaiblie que par la température du climat ; et si l'on joint à cette preuve toutes celles qu'on doit tirer des convenances que je viens d'exposer, il me semble qu'on n'en pourra plus douter.

Si nous examinons tous les autres peuples qui sont sous la zone torride au delà de l'Afrique, nous nous confirmerons encore plus dans cette opinion : les habitants des Maldives, de Ceylan, de la pointe de la presqu'île de l'Inde, de Sumatra, de Malaca, de Bornéo, de Célèbes, des Philippines, etc., sont tous extrêmement bruns, sans être absolument noirs, parce que toutes ces terres sont des îles ou des presqu'îles; la mer tempère dans ces climats l'ardeur de l'air, qui d'ailleurs ne peut jamais être aussi grande que dans l'intérieur ou sur les côtes occidentales de l'Afrique, parce que le vent d'est ou d'ouest qui règne alternativement dans cette partie du globe n'arrive sur ces terres de l'archipel Indien qu'après avoir passé sur des mers d'une très-vaste étendue. Toutes ces îles ne sont donc peuplées que d'hommes bruns, parce que la chaleur n'y est pas excessive; mais dans la Nouvelle-Guinée, ou terre des Papous, on retrouve des hommes noirs et qui paraissent être de vrais Nègres par les descriptions des voyageurs, parce que ces terres forment un continent du côté de l'est, et que le vent qui traverse ces terres est beaucoup plus ardent que celui qui règne dans l'océan Indien. Dans la Nouvelle-Hollande, où l'ardeur du climat n'est pas si grande parce que cette terre commence à s'éloigner de l'équateur, on retrouve des peuples moins noirs et assez semblables aux Hottentots; ces Nègres et ces Hottentots, que l'on trouve sous la même latitude, à une si grande distance des autres Nègres et des autres Hottentots, ne prouvent-ils pas que leur couleur ne dépend que de l'ardeur du climat? car on ne peut pas soupçonner qu'il y ait jamais eu de communication de l'Afrique à ce continent austral, et cependant on y retrouve les mêmes espèces d'hommes, parce qu'on y trouve les circonstances qui peuvent occasionner les mêmes degrés de chaleur. Un exemple pris des animaux pourra confirmer encore tout ce que je viens de dire : on a observé qu'en Dauphiné tous les cochons sont noirs, et qu'au contraire de l'autre côté du Rhône, en Vivarais, où il fait plus froid qu'en Dauphiné, tous les cochons sont blancs; il n'y a pas d'apparence que les habitants de ces deux provinces se soient accordés pour n'élever les uns que des cochons noirs, et les autres des cochons blancs, et il me semble que cette différence ne peut venir que de celle de la température du climat, combinée peut-être avec celle de la nourriture de ces animaux.

Les Noirs qu'on a trouvés, mais en fort petit nombre, aux Philippines et dans quelques autres îles de l'océan Indien, viennent apparemment de ces Papous ou Nègres de la Nouvelle-Guinée, que les Européens ne connaissent que depuis environ cinquante ans. Dampier découvrit en 1700 la partie la plus orientale de cette terre, à laquelle il donna le nom de Nouvelle-Bretagne, mais on ignore encore l'étendue de cette contrée ; on sait seulement qu'elle n'est pas fort peuplée dans les parties qu'on a reconnues.

On ne trouve donc des Nègres que dans les climats de la terre où toutes les circonstances sont réunies pour produire une chaleur constante et toujours excessive ; cette chaleur est si nécessaire, non-seulement à la production, mais même à la conservation des Nègres, qu'on a observé dans nos îles où la chaleur, quoique très-forte, n'est pas comparable à celle du Sénégal, que les enfants nouveau-nés des Nègres sont si susceptibles des impressions de l'air, que l'on est obligé de les tenir pendant les neuf premiers jours après leur naissance dans des chambres bien fermées et bien chaudes ; si l'on ne prend pas ces précautions et qu'on les expose à l'air au moment de leur naissance, il leur survient une convulsion à la mâchoire qui les empêche de prendre de la nourriture, et qui les fait mourir. M. Littre, qui fit en 1702 la dissection d'un Nègre, observa que le bout du gland, qui n'était pas couvert du prépuce, était noir comme toute la peau, et que le reste, qui était couvert, était parfaitement blanc[1] : cette observation prouve que l'action de l'air est nécessaire pour produire la noirceur de la peau des Nègres ; leurs enfants naissent blancs, ou plutôt rouges, comme ceux des autres hommes ; mais deux ou trois jours après qu'ils sont nés la couleur change, ils paraissent d'un jaune basané qui se brunit peu à peu, et au septième ou huitième jour ils sont déjà tout noirs. On sait que deux ou trois jours après la naissance tous les enfants ont une

---

1. Voyez l'*Histoire de l'Académie des Sciences*, année 1702, p. 32.

espèce de jaunisse : cette jaunisse dans les blancs n'a qu'un effet passager, et ne laisse à la peau aucune impression ; dans les Nègres, au contraire, elle donne à la peau une couleur ineffaçable, et qui noircit toujours de plus en plus. M. Kolbe dit avoir remarqué que les enfants des Hottentots, qui naissent blancs comme ceux d'Europe, devenaient olivâtres par l'effet de cette jaunisse qui se répand dans toute la peau trois ou quatre jours après la naissance de l'enfant, et qui dans la suite ne disparaît plus. Cependant cette jaunisse et l'impression actuelle de l'air ne me paraissent être que des causes occasionnelles de la noirceur, et non pas la cause première ; car on remarque que les enfants des Nègres ont, dans le moment même de leur naissance, du noir à la racine des ongles et aux parties génitales : l'action de l'air et la jaunisse serviront, si l'on veut, à étendre cette couleur, mais il est certain que le germe de la noirceur est communiqué aux enfants par les pères et mères ; qu'en quelque pays qu'un Nègre vienne au monde il sera noir comme s'il était né dans son propre pays, et que s'il y a quelque différence dès la première génération, elle est si insensible qu'on ne s'en est pas aperçu. Cependant cela ne suffit pas pour qu'on soit en droit d'assurer qu'après un certain nombre de générations cette couleur ne changerait pas sensiblement ; il y a au contraire toutes les raisons du monde pour présumer que, comme elle ne vient originairement que de l'ardeur du climat et de l'action longtemps continuée de la chaleur, elle s'effacerait peu à peu par la température d'un climat froid, et que par conséquent si l'on transportait des Nègres dans une province du Nord, leurs descendants à la huitième, dixième ou douzième génération, seraient beaucoup moins noirs que leurs ancêtres, et peut-être aussi blancs que les peuples originaires du climat froid où ils habiteraient.

Les anatomistes ont cherché dans quelle partie de la peau résidait la couleur noire des Nègres : les uns prétendent que ce n'est ni dans le corps de la peau ni dans l'épiderme, mais dans la membrane réticulaire qui se trouve entre l'épiderme et la peau[1] ; que cette membrane lavée et tenue dans l'eau tiède pendant fort longtemps ne change pas de couleur et reste toujours noire, au lieu que la peau et la surpeau paraissent être à peu près aussi blanches que celles des autres hommes. Le docteur Towns, et quelques autres, ont prétendu que le sang des Nègres était beaucoup plus noir que celui des blancs; je n'ai pas été à portée de vérifier ce fait, que je serais assez porté à croire, car j'ai remarqué que les hommes, parmi nous, qui ont le teint basané, jaunâtre et brun, ont le sang plus noir que les autres, et ces auteurs prétendent que la couleur des Nègres vient de celle de leur sang[2]. M. Barrère, qui paraît avoir examiné la chose de plus près qu'aucun autre[3], dit, aussi bien que M. Winslow[4], que l'épiderme des Nègres est noir, et que s'il a paru blanc à ceux qui l'ont examiné, c'est parce qu'il est extrêmement mince et transparent, mais qu'il est réellement aussi noir que de la corne noire qu'on aurait réduite à une aussi petite épaisseur : ils assurent aussi que la peau des Nègres est d'un rouge brun approchant du noir; cette

---

1. Voyez l'*Histoire de l'Académie des Sciences*, année 1702, p. 32.

2. Voyez l'Écrit du docteur Towns, adressé à la Société royale de Londres.

3. Voyez la *Dissertation sur la couleur des Nègres*, par M. Barrère. Paris, 1741.

4. Voyez *Exposition anatomique du corps humain*, par M. Winslow, p. 489.

couleur de l'épiderme et de la peau des Nègres est produite, selon M. Barrère, par la bile, qui dans les Nègres n'est pas jaune, mais toujours noire comme de l'encre, comme il croit s'en être assuré sur plusieurs cadavres de Nègres qu'il a eu occasion de disséquer à Cayenne : la bile teint en effet la peau des hommes blancs en jaune lorsqu'elle se répand, et il y a apparence que, si elle était noire, elle la teindrait en noir ; mais dès que l'épanchement de bile cesse, la peau reprend sa blancheur naturelle : il faudrait donc supposer que la bile est toujours répandue dans les Nègres, ou bien que, comme le dit M. Barrère, elle fût si abondante qu'elle se séparât naturellement dans l'épiderme en assez grande quantité pour lui donner cette couleur noire. Au reste, il est probable que la bile et le sang sont plus bruns dans les Nègres que dans les blancs, comme la peau est aussi plus noire ; mais l'un de ces faits ne peut pas servir à expliquer la cause de l'autre, car si l'on prétend que c'est le sang ou la bile qui, par leur noirceur, donnent cette couleur à la peau, alors au lieu de demander pourquoi les Nègres ont la peau noire, on demandera pourquoi ils ont la bile ou le sang noir ; ce n'est donc qu'éloigner la question, au lieu de la résoudre. Pour moi, j'avoue qu'il m'a toujours paru que la même cause qui nous brunit lorsque nous nous exposons au grand air et aux ardeurs du soleil, cette cause qui fait que les Espagnols sont plus bruns que les Français, et les Maures plus que les Espagnols, fait aussi que les Nègres le sont plus que les Maures : d'ailleurs nous ne voulons pas chercher ici comment cette cause agit, mais seulement nous assurer qu'elle agit, et que ces effets sont d'autant plus grands et plus sensibles qu'elle agit plus fortement et plus longtemps.

La chaleur du climat est la principale cause de la couleur noire : lorsque cette chaleur est excessive comme au Sénégal et en Guinée, les hommes sont tout à fait noirs; lorsqu'elle est un peu moins forte, comme sur les côtes orientales de l'Afrique, les hommes sont moins noirs; lorsqu'elle commence à devenir un peu moins tempérée, comme en Barbarie, au Mogol, en Arabie, etc., les hommes ne sont que bruns; et enfin lorsqu'elle est tout à fait tempérée, comme en Europe et en Asie, les hommes sont blancs; on y remarque seulement quelques variétés qui ne viennent que de la manière de vivre; par exemple, tous les Tartares sont basanés, tandis que les peuples d'Europe qui sont sous la même latitude sont blancs. On doit, ce me semble, attribuer cette différence à ce que les Tartares sont toujours exposés à l'air, qu'ils n'ont ni villes ni demeures fixes, qu'ils couchent sur la terre, qu'ils vivent d'une manière dure et sauvage : cela seul suffit pour qu'ils soient moins blancs que les peuples de l'Europe auxquels il ne manque rien de tout ce qui peut rendre la vie douce. Pourquoi les Chinois sont-ils plus blancs que les Tartares, auxquels ils ressemblent d'ailleurs par tous les traits du visage? c'est parce qu'ils habitent dans des villes, parce qu'ils sont policés, parce qu'ils ont tous les moyens de se garantir des injures de l'air et de la terre, et que les Tartares y sont perpétuellement exposés.

Mais lorsque le froid devient extrême, il produit quelques effets semblables à ceux de la chaleur excessive; les Samoïèdes, les Lapons, les Groënlandais, sont fort basanés. On assure même, comme nous l'avons dit, qu'il se trouve parmi les Groënlandais des hommes aussi noirs que ceux de l'Afrique; les deux extrêmes, comme l'on voit, se rapprochent encore ici : un froid très-vif et une chaleur brûlante produisent le même effet sur la peau, parce que l'une et l'autre de ces deux causes agissent par une qualité qui leur est commune. Cette qualité est la sécheresse qui, dans un air très-froid, peut être aussi grande que dans un air chaud; le froid, comme le chaud, doit dessécher la peau, l'altérer et lui donner cette couleur basanée que l'on trouve chez les Lapons. Le froid resserre, rapetisse et réduit à un moindre volume toutes les productions de la nature ; aussi les Lapons, qui sont perpétuellement exposés à la rigueur du grand froid, sont les plus petits de tous les hommes. Rien ne prouve mieux l'influence du climat que cette race laponne qui se trouve placée tout le long du cercle polaire dans une très-longue zone, dont la largeur est bornée par l'étendue du climat excessivement froid, et finit dès qu'on arrive dans un pays un peu plus tempéré.

Le climat le plus tempéré est depuis le 40ᵉ degré jusqu'au 50ᵉ; c'est aussi sous cette zone que se trouvent les hommes les plus beaux et les mieux faits; c'est sous ce climat qu'on doit prendre l'idée de la vraie couleur naturelle de l'homme; c'est là où l'on doit prendre le modèle ou l'unité à laquelle il faut rapporter toutes les autres nuances de couleur et de beauté; les deux extrêmes sont également éloignés du vrai et du beau : les pays policés situés sous cette zone sont la Géorgie, la Circassie, l'Ukraine, la Turquie d'Europe, la Hongrie, l'Allemagne méridionale, l'Italie, la Suisse, la France et la partie septentrionale de l'Espagne; tous ces peuples sont aussi les plus beaux et les mieux faits de toute la terre.

On peut donc regarder le climat comme la cause première et presque unique de la couleur des hommes; mais la nourriture, qui fait à la couleur beaucoup moins que le climat, fait beaucoup à la forme. Des nourritures grossières, malsaines ou mal préparées peuvent faire dégénérer l'espèce humaine : tous les peuples qui vivent misérablement sont laids et mal faits; chez nous-mêmes les gens de la campagne sont plus laids que ceux des villes; et j'ai souvent remarqué que dans les villages où la pauvreté est moins grande que dans les autres villages voisins, les hommes y sont aussi mieux faits et les visages moins laids. L'air et la terre influent beaucoup sur la forme des hommes, des animaux, des plantes : qu'on examine dans le même canton les hommes qui habitent les terres élevées, comme les coteaux ou le dessus des collines, et qu'on les compare avec ceux qui occupent le milieu des vallées voisines, on trouvera que les premiers sont agiles, dispos, bien faits, spirituels, et que les femmes y sont communément jolies, au lieu que dans le plat pays où la terre est grosse, l'air épais, et l'eau moins pure, les paysans sont grossiers, pesants, mal faits, stupides, et les paysannes presque toutes laides. Qu'on amène des chevaux d'Espagne ou de Barbarie en France, il ne sera pas possible de perpétuer leur race; ils commencent à dégénérer dès la première génération, et à la troisième ou quatrième ces chevaux de race barbe ou espagnole, sans aucun mélange avec d'autres races, ne laisseront pas de devenir des chevaux français : en sorte que, pour perpétuer les beaux chevaux, on est obligé de croiser les races, en faisant venir de nouveaux étalons d'Espagne ou de Barbarie. Le climat et la nourriture influent sur la forme des animaux d'une manière si marquée, qu'on ne peut pas douter de leurs effets; et quoiqu'ils soient moins prompts, moins apparents et moins sensibles sur les hommes, nous devons conclure par analogie que ces effets ont lieu dans l'espèce humaine, et qu'ils se manifestent par les variétés qu'on y trouve.

Tout concourt donc à prouver que le genre humain n'est pas composé d'espèces essentiellement différentes entre elles ; qu'au contraire il n'y a eu originairement qu'une seule espèce d'hommes, qui, s'étant multipliée et répandue sur toute la surface de la terre, a subi différents changements par l'influence du climat, par la différence de la nourriture, par celle de la manière de vivre, par les maladies épidémiques, et aussi par le mélange varié à l'infini des individus plus ou moins ressemblants; que d'abord ces altérations n'étaient pas si marquées, et ne produisaient que des variétés individuelles; qu'elles sont ensuite devenues variétés de l'espèce, parce qu'elles sont devenues plus générales, plus sensibles et plus consolantes par l'action continuée de ces mêmes causes; qu'elles se sont perpétuées et qu'elles se perpétuent de génération en génération, comme les difformités ou les maladies des pères et mères passent à leurs enfants ; et qu'enfin, comme elles n'ont été produites originairement que par le concours de causes extérieures et accidentelles, qu'elles n'ont été confirmées et rendues constantes que par le temps et l'action continuée de ces mêmes causes, il est très-probable qu'elles disparaîtraient aussi peu à peu, et avec le temps, ou même qu'elles deviendraient différentes de ce qu'elles sont aujourd'hui, si ces mêmes causes ne subsistaient plus, ou si elles venaient à varier dans d'autres circonstances et par d'autres combinaisons.

FIN DE L'HISTOIRE NATURELLE DE L'HOMME.

HISTOIRE NATURELLE
DES ANIMAUX

DISCOURS

SUR LA NATURE DES ANIMAUX.

Comme ce n'est qu'en comparant que nous pouvons juger, que nos connaissances roulent même entièrement sur les rapports que les choses ont avec celles qui leur ressemblent ou qui en diffèrent, et que, s'il n'existait point d'animaux, la nature de l'homme serait encore plus incompréhensible, après avoir considéré l'homme en lui-même, ne devons-nous pas nous servir de cette voie de comparaison? Ne faut-il pas examiner la nature des animaux, comparer leur organisation, étudier l'économie animale en général, afin d'en faire des applications particulières, d'en saisir les ressemblances, rapprocher les différences, et de la réunion de ces combinaisons tirer assez de lumières pour distinguer nettement les principaux effets de la mécanique vivante, et nous conduire à la science importante dont l'homme même est l'objet?

Commençons par simplifier les choses, resserrons l'étendue de notre sujet, qui d'abord paraît immense, et tâchons de le réduire à ses justes limites. Les propriétés qui appartiennent à l'animal, parce qu'elles appartiennent à toute matière, ne doivent point être ici considérées, du moins d'une manière absolue. Le corps de l'animal est étendu, pesant, impénétrable, figuré, capable d'être mis en mouvement, ou contraint de demeurer en repos par l'action ou par la résistance des corps étrangers; toutes ces propriétés, qui lui sont communes avec le reste de la matière, ne sont pas celles qui caractérisent la nature des animaux, et ne doivent être employées que d'une manière relative, en comparant, par exemple, la grandeur, le poids, la figure, etc., d'un animal, avec la grandeur, le poids, la figure, etc., d'un autre animal.

De même nous devons séparer de la nature particulière des animaux les facultés qui sont communes à l'animal et au végétal : tous deux se nourrissent, se développent et se reproduisent; nous ne devons donc pas comprendre dans l'économie animale proprement dite ces facultés qui appartiennent aussi au végétal, et c'est par cette raison que nous avons traité de la nutrition, du développement, de la reproduction, et même de la génération des animaux, avant que d'avoir traité de ce qui appartient en propre à l'animal, ou plutôt de ce qui n'appartient qu'à lui.

Ensuite, comme on comprend dans la classe des animaux plusieurs êtres animés dont l'organisation est très-différente de la nôtre et de celle des animaux dont le corps est à peu près composé comme le nôtre, nous devons éloigner de nos considérations cette espèce de nature animale particulière, et ne nous attacher qu'à celle des animaux qui nous ressemblent le plus : l'économie animale d'une huître, par exemple, ne doit pas faire partie de celle dont nous avons à traiter.

Mais comme l'homme n'est pas un simple animal, comme sa nature est supérieure à celle des animaux, nous devons nous attacher à démontrer la cause de cette supériorité, et établir, par des preuves claires et solides, le degré précis de cette infériorité de la nature des animaux, afin de distinguer ce qui n'appartient qu'à l'homme de ce qui lui appartient en commun avec l'animal.

Pour mieux voir notre objet, nous venons de le circonscrire, nous en avons retranché toutes les extrémités excédantes, et nous n'avons conservé que les parties nécessaires. Divisons-le maintenant pour le considérer avec toute l'attention qu'il exige, mais divisons-le par grandes masses : avant d'examiner en détail les parties de la machine animale et les fonctions de chacune de ces parties, voyons en général le résultat de cette mécanique, et sans vouloir d'abord raisonner sur les causes, bornons-nous à constater les effets.

L'animal a deux manières d'être, l'état de mouvement et l'état de repos, la veille et le sommeil, qui se succèdent alternativement pendant toute la vie : dans le premier état, tous les ressorts de la machine animale sont en action; dans le second, il n'y en a qu'une partie, et cette partie, qui est en action pendant le sommeil, est aussi en action pendant la veille. Cette partie est donc d'une nécessité absolue, puisque l'animal ne peut exister d'aucune façon sans elle; cette partie est indépendante de l'autre, puisqu'elle agit seule; l'autre, au contraire, dépend de celle-ci, puisqu'elle ne peut seule exercer son action : l'une est la partie fondamentale de l'économie animale, puisqu'elle agit continuellement et sans interruption; l'autre est une partie moins essentielle, puisqu'elle n'a d'exercice que par intervalles et d'une manière alternative.

Cette première division de l'économie animale me paraît naturelle, générale et bien fondée ; l'animal qui dort ou qui est en repos est une machine moins compliquée et plus aisée à considérer que l'animal qui veille ou qui est en mouvement. Cette différence est essentielle, et n'est pas un simple changement d'état, comme dans un corps inanimé qui peut également et indifféremment être en repos ou en mouvement; car un corps inanimé, qui est dans l'un ou l'autre de ces états, restera perpétuellement dans cet état, à moins que des forces ou des résistances étrangères ne le contraignent à en changer ; mais c'est par ses propres forces que l'animal change d'état ; il passe du repos à l'action, et de l'action au repos, naturellement et sans contrainte : le moment de l'*éveil* revient aussi nécessairement que celui du sommeil, et tous deux arriveraient indépendamment des causes étrangères, puisque l'animal ne peut exister que pendant un certain temps dans l'un ou dans l'autre état, et que la continuité non interrompue de la veille ou du sommeil, de l'action ou du repos, amènerait également la cessation de la continuité du mouvement vital.

Nous pouvons donc distinguer dans l'économie animale deux parties, dont la première agit perpétuellement sans aucune interruption, et la seconde n'agit que par intervalles. L'action du cœur et des poumons dans l'animal qui respire, l'action du cœur dans le fœtus, paraissent être cette première partie de l'économie animale : l'action des sens et le mouvement du corps et des membres semblent constituer la seconde.

Si nous imaginions donc des êtres auxquels la nature n'eût accordé que cette première partie de l'économie animale, ces êtres, qui seraient nécessairement privés de sens et de mouvement progressif, ne laisseraient pas d'être des êtres animés, qui ne différeraient en rien des animaux qui dorment. Une huître, un zoophyte, qui ne paraît avoir ni mouvement extérieur sensible, ni sens externe, est un être formé pour dormir toujours; un végétal n'est dans ce sens qu'un animal qui dort, et en général les fonctions de tout être organisé qui n'aurait ni mouvement, ni sens, pourraient être comparées aux fonctions d'un animal qui serait par sa nature contraint à dormir perpétuellement.

Dans l'animal, l'état de sommeil n'est donc pas un état accidentel, occasionné par le plus ou moins grand exercice de ses fonctions pendant la veille; cet état est au contraire une manière d'être essentielle, et qui sert de base à l'économie animale. C'est par le sommeil que commence notre existence; le fœtus dort presque continuellement, et l'enfant dort beaucoup plus qu'il ne veille.

Le sommeil, qui paraît être un état purement passif, une espèce de mort, est donc au contraire le premier état de l'animal vivant et le fondement de la vie; ce n'est point une privation, un anéantissement, c'est une manière d'être, une façon d'exister tout aussi réelle et plus générale qu'aucune autre; nous existons de cette façon avant d'exister autrement : tous les êtres organisés qui n'ont point de sens n'existent que de cette façon, aucun n'existe dans un état de mouvement continuel, et l'existence de tous participe plus ou moins à cet état de repos.

Si nous réduisons l'animal même le plus parfait à cette partie qui agit seule et continuellement, il ne nous paraîtra pas différent de ces êtres auxquels nous avons peine à accorder le nom d'animal; il nous paraîtra, quant aux fonctions extérieures, presque semblable au végétal; car quoique l'organisation intérieure soit différente dans l'animal et dans le végétal, l'un et l'autre ne nous offriront plus que les mêmes résultats : ils se nourriront, ils croîtront, ils se développeront, ils auront les principes d'un mouvement interne, ils posséderont une vie végétale ; mais ils seront également privés de mouvement progressif, d'action, de sentiment, et ils n'auront aucun signe extérieur, aucun caractère apparent de vie animale. Mais revêtons cette partie intérieure d'une enveloppe convenable, c'est-à-dire, donnons-lui des sens et des membres, bientôt la vie animale se manifestera ; et plus l'enveloppe contiendra de sens, de membres et d'autres parties extérieures, plus la vie animale nous paraîtra complète, et plus l'animal sera parfait. C'est donc par cette enveloppe que les animaux diffèrent entre eux : la partie intérieure qui fait le fondement de l'économie animale appartient à tous les animaux sans aucune exception, et elle est à peu près la même, pour la forme, dans l'homme et dans les animaux qui ont de la chair et du sang ; mais l'enveloppe extérieure est très-différente, et c'est aux extrémités de cette enveloppe que sont les plus grandes différences.

Comparons, pour nous faire mieux entendre, le corps de l'homme avec celui d'un animal, par exemple, avec le corps du cheval, du bœuf, du cochon, etc. : la partie intérieure qui agit continuellement, c'est-à-dire le cœur et les poumons, ou plus généralement les organes de la circulation et de la respiration, sont à peu près les mêmes dans l'homme et dans l'animal ; mais la partie extérieure, l'enveloppe, est fort différente. La charpente du corps de l'animal, quoique composée de parties similaires à celles du corps humain, varie prodigieusement pour le nombre, la grandeur et la position ; les os y sont plus ou moins allongés, plus ou moins accourcis, plus ou moins arrondis, plus ou moins aplatis, etc.; leurs extrémités sont plus ou moins élevées, plus ou moins cavées : plusieurs sont soudés ensemble; il y en a même quelques-uns qui manquent absolument, comme les clavicules; il y en a d'autres qui sont en plus grand nombre, comme les cornets du nez, les vertèbres, les côtes, etc., d'autres qui sont en plus petit nombre, comme les os du carpe, du métacarpe, du tarse, du métatarse, les phalanges, etc., ce qui produit des différences très-considérables dans la forme du corps de ces animaux, relativement à la forme du corps de l'homme.

De plus, si nous y faisons attention, nous verrons que les plus grandes différences sont aux extrémités, et que c'est par ces extrémités que le corps de l'homme diffère le plus du corps de l'animal; car divisons le corps en trois parties principales, le tronc, la tête et les membres : la tête et les membres, qui sont les extrémités du corps, sont ce qu'il y a de plus différent dans l'homme et dans l'animal. Ensuite, en considérant les extrémités de chacune de ces trois parties principales, nous reconnaîtrons que la plus grande différence dans la partie du tronc se trouve à l'extrémité supérieure et inférieure de cette partie, puisque dans le corps de l'homme il y a des clavicules en haut, au lieu que ces parties manquent dans la plupart des animaux: nous trouverons pareillement à l'extrémité inférieure du tronc un certain nombre de vertèbres extérieures qui forment une queue à l'animal; et ces vertèbres extérieures manquent à cette extrémité inférieure du corps de l'homme. De même l'extrémité inférieure de la tête, les mâchoires et l'extrémité supérieure de la tête, les os du front, diffèrent prodigieusement dans l'homme et dans l'animal; les mâchoires, dans la plupart des animaux, sont fort allongées, et les os frontaux sont au contraire fort raccourcis. Enfin, en comparant les membres de l'animal avec ceux de l'homme, nous reconnaîtrons encore aisément que c'est par leurs extrémités qu'ils diffèrent le plus, rien ne se ressemblant moins au premier coup d'œil que la main humaine et le pied d'un cheval ou d'un bœuf.

En prenant donc le cœur pour centre dans la machine animale, je vois que l'homme ressemble parfaitement aux animaux par l'économie de cette partie et des autres qui en sont voisines; mais plus on s'éloigne de ce centre, plus les différences deviennent considérables, et c'est aux extrémités où elles sont le plus grandes; et lorsque dans ce centre même il se trouve quelque différence, l'animal est alors infiniment plus différent de l'homme; il est, pour ainsi dire, d'une autre nature, et n'a rien de commun avec les espèces d'animaux que nous considérons. Dans la plupart des insectes, par exemple, l'organisation de cette principale partie de l'économie animale est singulière; au lieu de cœur et de poumons, on y trouve des parties qui servent de même aux fonctions vitales, et que par cette raison l'on a regardées comme analogues à ces viscères, mais qui réellement en sont très-différentes, tant par la structure que par le résultat de leur action : aussi les insectes diffèrent-ils, autant qu'il est possible, de l'homme et des autres animaux. Une légère différence dans ce centre de l'économie animale est toujours accompagnée d'une différence infiniment plus grande dans les parties extérieures. La tortue, dont le cœur est singulièrement conformé, est aussi un animal extraordinaire, qui ne ressemble à aucun autre animal.

Que l'on considère l'homme, les animaux quadrupèdes, les oiseaux, les cétacés, les poissons, les amphibies, les reptiles : quelle prodigieuse variété dans la figure, dans la proportion de leur corps, dans le nombre et dans la position de leurs membres, dans la substance de leur chair, de leurs os, de leurs téguments ! Les quadrupèdes ont assez généralement des queues, des cornes et toutes les extrémités du corps différentes de celles de l'homme : les cétacés vivent dans un autre élément, et, quoiqu'ils se multiplient par une voie de génération semblable à celle des quadrupèdes, ils en sont très-différents par la forme, n'ayant point d'extrémités inférieures ; les oiseaux semblent en différer encore plus par leur bec, leurs plumes, leur vol, et leur génération par des œufs ; les poissons et les amphibies sont encore plus éloignés de la forme humaine ; les reptiles n'ont point de membres. On trouve donc la plus grande diversité dans toute l'enveloppe extérieure : tous ont au contraire à peu près la même conformation intérieure ; ils ont tous un cœur, un foie, un estomac, des intestins, des organes pour la génération : ces parties doivent donc être regardées comme les plus essentielles à l'économie animale, puisqu'elles sont de toutes les plus constantes et les moins sujettes à la variété.

Mais on doit observer que dans l'enveloppe même il y a aussi des parties plus constantes les unes que les autres ; les sens, surtout certains sens, ne manquent à aucun de ces animaux. Nous avons expliqué dans l'article des sens quelle peut être leur espèce de toucher : nous ne savons pas de quelle nature est leur odorat et leur goût, mais nous sommes assuré qu'ils ont tous le sens de la vue, et peut-être aussi celui de l'ouïe. Les sens peuvent donc être regardés comme une autre partie essentielle de l'économie animale, aussi bien que le cerveau et ses enveloppes, qui se trouve dans tous les animaux qui ont des sens, et qui en effet est la partie dont les sens tirent leur origine, et sur laquelle ils exercent leur première action. Les insectes même, qui diffèrent si fort des autres animaux par le centre de l'économie animale, ont une partie, dans la tête, analogue au cerveau, et des sens dont les fonctions sont semblables à celles des autres animaux; et ceux qui, comme les huîtres, paraissent en être privés, doivent être regardés comme des demi-animaux, comme des êtres qui font la nuance entre les animaux et les végétaux.

Le cerveau et les sens forment donc une seconde partie essentielle à l'économie animale : le cerveau est le centre de l'enveloppe, comme le cœur est le centre de la partie intérieure de l'animal. C'est cette partie qui donne à toutes les autres parties extérieures le mouvement et l'action, par le moyen de la moelle, de l'épine et des nerfs, qui n'en sont que le prolongement; et de la même façon que le cœur et toute la partie intérieure communiquent avec le cerveau et avec toute l'enveloppe extérieure par les vaisseaux sanguins qui s'y distribuent, le cerveau communique aussi avec le cœur et toute la partie intérieure par les nerfs qui s'y ramifient. L'union paraît intime et réciproque; et quoique ces deux organes aient des fonctions absolument différentes les unes des autres lorsqu'on les considère à part, ils ne peuvent cependant être séparés sans que l'animal périsse à l'instant.

Le cœur et toute la partie intérieure agissent continuellement, sans interruption, et, pour ainsi dire, mécaniquement et indépendamment d'aucune cause extérieure; les sens au contraire et toute l'enveloppe n'agissent que par intervalles alternatifs, et par des ébranlements successifs causés par les objets extérieurs. Les objets exercent leur action sur les sens; les sens modifient cette action des objets, et en portent l'impression modifiée dans le cerveau, où cette impression devient ce que l'on appelle sensation ; le cerveau, en conséquence de cette impression, agit sur les nerfs et leur communique l'ébranlement qu'il vient de recevoir, et c'est cet ébranlement qui produit le mouvement progressif et toutes les autres actions extérieures du corps et des membres de l'animal. Toutes les fois qu'une cause agit sur un corps, on sait que ce corps agit lui-même par sa réaction sur cette cause : ici les objets agissent sur l'animal par le moyen des sens, et l'animal réagit sur les objets par ses mouvements extérieurs ; en général l'action est la cause, et la réaction l'effet.

On me dira peut-être qu'ici l'effet n'est point proportionnel à la cause ; que dans les corps solides qui suivent les lois de la mécanique la réaction est toujours égale à l'action ; mais que dans le corps animal il paraît que le mouvement extérieur ou la réaction est incomparablement plus grand que l'action, et que par conséquent le mouvement progressif et les autres mouvements extérieurs ne doivent pas être regardés comme de simples effets de l'impression des objets sur les sens. Mais il est aisé de répondre que, si les effets nous paraissent proportionnels à leurs causes dans certains cas et dans certaines circonstances, il y a dans la nature un bien plus grand nombre de cas et de circonstances où les effets ne sont en aucune façon proportionnels à leurs causes apparentes. Avec une étincelle, on enflamme un magasin à poudre et l'on fait sauter une citadelle ; avec un léger frottement on produit par l'électricité un coup violent, une secousse vive, qui se fait sentir dans l'instant même à de très-grandes distances, et qu'on n'affaiblit point en la partageant, en sorte que mille personnes qui se touchent ou se tiennent par la main en sont également affectées, et presque aussi violemment que si le coup n'avait porté que sur une seule; par conséquent il ne doit pas paraître extraordinaire qu'une légère impression sur les sens puisse produire dans le corps animal une violente réaction, qui se manifeste par les mouvements extérieurs.

Les causes que nous pouvons mesurer, et dont nous pouvons en conséquence estimer au juste la quantité des effets, ne sont pas en aussi grand nombre que celles dont les qualités nous échappent, dont la manière d'agir nous est inconnue, et dont nous ignorons par conséquent la relation proportionnelle qu'elles peuvent avoir avec leurs effets. Il faut, pour que nous puissions mesurer une cause, qu'elle soit simple, qu'elle soit toujours la même, que son action soit constante, ou, ce qui revient au même, qu'elle ne soit variable que suivant une loi qui nous soit exactement connue. Or, dans la nature, la plupart des effets dépendent de plusieurs causes différemment combinées, de causes dont l'action varie, de causes dont les degrés d'activité ne semblent suivre aucune règle, aucune loi constante, et que nous ne pouvons par conséquent ni mesurer, ni même estimer que comme on estime des probabilités, en tâchant d'approcher de la vérité par le moyen des vraisemblances.

Je ne prétends donc pas assurer comme une vérité démontrée, que le mouvement progressif et les autres mouvements extérieurs de l'animal aient pour cause, et pour cause unique, l'impression des objets sur les sens : je le dis seulement comme une chose vraisemblable, et qui me paraît fondée sur de bonnes analogies ; car je vois que dans la nature tous les êtres organisés, qui sont dénués de sens, sont aussi privés du mouvement progressif, et que tous ceux qui en sont pourvus ont tous aussi cette qualité active de mouvoir leurs membres et de changer de lieu. Je vois de plus qu'il arrive souvent que cette action des objets sur les sens met à l'instant l'animal en mouvement, sans même que la volonté paraisse y avoir pris part, et qu'il arrive toujours, lorsque c'est la volonté qui détermine le mouvement, qu'elle a été elle-même excitée par la sensation qui résulte de l'impression actuelle des objets sur les sens, ou de la réminiscence d'une impression antérieure.

Pour le faire mieux sentir, considérons-nous nous-mêmes, et analysons un peu le physique de nos actions. Lorsqu'un objet nous frappe par quelque sens que ce soit, que la sensation qu'il produit est agréable, et qu'il fait naître un désir, ce désir ne peut être que relatif à quelques-unes de nos qualités et à quelques-unes de nos manières de jouir ; nous ne pouvons désirer cet objet que pour le voir, pour le goûter, pour l'entendre, pour le sentir, pour le toucher ; nous ne le désirons que pour satisfaire plus pleinement le sens avec lequel nous l'avons aperçu, ou pour satisfaire quelques-uns de nos autres sens en même temps, c'est-à-dire, pour rendre la première sensation encore plus agréable, ou pour en exciter une autre, qui est une nouvelle manière de jouir de cet objet ; car si, dans le moment même que nous l'apercevons, nous pouvions en jouir pleinement et par tous les sens à la fois, nous ne pourrions rien désirer. Le désir ne vient donc que de ce que nous sommes mal situés par rapport à l'objet que nous venons d'apercevoir, nous en sommes trop loin ou trop près ; nous changeons donc naturellement de situation, parce qu'en même temps que nous avons aperçu l'objet, nous avons aussi aperçu la distance ou la proximité qui fait l'incommodité de notre situation et qui nous empêche d'en jouir pleinement. Le mouvement que nous faisons en conséquence du désir et le désir lui-même ne viennent donc que de l'impression qu'a faite cet objet sur nos sens.

Que ce soit un objet que nous ayons aperçu par les yeux et que nous désirions toucher, s'il est à notre portée, nous étendons le bras pour l'atteindre, et s'il est éloigné, nous nous mettons en mouvement pour nous en approcher. Un homme profondément occupé d'une spéculation ne saisira-t-il pas, s'il a grand'faim, le pain qu'il trouvera sous sa main? Il pourra même le porter à sa bouche et le manger sans s'en apercevoir. Ces mouvements sont une suite nécessaire de la première impression des objets; ces mouvements ne manqueraient jamais de succéder à cette impression, si d'autres impressions qui se réveillent en même temps ne s'opposaient souvent à cet effet naturel, soit en affaiblissant, soit en détruisant l'action de cette première impression.

Un être organisé qui n'a point de sens, une huître, par exemple, qui probablement n'a qu'un toucher fort imparfait, est donc un être privé, non-seulement de mouvement progressif, mais même de sentiment et de toute intelligence, puisque l'un ou l'autre produiraient également le désir, et se manifesteraient par le mouvement extérieur. Je n'assurerai pas que ces êtres privés de sens soient aussi privés du sentiment même de leur existence, mais au moins peut-on dire qu'ils ne la sentent que très-imparfaitement, puisqu'ils ne peuvent apercevoir ni sentir l'existence des autres êtres.

C'est donc l'action des objets sur les sens qui fait naître le désir, et c'est le désir qui produit le mouvement progressif. Pour le faire encore mieux sentir, supposons un homme qui, dans l'instant où il voudrait s'approcher d'un objet, se trouverait tout à coup privé des membres nécessaires à cette action, cet homme, auquel nous retranchons les jambes, tâcherait de marcher sur ses genoux ; ôtons-lui encore les genoux et les cuisses, en lui conservant toujours le désir de s'approcher de l'objet, il s'efforcera alors de marcher sur ses mains ; privons-le encore des bras et des mains, il rampera, il se traînera, il emploiera toutes les forces de son corps et s'aidera de toute la flexibilité des vertèbres pour se mettre en mouvement, il s'accrochera par le menton ou avec les dents à quelque point d'appui pour tâcher de changer de lieu ; et quand même nous réduirions son corps à un point physique, à un atome globuleux, si le désir subsiste, il emploiera toujours toutes ses forces pour changer de situation ; mais comme il n'aurait alors d'autre moyen pour se mouvoir que d'agir contre le plan sur lequel il porte, il ne manquerait pas de s'élever plus ou moins haut pour atteindre à l'objet. Le mouvement extérieur et progressif ne dépend donc point de l'organisation et de la figure du corps et des membres, puisque, de quelque manière qu'un être fût extérieurement conformé, il ne pourrait manquer de se mouvoir, pourvu qu'il eût des sens et le désir de les satisfaire.

C'est, à la vérité, de cette organisation extérieure que dépend la facilité, la vitesse, la direction, la continuité, etc., du mouvement ; mais la cause, le principe, l'action, la détermination, viennent uniquement du désir occasionné par l'impression des objets sur les sens ; car supposons maintenant que, la conformation extérieure étant toujours la même, un homme se trouvât privé successivement de ses sens, il ne changera pas de lieu pour satisfaire ses yeux, s'il est privé de la vue, il ne s'approchera pas pour entendre, si le son ne fait aucune impression sur son organe, il ne fera jamais aucun mouvement pour respirer une bonne odeur ou pour en éviter une mauvaise, si son odorat est détruit. Il en est de même du toucher et du goût : si ces deux sens ne sont plus susceptibles d'impression, il n'agira pas pour les satisfaire; cet homme demeurera donc en repos et perpétuellement en repos, rien ne pourra le faire changer de situation et lui imprimer le mouvement progressif, quoique, par sa conformation extérieure, il fût parfaitement capable de se mouvoir et d'agir.

Les besoins naturels, celui, par exemple, de prendre de la nourriture, sont des mouvements intérieurs dont les impressions font naître le désir, l'appétit, et même la nécessité; ces mouvements intérieurs pourront donc produire des mouvements extérieurs dans l'animal, et pourvu qu'il ne soit pas privé de tous les sens extérieurs, pourvu qu'il ait un sens relatif à ses besoins, il agira pour les satisfaire. Le besoin n'est pas le désir; il en diffère comme la cause diffère de l'effet, et il ne peut le produire sans le concours des sens. Toutes les fois que l'animal aperçoit quelque objet relatif à ses besoins, le désir ou l'appétit naît, et l'action suit.

Les objets extérieurs exerçant leur action sur les sens, il est donc nécessaire que cette action produise quelque effet, et on concevrait aisément que l'effet de cette action serait le mouvement de l'animal, si toutes les fois que ses sens sont frappés de la même façon, le même effet, le même mouvement succédait toujours à cette impression; mais comment entendre cette modification de l'action des objets sur l'animal, qui fait naître l'appétit ou la répugnance? Comment concevoir ce qui s'opère au delà des sens à ce terme moyen entre l'action des objets et l'action de l'animal? opération dans laquelle cependant consiste le principe de la détermination du mouvement, puisqu'elle change et modifie l'action de l'animal, et qu'elle la rend quelquefois nulle, malgré l'impression des objets.

Cette question est d'autant plus difficile à résoudre qu'étant, par notre nature, différents des animaux, l'âme a part à presque tous nos mouvements, et peut-être à tous, et qu'il nous est très-difficile de distinguer les effets de l'action de cette substance spirituelle de ceux qui sont produits par les seules forces de notre être matériel. Nous ne pouvons en juger que par analogie et en comparant à nos actions les opérations naturelles des animaux; mais comme cette substance spirituelle n'a été accordée qu'à l'homme, et que ce n'est que par elle qu'il pense et qu'il réfléchit, que l'animal est, au contraire, un être purement matériel, qui ne pense ni ne réfléchit, et qui cependant agit et semble se déterminer, nous ne pouvons pas douter que le principe de la détermination du mouvement ne soit dans l'animal un effet purement mécanique et absolument dépendant de son organisation.

Je conçois donc que dans l'animal l'action des objets sur les sens en produit une autre sur le cerveau, que je regarde comme un sens intérieur et général qui reçoit toutes les impressions que les sens extérieurs lui transmettent. Ce sens interne est non-seulement susceptible d'être ébranlé par l'action des sens et des organes extérieurs, mais il est encore, par sa nature, capable de conserver longtemps l'ébranlement que produit cette action; et c'est dans la continuité de cet ébranlement que consiste l'impression, qui est plus ou moins profonde à proportion que cet ébranlement dure plus ou moins de temps.

Le sens intérieur diffère donc des sens extérieurs, d'abord par la propriété qu'il a de recevoir généralement toutes les impressions, de quelque nature qu'elles soient ; au lieu que les sens extérieurs ne les reçoivent que d'une manière particulière et relative à leur conformation, puisque l'œil n'est jamais ni pas plus ébranlé par le son que l'oreille par la lumière. Secondement, ce sens intérieur diffère des sens extérieurs par la durée de l'ébranlement que produit l'action des causes extérieures ; mais, pour tout le reste, il est de la même nature que les sens extérieurs. Le sens intérieur de l'animal est, aussi bien que ses sens extérieurs, un organe, un résultat de mécanique, un sens purement matériel. Nous avons, comme l'animal, ce sens intérieur matériel, et nous possédons de plus un sens d'une nature supérieure et bien différente qui réside dans la substance spirituelle qui nous anime et nous conduit.

Le cerveau de l'animal est donc un sens interne, général et commun, qui reçoit également toutes les impressions que lui transmettent les sens externes, c'est-à-dire tous les ébranlements que produit l'action des objets, et ces ébranlements durent et subsistent bien plus longtemps dans ce sens interne que dans les sens externes : on le concevra facilement, si l'on fait attention que même dans les sens externes il y a une différence très-sensible dans la durée de leurs ébranlements. L'ébranlement que la lumière produit dans l'œil subsiste plus longtemps que l'ébranlement de l'oreille par le son ; il ne faut, pour s'en assurer, que réfléchir sur des phénomènes fort connus. Lorsqu'on tourne avec quelque vitesse un charbon allumé, ou que l'on met le feu à une fusée volante, ce charbon allumé forme à nos yeux un cercle de feu, et la fusée volante une longue trace de flamme. On sait que ces apparences viennent de la durée de l'ébranlement que la lumière produit sur l'organe, et de ce que l'on voit en même temps la première et la dernière image du charbon ou de la fusée volante : or, le temps entre la première et la dernière impression ne laisse pas d'être sensible. Mesurons cet intervalle, et disons qu'il faut une demi-seconde, ou, si l'on veut, un quart de seconde pour que le charbon allumé décrive son cercle et se retrouve au même point de la circonférence ; cela étant, l'ébranlement causé par la lumière dure une demi-seconde ou un quart de seconde au moins. Mais l'ébranlement que produit le son n'est pas, à beaucoup près, d'une aussi longue durée, car l'oreille saisit de bien plus petits intervalles de temps ; on peut entendre distinctement trois ou quatre fois le même son, ou trois ou quatre sons successifs dans l'espace d'un quart de seconde, et sept ou huit dans une demi-seconde, et la dernière impression ne se confond point avec la première ; elle en est distincte et séparée ; au lieu que dans l'œil la première et la dernière impression semblent être continues, et c'est par cette raison qu'une suite de couleurs, qui se succéderaient aussi vite que des sons, doit se brouiller nécessairement, et ne peut pas nous affecter d'une manière distincte comme le fait une suite de sons.

Nous pouvons donc présumer, avec assez de fondement, que les ébranlements peuvent durer beaucoup plus longtemps dans le sens intérieur qu'ils ne durent dans les sens extérieurs, puisque dans quelques-uns de ces sens même l'ébranlement dure plus longtemps que dans d'autres, comme nous venons de le faire voir de l'œil, dont les ébranlements sont plus durables que ceux de l'oreille :

c'est par cette raison que les impressions que ce sens transmet au sens intérieur sont plus fortes que les impressions transmises par l'oreille, et que nous nous représentons les choses que nous avons vues, beaucoup plus vivement que celles que nous avons entendues. Il paraît même que de tous les sens l'œil est celui dont les ébranlements ont le plus de durée, et qui doit par conséquent former les impressions les plus fortes, quoiqu'en apparence elles soient les plus légères ; car cet organe paraît par sa nature participer plus qu'aucun autre à la nature de l'organe intérieur. On pourrait le prouver par la quantité de nerfs qui arrivent à l'œil; il en reçoit presque autant lui seul que l'ouïe, l'odorat, et le goût pris ensemble.

L'œil peut donc être regardé comme une continuation du sens intérieur ; ce n'est, comme nous l'avons dit à l'article des sens, qu'un gros nerf épanoui, un prolongement de l'organe dans lequel réside le sens intérieur de l'animal; il n'est donc pas étonnant qu'il approche plus qu'aucun autre sens de la nature de ce sens intérieur : en effet, non-seulement ses ébranlements sont plus durables, comme dans le sens intérieur, mais il a encore des propriétés éminentes au-dessus des autres sens, et ces propriétés sont semblables à celles du sens intérieur.

L'œil rend au dehors les impressions intérieures; il exprime le désir que l'objet agréable qui vient de le frapper a fait naître; c'est, comme le sens intérieur, un sens actif; tous les autres sens au contraire sont presque purement passifs, ce sont de simples organes faits pour recevoir les impressions extérieures, mais incapables de les conserver, et plus encore de les réfléchir au dehors. L'œil les réfléchit, parce qu'il les conserve; et il les conserve, parce que les ébranlements dont il est affecté sont durables, au lieu que ceux des autres sens naissent et finissent presque dans le même instant.

Cependant, lorsqu'on ébranle très-fortement et très-longtemps quelque sens que ce soit, l'ébranlement subsiste et continue longtemps après l'action de l'objet extérieur. Lorsque l'œil est frappé par une lumière trop vive, ou lorsqu'il se fixe trop longtemps sur un objet, si la couleur de cet objet est éclatante, il reçoit une impression si profonde et si durable, qu'il porte ensuite l'image de cet objet sur tous les autres objets. Si l'on regarde le soleil un instant, on verra pendant plusieurs minutes, et quelquefois pendant plusieurs heures et même plusieurs jours, l'image du disque du soleil sur tous les autres objets. Lorsque l'oreille a été ébranlée pendant quelques heures de suite par le même air de musique, par des sons forts auxquels on aura fait attention, comme par des hautbois ou par des cloches, l'ébranlement subsiste, on continue d'entendre les cloches et les hautbois; l'impression dure quelquefois plusieurs jours, et ne s'efface que peu à peu. De même, lorsque l'odorat et le goût ont été affectés par une odeur très-forte et par une saveur très-désagréable, on sent encore longtemps après cette mauvaise odeur ou ce mauvais goût; et enfin lorsqu'on exerce trop le sens du toucher sur le même objet, lorsqu'on applique fortement un corps étranger sur quelque partie de notre corps, l'impression subsiste aussi pendant quelque temps, et il nous semble encore toucher et être touchés.

Tous les sens ont donc la faculté de conserver plus ou moins les impressions des causes extérieures, mais l'œil l'a plus que les autres sens; et le cerveau, où réside le sens intérieur de l'animal, a éminemment cette propriété: non-seulement il conserve les impressions qu'il a reçues, mais il en propage l'action en communiquant aux nerfs les ébranlements. Les organes des sens extérieurs, le cerveau qui est l'organe du sens intérieur, la moelle épinière, et les nerfs qui se répandent dans toutes les parties du corps animal, doivent être regardés comme faisant un corps continu, comme une machine organique dans laquelle les sens sont les parties sur lesquelles s'appliquent les forces ou les puissances extérieures; le cerveau est l'hypomochlion ou la masse d'appui, et les nerfs sont les parties que l'action des puissances met en mouvement. Mais ce qui rend cette machine si différente des autres machines, c'est que l'hypomochlion est non-seulement capable de résistance et de réaction, mais qu'il est lui-même actif, parce qu'il conserve longtemps l'ébranlement qu'il a reçu; et comme cet organe intérieur, le cerveau et les membranes qui l'environnent, est d'une très-grande capacité et d'une très-grande sensibilité, il peut recevoir un très-grand nombre d'ébranlements successifs et contemporains, et les conserver dans l'ordre où il les a reçus, parce que chaque impression n'ébranle qu'une partie du cerveau, et que les impressions successives ébranlent différemment la même partie, et peuvent ébranler aussi des parties voisines et contiguës.

Si nous supposions un animal qui n'eût point de cerveau, mais qui eût un sens extérieur fort sensible et fort étendu, un œil, par exemple, dont la rétine eût une aussi grande étendue que celle du cerveau, et eût en même temps cette propriété du cerveau de conserver longtemps les impressions qu'elle aurait reçues, il est certain qu'avec un tel sens l'animal verrait en même temps, non-seulement les objets qui le frapperaient actuellement, mais encore tous ceux qui l'auraient frappé auparavant, parce que, dans cette supposition, les ébranlements subsistant toujours, et la capacité de la rétine étant assez grande pour les recevoir dans des parties différentes, il apercevrait également et en même temps les premières et les dernières images; et voyant ainsi le passé et le présent du même coup d'œil, il serait déterminé mécaniquement à faire telle ou telle action en conséquence du degré de force et du nombre plus ou moins grand des ébranlements produits par les images relatives ou contraires à cette détermination. Si le nombre des images propres à faire naître l'appétit surpasse celui des images propres à faire naître la répugnance, l'animal sera nécessairement déterminé à faire un mouvement pour satisfaire cet appétit; et si le nombre ou la force des images d'appétit sont égaux au nombre ou à la force des images de répugnance, l'animal ne sera pas déterminé, il demeurera en équilibre entre ces deux puissances égales, et il ne fera aucun mouvement ni pour atteindre, ni pour éviter. Je dis que ceci se fera mécaniquement et sans que la mémoire y ait aucune part; car l'animal voyant en même temps toutes les images, elles agissent par conséquent toutes en même temps : celles qui sont relatives à l'appétit se réunissent et s'opposent à celles qui sont relatives à la répugnance, et c'est par la prépondérance, ou plutôt par l'excès de la force et du nombre des unes ou des autres, que l'animal serait, dans cette supposition, nécessairement déterminé à agir de telle ou telle façon.

Ceci nous fait voir que dans l'animal le sens intérieur ne diffère des sens extérieurs que par cette propriété qu'a le sens intérieur de conserver les ébranlements, les impressions qu'il a reçues; cette propriété seule est suffisante pour expliquer toutes les actions des animaux et nous donner quelque idée de ce qui se passe dans leur intérieur; elle peut aussi servir à démontrer la différence essentielle et infinie qui doit se trouver entre eux et nous, et en même temps à nous faire reconnaître ce que nous avons de commun avec eux.

Les animaux ont les sens excellents; cependant ils ne les ont pas généralement tous aussi bons que l'homme, et il faut observer que les degrés d'excellence des sens suivent dans l'animal un autre ordre que dans l'homme. Le sens le plus relatif à la pensée et à la connaissance est le toucher; l'homme, comme nous l'avons prouvé[1], a ce sens plus parfait que les animaux. L'odorat est le sens le plus relatif à l'instinct, à l'appétit; l'animal a ce sens infiniment meilleur que l'homme : aussi l'homme doit plus connaître qu'appéter, et l'animal doit plus appéter que connaître. Dans l'homme, le premier des sens pour l'excellence est le toucher, et l'odorat est le dernier; dans l'animal, l'odorat est le premier des sens, et le toucher est le dernier : cette différence est relative à la nature de l'un et de l'autre. Le sens de la vue ne peut avoir de sûreté et ne peut servir à la connaissance que par le secours du sens du toucher: aussi le sens de la vue est-il plus imparfait, ou plutôt acquiert moins de perfection dans l'animal que dans l'homme. L'oreille, quoique peut-être aussi bien conformée dans l'animal que dans l'homme, lui est cependant beaucoup moins utile par le défaut de la parole, qui dans l'homme est une dépendance du sens de l'ouïe, un organe de communication, organe qui rend ce sens actif, au lieu que dans l'animal l'ouïe est un sens presque entièrement passif. L'homme a donc le toucher, l'œil et l'oreille

---

1. Voyez le *Traité des Sens*, p. 126 et suiv.

plus parfaits, et l'odorat plus imparfait que l'animal; et comme le goût est un odorat intérieur, et qu'il est encore plus relatif à l'appétit qu'aucun des autres sens, on peut croire que l'animal a aussi ce sens plus sûr et peut-être plus exquis que l'homme : on pourrait le prouver par la répugnance invincible que les animaux ont pour certains aliments, et par l'appétit naturel qui les porte à choisir, sans se tromper, ceux qui leur conviennent, au lieu que l'homme, s'il n'était averti, mangerait le fruit du mancenillier comme la pomme, et la ciguë comme le persil.

L'excellence des sens vient de la nature, mais l'art et l'habitude peuvent leur donner aussi un plus grand degré de perfection; il ne faut pour cela que les exercer souvent et longtemps sur les mêmes objets : un peintre, accoutumé à considérer attentivement les formes, verra du premier coup d'œil une infinité de nuances et de différences qu'un autre homme ne pourra saisir qu'avec beaucoup de temps, et que même il ne pourra peut-être saisir. Un musicien, dont l'oreille est continuellement exercée à l'harmonie, sera vivement choqué d'une dissonance : une voix fausse, un son aigre l'offensera, le blessera; son oreille est un instrument qu'un son discordant démonte et désaccorde. L'œil du peintre est un tableau où les nuances les plus légères sont senties, où les traits les plus délicats sont tracés. On perfectionne aussi les sens, et même l'appétit des animaux; on apprend aux oiseaux à répéter des paroles et des chants; on augmente l'ardeur d'un chien pour la chasse en lui faisant curée.

Mais cette excellence des sens et la perfection même qu'on peut leur donner n'ont des effets bien sensibles que dans l'animal : il nous paraîtra d'autant plus actif et plus intelligent que ses sens seront meilleurs ou plus perfectionnés. L'homme, au contraire, n'en est pas plus raisonnable, pas plus spirituel pour avoir beaucoup exercé son oreille et ses yeux. On ne voit pas que les personnes qui ont les sens obtus, la vue courte, l'oreille dure, l'odorat détruit ou insensible, aient moins d'esprit que les autres; preuve évidente qu'il y a dans l'homme quelque chose de plus qu'un sens intérieur animal : celui-ci n'est qu'un organe matériel, semblable à l'organe des sens extérieurs, et qui n'en diffère que parce qu'il a la propriété de conserver les ébranlements qu'il a reçus; l'âme de l'homme, au contraire, est un sens supérieur, une substance spirituelle, entièrement différente, par son essence et par son action, de la nature des sens extérieurs.

Ce n'est pas qu'on puisse nier pour cela qu'il y ait dans l'homme un sens intérieur matériel, relatif, comme dans l'animal, aux sens extérieurs : l'inspection seule le démontre. La conformité des organes dans l'un et dans l'autre, le cerveau qui est dans l'homme comme dans l'animal, et qui même est d'une plus grande étendue, relativement au volume du corps, suffisent pour assurer dans l'homme l'existence de ce sens intérieur matériel. Mais ce que je prétends, c'est que ce sens est infiniment subordonné à l'autre; la substance spirituelle le commande, elle en détruit ou en fait naître l'action : ce sens, en un mot, qui fait tout dans l'animal, ne fait dans l'homme que ce que le sens supérieur n'empêche pas; il fait aussi ce que le sens supérieur ordonne. Dans l'animal ce sens est le principe de la détermination du mouvement et de toutes les actions; dans l'homme ce n'en est que le moyen ou la cause secondaire.

Développons, autant qu'il nous sera possible, ce point important; voyons ce que ce sens intérieur matériel peut produire : lorsque nous aurons fixé l'étendue de la sphère de son activité, tout ce qui n'y sera pas compris dépendra nécessairement du sens spirituel ; l'âme fera tout ce que ce sens matériel ne peut faire. Si nous établissons des limites certaines entre ces deux puissances, nous reconnaîtrons clairement ce qui appartient à chacune ; nous distinguerons aisément ce que les animaux ont de commun avec nous, et ce que nous avons au-dessus d'eux.

Le sens intérieur matériel reçoit également toutes les impressions que chacun des sens extérieurs lui transmet ; ces impressions viennent de l'action des objets ; elles ne font que passer par les sens extérieurs, et ne produisent dans ces sens qu'un ébranlement très-peu durable, et, pour ainsi dire, instantané ; mais elles s'arrêtent sur le sens intérieur, et produisent dans le cerveau, qui en est l'organe, des ébranlements durables et distincts. Ces ébranlements sont agréables ou désagréables, c'est-à-dire sont relatifs ou contraires à la nature de l'animal, et font naître l'appétit ou la répugnance, selon l'état et la disposition présente de l'animal. Prenons un animal au moment de sa naissance : dès que par les soins de sa mère il se trouve débarrassé de ses enveloppes, qu'il a commencé à respirer et que le besoin de prendre de la nourriture se fait sentir, l'odorat, qui est le sens de l'appétit, reçoit les émanations de l'odeur du lait qui est contenu dans les mamelles de la mère ; ce sens, ébranlé par les particules odorantes, communique cet ébranlement au cerveau, et le cerveau agissant à son tour sur les nerfs, l'animal fait des mouvements et ouvre la bouche pour se procurer cette nourriture dont il a besoin. Le sens de l'appétit étant bien plus obtus dans l'homme que dans l'animal, l'enfant nouveau-né ne sent que le besoin de prendre de la nourriture; il l'annonce par des cris; mais il ne peut se la procurer seul, il n'est point averti par l'odorat, rien ne peut déterminer ses mouvements pour trouver cette nourriture; il faut l'approcher de la mamelle et la lui faire sentir et toucher avec la bouche; alors ces sens ébranlés communiqueront leur ébranlement à son cerveau, et le cerveau agissant sur les nerfs, l'enfant fera les mouvements nécessaires pour recevoir et sucer cette nourriture. Ce ne peut être que par l'odorat et par le goût, c'est-à-dire par les sens de l'appétit, que l'animal est averti de la présence de la nourriture et du lieu où il faut la chercher : ses yeux ne sont point encore ouverts, et, le fussent-ils, ils seraient, dans ces premiers instants, inutiles à la détermination du mouvement. L'œil, qui est un sens plus relatif à la connaissance qu'à l'appétit, est ouvert dans l'homme au moment de sa naissance, et demeure dans la plupart des animaux fermé pour plusieurs jours. Les sens de l'appétit, au contraire, sont bien plus parfaits et bien plus développés dans l'animal que dans l'enfant : autre preuve que dans l'homme les organes de l'appétit sont moins parfaits que ceux de la connaissance, et que dans l'animal ceux de la connaissance le sont moins que ceux de l'appétit.

Les sens relatifs à l'appétit sont donc plus développés dans l'animal qui vient de naître que dans l'enfant nouveau-né. Il en est de même du mouvement progressif et de tous les autres mouvements extérieurs : l'enfant peut à peine mouvoir ses membres, il se passera beaucoup de temps avant qu'il ait la force de changer de lieu; le jeune animal, au contraire, acquiert en très-peu de temps toutes ces facultés : comme elles ne sont dans l'animal que relatives à l'appétit, que cet appétit est véhément et promptement développé, et qu'il est le principe unique de la détermination de tous les mouvements; que dans l'homme, au contraire, l'appétit est faible, ne se développe que plus tard, et ne doit pas influer autant que la connaissance sur la détermination des mouvements, l'homme est à cet égard plus tardif que l'animal.

Tout concourt donc à prouver, même dans le physique, que l'animal n'est remué que par l'appétit, et que l'homme est conduit par un principe supérieur : s'il y a toujours eu du doute sur ce sujet, c'est que nous ne concevons pas bien comment l'appétit seul peut produire dans l'animal des effets si semblables à ceux que produit chez nous la connaissance; et que d'ailleurs nous ne distinguons pas aisément ce que nous faisons en vertu de la connaissance, de ce que nous faisons par la force de l'appétit. Cependant il me semble qu'il n'est pas impossible de faire disparaître cette incertitude, et même d'arriver à la conviction, en employant le principe que nous avons établi. Le sens intérieur matériel, avons-nous dit, conserve longtemps les ébranlements qu'il a reçus; ce sens existe dans l'animal, et le cerveau en est l'organe; ce sens reçoit toutes les impressions que chacun des sens extérieurs lui transmet : lorsqu'une cause extérieure, un objet, de quelque nature qu'il soit, exerce donc son action sur les sens extérieurs, cette action produit un ébranlement durable dans le sens intérieur, cet ébranlement communique du mouvement à l'animal; ce mouvement sera déterminé, si l'impression vient des sens de l'appétit, car l'animal avancera pour atteindre, ou se détournera pour éviter l'objet de cette impression, selon qu'il en aura été flatté ou blessé; ce mouvement peut aussi être incertain, lorsqu'il sera produit par les sens qui ne sont pas relatifs à l'appétit, comme l'œil et l'oreille. L'animal qui voit ou qui entend pour la première fois est, à la vérité, ébranlé par la lumière ou par le son; mais l'ébranlement ne produira d'abord qu'un mouvement incertain, parce que l'impression de la lumière ou du son n'est nullement relative à l'appétit; ce n'est que par des actes répétés, et lorsque l'animal aura joint aux impressions du sens de la vue ou de l'ouïe celles de l'odorat, du goût et du toucher, que le mouvement deviendra déterminé, et qu'en voyant un objet ou en entendant un son il avancera pour atteindre, ou reculera pour éviter la chose qui produit ces impressions, devenues par l'expérience relatives à ses appétits.

Pour nous faire mieux entendre, considérons un animal instruit, un chien, par exemple, qui, quoique pressé d'un violent appétit, semble n'oser toucher et ne touche point en effet à ce qui pourrait le satisfaire, mais en même temps fait beaucoup de mouvements pour l'obtenir de la main de son maître; cet animal ne paraît-il pas combiner des idées? ne paraît-il pas désirer et craindre, en un mot raisonner à peu près comme un homme qui voudrait s'emparer du bien d'autrui, et qui, quoique violemment tenté, est retenu par la crainte du châtiment? voilà l'interprétation vulgaire de la conduite de l'animal. Comme c'est de cette façon que la chose se passe chez nous, il est naturel d'imaginer, et on imagine, en effet, qu'elle se passe de même dans l'animal : l'analogie, dit-on, est bien fondée, puisque l'organisation et la conformation des sens, tant à l'extérieur qu'à l'intérieur, sont semblables dans l'animal et dans l'homme. Cependant ne devrions-nous pas voir que, pour que cette analogie fût en effet bien fondée, il faudrait quelque chose de plus, qu'il faudrait du moins que rien ne pût la démentir, qu'il serait nécessaire que les animaux pussent faire, et fissent, dans quelques occasions, tout ce que nous faisons? Or le contraire est évidemment démontré; ils n'inventent, ils ne perfectionnent rien, ils ne réfléchissent par conséquent sur rien, ils ne font jamais que les mêmes choses, de la même façon : nous pouvons donc déjà rabattre beaucoup de la force de cette analogie, nous pouvons même douter de sa réalité, et nous devons chercher si ce n'est pas par un autre principe différent du nôtre qu'ils sont conduits, et si leurs sens ne suffisent pas pour produire leurs actions, sans qu'il soit nécessaire de leur accorder une connaissance de réflexion.

Tout ce qui est relatif à leur appétit ébranle très-vivement leur sens intérieur, et le chien se jetterait à l'instant sur l'objet de cet appétit, si ce même sens intérieur ne conservait pas les impressions antérieures de douleur dont cette action a été précédemment accompagnée; les impressions extérieures ont modifié l'animal, cette proie qu'on lui présente n'est pas offerte à un chien simplement, mais à un chien battu; et comme il a été frappé toutes les fois qu'il s'est livré à ce mouvement d'appétit, les ébranlements de douleur se renouvellent en même temps que ceux de l'appétit se font sentir, parce que ces deux ébranlements se sont toujours faits ensemble. L'animal étant donc poussé tout à la fois par deux impulsions contraires qui se détruisent mutuellement, il demeure en équilibre entre ces deux puissances égales; la cause déterminante de son mouvement étant contre-balancée, il ne se mouvra pas pour atteindre à l'objet de son appétit. Mais les ébranlements de l'appétit et de la répugnance, ou, si l'on veut, du plaisir et de la douleur, subsistant toujours ensemble dans une opposition qui en détruit les effets, il se renouvelle en même temps dans le cerveau de l'animal un troisième ébranlement, qui a souvent accompagné les deux premiers; c'est l'ébranlement causé par l'action de son maître, de la main duquel il a souvent reçu ce morceau qui est l'objet de son appétit; et comme ce troisième ébranlement n'est contre-balancé par rien de contraire, il devient la cause déterminante du mouvement. Le chien sera donc déterminé à se mouvoir vers son maître et à s'agiter jusqu'à ce que son appétit soit satisfait en entier.

On peut expliquer de la même façon et par les mêmes principes toutes les actions des animaux, quelque compliquées qu'elles puissent paraître, sans qu'il soit besoin de leur accorder ni la pensée ni la réflexion : leur sens intérieur suffit pour produire tous leurs mouvements. Il ne reste plus qu'une chose à éclaircir, c'est la nature de leurs sensations, qui doivent être, suivant ce que nous venons d'établir, bien différentes des nôtres. Les animaux, nous dira-t-on, n'ont-ils donc aucune connaissance? leur ôtez-vous la conscience de leur existence, le sentiment? puisque vous prétendez expliquer mécaniquement toutes leurs actions, ne les réduisez-vous pas à n'être que de simples machines, que d'insensibles automates?

Si je me suis bien expliqué, on doit avoir déjà vu que, bien loin de tout ôter aux animaux, je leur accorde tout, à l'exception de la pensée et de la réflexion : ils ont le sentiment, ils l'ont même à un plus haut degré que nous ne l'avons; ils ont aussi la conscience de leur existence actuelle, mais ils n'ont pas celle de leur existence passée; ils ont des sensations, mais il leur manque la faculté de les comparer, c'est-à-dire, la puissance qui produit les idées; car les idées ne sont que des sensations comparées, ou, pour mieux dire, des associations de sensations.

Considérons en particulier chacun de ces objets. Les animaux ont le sentiment, même plus exquis que nous ne l'avons : je crois ceci déjà prouvé par ce que nous avons dit de l'excellence de ceux de leurs sens qui sont relatifs à l'appétit ; par la répugnance naturelle et invincible qu'ils ont pour de certaines choses, et l'appétit constant et décidé qu'ils ont pour d'autres choses ; par cette faculté qu'ils ont, bien supérieurement à nous, de distinguer sur-le-champ et sans aucune incertitude ce qui leur convient de ce qui leur est nuisible. Les animaux ont donc comme nous de la douleur et du plaisir ; ils ne connaissent pas le bien et le mal, mais ils le sentent : ce qui leur est agréable est bon, ce qui leur est désagréable est mauvais ; l'un et l'autre ne sont que des rapports convenables ou contraires à leur nature, à leur organisation. Le plaisir que le chatouillement nous donne, la douleur que nous cause une blessure, sont des douleurs et des plaisirs qui nous sont communs avec les animaux, puisqu'ils dépendent absolument d'une cause extérieure matérielle, c'est-à-dire, d'une action plus ou moins forte sur les nerfs qui sont les organes du sentiment. Tout ce qui agit mollement sur ces organes, tout ce qui les remue délicatement, est une cause de plaisir ; tout ce qui les ébranle violemment, tout ce qui les agite fortement, est une cause de douleur. Toutes les sensations sont donc des sources de plaisir tant qu'elles sont douces, tempérées et naturelles ; mais dès qu'elles deviennent trop fortes, elles produisent la douleur, qui, dans le physique, est l'extrême plutôt que le contraire du plaisir.

En effet, une lumière trop vive, un feu trop ardent, un trop grand bruit, une odeur trop forte, un mets insipide ou grossier, un frottement dur, nous blessent ou nous affectent désagréablement; au lieu qu'une couleur tendre, une chaleur tempérée, un son doux, un parfum délicat, une saveur fine, un attouchement léger, nous flattent et souvent nous remuent délicieusement. Tout effleurement des sens est donc un plaisir, et toute secousse forte, tout ébranlement violent, est une douleur; et comme les causes qui peuvent occasionner des commotions et des ébranlements violents se trouvent plus rarement dans la nature que celles qui produisent des mouvements doux et des effets modérés; que d'ailleurs les animaux, par l'exercice de leurs sens, acquièrent en peu de temps les habitudes non-seulement d'éviter les rencontres offensantes, et de s'éloigner des choses nuisibles, mais même de distinguer les objets qui leur conviennent et de s'en approcher, il n'est pas douteux qu'ils n'aient beaucoup plus de sensations agréables que de sensations désagréables, et que la somme du plaisir ne soit plus grande que celle de la douleur.

Si dans l'animal le plaisir n'est autre chose que ce qui flatte les sens, et que, dans le physique, ce qui flatte les sens ne soit que ce qui convient à la nature; si la douleur au contraire n'est que ce qui blesse les organes et ce qui répugne à la nature; si, en un mot, le plaisir est le bien, et la douleur le mal physique, on ne peut guère douter que tout être sentant n'ait en général plus de plaisir que de douleur: car tout ce qui est convenable à sa nature, tout ce qui peut contribuer à sa conservation, tout ce qui soutient son existence, est plaisir; tout ce qui tend au contraire à sa destruction, tout ce qui peut déranger son organisation, tout ce qui change son état naturel, est douleur. Ce n'est donc que par le plaisir qu'un être sentant peut continuer d'exister; et si la somme des sensations flatteuses, c'est-à-dire, des effets convenables à sa nature, ne surpassait pas celle des sensations douloureuses ou des effets qui lui sont contraires, privé de plaisir, il languirait d'abord faute de bien; chargé de douleur, il périrait ensuite par l'abondance du mal.

Dans l'homme le plaisir et la douleur physiques ne font que la moindre partie de ses peines et de ses plaisirs; son imagination qui travaille continuellement fait tout, ou plutôt ne fait rien que pour son malheur; car elle ne présente à l'âme que des fantômes vains ou des images exagérées, et la force à s'en occuper : plus agitée par ces illusions qu'elle ne le peut être par les objets réels, l'âme perd sa faculté de juger, et même son empire, elle ne compare que des chimères, elle ne veut plus qu'en second, et souvent elle veut l'impossible; sa volonté qu'elle ne détermine plus lui devient donc à charge, ses désirs outrés sont des peines, et ses vaines espérances sont tout au plus de faux plaisirs qui disparaissent et s'évanouissent dès que le calme succède, et que l'âme reprenant sa place vient à les juger.

Nous nous préparons donc des peines toutes les fois que nous cherchons des plaisirs; nous sommes malheureux dès que nous désirons d'être plus heureux. Le bonheur est au dedans de nous-mêmes, il nous a été donné; le malheur est au dehors et nous l'allons chercher. Pourquoi ne sommes-nous pas convaincus que la jouissance paisible de notre âme est notre seul et vrai bien, que nous ne pouvons l'augmenter sans risque de le perdre, que moins nous désirons et plus nous possédons, qu'enfin tout ce que nous voulons au delà de ce que la nature peut nous donner est peine, et que rien n'est plaisir que ce qu'elle nous offre?

Or la nature nous a donné et nous offre encore à tout instant des plaisirs sans nombre; elle a pourvu à nos besoins, elle nous a munis contre la douleur; il y a dans le physique infiniment plus de bien que de mal : ce n'est donc pas la réalité, c'est la chimère qu'il faut craindre; ce n'est ni la douleur du corps, ni les maladies, ni la mort, mais l'agitation de l'âme, les passions et l'ennui qui sont à redouter.

Les animaux n'ont qu'un moyen d'avoir du plaisir, c'est d'exercer leur sentiment pour satisfaire leur appétit; nous avons cette même faculté, et nous avons de plus un autre moyen de plaisir, c'est d'exercer notre esprit, dont l'appétit est de savoir. Cette source de plaisirs serait la plus abondante et la plus pure si nos passions, en s'opposant à son cours, ne venaient à la troubler; elles détournent l'âme de toute contemplation; dès qu'elles ont pris le dessus, la raison est dans le silence, ou du moins elle n'élève plus qu'une voix faible et souvent importune, le dégoût de la vérité suit, le charme de l'illusion augmente, l'erreur se fortifie, nous entraîne et nous conduit au malheur : car quel malheur plus grand que de ne plus rien voir tel qu'il est, de ne plus rien juger que relativement à sa passion, de n'agir que par son ordre, de paraître en conséquence injuste ou ridicule aux autres, et d'être forcé de se mépriser soi-même lorsqu'on vient à s'examiner?

Dans cet état d'illusion et de ténèbres, nous voudrions changer la nature même de notre âme; elle ne nous a été donnée que pour connaître, nous ne voudrions l'employer qu'à sentir; si nous pouvions étouffer en entier sa lumière, nous n'en regretterions pas la perte, nous envierions volontiers le sort des insensés : comme ce n'est plus que par intervalles que nous sommes raisonnables, et que ces intervalles de raison nous sont à charge et se passent en reproches secrets, nous voudrions les supprimer; ainsi marchant toujours d'illusions en illusions, nous cherchons volontairement à nous perdre de vue pour arriver bientôt à ne nous plus connaître, et finir par nous oublier.

Une passion sans intervalles est démence, et l'état de démence est pour l'âme un état de mort. De violentes passions avec des intervalles sont des accès de folie, des maladies de l'âme d'autant plus dangereuses qu'elles sont plus longues et plus fréquentes. La sagesse n'est que la somme des intervalles de santé que ces accès nous laissent; cette somme n'est point celle de notre bonheur, car nous sentons alors que notre âme a été malade, nous blâmons nos passions, nous condamnons nos actions. La folie est le germe du malheur, et c'est la sagesse qui le développe; la plupart de ceux qui se disent malheureux sont des hommes passionnés, c'est-à-dire des fous, auxquels il reste quelques intervalles de raison, pendant lesquels ils connaissent leur folie, et sentent par conséquent leur malheur; et comme il y a dans les conditions élevées plus de faux désirs, plus de vaines prétentions, plus de passions désordonnées, plus d'abus de son âme, que dans les états inférieurs, les grands sont sans doute de tous les hommes les moins heureux.

Mais détournons les yeux de ces tristes objets et de ces vérités humiliantes; considérons l'homme sage, le seul qui soit digne d'être considéré : maître de lui-même, il l'est des événements; content de son état, il ne veut être que comme il a toujours été, ne vivre que comme il a toujours vécu; se suffisant à lui-même, il n'a qu'un faible besoin des autres, il ne peut leur être à charge; occupé continuellement à exercer les facultés de son âme, il perfectionne son entendement, il cultive son esprit, il acquiert de nouvelles connaissances, et se satisfait à tout instant sans remords, sans dégoût, il jouit de tout l'univers en jouissant de lui-même.

Un tel homme est sans doute l'être le plus heureux de la nature : il joint aux plaisirs du corps, qui lui sont communs avec les animaux, les joies de l'esprit, qui n'appartiennent qu'à lui : il a deux moyens d'être heureux, qui s'aident et se fortifient mutuellement ; et, si par un dérangement de santé ou par quelque autre accident il vient à ressentir de la douleur, il souffre moins qu'un autre, la force de son âme le soutient, la raison le console ; il a même de la satisfaction en souffrant, c'est de se sentir assez fort pour souffrir.

La santé de l'homme est moins ferme et plus chancelante que celle d'aucun des animaux ; il est malade plus souvent et plus longtemps ; il périt à tout âge, au lieu que les animaux semblent parcourir d'un pas égal et ferme l'espace de la vie. Cela me paraît venir de deux causes, qui, quoique bien différentes, doivent toutes deux contribuer à cet effet. La première est l'agitation de notre âme ; elle est occasionnée par le déréglement de notre sens intérieur matériel ; les passions et les malheurs qu'elles entraînent influent sur la santé et dérangent les principes qui nous animent : si l'on observait les hommes, on verrait que presque tous mènent une vie timide ou contentieuse, et que la plupart meurent de chagrin. La seconde est l'imperfection de ceux de nos sens qui sont relatifs à l'appétit. Les animaux sentent bien mieux que nous ce qui convient à leur nature, ils ne se trompent pas dans le choix de leurs aliments, ils ne s'excèdent pas dans leurs plaisirs ; guidés par le seul sentiment de leurs besoins actuels, ils se satisfont sans chercher à en faire naître de nouveaux. Nous, indépendamment de ce que nous voulons tout à l'excès, indépendamment de cette espèce de fureur avec laquelle nous cherchons à nous détruire en cherchant à forcer la nature ; nous ne savons pas trop ce qui nous convient ou ce qui nous est nuisible, nous ne distinguons pas bien les effets de telle ou telle nourriture, nous dédaignons les aliments simples, et nous leur préférons des mets composés, parce que nous avons corrompu notre goût, et que d'un sens de plaisir nous en avons fait un organe de débauche, qui n'est flatté que de ce qui l'irrite.

Il n'est donc pas étonnant que nous soyons, plus que les animaux, sujets à des infirmités, puisque nous ne sentons pas aussi bien qu'eux ce qui nous est bon ou mauvais, ce qui peut contribuer à conserver ou à détruire notre santé; que notre expérience est à cet égard bien moins sûre que leur sentiment; que d'ailleurs nous abusons infiniment plus qu'eux de ces mêmes sens de l'appétit qu'ils ont meilleurs et plus parfaits que nous, puisque ces sens ne sont pour eux que des moyens de conservation et de santé, et qu'ils deviennent pour nous des causes de destruction et de maladies. L'intempérance détruit et fait languir plus d'hommes, elle seule, que tous les autres fléaux de la nature humaine réunis.

Toutes ces réflexions nous portent à croire que les animaux ont le sentiment plus sûr et plus exquis que nous ne l'avons; car, quand même on voudrait m'opposer qu'il y a des animaux qu'on empoisonne aisément, que d'autres s'empoisonnent eux-mêmes, et que par conséquent ces animaux ne distinguent pas mieux que nous ce qui peut leur être contraire; je répondrai toujours qu'ils ne prennent le poison qu'avec l'appât dont il est enveloppé, ou avec la nourriture dont il se trouve environné; que d'ailleurs ce n'est que quand ils n'ont point à choisir, quand la faim les presse, et quand le besoin devient nécessité, qu'ils dévorent en effet tout ce qu'ils trouvent ou tout ce qui leur est présenté, et encore arrive-t-il que la plupart se laissent consumer d'inanition et périr de faim, plutôt que de prendre des nourritures qui leur répugnent.

Les animaux ont donc le sentiment, même à un plus haut degré que nous ne l'avons; je pourrais le prouver encore par l'usage qu'ils font de ce sens admirable, qui seul pourrait leur tenir lieu de tous les autres sens. La plupart des animaux ont l'odorat si parfait, qu'ils sentent de plus loin qu'ils ne voient; non-seulement ils sentent de très-loin les corps présents et actuels, mais ils en sentent les émanations et les traces longtemps après qu'ils sont absents et passés. Un tel sens est un organe universel de sentiment; c'est un œil qui voit les objets non-seulement où ils sont, mais même partout où ils ont été; c'est un organe de goût par lequel l'animal savoure non-seulement ce qu'il peut toucher et saisir, mais même ce qui est éloigné et qu'il ne peut atteindre; c'est le sens par lequel il est le plus tôt, le plus souvent et le plus sûrement averti, par lequel il agit, il se détermine, par lequel il reconnaît ce qui est convenable ou contraire à sa nature, par lequel enfin il aperçoit, sent et choisit ce qui peut satisfaire son appétit.

Les animaux ont donc les sens relatifs à l'appétit plus parfaits que nous ne les avons, et par conséquent ils ont le sentiment plus exquis et à un plus haut degré que nous ne l'avons; ils ont aussi la conscience de leur existence actuelle, mais ils n'ont pas celle de leur existence passée. Cette seconde proposition mérite, comme la première, d'être considérée; je vais tâcher d'en prouver la vérité.

La conscience de son existence, ce sentiment intérieur qui constitue le *moi*, est composé chez nous de la sensation de notre existence actuelle, et du souvenir de notre existence passée. Ce souvenir est une sensation tout aussi présente que la première, elle nous occupe même quelquefois plus fortement, et nous affecte plus puissamment que les sensations actuelles; et comme ces deux espèces de sensations sont différentes, et que notre âme a la faculté de les comparer et d'en former des idées, notre conscience d'existence est d'autant plus certaine et d'autant plus étendue, que nous nous représentons plus souvent et en plus grand nombre les choses passées, et que par nos réflexions nous les comparons et les combinons davantage entre elles et avec les choses présentes. Chacun conserve dans soi-même un certain nombre de sensations relatives aux différentes existences, c'est-à-dire, aux différents états où l'on s'est trouvé; ce nombre de sensations est devenu une succession et a formé une suite d'idées, par la comparaison que notre âme a faite de ces sensations entre elles. C'est dans cette comparaison de sensations que consiste l'idée du temps, et même toutes les autres idées ne sont, comme nous l'avons déjà dit, que des sensations comparées. Mais cette suite de nos idées, cette chaîne de nos existences, se présente à nous souvent dans un ordre fort différent de celui dans lequel nos sensations nous sont arrivées : c'est l'ordre de nos idées, c'est-à-dire, des comparaisons que notre âme a faites de nos sensations, que nous voyons, et point du tout l'ordre de ces sensations, et c'est en cela principalement que consiste la différence des caractères et des esprits; car de deux hommes que nous supposerons semblablement organisés, et qui auront été élevés ensemble et de la même façon, l'un pourra penser bien différemment de l'autre, quoique tous deux aient reçu leurs sensations dans le même ordre ; mais comme la trempe de leurs âmes est différente, et que chacune de ces âmes a comparé et combiné ces sensations semblables, d'une manière qui lui est propre et particulière, le résultat général de ces comparaisons, c'est-à-dire, les idées, l'esprit et le caractère acquis, seront aussi différents.

Il y a quelques hommes dont l'activité de l'âme est telle qu'ils ne reçoivent jamais deux sensations sans les comparer et sans en former par conséquent une idée ; ceux-ci sont les plus spirituels, et peuvent, suivant les circonstances, devenir les premiers des hommes en tout genre. Il y en a d'autres en assez grand nombre dont l'âme moins active laisse échapper toutes les sensations qui n'ont pas un certain degré de force, et ne compare que celles qui l'ébranlent fortement ; ceux-ci ont moins d'esprit que les premiers, et d'autant moins que leur âme se porte moins fréquemment à comparer leurs sensations et à en former des idées ; d'autres enfin, et c'est la multitude, ont si peu de vie dans l'âme, et une si grande indolence à penser, qu'ils ne comparent et ne combinent rien, rien au moins du premier coup d'œil ; il leur faut des sensations fortes et répétées mille et mille fois, pour que leur âme vienne enfin à en comparer quelqu'une et à former une idée : ces hommes sont plus ou moins stupides, et semblent ne différer des animaux que par ce petit nombre d'idées que leur âme a tant de peine à produire.

La conscience de notre existence étant donc composée, non-seulement de nos sensations actuelles, mais même de la suite d'idées qu'a fait naître la comparaison de nos sensations et de nos existences passées, il est évident que plus on a d'idées, et plus on est sûr de son existence; que plus on a d'esprit, plus on existe; qu'enfin c'est par la puissance de réfléchir qu'a notre âme, et par cette seule puissance, que nous sommes certains de nos existences passées et que nous voyons nos existences futures, l'idée de l'avenir n'étant que la comparaison inverse du présent au passé, puisque dans cette vue de l'esprit le présent est passé, et l'avenir est présent.

Cette puissance de réfléchir ayant été refusée aux animaux, il est donc certain qu'ils ne peuvent former d'idées, et que par conséquent leur conscience d'existence est moins sûre et moins étendue que la nôtre; car ils ne peuvent avoir aucune idée du temps, aucune connaissance du passé, aucune notion de l'avenir: leur conscience d'existence est simple, elle dépend uniquement des sensations qui les affectent actuellement, et consiste dans le sentiment intérieur que ces sensations produisent.

Ne pouvons-nous pas concevoir ce que c'est que cette conscience d'existence dans les animaux, en faisant réflexion sur l'état où nous nous trouvons lorsque nous sommes fortement occupés d'un objet, ou violemment agités par une passion qui ne nous permet de faire aucune réflexion sur nous-mêmes? On exprime l'idée de cet état en disant qu'on est hors de soi, et l'on est en effet hors de soi dès que l'on n'est occupé que des sensations actuelles, et l'on est d'autant plus hors de soi que ces sensations sont plus vives, plus rapides, et qu'elles donnent moins de temps à l'âme pour les considérer: dans cet état nous nous sentons, nous sentons même le plaisir et la douleur dans toutes leurs nuances; nous avons donc alors le sentiment, la conscience de notre existence, sans que notre âme semble y participer. Cet état, où nous ne nous trouvons que par instants, est l'état habituel des animaux : privés d'idées et pourvus de sensations, ils ne savent point qu'ils existent, mais ils le sentent.

Pour rendre plus sensible la différence que j'établis ici entre les sensations et les idées, et pour démontrer en même temps que les animaux ont des sensations et qu'ils n'ont point d'idées, considérons en détail leurs facultés et les nôtres, et comparons leurs opérations à nos actions. Ils ont, comme nous, des sens, et par conséquent ils reçoivent les impressions des objets extérieurs; ils ont, comme nous, un sens intérieur, un organe qui conserve les ébranlements causés par ces impressions, et par conséquent ils ont des sensations qui, comme les nôtres, peuvent se renouveler, et sont plus ou moins fortes et plus ou moins durables; cependant ils n'ont ni l'esprit, ni l'entendement, ni la mémoire comme nous l'avons, parce qu'ils n'ont pas la puissance de comparer leurs sensations, et que ces trois facultés de notre âme dépendent de cette puissance.

Les animaux n'ont pas la mémoire ? le contraire paraît démontré, me dira-t-on; ne reconnaissent-ils pas après une absence les personnes auprès desquelles ils ont vécu, les lieux qu'ils ont habités, les chemins qu'ils ont parcourus? ne se souviennent-ils pas des châtiments qu'ils ont essuyés, des caresses qu'on leur a faites, des leçons qu'on leur a données? Tout semble prouver qu'en leur ôtant l'entendement et l'esprit, on ne peut leur refuser la mémoire, et une mémoire active, étendue, et peut-être plus fidèle que la nôtre. Cependant, quelque grandes que soient ces apparences, et quelque fort que soit le préjugé qu'elles ont fait naître, je crois qu'on peut démontrer qu'elles nous trompent; que les animaux n'ont aucune connaissance du passé, aucune idée du temps, et que par conséquent ils n'ont pas la mémoire.

Chez nous, la mémoire émane de la puissance de réfléchir, car le souvenir que nous avons des choses passées suppose, non-seulement la durée des ébranlements de notre sens intérieur matériel, c'est-à-dire, le renouvellement de nos sensations antérieures, mais encore les comparaisons que notre âme a faites de ces sensations, c'est-à-dire, les idées qu'elle en a formées. Si la mémoire ne consistait que dans le renouvellement des sensations passées, ces sensations se représenteraient à notre sens intérieur sans y laisser une impression déterminée; elles se présenteraient sans aucun ordre, sans liaison entre elles, à peu près comme elles se présentent dans l'ivresse ou dans certains rêves, où tout est si décousu, si peu suivi, si peu ordonné, que nous ne pouvons en conserver le souvenir; car nous ne nous souvenons que des choses qui ont des rapports avec celles qui les ont précédées ou suivies; et toute sensation isolée, qui n'aurait aucune liaison avec les autres sensations, quelque forte qu'elle pût être, ne laisserait aucune trace dans notre esprit : or c'est notre âme qui établit ces rapports entre les choses, par la comparaison qu'elle fait des unes avec les autres; c'est elle qui forme la liaison de nos sensations et qui ourdit la trame de nos existences par un fil continu d'idées. La mémoire consiste donc dans une succession d'idées, et suppose nécessairement la puissance qui les produit.

Mais pour ne laisser, s'il est possible, aucun doute sur ce point important, voyons quelle est l'espèce de souvenir que nous laissent nos sensations, lorsqu'elles n'ont point été accompagnées d'idées. La douleur et le plaisir sont de pures sensations, et les plus fortes de toutes, cependant lorsque nous voulons nous rappeler ce que nous avons senti dans les instants les plus vifs de plaisir ou de douleur, nous ne pouvons le faire que faiblement, confusément; nous nous souvenons seulement que nous avons été flattés ou blessés, mais notre souvenir n'est pas distinct; nous ne pouvons nous représenter, ni l'espèce, ni le degré, ni la durée de ces sensations qui nous ont cependant si fortement ébranlés, et nous sommes d'autant moins capables de nous les représenter, qu'elles ont été moins répétées et plus rares. Une douleur, par exemple, que nous n'aurons éprouvée qu'une fois, qui n'aura duré que quelques instants, et qui sera différente des douleurs que nous éprouvons habituellement, sera nécessairement bientôt oubliée, quelque vive qu'elle ait été; et quoique nous nous souvenions que dans cette circonstance nous avons ressenti une grande douleur, nous n'avons qu'une faible réminiscence de la sensation même, tandis que nous avons une mémoire nette des circonstances qui l'accompagnaient et du temps où elle nous est arrivée.

Pourquoi tout ce qui s'est passé dans notre enfance est-il presque entièrement oublié? et pourquoi les veillards ont-ils un souvenir plus présent de ce qui leur est arrivé dans le moyen âge que de ce qui leur arrive dans leur vieillesse? y a-t-il une meilleure preuve que les sensations toutes seules ne suffisent pas pour produire la mémoire, et qu'elle n'existe en effet que dans la suite des idées que notre âme peut tirer de ces sensations? car dans l'enfance les sensations sont aussi et peut-être plus vives et plus rapides que dans le moyen âge, et cependant elles ne laissent que peu ou point de traces, parce qu'à cet âge la puissance de réfléchir, qui seule peut former des idées, est dans une inaction presque totale, et que dans les moments où elle agit elle ne compare que des superficies, elle ne combine que de petites choses pendant un petit temps, elle ne met rien en ordre, elle ne réduit rien en suite. Dans l'âge mûr, où la raison est entièrement développée, parce que la puissance de réfléchir est en entier exercice, nous tirons de nos sensations tout le fruit qu'elles peuvent produire, et nous nous formons plusieurs ordres d'idées et plusieurs chaînes de pensées dont chacune fait une trace durable, sur laquelle nous repassons si souvent qu'elle devient profonde, ineffaçable, et que plusieurs années après, dans le temps de notre vieillesse, ces mêmes idées se présentent avec plus de force que celles que nous pouvons tirer immédiatement des sensations actuelles, parce qu'alors ces sensations sont faibles, lentes, émoussées, et qu'à cet âge l'âme même participe à la langueur du corps. Dans l'enfance le temps présent est tout, dans l'âge mûr on jouit également du passé, du présent et de l'avenir, et dans la vieillesse on sent peu le présent, on détourne les yeux de l'avenir, et on ne vit que dans le passé. Ces différences ne dépendent-elles pas entièrement de l'ordonnance que notre âme a faite de nos sensations, et ne sont-elles pas relatives au plus ou moins de facilité que nous avons dans ces différents âges à former, à acquérir et à conserver des idées? L'enfant qui jase et le vieillard qui radote n'ont ni l'un ni l'autre le ton de la raison, parce qu'ils manquent également d'idées; le premier ne peut encore en former, et le second n'en forme plus.

Un imbécile, dont les sens et les organes corporels nous paraissent sains et bien disposés, a comme nous des sensations de toute espèce; il les aura aussi dans le même ordre, s'il vit en société et qu'on l'oblige à faire ce que font les autres hommes; cependant, comme ces sensations ne lui font point naître d'idées, qu'il n'y a point de correspondance entre son âme et son corps, et qu'il ne peut réfléchir sur rien, il est en conséquence privé de la mémoire et de la connaissance de soi-même. Cet homme ne diffère en rien de l'animal quant aux facultés extérieures, car, quoiqu'il ait une âme, et que par conséquent il possède en lui le principe de la raison, comme ce principe demeure dans l'inaction et qu'il ne reçoit rien des organes corporels avec lesquels il n'a aucune correspondance, il ne peut influer sur les actions de cet homme, qui dès lors ne peut agir que comme un animal uniquement déterminé par ses sensations et par le sentiment de son existence actuelle et de ses besoins présents. Ainsi l'homme imbécile et l'animal sont des êtres dont les résultats et les opérations sont les mêmes à tous égards, parce que l'un n'a point d'âme et que l'autre ne s'en sert point; tous deux manquent de la puissance de réfléchir, et n'ont par conséquent ni entendement, ni esprit, ni mémoire, mais tous deux ont des sensations, du sentiment et du mouvement.

Cependant, me répétera-t-on toujours, l'homme imbécile et l'animal n'agissent-ils pas souvent comme s'ils étaient déterminés par la connaissance des choses passées? ne reconnaissent-ils pas les personnes avec lesquelles ils ont vécu, les lieux qu'ils ont habités, etc.? ces actions ne supposent-elles pas nécessairement la mémoire? et cela ne prouverait-il pas, au contraire, qu'elle n'émane point de la puissance de réfléchir?

Si l'on a donné quelque attention à ce que je viens de dire, on aura déjà senti que je distingue deux espèces de mémoires infiniment différentes l'une de l'autre par leur cause, et qui peuvent cependant se ressembler en quelque sorte par leurs effets; la première est la trace de nos idées, et la seconde, que j'appellerais volontiers réminiscence plutôt que mémoire, n'est que le renouvellement de nos sensations, ou plutôt des ébranlements qui les ont causées; la première émane de l'âme, et, comme je l'ai prouvé, elle est pour nous bien plus parfaite que la seconde; cette dernière, au contraire, n'est produite que par le renouvellement des ébranlements du sens intérieur matériel, et elle est la seule qu'on puisse accorder à l'animal ou à l'homme imbécile : leurs sensations antérieures sont renouvelées par les sensations actuelles; elles se réveillent avec toutes les circonstances qui les accompagnaient, l'image principale et présente appelle les images anciennes et accessoires; ils sentent comme ils ont senti; ils agissent donc comme ils ont agi, ils voient ensemble le présent et le passé, mais sans les distinguer, sans les comparer, et par conséquent sans les connaître.

Une seconde objection qu'on me fera sans doute, et qui n'est cependant qu'une conséquence de la première, mais qu'on ne manquera pas de donner comme une autre preuve de l'existence de la mémoire dans les animaux, ce sont leurs rêves. Il est certain que les animaux se représentent dans le sommeil les choses dont ils ont été occupés pendant la veille; les chiens jappent souvent en dormant, et quoique cet aboiement soit sourd et faible, on y reconnaît cependant la voix de la chasse, les accents de la colère, les sons du désir ou du murmure, etc.; on ne peut donc pas douter qu'ils n'aient des choses passées un souvenir très-vif, très-actif, et différent de celui dont nous venons de parler, puisqu'il se renouvelle indépendamment d'aucune cause extérieure qui pourrait y être relative.

Pour éclaircir cette difficulté, et y répondre d'une

manière satisfaisante, il faut examiner la nature de nos rêves, et chercher s'ils viennent de notre âme ou s'ils dépendent seulement de notre sens intérieur matériel : si nous pouvions prouver qu'ils y résident en entier, ce serait, non-seulement une réponse à l'objection, mais une nouvelle démonstration contre l'entendement et la mémoire des animaux.

Les imbéciles, dont l'âme est sans action, rêvent comme les autres hommes : il se produit donc des rêves indépendamment de l'âme, puisque dans les imbéciles l'âme ne produit rien. Les animaux, qui n'ont point d'âme, peuvent donc rêver aussi ; et non-seulement il se produit des rêves indépendamment de l'âme, mais je serais fort porté à croire que tous les rêves en sont indépendants. Je demande seulement que chacun réfléchisse sur ses rêves, et tâche à reconnaître pourquoi les parties en sont si mal liées et les événements si bizarres : il m'a paru que c'était principalement parce qu'ils ne roulent que sur des sensations et point du tout sur des idées. L'idée du temps, par exemple, n'y entre jamais ; on se représente bien les personnes que l'on n'a pas vues, et même celles qui sont mortes depuis plusieurs années, on les voit vivantes et telles qu'elles étaient, mais on les joint aux choses actuelles et aux personnes présentes, ou à des choses et à des personnes d'un autre temps ; il en est de même de l'idée du lieu, on ne voit pas où elles étaient ; les choses qu'on se représente on les voit ailleurs, où elles ne pouvaient être : si l'âme agissait, il ne lui faudrait qu'un instant pour mettre de l'ordre dans cette suite décousue, dans ce chaos de sensations ; mais ordinairement elle n'agit point, elle laisse les représentations se succéder en désordre, et quoique chaque objet se présente vivement, la succession en est souvent confuse et toujours chimérique ; et s'il arrive que l'âme soit à demi réveillée par l'énormité de ces disparates, ou seulement par la force de ces sensations, elle jettera sur-le-champ une étincelle de lumière au milieu des ténèbres, elle produira une idée réelle dans le sein même des chimères ; on rêvera que tout cela pourrait bien n'être qu'un rêve, je devrais dire on pensera, car, quoique cette action ne soit qu'un petit signe de l'âme, ce n'est point une sensation ni un rêve, c'est une pensée, une réflexion, mais qui, n'étant pas assez forte pour dissiper l'illusion, s'y mêle, en devient partie, et n'empêche pas les représentations de se succéder ; en sorte qu'au réveil on imagine avoir rêvé cela même qu'on avait pensé.

Dans les rêves on voit beaucoup, on entend rarement, on ne raisonne point, on sent vivement, les images se suivent, les sensations se succèdent sans que l'âme les compare ni les réunisse ; on n'a donc que des sensations et point d'idées, puisque les idées ne sont que les comparaisons des sensations : ainsi les rêves ne résident que dans le sens intérieur matériel, l'âme ne les produit point ; ils feront donc partie de ce souvenir animal, de cette espèce de réminiscence matérielle dont nous avons parlé : la mémoire au contraire ne peut exister sans l'idée du temps, sans la comparaison des idées antérieures et des idées actuelles ; et puisque ces idées n'entrent point dans les rêves, il paraît démontré qu'ils ne peuvent être ni une conséquence, ni un effet, ni une preuve de la mémoire. Mais quand même on voudrait soutenir qu'il y a quelquefois des rêves d'idées, quand on citerait, pour le prouver, les somnambules, les gens qui parlent en dormant et disent des choses suivies ; qui répondent à des questions, etc., et que l'on en inférerait que les idées ne sont pas exclues des rêves, du moins aussi absolument que je le prétends, il me suffirait, pour ce que j'avais à prouver, que le renouvellement des sensations puisse les produire; car dès lors les animaux n'auront que des rêves de cette espèce, et ces rêves, bien loin de supposer la mémoire, n'indiquent au contraire que la réminiscence matérielle.

Cependant je suis bien éloigné de croire que les somnambules, les gens qui parlent en dormant, qui répondent à des questions, etc., soient en effet occupés d'idées: l'âme ne me paraît avoir aucune part à toutes ces actions, car les somnambules vont, viennent, agissent sans réflexion, sans connaissance de leur situation, ni du péril, ni des inconvénients qui accompagnent leurs démarches; les seules facultés animales sont en exercice, et même elles n'y sont pas toutes; un somnambule est, dans cet état, plus stupide qu'un imbécile, parce qu'il n'y a qu'une partie de ses sens et de son sentiment qui soit alors en exercice, au lieu que l'imbécile dispose de tous ses sens, et jouit du sentiment dans toute son étendue. Et à l'égard des gens qui parlent en dormant, je ne crois pas qu'ils disent rien de nouveau: la réponse à certaines questions triviales et usitées, la répétition de quelques phrases communes, ne prouvent pas l'action de l'âme: tout cela peut s'opérer indépendamment du principe de la connaissance et de la pensée. Pourquoi dans le sommeil ne parlerait-on pas sans penser, puisqu'en s'examinant soi-même lorsqu'on est le mieux éveillé, on s'aperçoit, surtout dans les passions, qu'on dit tant de choses sans réflexion?

A l'égard de la cause occasionnelle des rêves, qui fait que les sensations antérieures se renouvellent sans être excitées par les objets présents ou par des sensations actuelles, on observera que l'on ne rêve point lorsque le sommeil est profond, tout est alors assoupi, on dort en dehors et en dedans ; mais le sens intérieur s'endort le dernier et se réveille le premier, parce qu'il est plus vif, plus actif, plus aisé à ébranler que les sens extérieurs ; le sommeil est dès lors moins complet et moins profond ; c'est là le temps des songes illusoires ; les sensations antérieures, surtout celles sur lesquelles nous n'avons pas réfléchi, se renouvellent ; le sens intérieur, ne pouvant être occupé par des sensations actuelles à cause de l'inaction des sens externes, agit et s'exerce sur ses sensations passées ; les plus fortes sont celles qu'il saisit le plus souvent : plus elles sont fortes, plus les situations sont excessives, et c'est par cette raison que presque tous les rêves sont effroyables ou charmants.

Il n'est pas même nécessaire que les sens extérieurs soient absolument assoupis pour que le sens intérieur matériel puisse agir de son propre mouvement ; il suffit qu'ils soient sans exercice. Dans l'habitude où nous sommes de nous livrer régulièrement à un repos anticipé, on ne s'endort pas toujours aisément ; le corps et les membres mollement étendus sont sans mouvement ; les yeux, doublement voilés par la paupière et les ténèbres, ne peuvent s'exercer ; la tranquillité du lieu et le silence de la nuit rendent l'oreille inutile ; les autres sens sont également inactifs, tout est en repos, et rien n'est encore assoupi : dans cet état, lorsqu'on ne s'occupe pas d'idées et que l'âme est aussi dans l'inaction, l'empire appartient au sens intérieur matériel, il est alors la seule puissance qui agisse ; c'est là le temps des images chimériques, des ombres voltigeantes ; on veille, et cependant on éprouve les effets du sommeil : si l'on est en pleine santé, c'est une suite d'images agréables, d'illusions charmantes; mais, pour peu que le corps soit souffrant ou affaissé, les tableaux sont bien différents : on voit des figures grimaçantes, des visages de vieilles, des fantômes hideux qui semblent s'adresser à nous, et qui se succèdent avec autant de bizarrerie que de rapidité; c'est la lanterne magique, c'est une scène de chimères qui remplissent le cerveau vide alors de toute autre sensation, et les objets de cette scène sont d'autant plus vifs, d'autant plus nombreux, d'autant plus désagréables, que les autres facultés animales sont plus lésées, que les nerfs sont plus délicats, et que l'on est plus faible, parce que les ébranlements causés par les sensations réelles étant dans cet état de faiblesse ou de maladie beaucoup plus forts et plus désagréables que dans l'état de santé, les représentations de ces sensations, que produit le renouvellement de ces ébranlements, doivent aussi être plus vives et plus désagréables.

Au reste, nous nous souvenons de nos rêves, par la même raison que nous nous souvenons des sensations que nous venons d'éprouver; et la seule différence qu'il y ait ici entre les animaux et nous, c'est que nous distinguons parfaitement ce qui appartient à nos rêves de ce qui appartient à nos idées ou à nos sensations réelles, et ceci est une comparaison, une opération de la mémoire, dans laquelle entre l'idée du temps; les animaux au contraire, qui sont privés de la mémoire et de cette puissance de comparer les temps, ne peuvent distinguer leurs rêves de leurs sensations réelles, et l'on peut dire que ce qu'ils ont rêvé leur est effectivement arrivé.

Je crois avoir déjà prouvé d'une manière démonstrative, dans ce que j'ai écrit sur la nature de l'homme, que les animaux n'ont pas la puissance de réfléchir : or l'entendement est non-seulement une faculté de cette puissance de réfléchir, mais c'est l'exercice même de cette puissance, c'en est le résultat, c'est ce qui la manifeste; seulement nous devons distinguer dans l'entendement deux opérations différentes, dont la première sert de base à la seconde et la précède nécessairement. Cette première action de la puissance de réfléchir est de comparer les sensations et d'en former des idées, et la seconde est de comparer les idées mêmes et d'en former des raisonnements : par la première de ces opérations, nous acquérons des idées particulières et qui suffisent à la connaissance de toutes les choses sensibles; par la seconde, nous nous élevons à des idées générales, nécessaires pour arriver à l'intelligence des choses abstraites. Les animaux n'ont ni l'une ni l'autre de ces facultés, parce qu'ils n'ont point d'entendement, et l'entendement de la plupart des hommes paraît être borné à la première de ces opérations.

Car si tous les hommes étaient également capables de comparer des idées, de les généraliser et d'en former de nouvelles combinaisons, tous manifesteraient leur génie par des productions nouvelles, toujours différentes de celles des autres, et souvent plus parfaites; tous auraient le don d'inventer, ou du moins les talents de perfectionner. Mais non : réduits à une imitation servile, la plupart des hommes ne font que ce qu'ils voient faire, ne pensent que de mémoire et dans le même ordre que les autres ont pensé; les formules, les méthodes, les métiers remplissent toute la capacité de leur entendement, et les dispensent de réfléchir assez pour créer.

L'imagination est aussi une faculté de l'âme. Si nous entendons par ce mot *imagination* la puissance que nous avons de comparer des images avec des idées, de donner des couleurs à nos pensées, de représenter et d'agrandir nos sensations, de peindre le sentiment, en un mot de saisir vivement les circonstances et de voir nettement les rapports éloignés des objets que nous considérons, cette puissance de notre âme en est même la qualité la plus brillante et la plus active : c'est l'esprit supérieur, c'est le génie ; les animaux en sont encore plus dépourvus que d'entendement et de mémoire ; mais il y a une autre imagination, un autre principe qui dépend uniquement des organes corporels, et qui nous est commun avec les animaux : c'est cette action tumultueuse et forcée qui s'excite au dedans de nous-mêmes par les objets analogues ou contraires à nos appétits ; c'est cette impression vive et profonde des images de ces objets, qui malgré nous se renouvelle à tout instant et nous contraint d'agir comme les animaux, sans réflexion, sans délibération ; cette représentation des objets, plus active encore que leur présence, exagère tout, falsifie tout. Cette imagination est l'ennemie de notre âme, c'est la source de l'illusion, la mère des passions qui nous maîtrisent, nous emportent malgré les efforts de la raison, et nous rendent le malheureux théâtre d'un combat continuel, où nous sommes presque toujours vaincus.

Homo duplex.

L'homme intérieur est double ; il est composé de deux principes différents par leur nature, et contraires par leur action. L'âme, ce principe spirituel, ce principe de toute connaissance, est toujours en opposition avec cet autre principe animal et purement matériel : le premier est une lumière pure qu'accompagnent le calme et la sérénité, une source salutaire dont émanent la science, la raison, la sagesse; l'autre est une fausse lueur qui ne brille que par la tempête et dans l'obscurité, un torrent impétueux qui roule et entraîne à sa suite les passions et les erreurs.

Le principe animal se developpe le premier : comme il est purement matériel et qu'il consiste dans la durée des ébranlements et le renouvellement des impressions formées dans notre sens intérieur matériel par les objets analogues ou contraires à nos appétits, il commence à agir dès que le corps peut sentir de la douleur ou du plaisir ; il nous détermine le premier et aussitôt que nous pouvons faire usage de nos sens. Le principe spirituel se manifeste plus tard, il se développe, il se perfectionne au moyen de l'éducation : c'est par la communication des pensées d'autrui que l'enfant en acquiert et devient lui-même pensant et raisonnable, et sans cette communication il ne serait que stupide ou fantasque, selon le degré d'inaction ou d'activité de son sens intérieur matériel

Considérons un enfant lorsqu'il est en liberté et loin de l'œil de ses maîtres : nous pouvons juger de ce qui se passe au dedans de lui par le résultat de ses actions extérieures; il ne pense ni ne réfléchit à rien, il suit indifféremment toutes les routes du plaisir, il obéit à toutes les impressions des objets extérieurs, il s'agite sans raison, il s'amuse, comme les jeunes animaux, à courir, à exercer son corps; il va, vient et revient sans dessein, sans projet ; il agit sans ordre et sans suite; mais bientôt, rappelé par la voix de ceux qui lui ont appris à penser, il se compose, il dirige ses actions, et donne des preuves qu'il a conservé les pensées qu'on lui a communiquées. Le principe matériel domine donc dans l'enfance, et il continuerait de dominer et d'agir presque seul pendant toute la vie, si l'éducation ne venait à développer le principe spirituel et à mettre l'âme en exercice.

Il est aisé, en rentrant en soi-même, de reconnaître l'existence de ces deux principes ; il y a des instants dans la vie, il y a même des heures, des jours, des saisons où nous pouvons juger, non-seulement de la certitude de leur existence, mais aussi de leur contrariété d'action. Je veux parler de ces temps d'ennui, d'indolence, de dégoût, où nous ne pouvons nous déterminer à rien, où nous voulons ce que nous ne faisons pas, et faisons ce que nous ne voulons pas ; de cet état ou de cette maladie, à laquelle on a donné le nom de vapeurs, état où se trouvent si souvent les hommes oisifs, et même les hommes qu'aucun travail ne commande. Si nous nous observons dans cet état, notre *moi* nous paraîtra divisé en deux personnes, dont la première, qui représente la faculté raisonnable, blâme ce que fait la seconde, mais n'est pas assez forte pour s'y opposer efficacement et la vaincre ; au contraire, cette dernière étant formée de toutes les illusions de nos sens et de notre imagination, elle contraint, elle enchaîne, et souvent elle accable la première et nous fait agir contre ce que nous pensons, ou nous force à l'inaction, quoique nous ayons la volonté d'agir.

Dans le temps où la faculté raisonnable domine, on s'occupe tranquillement de soi-même, de ses amis, de ses affaires ; mais on s'aperçoit encore, ne fût-ce que par des distractions involontaires, de la présence de l'autre principe. Lorsque celui-ci vient à dominer à son tour, on se livre ardemment à la dissipation, à ses goûts, à ses passions, et à peine réfléchit-on par instants sur les objets mêmes qui nous occupent et qui nous remplissent tout entiers. Dans ces deux états nous sommes heureux ; dans le premier nous commandons avec satisfaction, et dans le second nous obéissons encore avec plus de plaisir : comme il n'y a que l'un des deux principes qui soit alors en action, et qu'il agit sans opposition de la part de l'autre, nous ne sentons aucune contrariété intérieure, notre *moi* nous paraît simple, parce que nous n'éprouvons qu'une impulsion simple, et c'est dans cette unité d'action que consiste notre bonheur. Car pour peu que par des réflexions nous venions à blâmer nos plaisirs, ou que par la violence de nos passions nous cherchions à haïr la raison, nous cessons dès lors d'être heureux; nous perdons l'unité de notre existence en quoi consiste notre tranquillité : la contrariété intérieure se renouvelle, les deux personnes se représentent en opposition, et les deux principes se font sentir et se manifestent par les doutes, les inquiétudes et les remords.

De là on peut conclure que le plus malheureux de tous les états est celui où ces deux puissances souveraines de la nature de l'homme sont toutes deux en grand mouvement, mais en mouvement égal et qui fait équilibre ; c'est là le point de l'ennui le plus profond et de cet horrible dégoût de soi-même, qui ne nous laisse d'autre désir que celui de cesser d'être, et ne nous permet qu'autant d'action qu'il en faut pour nous détruire, en tournant froidement contre nous des armes de fureur.

Quel état affreux! je viens d'en peindre la nuance la plus noire ; mais combien n'y a-t-il pas d'autres sombres nuances qui doivent la précéder ! Toutes les situations voisines de cette situation, tous les états qui approchent de cet état d'équilibre, et dans lesquels les deux principes opposés ont peine à se surmonter, et agissent en même temps et avec des forces presque égales, sont des temps de trouble, d'irrésolution et de malheur; le corps même vient à souffrir de ce désordre et de ces combats intérieurs; il languit dans l'accablement, ou se consume par l'agitation que cet état produit.

Le bonheur de l'homme consistant dans l'unité de son intérieur, il est heureux dans le temps de l'enfance, parce que le principe matériel domine seul et agit presque continuellement. La contrainte, les remontrances, et même les châtiments, ne sont que de petits chagrins; l'enfant ne les ressent que comme on sent les douleurs corporelles; le fond de son existence n'en est point affecté; il reprend, dès qu'il est en liberté, toute l'action, toute la gaieté que lui donnent la vivacité et la nouveauté de ses sensations : s'il était entièrement livré à lui-même, il serait parfaitement heureux; mais ce bonheur cesserait, il produirait même le malheur pour les âges suivants; on est donc obligé de contraindre l'enfant; il est triste, mais nécessaire, de le rendre malheureux par instants, puisque ces instants même de malheur sont les germes de tout son bonheur à venir.

Dans la jeunesse, lorsque le principe spirituel commence à entrer en exercice et qu'il pourrait déjà nous conduire, il naît un nouveau sens matériel qui prend un empire absolu, et commande si impérieusement à toutes nos facultés, que l'âme elle-même semble se prêter avec plaisir aux passions impétueuses qu'il produit : le principe matériel domine donc encore, et peut-être avec plus d'avantage que jamais; car, non-seulement il efface et soumet la raison, mais il la pervertit et s'en sert comme d'un moyen de plus : on ne pense et on n'agit que pour approuver et pour satisfaire sa passion. Tant que cette ivresse dure, on est heureux ; les contradictions et les peines extérieures semblent resserrer encore l'unité de l'intérieur, elles fortifient la passion, elles en remplissent les intervalles languissants, elles réveillent l'orgueil, et achèvent de tourner toutes nos vues vers le même objet et toutes nos puissances vers le même but.

Mais ce bonheur va passer comme un songe; le charme disparaît, le dégoût suit, un vide affreux succède à la plénitude des sentiments dont on était occupé. L'âme, au sortir de ce sommeil léthargique, a peine à se reconnaître ; elle a perdu par l'esclavage l'habitude de commander, elle n'en a plus la force, elle regrette même la servitude, et cherche un nouveau maître, un nouvel objet de passion qui disparaît bientôt à son tour, pour être suivi d'un autre qui dure encore moins : ainsi les excès et les dégoûts se multiplient, les plaisirs fuient, les organes s'usent, le sens matériel, loin de pouvoir commander, n'a plus la force d'obéir. Que reste-t-il à l'homme après une telle jeunesse ? un corps énervé, une âme amollie, et l'impuissance de se servir de tous deux.

Aussi a-t-on remarqué que c'est dans le moyen âge que les hommes sont le plus sujets à ces langueurs de l'âme, à cette maladie intérieure, à cet état de vapeurs dont j'ai parlé. On court encore à cet âge après les plaisirs de la jeunesse, on les cherche par habitude et non par besoin ; et comme, à mesure qu'on avance, il arrive toujours plus fréquemment qu'on sent moins le plaisir que l'impuissance d'en jouir, on se trouve contredit par soi-même, humilié par sa propre faiblesse, si nettement et si souvent, qu'on ne peut s'empêcher de se blâmer, de condamner ses actions, et de se reprocher même ses désirs.

D'ailleurs, c'est à cet âge que naissent les soucis et

que la vie est la plus contentieuse; car on a pris un état, c'est-à-dire qu'on est entré par hasard ou par choix dans une carrière qu'il est toujours honteux de ne pas fournir, et souvent très-dangereux de remplir avec éclat. On marche donc péniblement entre deux écueils également formidables, le mépris et la haine; on s'affaiblit par les efforts qu'on fait pour les éviter, et l'on tombe dans le découragement; car lorsqu'à force d'avoir vécu et d'avoir reconnu, éprouvé les injustices des hommes, on a pris l'habitude d'y compter comme sur un mal nécessaire, lorsqu'on s'est enfin accoutumé à faire moins de cas de leurs jugements que de son repos, et que le cœur endurci par les cicatrices mêmes des coups qu'on lui a portés, est devenu plus insensible, on arrive aisément à cet état d'indifférence, à cette quiétude indolente, dont on aurait rougi quelques années auparavant. La gloire, ce puissant mobile de toutes les grandes âmes, et qu'on voyait de loin comme un but éclatant qu'on s'efforçait d'atteindre par des actions brillantes et des travaux utiles, n'est plus qu'un objet sans attraits pour ceux qui en ont approché, et un fantôme vain et trompeur pour les autres qui sont restés dans l'éloignement. La paresse prend sa place, et semble offrir à tous des routes plus aisées et des biens plus solides; mais le dégoût la précède et l'ennui la suit, l'ennui, ce triste tyran de toutes les âmes qui pensent, contre lequel la sagesse peut moins que la folie.

C'est donc parce que la nature de l'homme est composée de deux principes opposés, qu'il a tant de peine à se concilier avec lui-même; c'est de là que viennent son inconstance, son irrésolution, ses ennuis.

Les animaux au contraire, dont la nature est simple et purement matérielle, ne ressentent, ni combats intérieurs, ni opposition, ni trouble; ils n'ont, ni nos regrets, ni nos remords, ni nos espérances, ni nos craintes.

Séparons de nous tout ce qui appartient à l'âme, ôtons-nous l'entendement, l'esprit et la mémoire; ce qui nous restera sera la partie matérielle par laquelle nous sommes animaux; nous aurons encore des besoins, des sensations, des appétits, nous aurons de la douleur et du plaisir, nous aurons même des passions; car une passion est-elle autre chose qu'une sensation plus forte que les autres, et qui se renouvelle à tout instant? Or, nos sensations pourront se renouveler dans notre sens intérieur matériel; nous aurons donc toutes les passions, du moins toutes les passions aveugles que l'âme, ce principe de la connaissance, ne peut ni produire, ni fomenter.

C'est ici le point le plus difficile : comment pourrons-nous, surtout avec l'abus que l'on a fait des termes, nous faire entendre et distinguer nettement les passions qui n'appartiennent qu'à l'homme, de celles qui lui sont communes avec les animaux? est-il certain, est-il croyable que les animaux puissent avoir des passions? n'est-il pas au contraire convenu que toute passion est une émotion de l'âme? doit-on par conséquent chercher ailleurs que dans ce principe spirituel les germes de l'orgueil, de l'envie, de l'ambition, de l'avarice et de toutes les passions qui nous commandent?

Je ne sais, mais il me semble que tout ce qui commande à l'âme est hors d'elle; il me semble que le principe de la connaissance n'est point celui du sentiment; il me semble que le germe de nos passions est dans nos appétits, que les illusions viennent de nos sens et résident dans notre sens intérieur matériel, que d'abord l'âme n'y a de part que par son silence, que, quand elle s'y prête, elle est subjuguée, et pervertie lorsqu'elle s'y complaît.

Distinguons donc, dans les passions de l'homme, le physique et le moral : l'un est la cause, l'autre l'effet ; la première émotion est dans le sens intérieur matériel, l'âme peut la recevoir, mais elle ne la produit pas. Distinguons aussi les mouvements instantanés des mouvements durables, et nous verrons d'abord que la peur, l'horreur, la colère, l'amour, ou plutôt le désir de jouir, sont des sentiments qui, quoique durables, ne dépendent que de l'impression des objets sur nos sens, combinée avec les impressions subsistantes de nos sensations antérieures, et que par conséquent ces passions doivent nous être communes avec les animaux. Je dis que les impressions actuelles des objets sont combinées avec les impressions subsistantes de nos sensations antérieures, parce que rien n'est horrible, rien n'est effrayant, rien n'est attrayant, pour un homme ou pour un animal qui voit pour la première fois. On peut en faire l'épreuve sur de jeunes animaux : j'en ai vu se jeter au feu la première fois qu'on les y présentait ; ils n'acquièrent de l'expérience que par des actes réitérés, dont les impressions subsistent dans leur sens intérieur ; et quoique leur expérience ne soit point raisonnée, elle n'en est pas moins sûre, elle n'en est même que plus circonspecte ; car un grand bruit, un mouvement violent, une figure extraordinaire, qui se présente ou se fait entendre subitement et pour la première fois, produit dans l'animal une secousse dont l'effet est semblable aux premiers mouvements de la peur, mais ce sentiment n'est qu'instantané ; comme il ne peut se combiner avec aucune sensation précédente, il ne peut donner à l'animal qu'un ébranlement momentané, et non pas une émotion durable, telle que la suppose la passion de la peur.

Un jeune animal, tranquille habitant des forêts, qui tout à coup entend le son éclatant d'un cor, ou le bruit subit et nouveau d'une arme à feu, tressaillit, bondit, et fuit par la seule violence de la secousse qu'il vient d'éprouver. Cependant si ce bruit est sans effet, s'il cesse, l'animal reconnaît d'abord le silence ordinaire de la nature, il se calme, s'arrête, et regagne à pas égaux sa paisible retraite. Mais l'âge et l'expérience le rendront bientôt circonspect et timide, dès qu'à l'occasion d'un bruit pareil il se sera senti blessé, atteint ou poursuivi : ce sentiment de peine ou cette sensation de douleur se conserve dans son sens intérieur; et, lorsque le même bruit se fait encore entendre, elle se renouvelle, et, se combinant avec l'ébranlement actuel, elle produit un sentiment durable, une passion subsistante, une vraie peur; l'animal fuit et fuit de toutes ses forces, il fuit très-loin, il fuit longtemps, il fuit toujours, puisque souvent il abandonne à jamais son séjour ordinaire.

La peur est donc une passion dont l'animal est susceptible, quoiqu'il n'ait pas nos craintes raisonnées ou prévues; il en est de même de l'horreur, de la colère, de l'amour, quoiqu'il n'ait ni nos aversions réfléchies, ni nos haines durables, ni nos amitiés constantes. L'animal a toutes ces passions premières; elles ne supposent aucune connaissance, aucune idée, et ne sont fondées que sur l'expérience du sentiment, c'est-à-dire, sur la répétition des actes de douleur ou de plaisir, et le renouvellement des sensations antérieures du même genre. La colère, ou, si l'on veut, le courage naturel, se remarque dans les animaux qui sentent leurs forces, c'est-à-dire, qui les ont éprouvées, mesurées, et trouvées supérieures à celles des autres; la peur est le partage des faibles, mais le sentiment d'amour leur appartient à tous.

Amour! désir inné! âme de la nature! principe inépuisable d'existence! puissance souveraine qui peut tout et contre laquelle rien ne peut, par qui tout agit, tout respire et tout se renouvelle! divine flamme! germe de perpétuité que l'Éternel a répandu dans tout avec le souffle de vie! Précieux sentiment qui peux seul amollir les cœurs féroces et glacés, en les pénétrant d'une douce chaleur! cause première de tout bien, de toute société, qui réunis sans contrainte et par tes seuls attraits les natures sauvages et dispersées! source unique et féconde de tout plaisir, de toute volupté! Amour! pourquoi fais-tu l'état heureux de tous les êtres et le malheur de l'homme?

C'est qu'il n'y a que le physique de cette passion qui soit bon; c'est que, malgré ce que peuvent dire les gens épris, le moral n'en vaut rien. Qu'est-ce en effet que le moral de l'amour? la vanité : vanité dans le plaisir de la conquête, erreur qui vient de ce qu'on en fait trop de cas; vanité dans le désir de la conserver exclusivement, état malheureux qu'accompagne toujours la jalousie, petite passion si basse qu'on voudrait la cacher; vanité dans la manière d'en jouir, qui fait qu'on ne multiplie que ses gestes et ses efforts sans multiplier ses plaisirs; vanité dans la façon même de la perdre, on veut rompre le premier; car si l'on est quitté, quelle humiliation! et cette humiliation se tourne en désespoir lorsqu'on vient à reconnaître qu'on a été longtemps dupe et trompé.

Les animaux ne sont point sujets à toutes ces misères; ils ne cherchent pas des plaisirs où il ne peut y en avoir : guidés par le sentiment seul, ils ne se trompent jamais dans leurs choix; leurs désirs sont toujours proportionnés à la puissance de jouir; ils sentent autant qu'ils jouissent, et ne jouissent qu'autant qu'ils sentent; l'homme au contraire, en voulant inventer des plaisirs, n'a fait que gâter la nature; en voulant se forcer sur le sentiment il ne fait qu'abuser de son être, et creuser dans son cœur un vide que rien ensuite n'est capable de remplir.

Tout ce qu'il y a de bon dans l'amour appartient donc aux animaux tout aussi bien qu'à nous, et même, comme si ce sentiment ne pouvait jamais être pur, ils paraissent avoir une petite portion de ce qu'il y a de moins bon, je veux parler de la jalousie. Chez nous, cette passion suppose toujours quelque défiance de soi-même, quelque connaissance sourde de sa propre faiblesse; les animaux au contraire semblent être d'autant plus jaloux qu'ils ont plus de force, plus d'ardeur et plus d'habitude au plaisir : c'est que notre jalousie dépend de nos idées, et la leur du sentiment; ils ont joui, ils désirent de jouir encore, ils s'en sentent la force, ils écartent donc tous ceux qui veulent occuper leur place; leur jalousie n'est point réfléchie, ils ne la tournent pas contre l'objet de leur amour, ils ne sont jaloux que de leurs plaisirs.

Mais les animaux sont-ils bornés aux seules passions que nous venons de décrire? la peur, la colère, l'horreur, l'amour et la jalousie, sont-elles les seules affections durables qu'ils puissent éprouver? Il me semble qu'indépendamment de ces passions, dont le sentiment naturel, ou plutôt l'expérience du sentiment, rend les animaux susceptibles, ils ont encore des passions qui leur sont communiquées et qui viennent de l'éducation, de l'exemple, de l'imitation et de l'habitude : ils ont leur espèce d'amitié, leur espèce d'orgueil, leur espèce d'ambition; et quoiqu'on puisse déjà s'être assuré, par ce que nous avons dit, que dans toutes leurs opérations et dans tous les actes qui émanent de leurs passions il n'entre ni réflexion, ni pensée, ni même aucune idée, cependant comme les habitudes dont nous parlons sont celles qui semblent le plus supposer quelque degré d'intelligence, et que c'est ici où la nuance entre eux et nous est la plus délicate et la plus difficile à saisir, ce doit être aussi celle que nous devons examiner avec le plus de soin.

Y a-t-il rien de comparable à l'attachement du chien pour la personne de son maître? On en a vu mourir sur le tombeau qui la renfermait; mais (sans vouloir citer les prodiges ni les héros d'aucun genre) quelle fidélité à accompagner, quelle constance à suivre, quelle attention à défendre son maître! quel empressement à rechercher ses caresses! quelle docilité à lui obéir! quelle patience à souffrir sa mauvaise humeur et des châtiments souvent injustes! quelle douceur et quelle humilité pour tâcher de rentrer en grâce! que de mouvements, que d'inquiétudes, que de chagrin, s'il est absent! que de joie lorsqu'il se retrouve! A tous ces traits peut-on méconnaître l'amitié? se marque-t-elle même parmi nous par des caractères aussi énergiques?

Il en est de cette amitié comme de celle d'une femme pour son serin, d'un enfant pour son jouet, etc. : toutes deux sont aussi peu réfléchies, toutes deux ne sont qu'un sentiment aveugle; celui de l'animal est seulement plus naturel, puisqu'il est fondé sur le besoin, tandis que l'autre n'a pour objet qu'un insipide amusement auquel l'âme n'a point de part. Ces habitudes puériles ne durent que par le désœuvrement, et n'ont de force que par le vide de la tête; et le goût pour les magots et le culte des idoles, l'attachement en un mot aux choses inanimées n'est-il pas le dernier degré de la stupidité? Cependant que de créateurs d'idoles et de magots dans ce monde! que de gens adorent l'argile qu'ils ont pétrie! Combien d'autres sont amoureux de la glèbe qu'ils ont remuée!

Il s'en faut donc bien que tous les attachements viennent de l'âme, et que la faculté de pouvoir s'attacher suppose nécessairement la puissance de penser et de réfléchir, puisque c'est lorsqu'on pense et qu'on réfléchit le moins que naissent la plupart de nos attachements, que c'est encore faute de penser et de réfléchir qu'ils se confirment et se tournent en habitude, qu'il suffit que quelque chose flatte nos sens pour que nous l'aimions, et qu'enfin il ne faut que s'occuper souvent et longtemps d'un objet pour en faire une idole.

Mais l'amitié suppose cette puissance de réfléchir : c'est de tous les attachements le plus digne de l'homme et le seul qui ne le dégrade point. L'amitié n'émane que de la raison, l'impression des sens n'y fait rien ; c'est l'âme de son ami qu'on aime, et pour aimer une âme il faut en avoir fait usage, l'avoir connue, l'avoir comparée et trouvée de niveau à ce que l'on peut connaître de celle d'un autre : l'amitié suppose donc non-seulement le principe de la connaissance, mais l'exercice actuel et réfléchi de ce principe.

Ainsi l'amitié n'appartient qu'à l'homme, et l'attachement peut appartenir aux animaux : le sentiment seul suffit pour qu'ils s'attachent aux gens qu'ils voient souvent, à ceux qui les soignent, qui les nourrissent, etc.; le seul sentiment suffit encore pour qu'ils s'attachent aux objets dont ils sont forcés de s'occuper. L'attachement des mères pour leurs petits ne vient que de ce qu'elles ont été fort occupées à les porter, à les produire, à les débarrasser de leurs enveloppes, et qu'elles le sont encore à les allaiter; et si dans les oiseaux les pères semblent avoir quelque attachement pour leurs petits et paraissent en prendre soin comme les mères, c'est qu'ils se sont occupés comme elles de la construction du nid, c'est qu'ils l'ont habité, c'est qu'ils y ont eu du plaisir avec leurs femelles, dont la chaleur dure encore longtemps après avoir été fécondées, au lieu que dans les autres espèces d'animaux où la saison des amours est fort courte, où, passé cette saison, rien n'attache plus les mâles à leurs femelles, où il n'y a point de nid, point d'ouvrage à faire en commun, les pères ne sont pères que comme on l'était à Sparte; ils n'ont aucun souci de leur postérité.

L'orgueil et l'ambition des animaux tiennent à leur courage naturel, c'est-à-dire au sentiment qu'ils ont de leur force, de leur agilité, etc. : les grands dédaignent les petits et semblent mépriser leur audace insultante. On augmente même par l'éducation ce sang-froid, cet *à-propos* de courage, on augmente aussi leur ardeur, on leur donne de l'éducation par l'exemple, car ils sont susceptibles et capables de tout, excepté de raison ; en général, les animaux peuvent apprendre à faire mille fois tout ce qu'ils ont fait une fois, à faire de suite ce qu'ils ne faisaient que par intervalles, à faire pendant longtemps ce qu'ils ne faisaient que pendant un instant, à faire volontiers ce qu'ils ne faisaient d'abord que par force, à faire par habitude ce qu'ils ont fait une fois par hasard, à faire d'eux-mêmes ce qu'ils voient faire aux autres. L'imitation est de tous les résultats de la machine animale le plus admirable, c'en est le mobile le plus délicat et le plus étendu, c'est ce qui copie de plus près la pensée ; et quoique la cause en soit dans les animaux purement matérielle et mécanique, c'est par ses effets qu'ils nous étonnent davantage. Les hommes n'ont jamais plus admiré les singes que quand ils les ont vus imiter les actions humaines; en effet, il n'est point trop aisé de distinguer certaines copies de certains originaux; il y a si peu de gens d'ailleurs qui voient nettement combien il y a de distance entre faire et contrefaire, que les singes doivent être pour le gros du genre humain des êtres étonnants, humiliants, au point qu'on ne peut guère trouver mauvais qu'on ait donné sans hésiter plus d'esprit au singe, qui contrefait et copie l'homme, qu'à l'homme (si peu rare parmi nous) qui ne fait ni ne copie rien.

Cependant les singes sont tout au plus des gens à talents que nous prenons pour des gens d'esprit : quoiqu'ils aient l'art de nous imiter, ils n'en sont pas moins de la nature des bêtes, qui toutes ont plus ou moins le talent de l'imitation. A la vérité, dans presque tous les animaux, ce talent est borné à l'espèce même, et ne s'étend point au delà de l'imitation de leurs semblables, au lieu que le singe, qui n'est pas plus de notre espèce que nous ne sommes de la sienne, ne laisse pas de copier quelques-unes de nos actions ; mais c'est parce qu'il nous ressemble à quelques égards, c'est parce qu'il est extérieurement à peu près conformé comme nous, et cette ressemblance grossière suffit pour qu'il puisse se donner des mouvements, et même des suites de mouvements semblables aux nôtres, pour qu'il puisse, en un mot, nous imiter grossièrement; en sorte que tous ceux qui ne jugent des choses que par l'extérieur trouvent ici comme ailleurs du dessein, de l'intelligence et de l'esprit, tandis qu'en effet il n'y a que des rapports de figure, de mouvement et d'organisation.

C'est par les rapports de mouvement que le chien prend les habitudes de son maître, c'est par les rapports de figure que le singe contrefait les gestes humains, c'est par les rapports d'organisation que le serin répète des airs de musique, et que le perroquet imite le signe le moins équivoque de la pensée, la parole, qui met à l'extérieur autant de différence entre l'homme et l'homme qu'entre l'homme et la bête, puisqu'elle exprime dans les uns la lumière et la supériorité de l'esprit, qu'elle ne laisse apercevoir dans les autres qu'une confusion d'idées obscures ou empruntées, et que dans l'imbécile ou le perroquet elle marque le dernier degré de la stupidité, c'est-à-dire l'impossibilité où ils sont tous deux de produire intérieurement la pensée, quoiqu'il ne leur manque aucun des organes nécessaires pour la rendre au dehors.

Il est aisé de prouver encore mieux que l'imitation n'est qu'un effet mécanique, un résultat purement machinal, dont la perfection dépend de la vivacité avec laquelle le sens intérieur matériel reçoit les impressions des objets, et de la facilité de les rendre au dehors par la similitude et la souplesse des organes extérieurs. Les gens qui ont les sens exquis, délicats, faciles à ébranler, et les membres obéissants, agiles et flexibles, sont, toutes choses égales d'ailleurs, les meilleurs acteurs, les meilleurs pantomimes, les meilleurs singes : les enfants, sans y songer, prennent les habitudes du corps, empruntent les gestes, imitent les manières de ceux avec qui ils vivent; ils sont aussi très-portés à répéter et à contrefaire. La plupart des jeunes gens les plus vifs et les moins pensants, qui ne voient que par les yeux du corps, saisissent cependant merveilleusement le ridicule des figures; toute forme bizarre les affecte, toute représentation les frappe, toute nouveauté les émeut; l'impression en est si forte qu'ils représentent eux-mêmes, ils racontent avec enthousiasme, ils copient facilement et avec grâce; ils ont donc supérieurement le talent de l'imitation, qui suppose l'organisation la plus parfaite, les dispositions du corps les plus heureuses, et auquel rien n'est plus opposé qu'une forte dose de bon sens.

Ainsi, parmi les hommes, ce sont ordinairement ceux qui réfléchissent le moins qui ont le plus ce talent de l'imitation; il n'est donc pas surprenant qu'on le trouve dans les animaux qui ne réfléchissent point du tout; ils doivent même l'avoir à un plus haut degré de perfection, parce qu'ils n'ont rien qui s'y oppose, parce qu'ils n'ont aucun principe par lequel ils puissent avoir la volonté d'être différents les uns des autres. C'est par notre âme que nous différons entre nous, c'est par notre âme que nous sommes nous, c'est d'elle que vient la diversité de nos caractères et la variété de nos actions: les animaux, au contraire, qui n'ont point d'âme, n'ont point le *moi* qui est le principe de la différence, la cause qui constitue la personne; ils doivent donc, lorsqu'ils se ressemblent par l'organisation ou qu'ils sont de la même espèce, se copier tous, faire tous les mêmes choses et de la même façon, s'imiter en un mot beaucoup plus parfaitement que les hommes ne peuvent s'imiter les uns les autres; et par conséquent ce talent d'imitation, bien loin de supposer de l'esprit et de la pensée dans les animaux, prouve, au contraire, qu'ils en sont absolument privés.

C'est par la même raison que l'éducation des animaux, quoique fort courte, est toujours heureuse; ils apprennent en très-peu de temps presque tout ce que savent leurs père et mère, et c'est par l'imitation qu'ils l'apprennent; ils ont donc, non-seulement l'expérience qu'ils peuvent acquérir par le sentiment, mais ils profitent encore, par le moyen de l'imitation, de l'expérience que les autres ont acquise. Les jeunes animaux se modèlent sur les vieux ; ils voient que ceux-ci s'approchent ou fuient lorsqu'ils entendent certains bruits, lorsqu'ils aperçoivent certains objets, lorsqu'ils sentent certaines odeurs ; ils s'approchent aussi ou fuient d'abord avec eux sans autre cause déterminante que l'imitation, et ensuite ils s'approchent ou fuient d'eux-mêmes et tout seuls, parce qu'ils ont pris l'habitude de s'approcher ou de fuir toutes les fois qu'ils ont éprouvé les mêmes sensations.

Après avoir comparé l'homme à l'animal, pris chacun individuellement, je vais comparer l'homme en société avec l'animal en troupe, et rechercher en même temps quelle peut être la cause de cette espèce d'industrie qu'on remarque dans certains animaux, même dans les espèces les plus viles et les plus nombreuses : que de choses ne dit-on pas de celle de certains insectes ! Nos observateurs admirent à l'envi l'intelligence et les talents des abeilles ; elles ont, disent-ils, un génie particulier, un art qui n'appartient qu'à elles, l'art de se bien gouverner. Il faut savoir observer pour s'en apercevoir ; mais une ruche est une république où chaque individu ne travaille que pour la société, où tout est ordonné, distribué, réparti avec une prévoyance, une équité, une prudence admirables ; Athènes n'était pas mieux conduite ni mieux policée : plus on observe ce panier de mouches et plus on découvre de merveilles, un fond de gouvernement inaltérable et toujours le même, un respect profond pour la personne en place, une vigilance singulière pour son service, la plus soigneuse attention pour ses plaisirs, un amour constant pour la patrie, une ardeur inconcevable pour le travail, une assiduité à l'ouvrage que rien n'égale, le plus grand désintéressement joint à la plus grande économie, la plus fine géométrie employée à la plus élégante architecture, etc. Je ne finirais point si je voulais seulement parcourir les annales de cette république, et tirer de l'histoire de ces insectes tous les traits qui ont excité l'admiration de leurs historiens.

C'est qu'indépendamment de l'enthousiasme qu'on prend pour son sujet, on admire toujours d'autant plus qu'on observe davantage et qu'on raisonne moins. Y a-t-il, en effet, rien de plus gratuit que cette admiration pour les mouches, et que ces vues morales qu'on voudrait leur prêter, que cet amour du bien commun qu'on leur suppose, que cet instinct singulier qui équivaut à la géométrie la plus sublime, instinct qu'on leur a nouvellement accordé, par lequel les abeilles résolvent sans hésiter le problème de *bâtir le plus solidement qu'il soit possible dans le moindre espace possible, et avec la plus grande économie possible?* que penser de l'excès auquel on a porté le détail de ces éloges? car enfin une mouche ne doit pas tenir dans la tête d'un naturaliste plus de place qu'elle n'en tient dans la nature; et cette république merveilleuse ne sera jamais, aux yeux de la raison, qu'une foule de petites bêtes qui n'ont d'autre rapport avec nous que celui de nous fournir de la cire et du miel.

Ce n'est point la curiosité que je blâme ici, ce sont les raisonnements et les exclamations : qu'on ait observé avec attention leurs manœuvres, qu'on ait suivi avec soin leurs procédés et leur travail, qu'on ait décrit exactement leur génération, leur multiplication, leurs métamorphoses, etc., tous ces objets peuvent occuper le loisir d'un naturaliste; mais c'est la morale, c'est la théologie des insectes que je ne puis entendre prêcher; ce sont les merveilles que les observateurs y mettent et sur lesquelles ensuite ils se récrient, comme si elles y étaient en effet, qu'il faut examiner ; c'est cette intelligence, cette prévoyance, cette connaissance même de l'avenir qu'on leur accorde avec tant de complaisance, et que cependant on doit leur refuser rigoureusement, que je vais tâcher de réduire à sa juste valeur.

Les mouches solitaires n'ont, de l'aveu de ces observateurs, aucun esprit en comparaison des mouches qui vivent ensemble ; celles qui ne forment que de petites troupes en ont moins que celles qui sont en grand nombre, et les abeilles, qui de toutes sont peut-être celles qui forment la société la plus nombreuse, sont aussi celles qui ont le plus de génie. Cela seul ne suffit-il pas pour faire penser que cette apparence d'esprit ou de génie n'est qu'un résultat purement mécanique, une combinaison de mouvement proportionnelle au nombre, un rapport qui n'est compliqué que parce qu'il dépend de plusieurs milliers d'individus ? Ne sait-on pas que tout rapport, tout désordre même, pourvu qu'il soit constant, nous paraît une harmonie dès que nous en ignorons les causes, et que de la supposition de cette apparence d'ordre à celle de l'intelligence il n'y a qu'un pas, les hommes aimant mieux admirer qu'approfondir ?

On conviendra donc d'abord, qu'à prendre les mouches une à une, elles ont moins de génie que le chien, le singe et la plupart des animaux ; on conviendra qu'elles ont moins de docilité, moins d'attachement, moins de sentiment, moins, en un mot, de qualités relatives aux nôtres : dès lors on doit convenir que leur intelligence apparente ne vient que de leur multitude réunie ; cependant cette réunion même ne suppose aucune intelligence, car ce n'est point par des vues morales qu'elles se réunissent, c'est sans leur consentement qu'elles se trouvent ensemble. Cette société n'est donc qu'un assemblage physique ordonné par la nature, et indépendant de toute vue, de toute connaissance, de tout raisonnement. La mère abeille produit dix mille individus tout à la fois et dans un même lieu; ces dix mille individus, fussent-ils encore mille fois plus stupides que je ne le suppose, seront obligés, pour continuer seulement d'exister, de s'arranger de quelque façon : comme ils agissent tous les uns contre les autres avec des forces égales, eussent-ils commencé par se nuire, à force de se nuire ils arriveront bientôt à se nuire le moins qu'il sera possible, c'est-à-dire à s'aider; ils auront donc l'air de s'entendre et de concourir au même but. L'observateur leur prêtera bientôt des vues et tout l'esprit qui leur manque; il voudra rendre raison de chaque action, chaque mouvement aura bientôt son motif, et de là sortiront des merveilles ou des monstres de raisonnement sans nombre; car ces dix mille individus, qui ont été tous produits à la fois, qui ont habité ensemble, qui se sont tous métamorphosés à peu près en même temps, ne peuvent manquer de faire tous la même chose, et, pour peu qu'ils aient de sentiment, de prendre des habitudes communes, de s'arranger, de se trouver bien ensemble, de s'occuper de leur demeure, d'y revenir après s'en être éloignés, etc., et de là l'architecture, la géométrie, l'ordre, la prévoyance, l'amour de la patrie, la république en un mot, le tout fondé, comme l'on voit, sur l'admiration de l'observateur.

La nature n'est-elle pas assez étonnante par elle-même, sans chercher encore à nous surprendre en nous étourdissant de merveilles qui n'y sont pas et que nous y mettons? Le Créateur n'est-il pas assez grand par ses ouvrages, et croyons-nous le faire plus grand par notre imbécillité? ce serait, s'il pouvait l'être, la façon de le rabaisser. Lequel, en effet, a de l'Être suprême la plus grande idée, celui qui le voit créer l'univers, ordonner les existences, fonder la nature sur des lois invariables et perpétuelles, ou celui qui le cherche et veut le trouver attentif à conduire une république de mouches, et fort occupé de la manière dont se doit plier l'aile d'un scarabée?

Il y a parmi certains animaux une espèce de société qui semble dépendre du choix de ceux qui la composent, et qui par conséquent approche bien davantage de l'intelligence et du dessein, que la société des abeilles, qui n'a d'autre principe qu'une nécessité physique : les éléphants, les castors, les singes, et plusieurs autres espèces d'animaux se cherchent, se rassemblent, vont par troupes, se secourent, se défendent, s'avertissent et se soumettent à des allures communes : si nous ne troublions pas si souvent ces sociétés, et que nous pussions les observer aussi facilement que celles des mouches, nous y verrions sans doute bien d'autres merveilles, qui cependant ne seraient que des rapports et des convenances physiques. Qu'on mette ensemble et dans un même lieu un grand nombre d'animaux de même espèce, il en résultera nécessairement un certain arrangement, un certain ordre, de certaines habitudes communes, comme nous le dirons dans l'histoire du daim, du lapin, etc. Or toute habitude commune, bien loin d'avoir pour cause le principe d'une intelligence éclairée, ne suppose, au contraire, que celui d'une aveugle imitation.

Parmi les hommes, la société dépend moins des convenances physiques que des relations morales. L'homme a d'abord mesuré sa force et sa faiblesse, il a comparé son ignorance et sa curiosité, il a senti que seul il ne pouvait suffire ni satisfaire par lui-même à la multiplicité de ses besoins, il a reconnu l'avantage qu'il aurait à renoncer à l'usage illimité de sa volonté pour acquérir un droit sur la volonté des autres, il a réfléchi sur l'idée du bien et du mal, il l'a gravée au fond de son cœur à la faveur de la lumière naturelle qui lui a été départie par la bonté du Créateur, il a vu que la solitude n'était pour lui qu'un état de danger et de guerre, il a cherché la sûreté et la paix dans la société, il y a porté ses forces et ses lumières pour les augmenter en les réunissant à celles des autres : cette réunion est de l'homme l'ouvrage le meilleur, c'est de sa raison l'usage le plus sage. En effet il n'est tranquille, il n'est fort, il n'est grand, il ne commande à l'univers que parce qu'il a su se commander à lui-même, se dompter, se soumettre et s'imposer des lois; l'homme, en un mot, n'est homme que parce qu'il a su se réunir à l'homme.

Il est vrai que tout a concouru à rendre l'homme sociable; car, quoique les grandes sociétés, les sociétés policées, dépendent certainement de l'usage et quelquefois de l'abus qu'il a fait de sa raison, elles ont sans doute été précédées par de petites sociétés qui ne dépendaient, pour ainsi dire, que de la nature. Une famille est une société naturelle, d'autant plus stable, d'autant mieux fondée, qu'il y a plus de besoins, plus de causes d'attachement. Bien différent des animaux, l'homme n'existe presque pas encore lorsqu'il vient de naître; il est nu, faible, incapable d'aucun mouvement, privé de toute action, réduit à tout souffrir, sa vie dépend des secours qu'on lui donne. Cet état de l'enfance imbécile, impuissante, dure longtemps; la nécessité du secours devient donc une habitude, qui seule serait capable de produire l'attachement mutuel de l'enfant et des père et mère; mais comme à mesure qu'il avance l'enfant acquiert de quoi se passer plus aisément de secours, comme il a physiquement moins besoin d'aide, que les parents, au contraire, continuent à s'occuper de lui beaucoup plus qu'il ne s'occupe d'eux, il arrive toujours que l'amour descend beaucoup plus qu'il ne remonte : l'attachement des père et mère devient excessif, aveugle, idolâtre, et celui de l'enfant reste tiède et ne reprend des forces que lorsque la raison vient à développer le germe de la reconnaissance.

Ainsi la société, considérée même dans une seule famille, suppose dans l'homme la faculté raisonnable; la société, dans les animaux qui semblent se réunir librement et par convenance, suppose l'expérience du sentiment; et la société des bêtes qui, comme les abeilles, se trouvent ensemble sans s'être cherchées, ne suppose rien : quels qu'en puissent être les résultats, il est clair qu'ils n'ont été ni prévus, ni ordonnés, ni conçus par ceux qui les exécutent, et qu'ils ne dépendent que du mécanisme universel et des lois du mouvement établies par le Créateur. Qu'on mette ensemble dans le même lieu dix mille automates animés d'une force vive et tous déterminés, par la ressemblance parfaite de leur forme extérieure et intérieure, et par la conformité de leurs mouvements, à faire chacun la même chose dans ce même lieu, il en résultera nécessairement un ouvrage régulier; les rapports d'égalité, de similitude, de situation, s'y trouveront, puisqu'ils dépendent de ceux de mouvement que nous supposons égaux et conformes; les rapports de juxtaposition, d'étendue, de figure, s'y trouveront aussi puisque nous supposons l'espace donné et circonscrit; et si nous accordons à ces automates le plus petit degré de sentiment, celui seulement qui est nécessaire pour sentir son existence, tendre à sa propre conservation, éviter les choses nuisibles, appéter les choses convenables, etc., l'ouvrage sera non-seulement régulier, proportionné, situé, semblable, égal, mais il aura encore l'air de la symétrie, de la solidité, de la commodité, etc., au plus haut point de perfection, parce qu'en le formant, chacun de ces dix mille individus a cherché à s'arranger de la manière la plus commode pour lui, et qu'il a en même temps été forcé d'agir et de se placer de la manière la moins incommode aux autres.

Dirai-je encore un mot? ces cellules des abeilles, ces hexagones tant vantés, tant admirés, me fournissent une preuve de plus contre l'enthousiasme et l'admiration : cette figure, toute géométrique et toute régulière qu'elle nous paraît et qu'elle est en effet dans la spéculation, n'est ici qu'un résultat mécanique et assez imparfait qui se trouve souvent dans la nature, et que l'on remarque même dans ses productions les plus brutes; les cristaux et plusieurs autres pierres, quelques sels, etc., prennent constamment cette figure dans leur formation. Qu'on observe les petites écailles de la peau d'une roussette, on verra qu'elles sont hexagones, parce que chaque écaille croissant en même temps se fait obstacle, et tend à occuper le plus d'espace qu'il est possible dans un espace donné : on voit ces mêmes hexagones dans le second estomac des animaux ruminants, on les trouve dans les graines, dans leurs capsules, dans certaines fleurs, etc. Qu'on remplisse un vaisseau de pois, ou plutôt de quelque autre graine cylindrique, et qu'on le ferme exactement, après y avoir versé autant d'eau que les intervalles qui restent entre ces graines peuvent en recevoir; qu'on fasse bouillir cette eau, tous ces cylindres deviendront des colonnes à six pans. On en voit clairement la raison, qui est purement mécanique : chaque graine, dont la figure est cylindrique, tend par son renflement à occuper le plus d'espace possible dans un espace donné, elles deviennent donc toutes nécessairement hexagones par la compression réciproque. Chaque abeille cherche à occuper de même le plus d'espace possible dans un espace donné ; il est donc nécessaire aussi, puisque le corps des abeilles est cylindrique, que leurs cellules soient hexagones, par la même raison des obstacles réciproques.

On donne plus d'esprit aux mouches dont les ouvrages sont les plus réguliers ; les abeilles sont, dit-on, plus ingénieuses que les guêpes, que les frelons, etc., qui savent aussi l'architecture, mais dont les constructions sont plus grossières et plus irrégulières que celles des abeilles. On ne veut pas voir, ou l'on ne se doute pas que cette régularité plus ou moins grande dépend uniquement du nombre et de la figure, et nullement de l'intelligence de ces petites bêtes : plus elles sont nombreuses, plus il y a de forces qui agissent également et qui s'opposent de même, plus il y a par conséquent de contrainte mécanique, de régularité forcée et de perfection apparente dans leurs productions.

Les animaux qui ressemblent le plus à l'homme par leur figure et par leur organisation seront donc, malgré les apologistes des insectes, maintenus dans la possession où ils étaient, d'êtres supérieurs à tous les autres pour les qualités intérieures ; et quoiqu'elles soient infiniment différentes de celles de l'homme, qu'elles ne soient, comme nous l'avons prouvé, que des résultats de l'exercice et de l'expérience du sentiment, ces animaux sont par ces facultés mêmes fort supérieurs aux insectes ; et comme tout se fait et que tout est par nuance dans la nature, on peut établir une échelle pour juger des degrés des qualités intrinsèques de chaque animal, en prenant pour premier terme la partie matérielle de l'homme, et plaçant successivement les animaux à différentes distances, selon qu'en effet ils en approchent ou s'en éloignent davantage, tant par la forme extérieure que par l'organisation intérieure : en sorte que le singe, le chien, l'éléphant et les autres quadrupèdes seront au premier rang; les cétacés, qui, comme les quadrupèdes et l'homme, ont de la chair et du sang, qui sont comme eux vivipares, seront au second, les oiseaux au troisième, parce qu'à tout prendre ils diffèrent de l'homme plus que les cétacés et que les quadrupèdes; et s'il n'y avait pas des êtres qui, comme les huîtres ou les polypes, semblent en différer autant qu'il est possible, les insectes seraient avec raison les bêtes du dernier rang.

Mais, si les animaux sont dépourvus d'entendement, d'esprit et de mémoire, s'ils sont privés de toute intelligence, si toutes leurs facultés dépendent de leurs sens, s'ils sont bornés à l'exercice et à l'expérience du sentiment seul, d'où peut venir cette espèce de prévoyance qu'on remarque dans quelques-uns d'entre eux? Le seul sentiment peut-il faire qu'ils ramassent des vivres pendant l'été pour subsister pendant l'hiver? Ceci ne suppose-t-il pas une comparaison des temps, une notion de l'avenir, une inquiétude raisonnée? Pourquoi trouve-t-on à la fin de l'automne, dans le trou d'un mulot, assez de gland pour le nourrir jusqu'à l'été suivant? Pourquoi cette abondante récolte de cire et de miel dans les ruches? Pourquoi les fourmis font-elles des provisions? Pourquoi les oiseaux feraient-ils des nids, s'ils ne savaient pas qu'ils en auront besoin pour y déposer leurs œufs et y élever leurs petits, etc., et tant d'autres faits particuliers que l'on raconte de la prévoyance des renards, qui cachent leur gibier en différents endroits pour le retrouver au besoin et s'en nourrir pendant plusieurs jours; de la subtilité raisonnée des hiboux, qui savent ménager leur provision de souris en leur coupant les pattes pour les empêcher de fuir; de la pénétration merveilleuse des abeilles, qui savent d'avance que leur reine doit pondre dans un tel temps tel nombre d'œufs d'une certaine espèce dont il doit sortir des vers de mouches mâles, et tel autre nombre d'œufs d'une autre espèce qui doivent produire les mouches neutres, et qui, en conséquence de cette connaissance de l'avenir, construisent tel nombre d'alvéoles plus grandes pour les premières, et tel autre nombre d'alvéoles plus petites pour les secondes, etc., etc., etc.?

Avant que de répondre à ces questions, et même de raisonner sur ces faits, il faudrait être assuré qu'ils sont réels et avérés; il faudrait qu'au lieu d'avoir été racontés par le peuple ou publiés par des observateurs amoureux du merveilleux, ils eussent été vus par des gens sensés, et recueillis par des philosophes ; je suis persuadé que toutes les prétendues merveilles disparaîtraient, et qu'en y réfléchissant on trouverait la cause de chacun de ces effets en particulier. Mais admettons pour un instant la vérité de tous ces faits; accordons, avec ceux qui les racontent, le pressentiment, la prévision, la connaissance même de l'avenir aux animaux, en résultera-t-il que ce soit un effet de leur intelligence? Si cela était, elle serait bien supérieure à la nôtre, car notre prévoyance est toujours conjecturale, nos notions sur l'avenir ne sont que douteuses, toute la lumière de notre âme suffit à peine pour nous faire entrevoir les probabilités des choses futures ; dès lors les animaux qui en voient la certitude, puisqu'ils se déterminent d'avance et sans jamais se tromper, auraient en eux quelque chose de bien supérieur au principe de notre connaissance, ils auraient une âme bien plus pénétrante et bien plus clairvoyante que la nôtre. Je demande si cette conséquence ne répugne pas autant à la religion qu'à la raison.

Ce ne peut donc être par une intelligence semblable à la nôtre que les animaux aient une connaissance certaine de l'avenir, puisque nous n'en avons que des notions très-douteuses et très-imparfaites : pourquoi donc leur accorder si légèrement une qualité si sublime? pourquoi nous dégrader mal à propos? ne serait-il pas moins déraisonnable, supposé qu'on ne pût pas douter des faits, d'en rapporter la cause à des lois mécaniques établies, comme toutes les autres lois de la nature, par la volonté du Créateur? La sûreté avec laquelle on suppose que les animaux agissent, la certitude de leur détermination, suffirait seule pour qu'on dût en conclure que ce sont les effets d'un pur mécanisme. Le caractère de la raison le plus marqué, c'est le doute, c'est la délibération, c'est la comparaison; mais des mouvements et des actions qui n'annoncent que la décision et la certitude, prouvent en même temps le mécanisme et la stupidité.

Cependant, comme les lois de la nature, telles que nous les connaissons, n'en sont que les effets généraux, et que les faits dont il s'agit ne sont au contraire que des effets très-particuliers, il serait peu philosophique et peu digne de l'idée que nous devons avoir du Créateur, de charger mal à propos sa volonté de tant de petites lois, ce serait déroger à sa toute-puissance et à la noble simplicité de la nature que de l'embarrasser gratuitement de cette quantité de statuts particuliers, dont l'un ne serait fait que pour les mouches, l'autre pour les hiboux, l'autre pour les mulots, etc. Ne doit-on pas au contraire faire tous ses efforts pour ramener ces effets particuliers aux effets généraux; et, si cela n'était pas possible, mettre ces faits en réserve et s'abstenir de vouloir les expliquer jusqu'à ce que, par de nouveaux faits et par de nouvelles analogies, nous puissions en connaître les causes?

Voyons donc en effet s'ils sont inexplicables, s'ils sont si merveilleux, s'ils sont même avérés. La prévoyance des fourmis n'était qu'un préjugé : on la leur avait accordée en les observant, on la leur a ôtée en les observant mieux; elles sont engourdies tout l'hiver, leurs provisions ne sont donc que des amas superflus, amas accumulés sans vues, sans connaissance de l'avenir, puisque par cette connaissance même elles en auraient prévu toute l'inutilité. N'est-il pas très-naturel que des animaux qui ont une demeure fixe où ils sont accoutumés à transporter les nourritures dont ils ont actuellement besoin et qui flattent leur appétit, en transportent beaucoup plus qu'il ne leur en faut, déterminés par le sentiment seul et par le plaisir de l'odorat ou de quelque autre de leurs sens, et guidés par l'habitude qu'ils ont prise d'emporter leurs vivres pour les manger en repos? Cela même ne démontre-t-il pas qu'ils n'ont que du sentiment et point de raisonnement? C'est par la même raison que les abeilles ramassent beaucoup plus de cire et de miel qu'il ne leur en faut; ce n'est donc point du produit de leur intelligence, c'est des effets de leur stupidité que nous profitons; car l'intelligence les porterait nécessairement à ne ramasser qu'à peu près autant qu'elles ont besoin, et à s'épargner la peine de tout le reste, surtout après la triste expérience que ce travail est en pure perte, qu'on leur enlève tout ce qu'elles ont de trop, qu'enfin cette abondance est la seule cause de la guerre qu'on leur fait, et la source de la désolation et du trouble de leur société. Il est si vrai que ce n'est que par sentiment aveugle qu'elles travaillent, qu'on peut les obliger à travailler, pour ainsi dire, autant que l'on veut : tant qu'il y a des fleurs qui leur conviennent dans le pays qu'elles habitent, elles ne cessent d'en tirer le miel et la cire ; elles ne discontinuent leur travail et ne finissent leur récolte que parce qu'elles ne trouvent plus rien à ramasser. On a imaginé de les transporter et de les faire voyager dans d'autres pays où il y a encore des fleurs; alors elles reprennent le travail, elles continuent à ramasser, à entasser jusqu'à ce que les fleurs de ce nouveau canton soient épuisées ou flétries ; et si on les porte dans un autre qui soit encore fleuri, elle continueront de même à recueillir, à amasser : leur travail n'est donc point une prévoyance ni une peine qu'elles se donnent dans la vue de faire des provisions pour elles, c'est au contraire un mouvement dicté par le sentiment, et ce mouvement dure et se renouvelle autant et aussi longtemps qu'il existe des objets qui y sont relatifs.

Je me suis particulièrement informé des mulots, et j'ai vu quelques-uns de leurs trous; ils sont ordinairement divisés en deux : dans l'un ils font leurs petits, dans l'autre ils entassent tout ce qui flatte leur appétit. Lorsqu'ils font eux-mêmes leurs trous, ils ne les font pas grands, et alors ils ne peuvent y placer qu'une assez petite quantité de graines ; mais lorsqu'ils trouvent sous le tronc d'un arbre un grand espace, ils s'y logent et ils le remplissent, autant qu'ils peuvent, de blé, de noix, de noisettes, de glands, selon le pays qu'ils habitent : en sorte que la provision, au lieu d'être proportionnée au besoin de l'animal, ne l'est au contraire qu'à la capacité du lieu.

Voilà donc déjà les provisions des fourmis, des mulots, des abeilles, réduites à des tas inutiles, disproportionnés et ramassés sans vues; voilà les petites lois particulières de leur prévoyance supposée ramenées à la loi réelle et générale du sentiment; il en sera de même de la prévoyance des oiseaux. Il n'est pas nécessaire de leur accorder la connaissance de l'avenir, ou de recourir à la supposition d'une loi réelle et générale du sentiment; il en sera de même de la prévoyance des oiseaux. Il n'est pas nécessaire de leur accorder la connaissance de l'avenir, ou de recourir à la supposition d'une loi particulière que le Créateur aurait établie en leur faveur, pour rendre raison de la construction de leurs nids; ils sont conduits par degrés à les faire; ils trouvent d'abord un lieu qui convient, ils s'y arrangent, ils y portent ce qui le rendra plus commode ; ce nid n'est qu'un lieu qu'ils reconnaîtront, qu'ils habiteront sans inconvénient et où ils séjourneront tranquillement : l'amour est le sentiment qui les guide et les excite à cet ouvrage; ils ont besoin mutuellement l'un de l'autre, ils se trouvent bien ensemble, ils cherchent à se cacher, à se dérober au reste de l'univers, devenu pour eux plus incommode et plus dangereux que jamais; ils s'arrêtent donc dans les endroits les plus touffus des arbres, dans les lieux les plus inaccessibles ou les plus obscurs; et pour s'y soutenir, pour y demeurer d'une manière moins incommode, ils entassent des feuilles, ils arrangent de petits matériaux, et travaillent à l'envi à leur habitation commune : les uns, moins adroits ou moins sensuels, ne font que des ouvrages grossièrement ébauchés; d'autres se contentent de ce qu'ils trouvent tout fait, et n'ont pas d'autre domicile que les trous qui se présentent ou les pots qu'on leur offre. Toutes ces manœuvres sont relatives à leur organisation et dépendantes du sentiment qui ne peut, à quelque degré qu'il soit, produire le raisonnement, et encore moins donner cette prévision intuitive, cette connaissance certaine de l'avenir, qu'on leur suppose.

On peut le prouver par des exemples familiers : non-seulement ces animaux ne savent pas ce qui doit arriver, mais ils ignorent même ce qui est arrivé. Une poule ne distingue pas ses œufs de ceux d'un autre oiseau, elle ne voit point que les petits canards qu'elle vient de faire éclore ne lui appartiennent point, elle couve des œufs de craie, dont il ne doit rien résulter, avec autant d'attention que ses propres œufs ; elle ne connaît donc ni le passé, ni l'avenir, et se trompe encore sur le présent. Pourquoi les oiseaux de basse-cour ne font-ils pas des nids comme les autres ? serait-ce parce que le mâle appartient à plusieurs femelles, ou plutôt n'est-ce pas qu'étant domestiques, familiers et accoutumés à être à l'abri des inconvénients et des dangers, ils n'ont aucun besoin de se soustraire aux yeux, aucune habitude de chercher leur sûreté dans la retraite et dans la solitude ? Cela même pourrait encore se prouver par le fait, car, dans la même espèce, l'oiseau sauvage fait souvent ce que l'oiseau domestique ne fait point ; la gélinotte et la cane sauvages font des nids, la poule et la cane domestiques n'en font point. Les nids des oiseaux, les cellules des mouches, les provisions des abeilles, des fourmis, des mulots, ne supposent donc aucune intelligence dans l'animal, et n'émanent pas de quelques lois particulièrement établies pour chaque espèce, mais dépendent, comme toutes les autres opérations des animaux, du nombre, de la figure, du mouvement, de l'organisation et du sentiment, qui sont les lois de la nature, générales et communes à tous les êtres animés.

Il n'est pas étonnant que l'homme, qui se connaît si peu lui-même, qui confond si souvent ses sensations et ses idées, qui distingue si peu le produit de son âme de celui de son cerveau, se compare aux animaux, et n'admette entre eux et lui qu'une nuance dépendante d'un peu plus ou d'un peu moins de perfection dans les organes ; il n'est pas étonnant qu'il les fasse raisonner, s'entendre et se déterminer comme lui, et qu'il leur attribue, non-seulement les qualités qu'il a, mais encore celles qui lui manquent. Mais que l'homme s'examine, s'analyse et s'approfondisse, il reconnaîtra bientôt la noblesse de son être, il sentira l'existence de son âme, il cessera de s'avilir, et verra d'un coup d'œil la distance infinie que l'Être suprême a mise entre les bêtes et lui.

Dieu seul connaît le passé, le présent et l'avenir ; il est de tous les temps, et voit dans tous les temps : l'homme, dont la durée est de si peu d'instants, ne voit que ces instants ; mais une puissance vive, immortelle, compare ces instants, les distingue, les ordonne ; c'est par elle qu'il connaît le présent, qu'il juge du passé et qu'il prévoit l'avenir. Otez à l'homme cette lumière divine, vous effacez, vous obscurcissez son être, il ne restera que l'animal ; il ignorera le passé, ne soupçonnera pas l'avenir, et ne saura même ce que c'est que le présent.

LES

ANIMAUX DOMESTIQUES

L'homme change l'état naturel des animaux en les forçant à lui obéir, et les faisant servir à son usage : un animal domestique est un esclave dont on s'amuse, dont on se sert, dont on abuse, qu'on altère, qu'on dépayse et que l'on dénature, tandis que l'animal sauvage, n'obéissant qu'à la nature, ne connaît d'autres lois que celles du besoin et de la liberté. L'histoire d'un animal sauvage est donc bornée à un petit nombre de faits émanés de la simple nature, au lieu que l'histoire d'un animal domestique est compliquée de tout ce qui a rapport à l'art que l'on emploie pour l'apprivoiser ou pour le subjuguer; et comme on ne sait pas assez combien l'exemple, la contrainte, la force de l'habitude, peuvent influer sur les animaux et changer leurs mouvements, leurs déterminations, leurs penchants, le but d'un naturaliste doit être de les observer assez pour pouvoir distinguer les faits qui dépendent de l'instinct, de ceux qui ne viennent que de l'éducation ; reconnaître ce qui leur appartient et ce qu'ils ont emprunté, séparer ce qu'ils font de ce qu'on leur fait faire, et ne jamais confondre l'animal avec l'esclave, la bête de somme avec la créature de Dieu.

L'empire de l'homme sur les animaux est un empire légitime, qu'aucune révolution ne peut détruire; c'est l'empire de l'esprit sur la matière, c'est non-seulement un droit de nature, un pouvoir fondé sur des lois inaltérables, mais c'est encore un don de Dieu, par lequel l'homme peut reconnaître à tout instant l'excellence de son être; car ce n'est pas parce qu'il est le plus parfait, le plus fort et le plus adroit des animaux, qu'il leur commande : s'il n'était que le premier du même ordre, les seconds se réuniraient pour lui disputer l'empire; mais c'est par supériorité de nature que l'homme règne et commande; il pense, et dès lors il est maître des êtres qui ne pensent point.

Il est maître des corps bruts, qui ne peuvent opposer à sa volonté qu'une lourde résistance ou qu'une inflexible dureté, que sa main sait toujours surmonter et vaincre en les faisant agir les uns contre les autres; il est maître des végétaux, que par son industrie il peut augmenter, diminuer, renouveler, dénaturer, détruire ou multiplier à l'infini; il est maître des animaux, parce que non-seulement il a comme eux du mouvement et du sentiment, mais parce qu'il a de plus la lumière de la pensée, qu'il connaît les fins et les moyens, qu'il sait diriger ses actions, concerter ses opérations, mesurer ses mouvements, vaincre la force par l'esprit, et la vitesse par l'emploi du temps.

Cependant, parmi les animaux, les uns paraissent être plus ou moins familiers, plus ou moins sauvages, plus ou moins doux, plus ou moins féroces : que l'on compare la docilité et la soumission du chien avec la fierté et la férocité du tigre ; l'un paraît être l'ami de l'homme, et l'autre son ennemi ; son empire sur les animaux n'est donc pas absolu : combien d'espèces savent se soustraire à sa puissance par la rapidité de leur vol, par la légèreté de leur course, par l'obscurité de leur retraite, par la distance que met entre eux et l'homme l'élément qu'ils habitent ! Combien d'autres espèces lui échappent par leur seule petitesse ! et enfin combien y en a-t-il qui, bien loin de reconnaître leur souverain, l'attaquent à force ouverte ! sans parler de ces insectes qui semblent l'insulter par leurs piqûres, de ces serpents dont la morsure porte le poison et la mort, et de tant d'autres bêtes immondes, incommodes, inutiles, qui semblent n'exister que pour former la nuance entre le mal et le bien, et faire sentir à l'homme combien, depuis sa chute, il est peu respecté.

C'est qu'il faut distinguer l'empire de Dieu du domaine de l'homme : Dieu, créateur des êtres, est seul maître de la nature ; l'homme ne peut rien sur le produit de la création, il ne peut rien sur les mouvements des corps célestes, sur les révolutions de ce globe qu'il habite ; il ne peut rien sur les animaux, les végétaux, les minéraux en général ; il ne peut rien sur les espèces, il ne peut que sur les individus ; car les espèces en général et la matière en bloc appartiennent à la nature, ou plutôt la constituent ; tout se passe, se suit, se succède, se renouvelle et se meut par une puissance irrésistible ; l'homme, entraîné lui-même par le torrent des temps, ne peut rien pour sa propre durée ; lié par son corps à la matière, enveloppé dans le tourbillon des êtres, il est forcé de subir la loi commune, il obéit à la même puissance, et, comme tout le reste, il naît, croît et périt.

Mais le rayon divin dont l'homme est animé l'ennoblit et l'élève au-dessus de tous les êtres matériels; cette substance spirituelle, loin d'être sujette à la matière, a le droit de la faire obéir, et quoiqu'elle ne puisse pas commander à la nature entière, elle domine sur les êtres particuliers. Dieu, source unique de toute lumière et de toute intelligence, régit l'univers et les espèces avec une puissance infinie. L'homme, qui n'a qu'un rayon de cette intelligence, n'a de même qu'une puissance limitée à de petites portions de matière, et n'est maître que des individus.

C'est donc par les talents de l'esprit, et non par la force et par les autres qualités de la matière, que l'homme a su subjuguer les animaux : dans les premiers temps ils devaient être tous également indépendants; l'homme, devenu criminel et féroce, était peu propre à les apprivoiser, il a fallu du temps pour les approcher, pour les reconnaître, pour les choisir, pour les dompter; il a fallu qu'il fût civilisé lui-même pour savoir instruire et commander, et l'empire sur les animaux, comme tous les autres empires, n'a été fondé qu'après la société.

C'est d'elle que l'homme tient sa puissance, c'est par elle qu'il a perfectionné sa raison, exercé son esprit et réuni ses forces; auparavant l'homme était peut-être l'animal le plus sauvage et le moins redoutable de tous : nu, sans armes et sans abri, la terre n'était pour lui qu'un vaste désert peuplé de monstres, dont souvent il devenait la proie; et même longtemps après, l'histoire nous dit que les premiers héros n'ont été que des destructeurs de bêtes.

Mais lorsque avec le temps l'espèce humaine s'est étendue, multipliée, répandue, et qu'à la faveur des arts et de la société l'homme a pu marcher en force pour conquérir l'univers, il a fait reculer peu à peu les bêtes féroces, il a purgé la terre de ces animaux gigantesques dont nous trouvons encore les ossements énormes, il a détruit ou réduit à un petit nombre d'individus les espèces voraces et nuisibles, il a opposé les animaux aux animaux, et subjuguant les uns par adresse, domptant les autres par la force, ou les écartant par le nombre, et les attaquant tous par des moyens raisonnés, il est parvenu à se mettre en sûreté et à établir un empire qui n'est borné que par les lieux inaccessibles, les solitudes reculées, les sables brûlants, les montagnes glacées, les cavernes obscures, qui servent de retraites au petit nombre d'espèces d'animaux indomptables.

LE CHEVAL.

La plus noble conquête que l'homme ait jamais faite est celle de ce fier et fougueux animal qui partage avec lui les fatigues de la guerre et la gloire des combats : aussi intrépide que son maître, le cheval voit le péril et l'affronte, il se fait au bruit des armes, il l'aime, il le cherche et s'anime de la même ardeur ; il partage aussi ses plaisirs ; à la chasse, aux tournois, à la course, il brille, il étincelle ; mais docile autant que courageux, il ne se laisse point emporter à son feu, il sait réprimer ses mouvements ; non-seulement il fléchit sous la main de celui qui le guide, mais il semble consulter ses désirs, et obéissant toujours aux impressions qu'il en reçoit, il se précipite, se modère ou s'arrête, et n'agit que pour y satisfaire ; c'est une créature qui renonce à son être pour n'exister que par la volonté d'un autre, qui sait même la prévenir, qui par la promptitude et la précision de ses mouvements l'exprime et l'exécute, qui sent autant qu'on le désire, et ne rend qu'autant qu'on veut ; qui se livrant sans réserve ne se refuse à rien, sert de toutes ses forces, s'excède, et même meurt pour mieux obéir.

Voilà le cheval dont les talents sont développés, dont l'art a perfectionné les qualités naturelles, qui dès le premier âge a été soigné et ensuite exercé, dressé au service de l'homme ; c'est par la perte de sa liberté que commence son éducation, et c'est par la contrainte qu'elle s'achève : l'esclavage ou la domesticité de ces animaux est même si universelle, si ancienne, que nous ne les voyons que rarement dans leur état naturel ; ils sont toujours couverts de harnais dans leurs travaux ; on ne les délivre jamais de tous leurs liens, même dans les temps du repos, et si on les laisse quelquefois errer en liberté dans les pâturages, ils y portent toujours les marques de la servitude, et souvent les empreintes cruelles du travail et de la douleur ; la bouche est déformée par les plis que le mors a produits, les flancs sont entamés par des plaies, ou sillonnés de cicatrices faites par l'éperon ; la corne des pieds est traversée par des clous, l'attitude du corps est encore gênée par l'impression subsistante des entraves habituelles ; on les en délivrerait en vain, ils n'en seraient pas plus libres : ceux même dont l'esclavage est le plus doux, qu'on ne nourrit, qu'on n'entretient que pour le luxe et la magnificence, et dont les chaînes dorées servent moins à leur parure qu'à la vanité de leur maître, sont encore plus déshonorés par l'élégance de leur toupet, par les tresses de leurs crins, par l'or et la soie dont on les couvre, que par les fers qui sont sous leurs pieds.

La nature est plus belle que l'art, et dans un être animé, la liberté des mouvements fait la belle nature : voyez ces chevaux qui se sont multipliés dans les contrées de l'Amérique espagnole, et qui y vivent en chevaux libres : leur démarche, leur course, leurs sauts, ne sont ni gênés ni mesurés; fiers de leur indépendance, ils fuient la présence de l'homme, ils dédaignent ses soins, ils cherchent et trouvent eux-mêmes la nourriture qui leur convient; ils errent, ils bondissent en liberté dans des prairies immenses, où ils cueillent les productions nouvelles d'un printemps toujours nouveau; sans habitation fixe, sans autre abri que celui d'un ciel serein, ils respirent un air plus pur que celui de ces palais voûtés où nous les renfermons en pressant les espaces qu'ils doivent occuper; aussi ces chevaux sauvages sont-ils beaucoup plus forts, plus légers, plus nerveux que la plupart des chevaux domestiques; ils ont ce que donne la nature, la force et la noblesse, les autres n'ont que ce que l'art peut donner, l'adresse et l'agrément.

Le naturel de ces animaux n'est point féroce, ils sont seulement fiers et sauvages; quoique supérieurs par la force à la plupart des autres animaux, jamais ils ne les attaquent, et s'ils en sont attaqués ils les dédaignent, les écartent ou les écrasent; ils vont aussi par troupes et se réunissent pour le seul plaisir d'être ensemble, car ils n'ont aucune crainte, mais ils prennent de l'attachement les uns pour les autres : comme l'herbe et les végétaux suffisent à leur nourriture, qu'ils ont abondamment de quoi satisfaire leur appétit, et qu'ils n'ont aucun goût pour la chair des animaux, ils ne leur font point la guerre, ils ne se la font point entre eux, ils ne se disputent pas leur subsistance, ils n'ont jamais occasion de ravir une proie ou de s'arracher un bien, sources ordinaires de querelles et de combats parmi les autres animaux carnassiers; ils vivent donc en paix, parce que leurs appétits sont simples et modérés, et qu'ils ont assez pour ne se rien envier.

Tout cela peut se remarquer dans les jeunes chevaux qu'on élève ensemble et qu'on mène en troupeaux; ils ont les mœurs douces et les qualités sociales; leur force et leur ardeur ne se marquent ordinairement que par des signes d'émulation; ils cherchent à se devancer à la course, à se faire et même à s'animer au péril en se défiant à traverser une rivière, sauter un fossé; et ceux qui dans ces exercices naturels donnent l'exemple, ceux qui d'eux-mêmes vont les premiers, sont les plus généreux, les meilleurs, et souvent les plus dociles et les plus souples lorsqu'ils sont une fois domptés.

Quelques anciens auteurs parlent des chevaux sauvages, et citent même les lieux où ils se trouvaient; Hérodote dit que sur les bords de l'Hypanis en Scythie il y avait des chevaux sauvages qui étaient blancs, et que dans la partie septentrionale de la Thrace, au delà du Danube, il y en avait d'autres qui avaient le poil long de cinq doigts par tout le corps; Aristote cite la Syrie, Pline les pays du Nord, Strabon les Alpes et l'Espagne, comme des lieux où l'on trouvait des chevaux sauvages. Parmi les modernes, Cardan dit la même chose de l'Écosse et des Orcades[1]; Olaüs de la Moscovie; Dapper de l'île de

---

1. *Vide Aldrovandi de quadrupedib. soliped.*, lib. I, p. 19.

Chypre, où il y avait, dit-il [1], des chevaux sauvages qui étaient beaux et qui avaient de la force et de la vitesse; Struys [2] de l'île de May au cap Vert, où il y avait des chevaux sauvages fort petits; Léon l'Africain [3] rapporte aussi qu'il y avait des chevaux sauvages dans les déserts de l'Afrique et de l'Arabie, et il assure qu'il a vu lui-même dans les solitudes de Numidie un poulain dont le poil était blanc et la crinière crépue. Marmol [4] confirme ce fait en disant qu'il y en a quelques-uns dans les déserts de l'Arabie et de la Libye, qu'ils sont petits et de couleur cendrée, qu'il y en a aussi de blancs, qu'ils ont la crinière et les crins fort courts et hérissés, et que les chiens ni les chevaux domestiques ne peuvent les atteindre à la course; on trouve aussi dans les *Lettres édifiantes* [5] qu'à la Chine il y a des chevaux sauvages fort petits.

Comme toutes les parties de l'Europe sont aujourd'hui peuplées et presque également habitées, on n'y trouve plus de chevaux sauvages, et ceux que l'on voit en Amérique sont des chevaux domestiques et européens d'origine, que les Espagnols y ont transportés, et qui se sont multipliés dans les vastes déserts de ces contrées inhabitées ou dépeuplées; car cette espèce d'animaux manquait au Nouveau-Monde. L'étonnement et la frayeur que marquèrent les habitants du Mexique et du Pérou à l'aspect des chevaux et des cavaliers firent assez voir aux Espagnols que ces animaux étaient absolument inconnus dans ces climats; ils en transportèrent donc un grand nombre, tant pour leur service et leur utilité particulière, que pour

---

1. Voyez la *Description des îles de l'Archipel*, p. 50.
2. Voyez les *Voyages de Jean Struys*. Rouen, 1719, t. I, p. 11.
3. *De Africæ descriptione*, part. II, vol. II, p. 750 et 751.
4. Voyez l'*Afrique*, de Marmol. Paris, 1667, t. I, p. 50.
5. Voyez les *Lettres édifiantes*, recueil XXVI, p. 371.

en propager l'espèce, ils en lâchèrent dans plusieurs îles, et même dans le continent, où ils se sont multipliés comme les animaux sauvages. M. de La Salle[1] en a vu en 1685 dans l'Amérique septentrionale, près de la baie Saint-Louis; ces chevaux paissaient dans les prairies, et ils étaient si farouches, qu'on ne pouvait les approcher. L'auteur[2] de l'Histoire des aventuriers flibustiers dit « qu'on
« voit quelquefois dans l'île Saint-Domingue des troupes de
« plus de cinq cents chevaux qui courent tous ensemble,
« et que, lorsqu'ils aperçoivent un homme, ils s'arrêtent
« tous, que l'un d'eux s'approche à une certaine distance,
« souffle des naseaux, prend la fuite, et que tous les
« autres le suivent; » il ajoute qu'il ne sait si ces chevaux ont dégénéré en devenant sauvages, mais qu'il ne les a pas trouvés aussi beaux que ceux d'Espagne, quoiqu'ils soient de cette race; « ils ont, dit-il, la tête fort grosse
« aussi bien que les jambes, qui de plus sont raboteuses;
« ils ont aussi les oreilles et le cou longs; les habitants
« du pays les apprivoisent aisément et les font ensuite
« travailler, les chasseurs leur font porter leurs cuirs; on
« se sert pour les prendre de lacs de corde qu'on tend
« dans les endroits où ils fréquentent; ils s'y engagent
« aisément, et, s'ils se prennent par le cou, ils s'étranglent
« eux-mêmes, à moins qu'on n'arrive assez tôt pour les
« secourir; on les arrête par le corps et les jambes, et on
« les attache à des arbres, où on les laisse pendant deux
« jours sans boire ni manger : cette épreuve suffit pour
« commencer à les rendre dociles, et avec le temps ils

---

1. Voyez les *Dernières découvertes dans l'Amérique septentrionale de M. de La Salle*, mises au jour par M. le chevalier Tonti. Paris, 1697, p. 250.
2. Voyez l'*Histoire des aventuriers flibustiers*, par Oexmelin. Paris, 1686, t. I, p. 110 et 111.

« le deviennent autant que s'ils n'eussent jamais été
« farouches, et même, si par quelque hasard ils se
« retrouvent en liberté, ils ne deviennent pas sauvages
« une seconde fois, ils reconnaissent leurs maîtres, et
« se laissent approcher et reprendre aisément[1]. »

Cela prouve que ces animaux sont naturellement doux et très-disposés à se familiariser avec l'homme et à s'attacher à lui : aussi n'arrive-t-il jamais qu'aucun d'eux quitte nos maisons pour se retirer dans les forêts ou dans les déserts; ils marquent au contraire beaucoup d'empressement pour revenir au gîte, où cependant ils ne trouvent qu'une nourriture grossière, toujours la même, et ordinairement mesurée sur l'économie beaucoup plus que sur leur appétit; mais la douceur de l'habitude leur tient lieu de ce qu'ils perdent d'ailleurs; après avoir été excédés de fatigue, le lieu du repos est un lieu de délices, ils le sentent de loin, ils savent le reconnaître au milieu des plus grandes villes, et semblent préférer en tout l'esclavage à la liberté; ils se font même une seconde nature des habitudes auxquelles on les a forcés ou soumis, puis-

---

1. M. de Garsault donne un autre moyen d'apprivoiser les chevaux farouches. « Quand on n'a point apprivoisé, dit-il, les poulains dès leur
« tendre jeunesse, il arrive souvent que l'approche et l'attouchement de
« l'homme leur causent tant de frayeur, qu'ils s'en défendent à coups de
« dents et de pieds, de façon qu'il est presque impossible de les panser et
« de les ferrer; si la patience et la douceur ne suffisent pas, il faut, pour
« les apprivoiser, se servir du moyen qu'on emploie en fauconnerie pour
« priver un oiseau qu'on vient de prendre et qu'on veut dresser au vol : c'est
« de l'empêcher de dormir jusqu'à ce qu'il tombe de faiblesse; il faut en
« user de même à l'égard d'un cheval farouche, et pour cela il faut le tour-
« ner à sa place le derrière à la mangeoire, et avoir un homme toute la nuit
« et tout le jour à sa tête, qui lui donne de temps en temps une poignée
« de foin et l'empêche de se coucher, on verra avec étonnement comme il
« sera subitement adouci; il y a cependant des chevaux qu'il faut veiller
« ainsi pendant huit jours. » Voyez le *Nouveau parfait maréchal*, p. 89.

qu'on a vu des chevaux, abandonnés dans les bois, hennir continuellement pour se faire entendre, accourir à la voix des hommes, et en même temps maigrir et dépérir en peu de temps, quoiqu'ils eussent abondamment de quoi varier leur nourriture et satisfaire leur appétit.

Leurs mœurs viennent donc presque en entier de leur éducation, et cette éducation suppose des soins et des peines que l'homme ne prend pour aucun autre animal, mais dont il est dédommagé par les services continuels que lui rend celui-ci. Dès le temps du premier âge on a soin de séparer les poulains de leur mère ; on les laisse teter pendant cinq, six ou tout au plus sept mois, car l'expérience a fait voir que ceux qu'on laisse teter dix ou onze mois ne valent pas ceux qu'on sèvre plus tôt, quoiqu'ils prennent ordinairement plus de chair et de corps : après ces six ou sept mois de lait, on les sèvre pour leur faire prendre une nourriture plus solide que le lait, on leur donne du son deux fois par jour et un peu de foin, dont on augmente la quantité à mesure qu'ils avancent en âge, et on les garde dans l'écurie tant qu'ils marquent de l'inquiétude pour retourner à leur mère ; mais lorsque cette inquiétude est passée, on les laisse sortir par le beau temps et on les conduit aux pâturages : seulement il faut prendre garde de les laisser paître à jeun, il faut leur donner le son et les faire boire une heure avant de les mettre à l'herbe, et ne jamais les exposer au grand froid ou à la pluie ; ils passent de cette façon le premier hiver : au mois de mai suivant, non-seulement on leur permettra de pâturer tous les jours, mais on les laissera coucher à l'air dans les pâturages pendant tout l'été et jusqu'à la fin d'octobre, en observant seulement de ne leur pas laisser paître les regains ; s'ils s'accoutumaient à cette herbe trop fine, ils se dégoûteraient du foin, qui doit cependant faire leur principale nourriture pendant le second hiver avec du son mêlé d'orge ou d'avoine moulus; on les conduit de cette façon en les laissant pâturer le jour pendant l'hiver, et la nuit pendant l'été, jusqu'à l'âge de quatre ans, qu'on les retire du pâturage pour les nourrir à l'herbe sèche : ce changement de nourriture demande quelques précautions; on ne leur donnera pendant les premiers huit jours que de la paille, et on fera bien de leur faire prendre quelques breuvages contre les vers, que les mauvaises digestions d'une herbe trop crue peuvent avoir produits. M. de Garsault[1], qui recommande cette pratique, est sans doute fondé sur l'expérience : cependant on verra qu'à tout âge et dans tous les temps l'estomac de tous les chevaux est farci d'une si prodigieuse quantité de vers, qu'ils semblent faire partie de leur constitution; nous les avons trouvés dans les chevaux sains comme dans les chevaux malades, dans ceux qui paissent l'herbe comme dans ceux qui ne mangent que de l'avoine et du foin; et les ânes, qui de tous les animaux sont ceux qui approchent le plus de la nature du cheval, ont aussi cette prodigieuse quantité de vers dans l'estomac, et n'en sont pas plus incommodés; ainsi l'on ne doit pas regarder les vers, du moins ceux dont nous parlons, comme une maladie accidentelle, causée par les mauvaises digestions d'une herbe crue, mais plutôt comme un effet dépendant de la nourriture et de la digestion ordinaire de ces animaux.

Il faut avoir attention, lorsqu'on sèvre les jeunes poulains, de les mettre dans une écurie propre, qui ne soit pas trop chaude, crainte de les rendre trop délicats et

---

1. Voyez le *Nouveau parfait maréchal*, par M. de Garsault. Paris, 1746, p. 84 et 85.

trop sensibles aux impressions de l'air; on leur donnera souvent de la litière fraîche, on les tiendra propres en les bouchonnant de temps en temps; mais il ne faudra ni les attacher ni les panser à la main qu'à l'âge de deux ans et demi ou trois ans : ce frottement trop rude leur causerait de la douleur, leur peau est encore trop délicate pour le souffrir, et ils dépériraient au lieu de profiter; il faut aussi avoir soin que le râtelier et la mangeoire ne soient pas trop élevés; la nécessité de lever la tête trop haut pour prendre leur nourriture pourrait leur donner l'habitude de la porter de cette façon, ce qui leur gâterait l'encolure. Lorsqu'ils auront un an ou dix-huit mois, on leur tondra la queue, les crins repousseront et deviendront plus forts et plus touffus. Dès l'âge de deux ans, il faut séparer les poulains, mettre les mâles avec les chevaux, et les femelles avec les juments; sans cette précaution les jeunes poulains se fatigueraient autour des poulines, et s'énerveraient sans aucun fruit.

A l'âge de trois ans ou de trois ans et demi on doit commencer à les dresser et à les rendre dociles; on leur mettra d'abord une selle légère et aisée, et on les laissera sellés pendant deux ou trois heures chaque jour; on les accoutumera de même à recevoir un bridon dans la bouche et à se laisser lever les pieds, sur lesquels on frappera quelques coups comme pour les ferrer, et si ce sont des chevaux destinés au carrosse ou au trait, on leur mettra un harnais sur le corps et un bridon : dans les commencements il ne faut point de bride ni pour les uns ni pour les autres; on les fera trotter ensuite à la longe avec un caveçon sur le nez, sur un terrain uni, sans être montés, et seulement avec la selle ou le harnais sur le corps; et lorsque le cheval de selle tournera facilement et viendra volontiers auprès de celui qui tient la longe, on le montera et descendra dans la même place, et sans le faire marcher, jusqu'à ce qu'il ait quatre ans, parce qu'avant cet âge il n'est pas encore assez fort pour n'être pas, en marchant, surchargé du poids du cavalier; mais à quatre ans on le montera pour le faire marcher au pas ou au trot, et toujours à petites reprises [1]: quand le cheval de carrosse sera accoutumé au harnais, on l'attellera avec un autre cheval fait, en lui mettant une bride, et on le conduira avec une longe passée dans la bride, jusqu'à ce qu'il commence à être sage au trait; alors le cocher essayera de le faire reculer, ayant pour aide un homme devant, qui le poussera en arrière avec douceur, et même lui donnera de petits coups pour l'obliger à reculer : tout cela doit se faire avant que les jeunes chevaux aient changé de nourriture, car quand une fois ils sont ce qu'on appelle engrainés, c'est-à-dire lorsqu'ils sont au grain et à la paille, comme ils sont plus vigoureux, on a remarqué qu'ils étaient aussi moins dociles, et plus difficiles à dresser [2].

Le mors et l'éperon sont deux moyens qu'on a imaginés pour les obliger à recevoir le commandement : le mors pour la précision, et l'éperon pour la promptitude des mouvements. La bouche ne paraissait pas destinée par la nature à recevoir d'autres impressions que celle du goût et de l'appétit; cependant elle est d'une si grande sensibilité dans le cheval, que c'est à la bouche, par préférence à l'œil et à l'oreille, qu'on s'adresse pour transmettre au cheval les signes de la volonté; le moindre

---

1. Voyez les *Éléments de cavalerie*, de M. de La Guérinière. Paris, 1741, t. I, p. 140 et suivantes.
2. Voyez le *Nouveau parfait maréchal*, par M. de Garsault, p. 86.

mouvement ou la plus petite pression du mors suffit pour avertir et déterminer l'animal, et cet organe de sentiment n'a d'autre défaut que celui de sa perfection même ; sa trop grande sensibilité veut être ménagée, car si on en abuse, on gâte la bouche du cheval en la rendant insensible à l'impression du mors. Les sens de la vue et de l'ouïe ne seraient pas sujets à une telle altération, et ne pourraient être émoussés de cette façon ; mais apparemment on a trouvé des inconvénients à commander aux chevaux par ces organes, et il est vrai que les signes transmis par le toucher font beaucoup plus d'effet sur les animaux en général que ceux qui leur sont transmis par l'œil ou par l'oreille ; d'ailleurs, la situation des chevaux par rapport à celui qui les monte ou qui les conduit rend les yeux presque inutiles à cet effet, puisqu'ils ne voient que devant eux, et que ce n'est qu'en tournant la tête qu'ils pourraient apercevoir les signes qu'on leur ferait ; et quoique l'oreille soit un sens par lequel on les anime et on les conduit souvent, il paraît qu'on a restreint et laissé aux chevaux grossiers l'usage de cet organe, puisqu'au manége, qui est le lieu de la plus parfaite éducation, l'on ne parle presque point aux chevaux, et qu'il ne faut pas même qu'il paraisse qu'on les conduise : en effet, lorsqu'ils sont bien dressés, la moindre pression des cuisses, le plus léger mouvement du mors, suffit pour les diriger ; l'éperon est même inutile, ou du moins on ne s'en sert que pour les forcer à faire des mouvements violents ; et lorsque, par l'ineptie du cavalier, il arrive qu'en donnant de l'éperon il retient la bride, le cheval, se trouvant excité d'un côté et retenu de l'autre, ne peut que se cabrer en faisant un bond sans sortir de sa place.

On donne à la tête du cheval, par le moyen de la bride, un air avantageux et relevé; on la place comme elle doit être, et le plus petit signe ou le plus petit mouvement du cavalier suffit pour faire prendre au cheval ses différentes allures; la plus naturelle est peut-être le trot, mais le pas et même le galop sont plus doux pour le cavalier, et ce sont aussi les deux allures qu'on s'applique le plus à perfectionner. Lorsque le cheval lève la jambe de devant pour marcher, il faut que ce mouvement soit fait avec hardiesse et facilité, et que le genou soit assez plié; la jambe levée doit paraître soutenue un instant, et lorsqu'elle retombe, le pied doit être ferme et appuyer également sur la terre, sans que la tête du cheval reçoive aucune impression de ce mouvement; car lorsque la jambe retombe subitement et que la tête baisse en même temps, c'est ordinairement pour soulager promptement l'autre jambe, qui n'est pas assez forte pour supporter seule tout le poids du corps; ce défaut est très-grand, aussi bien que celui de porter le pied en dehors ou en dedans, car il retombe dans cette même direction : l'on doit observer aussi que lorsqu'il appuie sur le talon, c'est une marque de faiblesse, et que quand il pose sur la pince, c'est une attitude fatigante et forcée que le cheval ne peut soutenir longtemps.

Le pas, qui est la plus lente de toutes les allures, doit cependant être prompt; il faut qu'il ne soit ni trop allongé ni trop accourci, et que la démarche du cheval soit légère : cette légèreté dépend beaucoup de la liberté des épaules, et se reconnaît à la manière dont il porte la tête en marchant; s'il la tient haute et ferme, il est ordinairement vigoureux et léger. Lorsque le mouvement des épaules n'est pas assez libre, la jambe ne se lève point assez, et le cheval est sujet à faire des faux pas et à heurter du pied contre les inégalités du terrain ; et lorsque les épaules sont encore plus serrées et que le mouvement des jambes en paraît indépendant, le cheval se fatigue, fait des chutes, et n'est capable d'aucun service : le cheval doit être sur la hanche, c'est-à-dire hausser les épaules et baisser la hanche en marchant ; il doit aussi soutenir sa jambe et la lever assez haut, mais s'il la soutient trop longtemps, s'il la laisse retomber trop lentement, il perd tout l'avantage de la légèreté, il devient dur, et n'est bon que pour l'appareil et pour piaffer.

Il ne suffit pas que les mouvements du cheval soient légers ; il faut encore qu'ils soient égaux et uniformes dans le train du devant et dans celui du derrière, car si la croupe balance tandis que les épaules se soutiennent, le mouvement se fait sentir au cavalier par secousses et lui devient incommode ; la même chose arrive lorsque le cheval allonge trop de la jambe de derrière, et qu'il la pose au delà de l'endroit où le pied de devant a porté : les chevaux dont le corps est court sont sujets à ce défaut ; ceux dont les jambes se croisent ou s'atteignent n'ont pas la démarche sûre, et en général ceux dont le corps est long sont les plus commodes pour le cavalier, parce qu'il se trouve plus éloigné des deux centres de mouvement, les épaules et les hanches, et qu'il en ressent moins les impressions et les secousses.

Les quadrupèdes marchent ordinairement en portant à la fois en avant une jambe de devant et une jambe de derrière ; lorsque la jambe droite de devant part, la jambe gauche de derrière suit et avance en même temps, et ce pas étant fait, la jambe gauche de devant part à son tour conjointement avec la jambe droite de derrière, et ainsi de suite : comme leur corps porte sur quatre points d'appui qui forment un carré long, la manière la plus commode de se mouvoir est d'en changer deux à la fois en diagonale, de façon que le centre de gravité du corps de l'animal ne fasse qu'un petit mouvement et reste toujours à peu près dans la direction des deux points d'appui qui ne sont pas en mouvement; dans les trois allures naturelles du cheval, le pas, le trot et le galop, cette règle de mouvement s'observe toujours, mais avec des différences. Dans le pas il y a quatre temps dans le mouvement; si la jambe droite de devant part la première, la jambe gauche de derrière suit un instant après; ensuite la jambe gauche de devant part à son tour pour être suivie un instant après de la jambe droite de derrière; ainsi le pied droit de devant pose à terre le premier, le pied gauche de derrière pose à terre le second, le pied gauche de devant pose à terre le troisième, et le pied droit de derrière pose à terre le dernier, ce qui fait un mouvement à quatre temps et à trois intervalles, dont le premier et le dernier sont plus courts que celui du milieu. Dans le trot il n'y a que deux temps dans le mouvement : si la jambe droite de devant part, la jambe gauche de derrière part aussi en même temps, et sans qu'il y ait aucun intervalle entre le mouvement de l'une et le mouvement de l'autre; ensuite la jambe gauche de devant part avec la droite de derrière aussi en même temps, de sorte qu'il n'y a dans ce mouvement du trot que deux temps et un intervalle; le pied droit de devant et le pied gauche de derrière posent à terre en même temps, et ensuite le pied gauche de devant et le droit de derrière posent aussi à terre en même temps. Dans le galop il y a ordinairement trois temps, mais comme dans ce mouvement, qui est une espèce de saut, les parties antérieures du cheval ne se meuvent pas d'abord d'elles-mêmes, et qu'elles sont chassées par la force des hanches et des parties postérieures, si des deux jambes de devant la droite doit avancer plus que la gauche, il faut auparavant que le pied gauche de derrière pose à terre pour servir de point d'appui à ce mouvement d'élancement : ainsi c'est le pied gauche de derrière qui fait le premier temps du mouvement et qui pose à terre le premier; ensuite la jambe droite de derrière se lève conjointement avec la gauche de devant, et elles retombent à terre en même temps, et enfin la jambe droite de devant, qui s'est levée un instant après la gauche de devant et la droite de derrière, se pose à terre la dernière, ce qui fait le troisième temps : ainsi dans ce mouvement du galop il y a trois temps et deux intervalles, et dans le premier de ces intervalles, lorsque le mouvement se fait avec vitesse, il y a un instant où les quatre jambes sont en l'air en même temps, et où l'on voit les quatre fers du cheval à la fois. Lorsque le cheval a les hanches et les jarrets souples et qu'il les remue avec vitesse et agilité, ce mouvement du galop est plus parfait, et la cadence s'en fait à quatre temps ; il pose d'abord le pied gauche de derrière qui marque le premier temps, ensuite le pied droit de derrière retombe le premier et marque le second temps ; le pied gauche de devant tombant un instant après marque le troisième temps, et enfin le pied droit de devant, qui retombe le dernier, marque le quatrième temps.

Les chevaux galopent ordinairement sur le pied droit; de la même manière qu'ils partent de la jambe droite de devant pour marcher et pour trotter, ils entament aussi le chemin en galopant par la jambe droite de devant, qui est plus avancée que la gauche ; et de même la jambe droite de derrière, qui suit immédiatement la droite de devant, est aussi plus avancée que la gauche de derrière, et cela constamment tant que le galop dure : de là il résulte que la jambe gauche, qui porte tout le poids et qui pousse les autres en avant, est la plus fatiguée, en sorte qu'il serait bon d'exercer les chevaux à galoper alternativement sur le pied gauche aussi bien que sur le droit ; ils suffiraient plus longtemps à ce mouvement violent, et c'est aussi ce que l'on fait au manége, mais peut-être par une autre raison, qui est que, comme on les fait souvent changer de main, c'est-à-dire, décrire un cercle dont le centre est tantôt à droite, tantôt à gauche, on les oblige aussi à galoper tantôt sur le pied droit, tantôt sur le gauche.

Dans le pas, les jambes du cheval ne se lèvent qu'à une petite hauteur, et les pieds rasent la terre d'assez près ; au trot elles s'élèvent davantage, et les pieds sont entièrement détachés de la terre ; dans le galop, les jambes s'élèvent encore plus haut, et les pieds semblent bondir sur la terre ; le pas, pour être bon, doit être prompt, léger, doux et sûr ; le trot doit être ferme, prompt et également soutenu ; il faut que le derrière chasse bien le devant : le cheval dans cette allure doit porter la tête haute et avoir les reins droits ; car si les hanches haussent et baissent alternativement à chaque temps du trot, si la croupe balance et si le cheval se berce, il trotte mal par faiblesse ; s'il jette en dehors les jambes de devant, c'est un autre défaut ; les jambes de devant doivent être sur la même ligne que celles de derrière, et toujours les effacer. Lorsqu'une des jambes de derrière se lance, si la jambe de devant du même côté reste en place un peu trop longtemps, le mouvement devient plus dur par cette résistance; et c'est pour cela que l'intervalle entre les deux temps du trot doit être court; mais, quelque court qu'il puisse être, cette résistance suffit pour rendre cette allure plus dure que le pas et le galop, parce que dans le pas le mouvement est plus liant, plus doux, et la résistance moins forte, et que dans le galop il n'y a presque point de résistance horizontale, qui est la seule incommode pour le cavalier, la réaction du mouvement des jambes de devant se faisant presque toute de bas en haut dans la direction perpendiculaire.

Le ressort des jarrets contribue autant au mouvement du galop que celui des reins; tandis que les reins font effort pour élever et pousser en avant les parties antérieures, le pli du jarret fait ressort, rompt le coup et adoucit la secousse : aussi plus ce ressort du jarret est liant et souple, plus le mouvement du galop est doux ; il est aussi d'autant plus prompt et plus rapide que les jarrets sont plus forts, et d'autant plus soutenu que le cheval porte plus sur les hanches, et que les épaules sont plus soutenues par la force des reins. Au reste, les chevaux qui dans le galop lèvent bien haut les jambes de devant ne sont pas ceux qui galopent le mieux; ils avancent moins que les autres et se fatiguent davantage, et cela vient ordinairement de ce qu'ils n'ont pas les épaules assez libres.

Le pas, le trot et le galop sont donc les allures naturelles les plus ordinaires; mais il y a quelques chevaux qui ont naturellement une autre allure, qu'on appelle l'amble, qui est très-différente des trois autres, et qui du premier coup d'œil paraît contraire aux lois de la mécanique et très-fatigante pour l'animal, quoique dans cette allure la vitesse du mouvement ne soit pas si grande que dans le galop ou dans le grand trot : dans cette allure le pied du cheval rase la terre encore de plus près que dans le pas, et chaque démarche est beaucoup plus allongée ; mais ce qu'il y a de singulier, c'est que les deux jambes du même côté, par exemple celle de devant et de derrière du côté droit, partent en même temps pour faire un pas, et qu'ensuite les deux jambes du côté gauche partent aussi en même temps pour en faire un autre, et ainsi de suite : en sorte que les deux côtés du corps manquent alternativement d'appui, et qu'il n'y a point d'équilibre de l'un à l'autre, ce qui ne peut manquer de fatiguer beaucoup le cheval, qui est obligé de se soutenir dans un balancement forcé par la rapidité d'un mouvement qui n'est presque pas détaché de terre : car s'il levait les pieds dans cette allure autant qu'il les lève dans le trot ou même dans le bon pas, le balancement serait si grand qu'il ne pourrait manquer de tomber sur le côté ; et ce n'est que parce qu'il rase la terre de très-près, et par des alternatives promptes de mouvement qu'il se soutient dans cette allure, où la jambe de derrière doit, non-seulement partir en même temps que la jambe de devant du même côté, mais encore avancer sur elle et poser un pied ou un pied et demi au delà de l'endroit où celle-ci a posé : plus cet espace dont la jambe de derrière avance de plus que la jambe de devant est grand, mieux le cheval marche l'amble, et plus le mouvement total est rapide. Il n'y a donc dans l'amble, comme dans le trot, que deux temps dans le mouvement ; et toute la différence est que dans le trot les deux jambes qui vont ensemble sont opposées en diagonale, au lieu que dans l'amble ce sont les deux jambes du même côté qui vont ensemble : cette allure, qui est très-fatigante pour le cheval, et qu'on ne doit lui laisser prendre que dans les terrains unis, est fort douce pour le cavalier ; elle n'a pas la dureté du trot, qui vient de la résistance que fait la jambe de devant lorsque celle de derrière se lève, parce que dans l'amble cette jambe de devant se lève en même temps que celle de derrière du même côté ; au lieu que dans le trot, cette jambe de devant du même côté demeure en repos et résiste à l'impulsion pendant tout le temps que se meut celle de derrière. Les connaisseurs assurent que les chevaux qui naturellement vont l'amble ne trottent jamais, et qu'ils sont beaucoup plus faibles que les autres ; en effet, les poulains prennent assez souvent cette allure, surtout lorsqu'on les force à aller vite, et qu'ils ne sont pas encore assez forts pour trotter ou pour galoper ; et l'on observe aussi que la plupart des bons chevaux qui ont été trop fatigués et qui commencent à s'user, prennent eux-mêmes cette allure, lorsqu'on les force à un mouvement plus rapide que celui du pas [1].

L'amble peut donc être regardé comme une allure défectueuse, puisqu'elle n'est pas ordinaire et qu'elle n'est naturelle qu'à un petit nombre de chevaux ; que ces chevaux sont presque toujours plus faibles que les autres ; et que ceux qui paraissent les plus forts sont ruinés en moins de temps que ceux qui trottent et galopent ; mais il y a encore deux autres allures, l'entre-pas et l'aubin, que les chevaux faibles ou excédés prennent d'eux-mêmes, qui sont beaucoup plus défectueuses que l'amble ; on a appelé ces mauvaises allures des trains rompus, désunis ou composés : l'entre-pas tient du pas et de l'amble, et l'aubin tient du trot et du galop ; l'un et l'autre viennent des

---

1. Voyez l'*École de cavalerie*, de M. de La Guérinière. Paris, 1751, in-folio, p. 77.

excès d'une longue fatigue ou d'une grande faiblesse de reins ; les chevaux de messagerie qu'on surcharge commencent à aller l'entre-pas au lieu du trot à mesure qu'ils se ruinent, et les chevaux de poste ruinés, qu'on presse de galoper, vont l'aubin au lieu du galop.

Le cheval est de tous les animaux celui qui, avec une grande taille, a le plus de proportion et d'élégance dans les parties de son corps; car en lui comparant les animaux qui sont immédiatement au-dessus et au-dessous, on verra que l'âne est mal fait, que le lion a la tête trop grosse, que le bœuf a les jambes trop minces et trop courtes pour la grosseur de son corps, que le chameau est difforme, et que les plus gros animaux, le rhinocéros et l'éléphant, ne sont pour ainsi dire que des masses informes. Le grand allongement des mâchoires est la principale cause de la différence entre la tête des quadrupèdes et celle de l'homme, c'est aussi le caractère le plus ignoble de tous; cependant, quoique les mâchoires du cheval soient fort allongées, il n'a pas, comme l'âne, un air d'imbécillité, ou de stupidité comme le bœuf; la régularité des proportions de sa tête lui donne au contraire un air de légèreté qui est bien soutenu par la beauté de son encolure. Le cheval semble vouloir se mettre au-dessus de son état de quadrupède en élevant sa tête; dans cette noble attitude il regarde l'homme face à face; ses yeux sont vifs et bien ouverts, ses oreilles sont bien faites et d'une juste grandeur, sans être courtes comme celles du taureau, ou trop longues comme celles de l'âne; sa crinière accompagne bien sa tête, orne son cou, et lui donne un air de force et de fierté; sa queue traînante et touffue couvre et termine avantageusement l'extrémité de son corps : bien différente de la courte queue du cerf, de l'éléphant, etc., et de la queue nue de l'âne, du chameau, du rhinocéros, etc., la queue du cheval est formée par des crins épais et longs qui semblent sortir de la croupe, parce que le tronçon dont ils sortent est fort court; il ne peut relever sa queue comme le lion, mais elle lui sied mieux quoique abaissée; et comme il peut la mouvoir de côté, il s'en sert utilement pour chasser les mouches qui l'incommodent; car quoique sa peau soit très-ferme, et qu'elle soit garnie partout d'un poil épais et serré, elle est cependant très-sensible.

L'attitude de la tête et du cou contribue plus que celle de toutes les autres parties du corps à donner au cheval un noble maintien; la partie supérieure de l'encolure, dont sort la crinière, doit s'élever d'abord en ligne droite en sortant du garrot, et former ensuite, en approchant de la tête, une courbe à peu près semblable à celle du cou d'un cygne; la partie inférieure de l'encolure ne doit former aucune courbure, il faut que sa direction soit en ligne droite depuis le poitrail jusqu'à la ganache, et un peu penchée en avant; et si elle était perpendiculaire, l'encolure serait fausse. Il faut aussi que la partie supérieure du cou soit mince, et qu'il y ait peu de chair auprès de la crinière, qui doit être médiocrement garnie de crins longs et déliés : une belle encolure doit être longue et relevée, et cependant proportionnée à la taille du cheval; lorsqu'elle est trop longue et trop menue, les chevaux donnent ordinairement des coups de tête, et quand elle est trop courte et trop charnue, ils sont pesants à la main; et pour que la tête soit le plus avantageusement placée, il faut que le front soit perpendiculaire à l'horizon.

La tête doit être sèche et menue sans être trop longue, les oreilles peu distantes, petites, droites, immobiles, étroites, déliées et bien plantées sur le haut de la tête, le front étroit et un peu convexe, les salières remplies, les paupières minces, les yeux clairs, vifs, pleins de feu, assez gros et avancés à fleur de tête, la prunelle grande, la ganache décharnée et peu épaisse, le nez un peu arqué, les naseaux bien ouverts et bien fendus, la cloison du nez mince, les lèvres déliées, la bouche médiocrement fendue, le garrot élevé et tranchant, les épaules sèches, plates et peu serrées, le dos égal, uni, insensiblement arqué sur la longueur, et relevé des deux côtés de l'épine qui doit paraître enfoncée, les flancs pleins et courts, la croupe ronde et bien fournie, la hanche bien garnie, le tronçon de la queue épais et ferme, les bras et les cuisses gros et charnus, le genou rond en devant, le jarret ample et évidé, les canons minces sur le devant et larges sur les côtés, le nerf bien détaché, le boulet menu, le fanon peu garni, le paturon gros et d'une médiocre longueur, la couronne peu élevée, la corne noire, unie et luisante; le sabot haut, les quartiers ronds, les talons larges et médiocrement élevés, la fourchette menue et maigre, et la sole épaisse et concave.

L'ANE[1].

A considérer cet animal, même avec des yeux attentifs et dans un assez grand détail, il paraît n'être qu'un cheval dégénéré : la parfaite similitude de conformation dans

1. *Equus asinus* (Linn.).

le cerveau, les poumons, l'estomac, le conduit intestinal, le cœur, le foie, les autres viscères, et la grande ressemblance du corps, des jambes, des pieds et du squelette en entier, semblent fonder cette opinion; l'on pourrait attribuer les légères différences qui se trouvent entre ces deux animaux à l'influence très-ancienne du climat, de la nourriture, et à la succession fortuite de plusieurs générations de petits chevaux sauvages à demi dégénérés, qui peu à peu auraient encore dégénéré davantage, se seraient ensuite dégradés autant qu'il est possible, et auraient à la fin produit à nos yeux une espèce nouvelle et constante, ou plutôt une succession d'individus semblables, tous constamment viciés de la même façon, et assez différents des chevaux pour pouvoir être regardés comme formant une autre espèce. Ce qui paraît favoriser cette idée, c'est que les chevaux varient beaucoup plus que les ânes par la couleur de leur poil; qu'ils sont par conséquent plus anciennement domestiques, puisque tous les animaux domestiques varient par la couleur beaucoup plus que les animaux sauvages de la même espèce; que la plupart des chevaux sauvages dont parlent les voyageurs sont de petite taille et ont, comme les ânes, le poil gris, la queue nue, hérissée à l'extrémité, et qu'il y a des chevaux sauvages et même des chevaux domestiques qui ont la raie noire sur le dos, et d'autres caractères qui les rapprochent encore des ânes sauvages ou domestiques. D'autre côté, si l'on considère les différences du tempérament, du naturel, des mœurs, du résultat, en un mot de l'organisation de ces deux animaux, et surtout l'impossibilité de les mêler pour en faire une espèce commune, ou même une espèce intermédiaire qui puisse se renouveler, on paraît encore mieux fondé à croire que ces deux animaux sont chacun d'une espèce aussi ancienne l'une que l'autre, et originairement aussi essentiellement différentes qu'elles le sont aujourd'hui, d'autant plus que l'âne ne laisse pas de différer matériellement du cheval par la petitesse de la taille, la grosseur de la tête, la longueur des oreilles, la dureté de la peau, la nudité de la queue, la forme de la croupe, et aussi par les dimensions des parties qui en sont voisines, par la voix, l'appétit, la manière de boire, etc. L'âne et le cheval viennent-ils donc originairement de la même souche? sont-ils, comme le disent les nomenclateurs [1], de la même *famille?* ou ne sont-ils pas, et n'ont-ils pas toujours été des animaux différents?

Cette question, dont les physiciens sentiront bien la généralité, la difficulté, les conséquences, et que nous avons cru devoir traiter dans cet article, parce qu'elle se présente pour la première fois, tient à la production des êtres de plus près qu'aucune autre, et demande, pour être éclaircie, que nous considérions la nature sous un nouveau point de vue. Si, dans l'immense variété que nous présentent tous les êtres animés qui peuplent l'univers, nous choisissons un animal, ou même le corps de l'homme pour servir de base à nos connaissances, et y rapporter, par la voie de la comparaison, les autres êtres organisés, nous trouverons que, quoique tous ces êtres existent solitairement, et que tous varient par des différences graduées à l'infini, il existe en même temps un dessein primitif et général qu'on peut suivre très-loin, et dont les dégradations sont bien plus lentes que celles des figures et des autres rapports apparents; car, sans parler des organes de la digestion, de la circulation et de la

---

1. *Equus cauda undique setosa*, le cheval. *Equus cauda extrema setosa*, l'âne. *Linnæi Systema naturæ.* Class. 1, ord. 4.

génération, qui appartiennent à tous les animaux, et sans lesquels l'animal cesserait d'être animal et ne pourrait ni subsister ni se reproduire, il y a, dans les parties mêmes qui contribuent le plus à la variété de la forme extérieure, une prodigieuse ressemblance qui nous rappelle nécessairement l'idée d'un premier dessein, sur lequel tout semble avoir été conçu : le corps du cheval, par exemple, qui du premier coup d'œil paraît si différent du corps de l'homme, lorsqu'on vient à le comparer en détail et partie par partie, au lieu de surprendre par la différence, n'étonne plus que par la ressemblance singulière et presque complète qu'on y trouve : en effet, prenez le squelette de l'homme, inclinez les os du bassin, accourcissez les os des cuisses, des jambes et des bras, allongez ceux des pieds et des mains, soudez ensemble les phalanges, allongez les mâchoires en raccourcissant l'os frontal, et, enfin, allongez aussi l'épine du dos, ce squelette cessera de représenter la dépouille d'un homme et sera le squelette d'un cheval ; car on peut aisément supposer qu'en allongeant l'épine du dos et les mâchoires on augmente en même temps le nombre des vertèbres, des côtes et des dents ; et ce n'est en effet que par le nombre de ces os, qu'on peut regarder comme accessoires, et par l'allongement, le raccourcissement ou la jonction des autres, que la charpente du corps de cet animal diffère de la charpente du corps humain. On vient de voir, dans la description du cheval, ces faits trop bien établis pour pouvoir en douter ; mais, pour suivre ces rapports encore plus loin, que l'on considère séparément quelques parties essentielles à la forme, les côtes, par exemple : on les trouvera dans l'homme, dans tous les quadrupèdes, dans les oiseaux, dans les poissons, et on en suivra les vestiges jusque dans la tortue, où elles paraissent encore dessinées par les sillons qui sont sous son écaille ; que l'on considère, comme l'a remarqué M. Daubenton, que le pied d'un cheval, en apparence si différent de la main de l'homme, est cependant composé des mêmes os, et que nous avons à l'extrémité de chacun de nos doigts le même osselet en fer à cheval qui termine le pied de cet animal ; et l'on jugera si cette ressemblance cachée n'est pas plus merveilleuse que les différences apparentes, si cette conformité constante et ce dessein suivi de l'homme aux quadrupèdes, des quadrupèdes aux cétacés, des cétacés aux oiseaux, des oiseaux aux reptiles, des reptiles aux poissons, etc., dans lesquels les parties essentielles comme le cœur, les intestins, l'épine du dos, les sens, etc., se trouvent toujours, ne semblent pas indiquer qu'en créant les animaux l'Être suprême n'a voulu employer qu'une idée, et la varier en même temps de toutes les manières possibles, afin que l'homme pût admirer également et la magnificence de l'exécution et la simplicité du dessein.

Dans ce point de vue, non-seulement l'âne et le cheval, mais même l'homme, le singe, les quadrupèdes et tous les animaux, pourraient être regardés comme ne faisant que la même *famille;* mais en doit-on conclure que dans cette grande et nombreuse famille, que Dieu seul a conçue et tirée du néant, il y ait d'autres petites familles projetées par la nature et produites par le temps, dont les unes ne seraient composées que de deux individus, comme le cheval et l'âne ; d'autres de plusieurs individus, comme celle de la belette, de la martre, du furet, de la fouine, etc., et, de même que dans les végétaux, il y ait des familles de dix, vingt, trente, etc., plantes? Si ces familles existaient, en effet, elles n'auraient pu se former que par le mélange, la variation successive et la dégénération des espèces originaires ; et si l'on admet une fois qu'il y ait des familles dans les plantes et dans les animaux, que l'âne soit de la famille du cheval, et qu'il n'en diffère que parce qu'il a dégénéré, on pourra dire également que le singe est de la famille de l'homme, que c'est un homme dégénéré, que l'homme et le singe ont eu une origine commune comme le cheval et l'âne, que chaque famille, tant dans les animaux que dans les végétaux, n'a eu qu'une seule souche, et même que tous les animaux sont venus d'un seul animal, qui, dans la succession des temps, a produit, en se perfectionnant et en dégénérant, toutes les races des autres animaux.

Les naturalistes, qui établissent si légèrement des familles dans les animaux et dans les végétaux, ne paraissent pas avoir assez senti toute l'étendue de ces conséquences qui réduiraient le produit immédiat de la création à un nombre d'individus aussi petit que l'on voudrait : car s'il était une fois prouvé qu'on pût établir ces familles avec raison, s'il était acquis que dans les animaux, et même dans les végétaux, il y eût, je ne dis pas plusieurs espèces, mais une seule qui eût été produite par la dégénération d'une autre espèce ; s'il était vrai que l'âne ne fût qu'un cheval dégénéré, il n'y aurait plus de bornes à la puissance de la nature, et l'on n'aurait pas tort de supposer que d'un seul être elle a su tirer avec le temps tous les autres êtres organisés.

Mais non : il est certain, par la révélation, que tous les animaux ont également participé à la grâce de la création, que les deux premiers de chaque espèce et de toutes les espèces sont sortis tout formés des mains du

Créateur, et l'on doit croire qu'ils étaient tels alors, à peu près, qu'ils nous sont aujourd'hui représentés par leurs descendants; d'ailleurs, depuis qu'on observe la nature, depuis le temps d'Aristote jusqu'au nôtre, l'on n'a pas vu paraître d'espèces nouvelles, malgré le mouvement rapide qui entraîne, amoncelle ou dissipe les parties de la matière, malgré le nombre infini de combinaisons qui ont dû se faire pendant ces vingt siècles, malgré les accouplements fortuits ou forcés des animaux d'espèces éloignées ou voisines, dont il n'a jamais résulté que des individus viciés et stériles, et qui n'ont pu faire souche pour de nouvelles générations. La ressemblance, tant extérieure qu'intérieure, fût-elle dans quelques animaux encore plus grande qu'elle ne l'est dans le cheval et dans l'âne, ne doit donc pas nous porter à confondre ces animaux dans la même famille, non plus qu'à leur donner une commune origine; car s'ils venaient de la même souche, s'ils étaient en effet de la même famille, on pourrait les rapprocher, les allier de nouveau, et défaire avec le temps ce que le temps aurait fait.

Il faut de plus considérer que, quoique la marche de la nature se fasse par nuances et par degrés souvent imperceptibles, les intervalles de ces degrés ou de ces nuances ne sont pas tous égaux à beaucoup près; que plus les espèces sont élevées, moins elles sont nombreuses, et plus les intervalles des nuances qui les séparent y sont grands; que les petites espèces au contraire sont très-nombreuses, et en même temps plus voisines les unes des autres, en sorte qu'on est d'autant plus tenté de les confondre ensemble dans une même famille qu'elles nous embarrassent et nous fatiguent davantage par leur multitude et par leurs petites différences, dont nous sommes obligés de nous charger la mémoire : mais il ne faut pas oublier que ces familles sont notre ouvrage, que nous ne les avons faites que pour le soulagement de notre esprit, que s'il ne peut comprendre la suite réelle de tous les êtres, c'est notre faute et non pas celle de la nature, qui ne connaît point ces prétendues familles, et ne contient en effet que des individus.

Un individu est un être à part, isolé, détaché, et qui n'a rien de commun avec les autres êtres, sinon qu'il leur ressemble ou bien qu'il en diffère : tous les individus semblables qui existent sur la surface de la terre sont regardés comme composant l'espèce de ces individus ; cependant ce n'est ni le nombre ni la collection des individus semblables qui fait l'espèce, c'est la succession constante et le renouvellement non interrompu de ces individus qui la constituent ; car un être qui durerait toujours ne ferait pas une espèce, non plus qu'un million d'êtres semblables qui dureraient aussi toujours : l'espèce est donc un mot abstrait et général, dont la chose n'existe qu'en considérant la nature dans la succession des temps et dans la destruction constante et le renouvellement tout aussi constant des êtres : c'est en comparant la nature d'aujourd'hui à celle des autres temps, et les individus actuels aux individus passés, que nous avons pris une idée nette de ce que l'on appelle espèce, et la comparaison du nombre ou de la ressemblance des individus n'est qu'une idée accessoire, et souvent indépendante de la première ; car l'âne ressemble au cheval plus que le barbet au lévrier, et cependant le barbet et le lévrier ne font qu'une même espèce, puisqu'ils produisent ensemble des individus qui peuvent eux-mêmes en produire d'autres, au lieu que le cheval et l'âne sont certainement de différentes espèces, puisqu'ils ne produisent ensemble que des individus viciés et inféconds.

C'est donc dans la diversité caractéristique des espèces que les intervalles des nuances de la nature sont le plus sensibles et le mieux marqués; on pourrait même dire que ces intervalles entre les espèces sont les plus égaux et les moins variables de tous, puisqu'on peut toujours tirer une ligne de séparation entre deux espèces, c'est-à-dire entre deux successions d'individus qui se reproduisent et ne peuvent se mêler, comme l'on peut aussi réunir en une seule espèce deux successions d'individus qui se reproduisent en se mêlant : ce point est le plus fixe que nous ayons en histoire naturelle ; toutes les autres ressemblances et toutes les autres différences que l'on pourrait saisir dans la comparaison des êtres ne seraient ni si constantes, ni si réelles, ni si certaines ; ces intervalles seront aussi les seules lignes de séparation que l'on trouvera dans notre ouvrage ; nous ne diviserons pas les êtres autrement qu'ils le sont en effet; chaque espèce, chaque succession d'individus qui se reproduisent et ne peuvent se mêler seront considérées à part et traitées séparément, et nous ne nous servirons des familles, des genres, des ordres et des classes, pas plus que ne s'en sert la nature.

L'espèce n'étant donc autre chose qu'une succession constante d'individus semblables et qui se reproduisent, il est clair que cette dénomination ne doit s'étendre qu'aux animaux et aux végétaux, et que c'est par un abus des termes ou des idées que les nomenclateurs l'ont employée pour désigner les différentes sortes de minéraux : on ne doit donc pas regarder le fer comme une espèce, et le plomb comme une autre espèce, mais seulement comme deux métaux différents; et l'on verra, dans notre discours sur les minéraux, que les lignes de séparation que nous emploierons dans la division des matières minérales seront bien différentes de celles que nous employons pour les animaux et pour les végétaux.

Mais, pour en revenir à la dégénération des êtres, et particulièrement à celle des animaux, observons et examinons encore de plus près les mouvements de la nature dans les variétés qu'elle nous offre ; et comme l'espèce humaine nous est la mieux connue, voyons jusqu'où s'étendent ces mouvements de variation. Les hommes diffèrent du blanc au noir par la couleur, du double au simple par la hauteur de la taille, la grosseur, la légèreté, la force, etc., et du tout au rien pour l'esprit ; mais cette dernière qualité, n'appartenant point à la matière, ne doit point être ici considérée ; les autres sont les variations ordinaires de la nature, qui viennent de l'influence du climat et de la nourriture ; mais ces différences de couleur et de dimension dans la taille n'empêchent pas que le nègre et le blanc, le Lapon et le Patagon, le géant et le nain, ne produisent ensemble des individus qui peuvent eux-mêmes se reproduire, et que par conséquent ces hommes, si différents en apparence, ne soient tous d'une seule et même espèce, puisque cette reproduction constante est ce qui constitue l'espèce. Après ces variations générales, il y en a d'autres qui sont plus particulières, et qui ne laissent pas de se perpétuer, comme les énormes jambes des hommes qu'on appelle de la race de Saint-Thomas[1], dans l'île de Ceylan, les yeux rouges et les cheveux blancs des dariens et des chacrelas, les six[2] doigts aux mains et aux

---

1. Voyez, ci-devant, l'article *Variétés dans l'espèce humaine*.
2. Voyez cette observation curieuse dans les lettres de M. de Maupertuis, où vous trouverez aussi plusieurs idées philosophiques très-élevées sur la génération et sur différents autres sujets.

pieds dans certaines familles, etc. Ces variétés singulières sont des défauts ou des excès accidentels qui, s'étant d'abord trouvés dans quelques individus, se sont ensuite propagés de race en race, comme les autres vices et maladies héréditaires ; mais ces différences, quoique constantes, ne doivent être regardées que comme des variétés individuelles qui ne séparent pas ces individus de leur espèce, puisque les races extraordinaires de ces hommes à grosses jambes ou à six doigts peuvent se mêler avec la race ordinaire, et produire des individus qui se reproduisent eux-mêmes. On doit dire la même chose de toutes les autres difformités ou monstruosités qui se communiquent des pères et mères aux enfants : voilà jusqu'où s'étendent les erreurs de la nature, voilà les plus grandes limites de ses variétés dans l'homme; et s'il y a des individus qui dégénèrent encore davantage, ces individus, ne reproduisant rien, n'altèrent ni la constance ni l'unité de l'espèce; ainsi il n'y a dans l'homme qu'une seule et même espèce, et quoique cette espèce soit peut-être la plus nombreuse et la plus abondante en individus, et en même temps la plus inconséquente et la plus irrégulière dans toutes ses actions, on ne voit pas que cette prodigieuse diversité de mouvements, de nourriture, de climat et de tant d'autres combinaisons que l'on peut supposer, ait produit des êtres assez différents des autres pour faire de nouvelles souches, et en même temps assez semblables à nous pour ne pouvoir nier de leur avoir appartenu.

Si le nègre et le blanc ne pouvaient produire ensemble, si même leur production demeurait inféconde, si le mulâtre était un vrai mulet, il y aurait alors deux espèces bien distinctes : le nègre serait à l'homme ce que l'âne est au cheval, ou plutôt si le blanc était homme, le nègre ne serait plus un homme : ce serait un animal à part comme le singe, et nous serions en droit de penser que le blanc et le nègre n'auraient point eu une origine commune ; mais cette supposition même est démentie par le fait, et puisque tous les hommes peuvent communiquer et produire ensemble, tous les hommes viennent de la même souche et sont de la même famille.

Que deux individus ne puissent produire ensemble, il ne faut pour cela que quelques légères disconvenances dans le tempérament, ou quelque défaut accidentel dans les organes de la génération de l'un ou de l'autre de ces deux individus ; que deux individus de différentes espèces, et que l'on joint ensemble, produisent d'autres individus qui, ne ressemblant ni à l'un ni à l'autre, ne ressemblent à rien de fixe et ne peuvent par conséquent rien produire de semblable à eux, il ne faut pour cela qu'un certain degré de convenance entre la forme du corps et les organes de la génération de ces animaux différents ; mais quel nombre immense et peut-être infini de combinaisons ne faudrait-il pas pour pouvoir seulement supposer que deux animaux, mâle et femelle, d'une certaine espèce, ont non-seulement assez dégénéré pour n'être plus de cette espèce, c'est-à-dire pour ne pouvoir plus produire avec ceux auxquels ils étaient semblables, mais encore dégénéré tous deux précisément au même point, et à ce point nécessaire pour ne pouvoir produire qu'ensemble ! et ensuite quelle autre prodigieuse immensité de combinaisons ne faudrait-il pas encore pour que cette nouvelle production de ces deux animaux dégénérés suivît exactement les mêmes lois qui s'observent dans la production des animaux parfaits ! car un animal dégénéré est lui-même une production viciée ; et comment se pourrait-il qu'une origine viciée, qu'une dépravation, une négation, pût faire souche, et non-seulement produire une succession d'êtres constants, mais même les produire de la même façon et suivant les mêmes lois que se reproduisent en effet les animaux dont l'origine est pure?

Quoiqu'on ne puisse donc pas démontrer que la production d'une espèce par la dégénération soit une chose impossible à la nature, le nombre des probabilités contraires est si énorme que philosophiquement même on n'en peut guère douter; car si quelque espèce a été produite par la dégénération d'une autre, si l'espèce de l'âne vient de l'espèce du cheval, cela n'a pu se faire que successivement et par nuances : il y aurait eu entre le cheval et l'âne un grand nombre d'animaux intermédiaires, dont les premiers se seraient peu à peu éloignés de la nature du cheval, et les derniers se seraient approchés peu à peu de celle de l'âne; et pourquoi ne verrions-nous pas aujourd'hui les représentants, les descendants de ces espèces d'intermédiaires? pourquoi n'en est-il demeuré que les deux extrêmes?

L'âne est donc un âne, et n'est point un cheval dégénéré, un cheval à queue nue; il n'est ni étranger, ni intrus, ni bâtard; il a, comme tous les autres animaux, sa famille, son espèce et son rang; son sang est pur, et quoique sa noblesse soit moins illustre, elle est tout aussi bonne, tout aussi ancienne que celle du cheval; pourquoi donc tant de mépris pour cet animal, si bon, si patient, si sobre, si utile? Les hommes mépriseraient-ils jusque dans les animaux ceux qui les servent trop bien et à trop peu de frais? On donne au cheval de l'éducation, on le soigne, on l'instruit, on l'exerce, tandis que l'âne, abandonné à la grossièreté du dernier des valets, ou à la malice des enfants, bien loin d'acquérir, ne peut que perdre par son éducation; et s'il n'avait pas un grand fonds de bonnes qualités, il les perdrait en effet par la manière dont on le traite : il est le jouet, le plastron, le bardot des rustres qui le conduisent le bâton à la main, qui le frappent, le surchargent, l'excèdent, sans précaution, sans ménagement; on ne fait pas attention que l'âne serait par lui-même, et pour nous, le premier, le plus beau, le mieux fait, le plus distingué des animaux si dans le monde il n'y avait point de cheval; il est le second au lieu d'être le premier, et par cela seul il semble n'être plus rien : c'est la comparaison qui le dégrade; on le regarde, on le juge, non pas en lui-même, mais relativement au cheval; on oublie qu'il est âne, qu'il a toutes les qualités de sa nature, tous les dons attachés à son espèce, et on ne pense qu'à la figure et aux qualités du cheval, qui lui manquent, et qu'il ne doit pas avoir.

Il est de son naturel aussi humble, aussi patient, aussi tranquille que le cheval est fier, ardent, impétueux; il souffre avec constance, et peut-être avec courage, les châtiments et les coups; il est sobre et sur la quantité et sur la qualité de la nourriture; il se contente des herbes les plus dures, les plus désagréables, que le cheval et les autres animaux lui laissent et dédaignent; il est fort délicat sur l'eau, il ne veut boire que de la plus claire et aux ruisseaux qui lui sont connus; il boit aussi sobrement qu'il mange, et n'enfonce point du tout son nez dans l'eau par la peur que lui fait, dit-on, l'ombre de ses oreilles [1] : comme l'on ne prend pas la peine de l'étriller, il se roule souvent sur le gazon, sur les chardons, sur la fougère, et

---

1. *Vide Cardan.*, de Subtilitate, lib. x.

sans se soucier beaucoup de ce qu'on lui fait porter, il se couche pour se rouler toutes les fois qu'il le peut, et semble par là reprocher à son maître le peu de soin qu'on prend de lui ; car il ne se vautre pas comme le cheval dans la fange et dans l'eau, il craint même de se mouiller les pieds, et se détourne pour éviter la boue ; aussi a-t-il la jambe plus sèche et plus nette que le cheval ; il est susceptible d'éducation, et l'on en a vu d'assez bien dressés [1] pour faire curiosité de spectacle.

Dans la première jeunesse, il est gai, et même assez joli : il a de la légèreté et de la gentillesse ; mais il la perd bientôt, soit par l'âge, soit par les mauvais traitements, et il devient lent, indocile et têtu ; il n'est ardent que pour le plaisir, ou plutôt il en est furieux au point que rien ne peut le retenir, et que l'on en a vu s'excéder et mourir quelques instants après ; et comme il aime avec une espèce de fureur, il a aussi pour sa progéniture le plus fort attachement. Pline nous assure que lorsqu'on sépare la mère de son petit, elle passe à travers les flammes pour aller le rejoindre ; il s'attache aussi à son maître, quoiqu'il en soit ordinairement maltraité ; il le sent de loin et le distingue de tous les autres hommes ; il reconnaît aussi les lieux qu'il a coutume d'habiter, les chemins qu'il a fréquentés ; il a les yeux bons, l'odorat admirable, surtout pour les corpuscules de l'ânesse, l'oreille excellente, ce qui a encore contribué à le faire mettre au nombre des animaux timides, qui ont tous, à ce qu'on prétend, l'ouïe très-fine et les oreilles longues : lorsqu'on le surcharge, il le marque en inclinant la tête et baissant les oreilles ; lorsqu'on le tourmente trop, il ouvre la bouche et retire

---

1. *Vide Aldrovand.*, de Quadrup. solidiped., lib. I, p. 308.

les lèvres d'une manière très-désagréable, ce qui lui donne l'air moqueur et dérisoire ; si on lui couvre les yeux, il reste immobile ; et lorsqu'il est couché sur le côté, si on lui place la tête de manière que l'œil soit appuyé sur la terre, et qu'on couvre l'autre œil avec une pierre ou un morceau de bois, il restera dans cette situation sans faire aucun mouvement et sans se secouer pour se relever : il marche, il trotte et il galope comme le cheval, mais tous ses mouvements sont petits et beaucoup plus lents ; quoiqu'il puisse d'abord courir avec assez de vitesse, il ne peut fournir qu'une petite carrière pendant un petit espace de temps ; et, quelque allure qu'il prenne, si on le presse, il est bientôt rendu.

Le cheval hennit, l'âne brait, ce qui se fait par un grand cri très-long, très-désagréable et discordant par dissonances alternatives de l'aigu au grave, et du grave à l'aigu ; ordinairement il ne crie que lorsqu'il est pressé d'amour ou d'appétit : l'ânesse a la voix plus claire et plus perçante ; l'âne qu'on a fait hongre ne brait qu'à basse voix, et quoiqu'il paraisse faire autant d'effort et les mêmes mouvements de la gorge, son cri ne se fait pas entendre de loin.

De tous les animaux couverts de poil, l'âne est celui qui est le moins sujet à la vermine ; jamais il n'a de poux, ce qui vient apparemment de la dureté et de la sécheresse de sa peau, qui est en effet plus dure que celle de la plupart des autres quadrupèdes ; et c'est par la même raison qu'il est bien moins sensible que le cheval au fouet et à la piqûre des mouches.

A deux ans et demi les premières dents incisives du milieu tombent, et ensuite les autres incisives à côté des premières tombent aussi et se renouvellent dans le

même temps et dans le même ordre que celles du cheval :
l'on connaît aussi l'âge de l'âne par les dents : les troisièmes incisives de chaque côté le marquent comme dans le cheval.

Dès l'âge de deux ans, l'âne est en état d'engendrer ; la femelle est encore plus précoce que le mâle, et elle est tout aussi lascive ; c'est par cette raison qu'elle est très-peu féconde ; elle rejette au dehors la liqueur qu'elle vient de recevoir dans l'accouplement, à moins qu'on n'ait soin de lui ôter promptement la sensation du plaisir, en lui donnant des coups pour calmer la suite des convulsions et des mouvements amoureux : sans cette précaution elle ne retiendrait que très-rarement. Le temps le plus ordinaire de la chaleur est le mois de mai et celui de juin ; lorsqu'elle est pleine, la chaleur cesse bientôt, et dans le dixième mois le lait paraît dans les mamelles ; elle met bas dans le douzième mois, et souvent il se trouve des morceaux solides dans la liqueur de l'amnios, semblables à l'hippomanès du poulain ; sept jours après l'accouchement la chaleur se renouvelle, et l'ânesse est en état de recevoir le mâle : en sorte qu'elle peut, pour ainsi dire, continuellement engendrer et nourrir ; elle ne produit qu'un petit, et si rarement deux qu'à peine en a-t-on des exemples : au bout de cinq ou six mois on peut sevrer l'ânon, et cela est même nécessaire, si la mère est pleine, pour qu'elle puisse mieux nourrir son fœtus. L'âne étalon doit être choisi parmi les plus grands et les plus forts de son espèce ; il faut qu'il ait au moins trois ans et qu'il n'en passe pas dix, qu'il ait les jambes hautes, le corps étoffé, la tête élevée et légère, les yeux vifs, les naseaux gros, l'encolure un peu longue, le poitrail large, les reins charnus, la côte large, la croupe plate, la queue courte, le poil luisant, doux au toucher et d'un gris foncé.

L'âne, qui comme le cheval est trois ou quatre ans à croître, vit aussi comme lui vingt-cinq ou trente ans ; on prétend seulement que les femelles vivent ordinairement plus longtemps que les mâles, mais cela ne vient peut-être que de ce qu'étant souvent pleines, elles sont un peu plus ménagées, au lieu qu'on excède continuellement les mâles de fatigues et de coups ; ils dorment moins que les chevaux, et ne se couchent pour dormir que quand ils sont excédés : l'âne étalon dure aussi plus longtemps que le cheval étalon ; plus il est vieux, plus il paraît ardent, et en général la santé de cet animal est bien plus ferme que celle du cheval ; il est moins délicat, et il n'est pas sujet, à beaucoup près, à un aussi grand nombre de maladies ; les anciens même ne lui en connaissaient guère d'autre que celle de la morve, à laquelle il est, comme nous l'avons dit, encore bien moins sujet que le cheval.

LE BOEUF.

La surface de la terre, parée de sa verdure, est le fonds inépuisable et commun duquel l'homme et les animaux tirent leur subsistance ; tout ce qui a vie dans la nature vit sur ce qui végète, et les végétaux vivent à leur tour des débris de tout ce qui a vécu et végété : pour vivre il faut détruire, et ce n'est en effet qu'en détruisant des êtres que les animaux peuvent se nourrir et se multiplier. Dieu, en créant les premiers individus de chaque espèce d'animal et de végétal, a non-seulement donné la forme à la poussière de la terre, mais il l'a rendue vivante et animée, en renfermant dans chaque individu une quantité plus ou moins grande de principes actifs, de molécules organiques vivantes, indestructibles, et communes à tous les êtres organisés : ces molécules passent de corps en corps, et servent également à la vie actuelle et à la continuation de la vie, à la nutrition, à l'accroissement de chaque individu ; et après la dissolution du corps, après sa destruction, sa réduction en cendres, ces molécules organiques, sur lesquelles la mort ne peut rien, survivent, circulent dans l'univers, passent dans d'autres êtres, et y portent la nourriture et la vie : toute production, tout renouvellement, tout accroissement par la génération, par la nutrition, par le développement, supposent donc une destruction précédente, une conversion de substance, un transport de ces molécules organiques qui ne se multiplient pas, mais qui, subsistant toujours en nombre égal, rendent la nature toujours également vivante, la terre également peuplée, et toujours également resplendissante de la première gloire de celui qui l'a créée.

A prendre les êtres en général, le total de la quantité de vie est donc toujours le même, et la mort, qui semble tout détruire, ne détruit rien de cette vie primitive et commune à toutes les espèces d'êtres organisés : comme toutes les autres puissances subordonnées et subalternes, la mort n'attaque que les individus, ne frappe que la surface, ne détruit que la forme, ne peut rien sur la matière,

---

1. Voyez le chapitre vi et suivants de la seconde partie du Ier volume.

et ne fait aucun tort à la nature qui n'en brille que davantage, qui ne lui permet pas d'anéantir les espèces, mais la laisse moissonner les individus et les détruire avec le temps, pour se montrer elle-même indépendante de la mort et du temps, pour exercer à chaque instant sa puissance toujours active, manifester sa plénitude par sa fécondité, et faire de l'univers, en reproduisant, en renouvelant les êtres, un théâtre toujours rempli, un spectacle toujours nouveau.

Pour que les êtres se succèdent, il est donc nécessaire qu'ils se détruisent entre eux ; pour que les animaux se nourrissent et subsistent, il faut qu'ils détruisent des végétaux ou d'autres animaux ; et comme avant et après la destruction la quantité de vie reste toujours la même, il semble qu'il devrait être indifférent à la nature que telle ou telle espèce détruisît plus ou moins ; cependant, comme une mère économe, au sein même de l'abondance, elle a fixé des bornes à la dépense et prévenu le dégât apparent, en ne donnant qu'à peu d'espèces d'animaux l'instinct de se nourrir de chair ; elle a même réduit à un assez petit nombre d'individus ces espèces voraces et carnassières, tandis qu'elle a multiplié bien plus abondamment et les espèces et les individus de ceux qui se nourrissent de plantes, et que dans les végétaux elle semble avoir prodigué les espèces, et répandu dans chacune avec profusion le nombre et la fécondité. L'homme a peut-être beaucoup contribué à seconder ses vues, à maintenir et même à établir cet ordre sur la terre, car dans la mer on retrouve cette indifférence que nous supposions : toutes les espèces sont presque également voraces, elles vivent sur elles-mêmes ou sur les autres, et s'entre-dévorent perpétuellement sans jamais se détruire, parce que la fécondité y est aussi grande que la déprédation, et que presque toute la nourriture, toute la consommation tourne au profit de la reproduction.

L'homme sait user en maître de sa puissance sur les animaux ; il a choisi ceux dont la chair flatte son goût, il en a fait des esclaves domestiques, il les a multipliés plus que la nature ne l'aurait fait, il en a formé des troupeaux nombreux, et par les soins qu'il prend de les faire naître, il semble avoir acquis le droit de se les immoler ; mais il étend ce droit bien au delà de ses besoins, car, indépendamment de ces espèces qu'il s'est assujetties et dont il dispose à son gré, il fait aussi la guerre aux animaux sauvages, aux oiseaux, aux poissons ; il ne se borne pas même à ceux du climat qu'il habite, il va chercher au loin, et jusqu'au milieu des mers, de nouveaux mets, et la nature entière semble suffire à peine à son intempérance et à l'inconstante variété de ses appétits. L'homme consomme, engloutit lui seul plus de chair que tous les animaux ensemble n'en dévorent ; il est donc le plus grand destructeur, et c'est plus par abus que par nécessité ; au lieu de jouir modérément des biens qui lui sont offerts, au lieu de les dispenser avec équité, au lieu de réparer à mesure qu'il détruit, de renouveler lorsqu'il anéantit, l'homme riche met toute sa gloire à consommer, toute sa grandeur à perdre en un jour à sa table plus de biens qu'il n'en faudrait pour faire subsister plusieurs familles ; il abuse également et des animaux et des hommes, dont le reste demeure affamé, languit dans la misère, et ne travaille que pour satisfaire à l'appétit immodéré et à la vanité encore plus insatiable de cet homme, qui, détruisant les autres par la disette, se détruit lui-même par les excès.

Cependant l'homme pourrait, comme l'animal, vivre de végétaux; la chair, qui paraît être si analogue à la chair, n'est pas une nourriture meilleure que les graines ou le pain; ce qui fait la vraie nourriture, celle qui contribue à la nutrition, au développement, à l'accroissement et à l'entretien du corps, n'est pas cette matière brute qui compose à nos yeux la texture de la chair ou de l'herbe, mais ce sont les molécules organiques que l'une et l'autre contiennent, puisque le bœuf, en paissant l'herbe, acquiert autant de chair que l'homme ou que les animaux qui ne vivent que de chair et de sang : la seule différence réelle qu'il y ait entre ces aliments, c'est qu'à volume égal la chair, le blé, les graines contiennent beaucoup plus de molécules organiques que l'herbe, les feuilles, les racines, et les autres parties des plantes, comme nous nous en sommes assurés en observant les infusions de ces différentes matières; en sorte que l'homme et les animaux, dont l'estomac et les intestins n'ont pas assez de capacité pour admettre un très-grand volume d'aliments, ne pourraient pas prendre assez d'herbe pour en tirer la quantité de molécules organiques nécessaire à leur nutrition; et c'est par cette raison que l'homme et les autres animaux qui n'ont qu'un estomac ne peuvent vivre que de chair ou de graines, qui dans un petit volume contiennent une très-grande quantité de ces molécules organiques nutritives, tandis que le bœuf et les autres animaux ruminants, qui ont plusieurs estomacs, dont l'un est d'une très-grande capacité, et qui par conséquent peuvent se remplir d'un grand volume d'herbe, en tirent assez de molécules organiques pour se nourrir, croître et multiplier; la quantité compense ici la qualité de la nourriture, mais le fonds en est le même, c'est la même matière, ce sont les mêmes molécules organiques qui nourrissent le bœuf, l'homme et tous les animaux.

On ne manquera pas de m'opposer que le cheval n'a qu'un estomac, et même assez petit; que l'âne, le lièvre et d'autres animaux qui vivent d'herbe n'ont aussi qu'un estomac, et que par conséquent cette explication, quoique vraisemblable, n'en est peut-être ni plus vraie ni mieux fondée; cependant, bien loin que ces exceptions apparentes la détruisent, elles me paraissent au contraire la confirmer; car quoique le cheval et l'âne n'aient qu'un estomac, ils ont des poches dans les intestins d'une si grande capacité, qu'on peut les comparer à la panse des animaux ruminants, et les lièvres ont l'intestin cœcum d'une si grande longueur et d'un tel diamètre, qu'il équivaut au moins à un second estomac : ainsi il n'est pas étonnant que ces animaux puissent se nourrir d'herbes, et en général on trouvera toujours que c'est de la capacité totale de l'estomac et des intestins que dépend dans les animaux la diversité de leur manière de se nourrir; car les ruminants, comme le bœuf, le bélier, le chameau, etc., ont quatre estomacs et des intestins d'une longueur prodigieuse : aussi vivent-ils d'herbe, et l'herbe seule leur suffit; les chevaux, les ânes, les lièvres, les lapins, les cochons d'Inde, etc., n'ont qu'un estomac, mais ils ont un cœcum qui équivaut à un second estomac, et ils vivent d'herbe et de graines; les sangliers, les hérissons, les écureuils, etc., dont l'estomac et les boyaux sont d'une moindre capacité, ne mangent que peu d'herbe et vivent de graines, de fruits et de racines; et ceux qui, comme les loups, les renards, les tigres, etc., ont l'estomac et les intestins d'une plus petite capacité que tous les autres, relativement au volume de leur corps, sont obligés, pour vivre, de choisir les nourritures les plus succulentes, les plus abondantes en molécules organiques, et de manger de la chair et du sang, des graines et des fruits.

C'est donc sur ce rapport physique et nécessaire, beaucoup plus que sur la convenance du goût, qu'est fondée la diversité que nous voyons dans les appétits des animaux ; car si la nécessité ne les déterminait pas plus souvent que le goût, comment pourraient-ils dévorer la chair infecte et corrompue avec autant d'avidité que la chair succulente et fraîche ? pourquoi mangeraient-ils également de toutes sortes de chair ? Nous voyons que les chiens domestiques qui ont de quoi choisir refusent assez constamment certaines viandes, comme la bécasse, la grive, le cochon, etc., tandis que les chiens sauvages, les loups, les renards, etc., mangent également et la chair du cochon, et la bécasse, et les oiseaux de toutes espèces, et même les grenouilles, car nous en avons trouvé deux dans l'estomac d'un loup ; et lorsque la chair ou le poisson leur manque, ils mangent des fruits, des graines, des raisins, etc.; et ils préfèrent toujours tout ce qui, dans un petit volume, contient une grande quantité de parties nutritives, c'est-à-dire de molécules organiques propres à la nutrition et à l'entretien du corps.

Si ces preuves ne paraissent pas suffisantes, que l'on considère encore la manière dont on nourrit le bétail que l'on veut engraisser : on commence par la castration, ce qui supprime la voie par laquelle les molécules organiques s'échappent en plus grande abondance; ensuite, au lieu de laisser le bœuf à sa pâture ordinaire et à l'herbe pour toute nourriture, on lui donne du son, du grain, des navets, des aliments en un mot plus substantiels que l'herbe, et en très-peu de temps la quantité de la chair de l'animal augmente, les sucs et la graisse abondent, et font d'une chair assez dure et assez sèche par elle-même une viande succulente et si bonne qu'elle fait la base de nos meilleurs repas.

Il résulte aussi de ce que nous venons de dire, que l'homme, dont l'estomac et les intestins ne sont pas d'une très-grande capacité relativement au volume de son corps, ne pourrait pas vivre d'herbe seule; cependant il est prouvé par les faits qu'il pourrait bien vivre de pain, de légumes et d'autres graines de plantes, puisqu'on connaît des nations entières et des ordres d'hommes auxquels la religion défend de manger de rien qui ait eu vie; mais ces exemples, appuyés même de l'autorité de Pythagore et recommandés par quelques médecins trop amis de la diète, ne me paraissent pas suffisants pour nous convaincre qu'il y eût à gagner pour la santé des hommes et pour la multiplication du genre humain à ne vivre que de légumes et de pain, d'autant plus que les gens de la campagne, que le luxe des villes et la somptuosité de nos tables réduisent à cette façon de vivre, languissent et dépérissent plus tôt que les hommes de l'état mitoyen, auxquels l'inanition et les excès sont également inconnus.

Après l'homme, les animaux qui ne vivent que de chair sont les plus grands destructeurs; ils sont en même temps et les ennemis de la nature et les rivaux de l'homme : ce n'est que par une attention toujours nouvelle et par des soins prémédités et suivis qu'il peut conserver ses troupeaux, ses volailles, etc., en les mettant à l'abri de la serre de l'oiseau de proie, et de la dent carnassière du loup, du renard, de la fouine, de la belette, etc. Ce n'est que par une guerre continuelle qu'il peut défendre son grain, ses fruits, toute sa subsistance, et même ses vêtements, contre la voracité des rats, des chenilles, des scarabées, des mites, etc., car les insectes sont aussi de ces bêtes qui dans le monde font plus de mal que de bien ; au lieu que le bœuf, le mouton et les autres animaux qui paissent l'herbe, non-seulement sont les meilleurs, les plus utiles, les plus précieux pour l'homme, puisqu'ils le nourrissent, mais sont encore ceux qui consomment et dépensent le moins ; le bœuf surtout est à cet égard l'animal par excellence, car il rend à la terre tout autant qu'il en tire, et même il améliore le fonds sur lequel il vit, il engraisse son pâturage, au lieu que le cheval et la plupart des autres animaux amaigrissent en peu d'années les meilleures prairies.

Mais ce ne sont pas là les seuls avantages que le bétail procure à l'homme : sans le bœuf, les pauvres et les riches auraient beaucoup de peine à vivre, la terre demeurerait inculte, les champs et même les jardins seraient secs et stériles ; c'est sur lui que roulent tous les travaux de la campagne, il est le domestique le plus utile de la ferme, le soutien du ménage champêtre, il fait toute la force de l'agriculture ; autrefois il faisait toute la richesse des hommes, et aujourd'hui il est encore la base de l'opulence des États, qui ne peuvent se soutenir et fleurir que par la culture des terres et par l'abondance du bétail, puisque ce sont les seuls biens réels, tous les autres, et même l'or et l'argent, n'étant que des biens arbitraires, des représentations, des monnaies de crédit, qui n'ont de valeur qu'autant que le produit de la terre leur en donne.

Le bœuf ne convient pas autant que le cheval, l'âne, le chameau, etc., pour porter des fardeaux ; la forme de son dos et de ses reins le démontre ; mais la grosseur de son cou et la largeur de ses épaules indiquent assez qu'il est propre à tirer et à porter le joug : c'est aussi de cette manière qu'il tire le plus avantageusement, et il est singulier que cet usage ne soit pas général, et que dans des provinces entières on l'oblige à tirer par les cornes ; la seule raison qu'on ait pu m'en donner, c'est que quand il est attelé par les cornes on le conduit plus aisément ; il a la tête très-forte, et il ne laisse pas de tirer assez bien de cette façon, mais avec beaucoup moins d'avantage que quand il tire par les épaules ; il semble avoir été fait exprès pour la charrue ; la masse de son corps, la lenteur de ses mouvements, le peu de hauteur de ses jambes, tout, jusqu'à sa tranquillité et à sa patience dans le travail, semble concourir à le rendre propre à la culture des champs, et plus capable qu'aucun autre de vaincre la résistance constante et toujours nouvelle que la terre oppose à ses efforts ; le cheval, quoique peut-être aussi fort que le bœuf, est moins propre à cet ouvrage, il est trop élevé sur ses jambes, ses mouvements sont trop grands, trop brusques, et d'ailleurs il s'impatiente et se rebute trop aisément ; on lui ôte même toute la légèreté, toute la souplesse de ses mouvements, toute la grâce de son attitude et de sa démarche, lorsqu'on le réduit à ce travail pesant, pour lequel il faut plus de constance que d'ardeur, plus de masse que de vitesse, et plus de poids que de ressort.

LA BREBIS.

L'on ne peut guère douter que les animaux actuellement domestiques n'aient été sauvages auparavant : ceux dont nous avons donné l'histoire en ont fourni la preuve, et l'on trouve encore aujourd'hui des chevaux, des ânes et des taureaux sauvages. Mais l'homme, qui s'est soumis tant de millions d'individus, peut-il se glorifier d'avoir conquis une seule espèce entière? Comme toutes ont été créées sans sa participation, ne peut-on pas croire que toutes ont eu ordre de croître et de multiplier sans son secours? Cependant, si l'on fait attention à la faiblesse et à la stupidité de la brebis, si l'on considère en même temps que cet animal sans défense ne peut même trouver son salut dans la fuite, qu'il a pour ennemis tous les animaux carnassiers, qui semblent le chercher de préférence et le dévorer ar goût, que d'ailleurs cette espèce produit peu, que chaque individu ne vit que peu de temps, etc., on serait tenté d'imaginer que dès les commencements la brebis a été confiée à la garde de l'homme, qu'elle a eu besoin de sa protection pour subsister et de ses soins pour se multiplier, puisqu'en effet on ne trouve point de brebis sauvages dans les déserts; que dans tous les lieux où l'homme ne commande pas, le lion, le tigre, le loup, règnent par la force et par la cruauté; que ces animaux de sang et de carnage vivent plus longtemps et multiplient tous beaucoup plus que la brebis; et qu'enfin, si l'on abandonnait encore aujourd'hui dans nos campagnes les troupeaux nombreux de cette espèce que nous avons tant multipliée, ils seraient bientôt détruits sous nos yeux, et l'espèce entière anéantie par le nombre et la voracité des espèces ennemies.

Il paraît donc que ce n'est que par notre secours et par nos soins que cette espèce a duré, dure, et pourra durer encore : il paraît qu'elle ne subsisterait pas par elle-même. La brebis est absolum sans ressource et sans défense; le bélier n'a que de faibles armes, son courage n'est qu'une pétulance inutile pour lui-même, incommode pour les autres, et qu'on détruit par la castration : les moutons sont encore plus timides que les brebis; c'est par crainte qu'ils se rassemblent si souvent en troupeaux; le moindre bruit extraordinaire suffit pour qu'ils se précipitent et se serrent les uns contre les autres, et cette crainte est accompagnée de la plus grande stupidité, car ils ne savent pas fuir le danger; ils semblent même ne pas sentir l'incommodité de leur situation; ils restent où ils se trouvent, à la pluie, à la neige, ils y demeurent opiniâtrement, et pour les obliger à changer de lieu et à prendre une route il leur faut un chef qu'on instruit à marcher le premier, et dont ils suivent tous les mouvements pas à pas : ce chef demeurerait lui-même avec le reste du troupeau, sans mouvement, dans la même place, s'il n'était chassé par le berger ou excité par le chien commis à leur garde, lequel sait en effet veiller à leur sûreté, les défendre, les diriger, les séparer, les rassembler et leur communiquer les mouvements qui leur manquent.

Ce sont donc de tous les animaux quadrupèdes les plus stupides, ce sont ceux qui ont le moins de ressource et d'instinct : les chèvres, qui leur ressemblent à tant d'autres égards, ont beaucoup plus de sentiment; elles savent se conduire, elles évitent les dangers, elles se familiarisent aisément avec les nouveaux objets, au lieu que la brebis ne sait ni fuir, ni s'approcher; quelque besoin qu'elle ait de secours, elle ne vient point à l'homme aussi volontiers que la chèvre, et, ce qui dans les animaux paraît être le dernier degré de la timidité ou de l'insensibilité, elle se laisse enlever son agneau sans le défendre, sans s'irriter, sans résister et sans marquer sa douleur par un cri différent du bêlement ordinaire.

Mais cet animal, si chétif en lui-même, si dépourvu de sentiment, si dénué de qualités intérieures, est pour l'homme l'animal le plus précieux, celui dont l'utilité est la plus immédiate et la plus étendue : seul il peut suffire aux besoins de première nécessité; il fournit tout à la fois de quoi se nourrir et se vêtir, sans compter les avantages particuliers que l'on sait tirer du suif, du lait, de la peau, et même des boyaux, des os et du fumier de cet animal, auquel il semble que la nature n'ait, pour ainsi dire, rien accordé en propre, rien donné que pour le rendre à l'homme.

L'amour, qui dans les animaux est le sentiment le plus vif et le plus général, est aussi le seul qui semble donner quelque vivacité, quelque mouvement au bélier; il devient pétulant, il se bat, il s'élance contre les autres béliers, quelquefois même il attaque son berger; mais la brebis, quoiqu'en chaleur, n'en paraît pas plus animée, pas plus émue, elle n'a qu'autant d'instinct qu'il en faut pour ne pas refuser les approches du mâle, pour choisir sa nourriture et pour reconnaître son agneau. L'instinct est d'autant plus sûr qu'il est plus machinal, et, pour ainsi dire, plus inné : le jeune agneau cherche lui-même dans un nombreux troupeau, trouve et saisit la mamelle de sa mère sans jamais se méprendre. L'on dit aussi que les moutons sont sensibles aux douceurs du chant, qu'ils paissent avec plus d'assiduité, qu'ils se portent mieux, qu'ils engraissent au son du chalumeau, que la musique a pour eux des attraits; mais l'on dit encore plus souvent, et avec plus de fondement, qu'elle sert au moins à charmer l'ennui du berger, et que c'est à ce genre de vie oisive et solitaire que l'on doit rapporter l'origine de cet art.

Ces animaux, dont le naturel est si simple, sont aussi d'un tempérament très-faible; ils ne peuvent marcher longtemps, les voyages les affaiblissent et les exténuent; dès qu'ils courent, ils palpitent et sont bientôt essoufflés; la grande chaleur, l'ardeur du soleil les incommodent autant que l'humidité, le froid et la neige : ils sont sujets à un grand nombre de maladies, dont la plupart sont contagieuses; la surabondance de la graisse les fait quelquefois mourir, et toujours elle empêche les brebis de produire; elles mettent bas difficilement, elles avortent fréquemment et demandent plus de soin qu'aucun des autres animaux domestiques.

Lorsque la brebis est prête à mettre bas, il faut la séparer du reste du troupeau et la veiller afin d'être à portée d'aider à l'accouchement : l'agneau se présente souvent de travers ou par les pieds, et dans ces cas la mère court risque de la vie si elle n'est aidée; lorsqu'elle est délivrée, on lève l'agneau et on le met droit sur ses pieds; on tire en même temps le lait qui est contenu dans les mamelles de la mère; ce premier lait est gâté et ferait beaucoup de mal à l'agneau; on attend donc qu'elles se remplissent d'un nouveau lait avant que de lui permettre de teter; on le tient chaudement, et on l'enferme pendant trois ou quatre jours avec sa mère pour qu'il apprenne à la connaître : dans ces premiers temps, pour rétablir la brebis, on la nourrit de bon foin et d'orge moulue ou de son mêlé d'un peu de sel; on lui fait boire de l'eau un peu tiède et blanchie avec de la farine de blé, de fèves ou de millet; au bout de quatre ou cinq jours on pourra la remettre par degrés à la vie commune et la faire sortir avec les autres; on observera seulement de ne la pas mener trop loin pour ne pas échauffer son lait; quelque temps après, lorsque l'agneau qui la tette aura pris de la force et qu'il commencera à bondir, on pourra le laisser suivre sa mère aux champs.

On livre ordinairement au boucher tous les agneaux qui paraissent faibles, et l'on ne garde, pour les élever, que ceux qui sont les plus vigoureux, les plus gros et les plus chargés de laine; les agneaux de la première portée ne sont jamais si bons que ceux des portées suivantes : si l'on veut élever ceux qui naissent aux mois d'octobre, novembre, décembre, janvier, février, on les garde à l'étable pendant l'hiver, on ne les en fait sortir que le soir et le matin pour teter, et on ne les laisse point aller aux champs avant le commencement d'avril; quelque temps auparavant on leur donne tous les jours un peu d'herbe, afin de les accoutumer peu à peu à cette nouvelle nourriture. On peut les sevrer à un mois, mais il vaut mieux ne le faire qu'à six semaines ou deux mois : on préfère toujours les agneaux blancs et sans taches aux agneaux noirs ou tachés, la laine blanche se vendant mieux que la laine noire ou mêlée.

La castration doit se faire à l'âge de cinq ou six mois, ou même un peu plus tard, au printemps ou en automne, dans un temps doux. Cette opération se fait de deux manières : la plus ordinaire est l'incision; on tire les testicules par l'ouverture qu'on vient de faire, et on les enlève aisément; l'autre se fait sans incision; on lie seulement, en serrant fortement avec une corde, les bourses au-dessus des testicules, et l'on détruit par cette compression les vaisseaux qui y aboutissent. La castration rend l'agneau malade et triste, et l'on fera bien de lui donner du son mêlé d'un peu de sel pendant deux ou trois jours, pour prévenir le dégoût qui souvent succède à cet état.

A un an, les béliers, les brebis et les moutons perdent les deux dents du devant de la mâchoire inférieure; ils manquent, comme l'on sait, de dents incisives à la mâchoire supérieure : à dix-huit mois les deux dents voisines des deux premières tombent aussi, et à trois ans elles sont toutes remplacées; elles sont alors égales et assez blanches; mais, à mesure que l'animal vieillit, elles se déchaussent, s'émoussent et deviennent inégales et noires. On connaît aussi l'âge du bélier par les cornes; elles paraissent dès la première année, souvent dès la naissance, et croissent tous les ans d'un anneau jusqu'à l'extrémité de la vie. Communément les brebis n'ont pas de cornes, mais elles ont sur la tête des proéminences osseuses aux mêmes endroits où naissent les cornes des béliers. Il y a cependant quelques brebis qui ont deux et même quatre cornes : ces brebis sont semblables aux autres, leurs cornes sont longues de cinq ou six pouces, moins contournées que celles des béliers; et lorsqu'il y a quatre cornes, les deux cornes extérieures sont plus courtes que les deux autres.

Le bélier est en état d'engendrer dès l'âge de dix-huit mois, et à un an la brebis peut produire; mais on fera bien d'attendre que la brebis ait deux ans et que le bélier en ait trois avant de leur permettre de s'accoupler; le produit trop précoce, et même le premier produit de ces animaux est toujours faible et mal conditionné. Un bélier peut aisément suffire à vingt-cinq ou trente brebis; on le choisit parmi les plus forts et les plus beaux de son espèce : il faut qu'il ait des cornes, car il y a des béliers qui n'en ont pas, et ces béliers sans cornes sont, dans ces climats, moins vigoureux et moins propres à la propagation. Un beau et bon bélier doit avoir avoir la tête forte et grosse, le front large, les yeux gros et noirs, le nez camus, les oreilles grandes, le col épais, le corps long et élevé, les reins et la croupe larges, les testicules gros et la queue longue : les meilleurs de tous sont les blancs, bien chargés de laine sur le ventre, sur la queue, sur la tête, sur les oreilles, et jusque sur les yeux. Les brebis dont la laine est la plus abondante, la plus touffue, la plus longue, la plus soyeuse et la plus blanche, sont aussi les meilleures pour la propagation, surtout si elles ont en même temps le corps grand, le col épais et la démarche légère. On observe aussi que celles qui sont plutôt maigres que grasses produisent plus sûrement que les autres.

La saison de la chaleur des brebis est depuis le commencement de novembre jusqu'à la fin d'avril : cependant elles ne laissent pas de concevoir en tout temps si on leur donne, aussi bien qu'au bélier, des nourritures qui les échauffent, comme de l'eau salée et du pain de chènevis. On les laisse couvrir trois ou quatre fois chacune, après quoi on les sépare du bélier, qui s'attache de préférence aux brebis âgées et dédaigne les plus jeunes. L'on a soin de ne les pas exposer à la pluie ou aux orages dans le temps de l'accouplement ; l'humidité les empêche de retenir, et un coup de tonnerre suffit pour les faire avorter. Un jour ou deux après qu'elles ont été couvertes, on les remet à la vie commune, et l'on cesse de leur donner de l'eau salée, dont l'usage continuel, aussi bien que celui du pain de chènevis et des autres nourritures chaudes, ne manquerait pas de les faire avorter. Elles portent cinq mois, et mettent bas au commencement du sixième : elles ne produisent ordinairement qu'un agneau, et quelquefois deux : dans les climats chauds, elles peuvent produire deux fois par an, mais en France et dans les pays plus froids, elles ne produisent qu'une fois l'année. On donne le bélier à quelques-unes vers la fin de juillet et au commencement d'août, afin d'avoir des agneaux dans le mois de janvier; on le donne ensuite à un plus grand nombre dans les mois de septembre, d'octobre et de novembre, et l'on a des agneaux abondamment aux mois de février, de mars et d'avril : on peut aussi en avoir en quantité aux mois de mai, juin, juillet, août et septembre, et ils ne sont rares qu'aux mois d'octobre, novembre et décembre. La brebis a du lait pendant sept ou huit mois, et en grande abondance; ce lait est une assez bonne nourriture pour les enfants et pour les gens de la campagne; on en fait aussi de fort bons fromages, surtout en le mêlant avec celui de vache. L'heure de traire les brebis est immédiatement avant qu'elles aillent aux champs, ou aussitôt après qu'elles en sont revenues; on peut les traire deux fois par jour en été, et une fois en hiver.

Les brebis engraissent dans le temps qu'elles sont pleines, parce qu'elles mangent plus alors que dans les autres temps : comme elles se blessent souvent et qu'elles avortent fréquemment, elles deviennent quelquefois stériles et font assez souvent des monstres; cependant, lorsqu'elles sont bien soignées, elles peuvent produire pendant toute leur vie, c'est-à-dire, jusqu'à l'âge de dix ou douze ans; mais ordinairement elles sont vieilles et maléficiées dès l'âge de sept ou huit ans. Le bélier, qui vit douze ou quatorze ans, n'est bon que jusqu'à huit pour la propagation; il faut le bistourner à cet âge et l'engraisser avec les vieilles brebis. La chair du bélier, quoique bistourné et engraissé, a toujours un mauvais goût; celle de la brebis est mollasse et insipide, au lieu que celle du mouton est la plus succulente et la meilleure de toutes les viandes communes.

Les gens qui veulent former un troupeau et en tirer du profit achètent des brebis et des moutons de l'âge de dix-huit mois ou deux ans; on en peut mettre cent sous la conduite d'un seul berger : s'il est vigilant et aidé d'un bon chien, il en perdra peu; il doit les précéder lorsqu'il les conduit aux champs, et les accoutumer à entendre sa voix, à le suivre sans s'arrêter et sans s'écarter dans les blés, dans les vignes, dans les bois et dans les terres cultivées, où ils ne manqueraient pas de causer du dégât. Les coteaux et les plaines élevées au-dessus des collines sont les lieux qui leur conviennent le mieux; on évite de les mener paître dans les endroits bas, humides et marécageux. On les nourrit pendant l'hiver, à l'étable, de son, de navets, de foin, de paille, de luzerne, de sainfoin, de feuilles d'orme, de frêne, etc. On ne laisse pas de les faire sortir tous les jours, à moins que le temps ne soit fort mauvais, mais c'est plutôt pour les promener que pour les nourrir; et dans cette mauvaise saison on ne les conduit aux champs que sur les dix heures du matin; on les y laisse pendant quatre ou cinq heures, après quoi on les fait boire et on les ramène vers les trois heures après midi. Au printemps et en automne, au contraire, on les fait sortir aussitôt que le soleil a dissipé la gelée ou l'humidité, et on ne les ramène qu'au soleil couchant : il suffit aussi dans ces deux saisons de les faire boire une seule fois par jour avant de les ramener à l'étable, où il faut qu'ils trouvent toujours du fourrage, mais en plus petite quantité qu'en hiver. Ce n'est que pendant l'été qu'ils doivent prendre aux champs toute leur nourriture; on les y mène deux fois par jour, et on les fait boire aussi deux fois; on les fait sortir de grand matin, on attend que la rosée soit tombée pour les laisser paître pendant quatre ou cinq heures, ensuite on les fait boire et on les ramène à la bergerie ou dans quelque autre endroit à l'ombre : sur les trois ou quatre heures du soir, lorsque la grande chaleur commence à diminuer, on les mène paître une seconde fois jusqu'à la fin du jour; il faudrait même les laisser passer toute la nuit aux champs comme on le fait en Angleterre, si l'on n'avait rien à craindre du loup; ils n'en seraient que plus vigoureux, plus propres et plus sains. Comme la chaleur trop vive les incommode beaucoup, et que les rayons du soleil leur étourdissent la tête et leur donnent des vertiges, on fera bien de choisir les lieux opposés au soleil, et de les mener le matin sur des coteaux exposés au levant, et l'après-midi sur des coteaux exposés au couchant, afin qu'ils aient en paissant la tête à l'ombre de leur corps; enfin il faut éviter de les faire passer par des endroits couverts d'épines, de ronces, d'ajoncs, de chardons, si l'on veut qu'ils conservent leur laine.

LA CHÈVRE.

Quoique les espèces dans les animaux soient toutes séparées par un intervalle que la nature ne peut franchir, quelques-unes semblent se rapprocher par un si grand nombre de rapports, qu'il ne reste, pour ainsi dire, entre elles que l'espace nécessaire pour tirer la ligne de séparation ; et lorsque nous comparons ces espèces voisines, et que nous les considérons relativement à nous, les unes se présentent comme des espèces de première utilité, et les autres semblent n'être que des espèces auxiliaires, qui pourraient, à bien des égards, remplacer les premières, et nous servir aux mêmes usages. L'âne pourrait presque remplacer le cheval; et de même, si l'espèce de la brebis venait à nous manquer, celle de la chèvre pourrait y suppléer. La chèvre fournit du lait comme la brebis, et même en plus grande abondance ; elle donne aussi du suif en quantité; son poil, quoique plus rude que la laine, sert à faire de très-bonnes étoffes; sa peau vaut mieux que celle du mouton ; la chair du chevreau approche assez de celle de l'agneau, etc. Ces espèces auxiliaires sont plus agrestes, plus robustes que les espèces principales ; l'âne et la chèvre ne demandent pas autant de soin que le cheval et la brebis; partout ils trouvent à vivre et broutent également les plantes de toute espèce, les herbes grossières, les arbrisseaux chargés d'épines; ils sont moins affectés de l'intempérie du climat, ils peuvent mieux se passer du secours de l'homme : moins ils nous appartiennent, plus ils semblent appartenir à la nature; et au lieu d'imaginer que ces espèces subalternes n'ont été produites que par la dégénération des espèces premières, au lieu de regarder l'âne comme un cheval dégénéré, il y aurait plus de raison de dire que le cheval est un âne perfectionné, que la brebis n'est qu'une espèce de chèvre plus délicate que nous avons soignée, perfectionnée, propagée pour notre utilité, et qu'en général les espèces les plus parfaites, surtout dans les animaux domestiques, tirent leur origine de l'espèce moins parfaite des animaux sauvages qui en approchent le plus, la nature seule ne pouvant faire autant que la nature et l'homme réunis.

Quoi qu'il en soit, la chèvre est une espèce distincte, et peut-être encore plus éloignée de celle de la brebis que l'espèce de l'âne ne l'est de celle du cheval. Le bouc s'accouple volontiers avec la brebis, comme l'âne avec la jument, et le bélier se joint avec la chèvre comme le cheval avec l'ânesse; mais, quoique ces accouplements soient assez fréquents, et quelquefois prolifiques, il ne s'est point formé d'espèce intermédiaire entre la chèvre et la brebis; ces deux espèces sont distinctes, demeurent constamment séparées et toujours à la même distance l'une de l'autre; elles n'ont donc point été altérées par ces mélanges, elles n'ont point fait de nouvelles souches, de nouvelles races d'animaux mitoyens, elles n'ont produit que des différences individuelles qui n'influent pas sur l'unité de chacune des espèces primitives, et qui confirment, au contraire, la réalité de leur différence caractéristique.

Mais il y a bien des cas où nous ne pouvons ni distinguer ces caractères, ni prononcer sur leurs différences avec autant de certitude; il y en a beaucoup d'autres où nous sommes obligés de suspendre notre jugement, et encore une infinité d'autres sur lesquels nous n'avons aucune lumière; car, indépendamment de l'incertitude où nous jette la contrariété des témoignages sur les faits qui nous ont été transmis, indépendamment du doute qui résulte du peu d'exactitude de ceux qui ont observé la nature, le plus grand obstacle qu'il y ait à l'avancement de nos connaissances est l'ignorance presque forcée dans laquelle nous sommes d'un très-grand nombre d'effets que le temps seul n'a pu présenter à nos yeux, et qui ne se dévoileront même à ceux de la postérité que par des expériences et des observations combinées : en attendant, nous errons dans les ténèbres, ou nous marchons avec perplexité entre des préjugés et des probabilités, ignorant même jusqu'à la possibilité des choses, et confondant à tout moment les opinions des hommes avec les actes de la nature. Les exemples se présentent en foule; mais, sans en prendre ailleurs que dans notre sujet, nous savons que le bouc et la brebis s'accouplent et produisent ensemble, mais personne ne nous a dit encore s'il en résulte un mulet stérile ou un animal fécond qui puisse faire souche pour des générations nouvelles ou semblables aux premières : de même, quoique nous sachions que le bélier s'accouple avec la chèvre, nous ignorons s'ils produisent ensemble et quel est ce produit; nous croyons que les mulets en général, c'est-à-dire les animaux qui viennent du mélange de deux espèces différentes, sont stériles, parce qu'il ne paraît pas que les mulets qui viennent de l'âne et de la jument, non plus que ceux qui viennent du cheval et de l'ânesse, produisent rien entre eux ou avec ceux dont ils viennent; cependant cette opinion est mal fondée peut-être; les anciens disent positivement que le mulet peut produire à l'âge de sept ans, et qu'il produit avec la jument[1] : ils nous disent que la mule peut concevoir, quoiqu'elle ne puisse perfectionner son fruit[2]; il serait donc nécessaire de détruire ou de confirmer ces faits, qui répandent de l'obscurité sur la distinction réelle des animaux et sur la théorie de la génération : d'ailleurs,

---

1. « Mulus septennis implere potest, et jam cum equa conjunctus hinnum procreavit. » Arist., *Hist. animal.*, lib. VI, cap. XXIV.

2. « Itaque concipere quidem aliquando mula potest, quod jam factum est; sed enutrire atque in finem perducere non potest. Mas generare interdum potest. » Arist., *de Generat. animal.*, lib. II, cap. VI.

quoique nous connaissions assez distinctement les espèces de tous les animaux qui nous avoisinent, nous ne savons pas ce que produirait leur mélange entre eux ou avec des animaux étrangers : nous ne sommes que très-mal informés des jumarts, c'est-à-dire du produit de la vache et de l'âne, ou de la jument et du taureau : nous ignorons si le zèbre ne produirait pas avec le cheval ou l'âne; si l'animal à large queue, auquel on a donné le nom de mouton de Barbarie, ne produirait pas avec notre brebis; si le chamois n'est pas une chèvre sauvage; s'il ne formerait pas avec nos chèvres quelque race intermédiaire ; si les singes diffèrent réellement par les espèces, ou s'ils ne font, comme les chiens, qu'une seule et même espèce, mais variée par un grand nombre de races différentes; si le chien peut produire avec le renard et le loup; si le cerf produit avec la vache, la biche avec le daim, etc. Notre ignorance sur tous ces faits est, comme je l'ai dit, presque forcée, les expériences qui pourraient les décider demandant plus de temps, de soins et de dépense que la vie et la fortune d'un homme ordinaire ne peuvent le permettre. J'ai employé quelques années à faire des tentatives de cette espèce : j'en rendrai compte lorsque je parlerai des mulets ; mais je conviendrai d'avance qu'elles ne m'ont fourni que peu de lumières, et que la plupart de ces épreuves ont été sans succès.

De là dépendent cependant la connaissance entière des animaux, la division exacte de leurs espèces, et l'intelligence parfaite de leur histoire; de là dépendent aussi la manière de l'écrire et l'art de la traiter; mais, puisque nous sommes privés de ces connaissances si nécessaires à notre objet, puisqu'il ne nous est pas possible, faute de faits, d'établir des rapports et de fonder nos raisonnements, nous ne pouvons pas mieux faire que d'aller pas à pas, de considérer chaque animal individuellement, de regarder comme des espèces différentes toutes celles qui ne se mêlent pas sous nos yeux, et d'écrire leur histoire par articles séparés, en nous réservant de les joindre ou de les fondre ensemble, dès que, par notre propre expérience, ou par celle des autres, nous serons plus instruits.

C'est par cette raison que, quoiqu'il y ait plusieurs animaux qui ressemblent à la brebis et à la chèvre, nous ne parlons ici que de la chèvre et de la brebis domestiques. Nous ignorons si les espèces étrangères pourraient produire et former de nouvelles races avec ces espèces communes. Nous sommes donc fondés à les regarder comme des espèces différentes, jusqu'à ce qu'il soit prouvé par le fait que les individus de chacune de ces espèces étrangères peuvent se mêler avec l'espèce commune, et produire d'autres individus qui produiraient entre eux, ce caractère seul constituant la réalité et l'unité de ce que l'on doit appeler espèce, tant dans les animaux que dans les végétaux.

La chèvre a de sa nature plus de sentiment et de ressource que la brebis; elle vient à l'homme volontiers, elle se familiarise aisément, elle est sensible aux caresses et capable d'attachement; elle est aussi plus forte, plus légère, plus agile et moins timide que la brebis; elle est vive, capricieuse, lascive et vagabonde. Ce n'est qu'avec peine qu'on la conduit et qu'on peut la réduire en troupeau : elle aime à s'écarter dans les solitudes, à grimper sur les lieux escarpés, à se placer, et même à dormir sur la pointe des rochers et sur le bord des précipices; elle cherche le mâle avec empressement, elle s'accouple avec ardeur et produit de très-bonne heure; elle est robuste, aisée à nourrir : presque toutes les herbes lui sont bonnes, et il y en a peu qui l'incommodent. Le tempérament, qui dans tous les animaux influe beaucoup sur le naturel, ne paraît cependant pas dans la chèvre différer essentiellement de celui de la brebis. Ces deux espèces d'animaux, dont l'organisation intérieure est presque entièrement semblable, se nourrissent, croissent et multiplient de la même manière, et se ressemblent encore par le caractère des maladies, qui sont les mêmes, à l'exception de quelques-unes auxquelles la chèvre n'est pas sujette; elle ne craint pas, comme la brebis, la trop grande chaleur; elle dort au soleil, et s'expose volontiers à ses rayons les plus vifs sans en être incommodée, et sans que cette ardeur lui cause ni étourdissements ni vertiges; elle ne s'effraye point des orages, ne s'impatiente pas à la pluie, mais elle paraît être sensible à la rigueur du froid. Les mouvements extérieurs, lesquels, comme nous l'avons dit, dépendent beaucoup moins de la conformation du corps que de la force et de la variété des sensations relatives à l'appétit et au désir, sont par cette raison beaucoup moins mesurés, beaucoup plus vifs dans la chèvre que dans la brebis. L'inconstance de son naturel se marque par l'irrégularité de ses actions; elle marche, elle s'arrête, elle court, elle bondit, elle saute, s'approche, s'éloigne, se montre, se cache ou fuit, comme par caprice et sans autre cause déterminante que celle de la vivacité bizarre de son sentiment intérieur; et toute la souplesse des organes, tout le nerf du corps suffisent à peine à la pétulance et à la rapidité de ces mouvements, qui lui sont naturels.

LE COCHON, LE COCHON DE SIAM, ET LE SANGLIER.

Nous mettons ensemble le cochon, le cochon de Siam et le sanglier, parce que tous trois ne font qu'une seule et même espèce ; l'un est l'animal sauvage, les deux autres sont l'animal domestique : et quoiqu'ils diffèrent par quelques marques extérieures, peut-être aussi par quelques habitudes, comme ces différences ne sont pas essentielles, qu'elles sont seulement relatives à leur condition, que leur naturel n'est pas même fort altéré par l'état de domesticité, qu'enfin ils produisent ensemble des individus qui peuvent en produire d'autres, caractère qui constitue l'unité et la constance de l'espèce, nous n'avons pas dû les séparer.

Ces animaux sont singuliers : l'espèce en est, pour ainsi dire, unique ; elle est isolée, elle semble exister plus solitairement qu'aucune autre, elle n'est voisine d'aucune espèce qu'on puisse regarder comme principale ni comme accessoire, telle que l'espèce du cheval relativement à celle de l'âne, ou l'espèce de la chèvre relativement à la brebis ; elle n'est pas sujette à une grande variété de races comme celle du chien, elle participe de plusieurs espèces, et cependant elle diffère essentiellement de toutes. Que ceux qui veulent réduire la nature à de petits systèmes, qui veulent renfermer son immensité dans les bornes d'une formule, considèrent avec nous cet animal, et voient s'il n'échappe pas à toutes leurs méthodes. Par les extrémités il ne ressemble point à ceux qu'ils ont appelés *solipèdes*, puisqu'il a le pied divisé; il ne ressemble point à ceux qu'ils ont appelés *pieds fourchus*, puisqu'il a réellement quatre doigts au dedans, quoiqu'il n'en paraisse que deux à l'extérieur; il ne ressemble point à ceux qu'ils ont appelés *fissipèdes*, puisqu'il ne marche que sur deux doigts, et que les deux autres ne sont ni développés, ni posés comme ceux des fissipèdes, ni même assez allongés pour qu'il puisse s'en servir. Il a donc des caractères équivoques, des caractères ambigus, dont les uns sont apparents et les autres obscurs. Dira-t-on que c'est une erreur de la nature? que ces phalanges, ces doigts, qui ne sont pas assez développés à l'extérieur, ne doivent point être comptés? Mais cette erreur est constante : d'ailleurs cet animal ne ressemble point aux pieds fourchus par les autres os du pied, et il en diffère encore par les caractères les plus frappants; car ceux-ci ont des cornes et manquent de dents incisives à la mâchoire supérieure; ils ont quatre estomacs, ils ruminent, etc. Le cochon n'a point de cornes, il a des dents en haut comme en bas, il n'a qu'un estomac, il ne rumine point; il est donc évident qu'il n'est ni du genre des solipèdes, ni de celui des pieds fourchus; il n'est pas non plus de celui des fissipèdes, puisqu'il diffère de ces animaux non-seulement par l'extrémité du pied, mais encore par les dents, par l'estomac, par les intestins, par les parties intérieures de la génération, etc. Tout ce que l'on pourrait dire, c'est qu'il fait la nuance, à certains égards, entre les solipèdes et les pieds fourchus, et à d'autres égards entre les pieds fourchus et les fissipèdes; car il diffère moins des solipèdes que des autres, par l'ordre et le nombre des dents; il leur ressemble encore par l'allongement des mâchoires, il n'a comme eux qu'un estomac, qui seulement est beaucoup plus grand ; mais par un appendice qui y tient, aussi bien que par la position des intestins, il semble se rapprocher des pieds fourchus ou ruminants ; il leur ressemble encore par les parties extérieures de la génération, et en même temps il ressemble aux fissipèdes par la forme des jambes, par l'habitude du corps, par le produit nombreux de la génération. Aristote est le premier [1] qui ait divisé les animaux quadrupèdes en *solipèdes*, pieds *fourchus* et *fissipèdes*, et il convient que le cochon est d'un genre ambigu ; mais la seule raison qu'il en donne, c'est que dans l'Illyrie, la Péonie et dans quelques autres lieux, il se trouve des cochons solipèdes. Cet animal est encore une espèce d'exception à deux règles générales de la nature, c'est que plus les animaux sont gros, moins ils produisent, et que les fissipèdes sont de tous les animaux ceux qui produisent le plus ; le cochon, quoique d'une taille fort au-dessus de la médiocre, produit plus qu'aucun des animaux fissipèdes ou autres ; par cette fécondité, aussi bien que par la conformation des testicules ou ovaires de la truie, il semble même faire l'extrémité des espèces vivipares, et s'approcher des espèces ovipares. Enfin il est en tout d'une nature équivoque, ambiguë, ou, pour mieux dire, il paraîtra tel à ceux qui croient que l'ordre hypothétique de leurs idées fait l'ordre réel des choses, et qui ne voient dans la chaîne infinie des êtres que quelques points apparents auxquels ils veulent tout rapporter.

1. « Quadrupedum autem, quæ sanguine constant, eadem quæ animal
« generant, alia multifida sunt, quales hominis manus pedesque habentur.
« Sunt enim quæ multiplici pedum fissura digitentur, ut canis, leo, pan-
« thera. Alia bisulca sunt, quæ forcipem pro ungula habeant, ut oves,
« capræ, cervi, equi fluviatiles. Alia infisso sunt pede, ut quæ solipedes
« nominantur, ut equus, mulus. Genus sane suillum ambiguum est ; nam
« et in terra Illyriorum, et in Pœonia, et nonnullis aliis locis, sues solipe-
« des gignuntur. » Arist., *de Hist. animal.*, lib. II, cap. I.

Ce n'est point en resserrant la sphère de la nature et en la renfermant dans un cercle étroit, qu'on pourra la connaître ; ce n'est point en la faisant agir par des vues particulières qu'on saura la juger, ni qu'on pourra la deviner ; ce n'est point en lui prêtant nos idées qu'on approfondira les desseins de son auteur : au lieu de resserrer les limites de sa puissance, il faut les reculer, les étendre jusque dans l'immensité ; il faut ne rien voir d'impossible, s'attendre à tout, et supposer que tout ce qui peut être est. Les espèces ambiguës, les productions irrégulières, les êtres anomaux, cesseront dès lors de nous étonner, et se trouveront aussi nécessairement que les autres dans l'ordre infini des choses ; ils remplissent les intervalles de la chaîne, ils en forment les nœuds, les points intermédiaires, ils en marquent aussi les extrémités : ces êtres sont pour l'esprit humain des exemplaires précieux, uniques, où la nature, paraissant moins conforme à elle-même, se montre plus à découvert ; où nous pouvons reconnaître des caractères singuliers et des traits fugitifs qui nous indiquent que ses fins sont bien plus générales que nos vues, et que, si elle ne fait rien en vain, elle ne fait rien non plus dans les desseins que nous lui supposons.

En effet, ne doit-on pas faire des réflexions sur ce que nous venons d'exposer ? ne doit-on pas tirer des inductions de cette singulière conformation du cochon ? il ne paraît pas avoir été formé sur un plan original, particulier et parfait, puisqu'il est un composé des autres animaux ; il a évidemment des parties inutiles, ou plutôt des parties dont il ne peut faire usage, des doigts dont tous les os sont parfaitement formés, et qui cependant ne lui servent à rien. La nature est donc bien éloignée de s'assujettir à des causes finales dans la composition des êtres ;

pourquoi n'y mettrait-elle pas quelquefois des parties surabondantes, puisqu'elle manque si souvent d'y mettre des parties essentielles? Combien n'y a-t-il pas d'animaux privés de sens et de membres! Pourquoi veut-on que dans chaque individu toute partie soit utile aux autres et nécessaire au tout? Ne suffit-il pas pour qu'elles se trouvent ensemble qu'elles ne se nuisent pas, qu'elles puissent croître sans obstacle et se développer sans s'oblitérer mutuellement? Tout ce qui ne se nuit point assez pour se détruire, tout ce qui peut subsister ensemble subsiste; et peut-être y a-t-il dans la plupart des êtres moins de parties relatives, utiles ou nécessaires, que de parties indifférentes, inutiles ou surabondantes. Mais comme nous voulons toujours tout rapporter à un certain but, lorsque les parties n'ont pas des usages apparents, nous leur supposons des usages cachés, nous imaginons des rapports qui n'ont aucun fondement, qui n'existent point dans la nature des choses, et qui ne servent qu'à l'obscurcir : nous ne faisons pas attention que nous altérons la philosophie, que nous en dénaturons l'objet, qui est de connaître le *comment* des choses, la manière dont la nature agit; et que nous substituons à cet objet réel une idée vaine, en cherchant à deviner le *pourquoi* des faits, la fin qu'elle se propose en agissant.

C'est pour cela qu'il faut recueillir avec soin les exemples qui s'opposent à cette prétention, qu'il faut insister sur les faits capables de détruire un préjugé général auquel nous nous livrons par goût, une erreur de méthode que nous adoptons par choix, quoiqu'elle ne tende qu'à voiler notre ignorance, et qu'elle soit inutile, et même opposée à la recherche et à la découverte des effets de la nature. Nous pouvons, sans sortir de notre sujet, donner d'autres exemples par lesquels ces fins que nous supposons si vainement à la nature sont évidemment démenties.

Les phalanges ne sont faites, dit-on, que pour former des doigts; cependant il y a dans le cochon des phalanges inutiles, puisqu'elles ne forment pas des doigts dont il puisse se servir; et dans les animaux à pied fourchu il y a de petits os[1] qui ne forment pas même des phalanges. Si c'est là le but de la nature, n'est-il pas évident que dans le cochon elle n'a exécuté que la moitié de son projet, et que dans les autres à peine l'a-t-elle commencé?

LE CHIEN.

La grandeur de la taille, l'élégance de la forme, la force du corps, la liberté des mouvements, toutes les qualités extérieures, ne sont pas ce qu'il y a de plus noble dans un être animé : et comme nous préférons dans l'homme l'esprit à la figure, le courage à la force, les sentiments à la beauté, nous jugeons aussi que les qualités intérieures sont ce qu'il y a de plus relevé dans l'animal; c'est par elles qu'il diffère de l'automate, qu'il s'élève au-dessus du végétal et s'approche de nous; c'est le sentiment qui ennoblit son être, qui le régit, qui le vivifie, qui commande aux organes, rend les membres actifs, fait naître le désir, et donne à la matière le mouvement progressif, la volonté, la vie.

[1]. M. Daubenton est le premier qui ait fait cette découverte.

La perfection de l'animal dépend donc de la perfection du sentiment : plus il est étendu, plus l'animal a de facultés et de ressources, plus il existe, plus il a de rapports avec le reste de l'univers; et lorsque le sentiment est délicat, exquis, lorsqu'il peut encore être perfectionné par l'éducation, l'animal devient digne d'entrer en société avec l'homme; il sait concourir à ses desseins, veiller à sa sûreté, l'aider, le défendre, le flatter; il sait, par des services assidus, par des caresses réitérées, se concilier son maître, le captiver, et de son tyran se faire un protecteur.

Le chien, indépendamment de la beauté de sa forme, de la vivacité, de la force, de la légèreté, a par excellence toutes les qualités intérieures qui peuvent lui attirer les regards de l'homme. Un naturel ardent, colère, même féroce et sanguinaire, rend le chien sauvage redoutable à tous les animaux, et cède dans le chien domestique aux sentiments les plus doux, au plaisir de s'attacher et au désir de plaire; il vient en rampant mettre aux pieds de son maître son courage, sa force, ses talents; il attend ses ordres pour en faire usage, il le consulte, il l'interroge, il le supplie, un coup d'œil suffit, il entend les signes de sa volonté; sans avoir, comme l'homme, la lumière de la pensée, il a toute la chaleur du sentiment; il a de plus que lui la fidélité, la constance dans ses affections : nulle ambition, nul intérêt, nul désir de vengeance, nulle crainte que celle de déplaire; il est tout zèle, tout ardeur et tout obéissance; plus sensible au souvenir des bienfaits qu'à celui des outrages, il ne se rebute pas par les mauvais traitements, il les subit, les oublie, ou ne s'en souvient que pour s'attacher davantage; loin de s'irriter ou de fuir, il s'expose de lui-même à de nouvelles épreuves, il lèche cette main, instrument de douleur, qui vient de le frapper, il ne lui oppose que la plainte, et la désarme enfin par la patience et la soumission.

Plus docile que l'homme, plus souple qu'aucun des animaux, non-seulement le chien s'instruit en peu de temps, mais même il se conforme aux mouvements, aux manières, à toutes les habitudes de ceux qui lui commandent; il prend le ton de la maison qu'il habite; comme les autres domestiques, il est dédaigneux chez les grands et rustre à la campagne : toujours empressé pour son maître et prévenant pour ses seuls amis, il ne fait aucune attention aux gens indifférents, et se déclare contre ceux qui par état ne sont faits que pour importuner; il les connaît aux vêtements, à la voix, à leurs gestes, et les empêche d'approcher. Lorsqu'on lui a confié pendant la nuit la garde de la maison, il devient plus fier, et quelquefois féroce; il veille, il fait la ronde; il sent de loin les étrangers, et pour peu qu'ils s'arrêtent ou tentent de franchir les barrières, il s'élance, s'oppose, et par des aboiements réitérés, des efforts et des cris de colère, il donne l'alarme, avertit et combat : aussi furieux contre les hommes de proie que contre les animaux carnassiers, il se précipite sur eux, les blesse, les déchire, leur ôte ce qu'ils s'efforçaient d'enlever; mais content d'avoir vaincu il se repose sur les dépouilles, n'y touche pas, même pour satisfaire son appétit, et donne en même temps des exemples de courage, de tempérance et de fidélité.

On sentira de quelle importance cette espèce est dans l'ordre de la nature, en supposant un instant qu'elle n'eût jamais existé. Comment l'homme aurait-il pu, sans le secours du chien, conquérir, dompter, réduire en esclavage les autres animaux? Comment pourrait-il encore aujourd'hui découvrir, chasser, détruire les bêtes sauvages et nuisibles? Pour se mettre en sûreté, et pour se rendre maître de l'univers vivant, il a fallu commencer par se faire un parti parmi les animaux, se concilier avec douceur et par caresses ceux qui se sont trouvés capables de s'attacher et d'obéir, afin de les opposer aux autres : le premier art de l'homme a donc été l'éducation du chien, et le fruit de cet art la conquête et la possession paisible de la terre.

La plupart des animaux ont plus d'agilité, plus de vitesse, plus de force, et même plus de courage que l'homme; la nature les a mieux munis, mieux armés; ils ont aussi les sens, et surtout l'odorat, plus parfaits. Avoir gagné une espèce courageuse et docile comme celle du chien, c'est avoir acquis de nouveaux sens et les facultés qui nous manquent. Les machines, les instruments que nous avons imaginés pour perfectionner nos autres sens, pour en augmenter l'étendue, n'approchent pas, même pour l'utilité, de ces machines toutes faites que la nature nous présente, et qui en suppléant à l'imperfection de notre odorat, nous ont fourni de grands et d'éternels moyens de vaincre et de régner : et le chien, fidèle à l'homme, conservera toujours une portion de l'empire, un degré de supériorité sur les autres animaux; il leur commande, il règne lui-même à la tête d'un troupeau, il s'y fait mieux entendre que la voix du berger; la sûreté, l'ordre et la discipline sont les fruits de sa vigilance et de son activité; c'est un peuple qui lui est soumis, qu'il conduit, qu'il protége, et contre lequel il n'emploie jamais la force que pour y maintenir la paix.

Mais c'est surtout à la guerre, c'est contre les animaux ennemis ou indépendants qu'éclate son courage, et que son intelligence se déploie tout entière : les talents naturels se réunissent ici aux qualités acquises. Dès que le bruit des armes se fait entendre, dès que le son du cor ou la voix du chasseur a donné le signal d'une guerre prochaine, brillant d'une ardeur nouvelle, le chien marque sa joie par les plus vifs transports, il annonce par ses mouvements et par ses cris l'impatience de combattre et le désir de vaincre; marchant ensuite en silence, il cherche à reconnaître le pays, à découvrir, à surprendre l'ennemi dans son fort; il recherche ses traces, il les suit pas à pas, et par des accents différents indique le temps, la distance, l'espèce, et même l'âge de celui qu'il poursuit.

Intimidé, pressé, désespérant de trouver son salut dans la fuite, l'animal[1] se sert aussi de toutes ses facultés, il oppose la ruse à la sagacité; jamais les ressources de l'instinct ne furent plus admirables: pour faire perdre sa trace, il va, vient et revient sur ses pas; il fait des bonds, il voudrait se détacher de la terre et supprimer les espaces; il franchit d'un saut les routes, les haies, passe à la nage les ruisseaux, les rivières; mais toujours poursuivi, et ne pouvant anéantir son corps, il cherche à en mettre un autre à sa place; il va lui-même troubler le repos d'un voisin plus jeune et moins expérimenté, le faire lever, marcher, fuir avec lui; et lorsqu'ils ont confondu leurs traces, lorsqu'il croit l'avoir substitué à sa mauvaise fortune, il le quitte plus brusquement encore qu'il ne l'a joint, afin de le rendre seul l'objet et la victime de l'ennemi trompé.

Mais le chien, par cette supériorité que donnent l'exercice et l'éducation, par cette finesse de sentiment qui n'appartient qu'à lui, ne perd pas l'objet de sa poursuite;

---

1. Voyez plus loin l'*Histoire du cerf*.

il démêle les points communs, délie les nœuds du fil tortueux qui seul peut y conduire ; il voit de l'odorat tous les détours du labyrinthe, toutes les fausses routes où l'on a voulu l'égarer ; et, loin d'abandonner l'ennemi pour un indifférent, après avoir triomphé de la ruse, il s'indigne, il redouble d'ardeur, arrive enfin, l'attaque, et, le mettant à mort, étanche dans le sang sa soif et sa haine.

Le penchant pour la chasse ou la guerre nous est commun avec les animaux : l'homme sauvage ne sait que combattre et chasser. Tous les animaux qui aiment la chair, et qui ont de là force et des armes, chassent naturellement : le lion, le tigre, dont la force est si grande qu'ils sont sûrs de vaincre, chassent seuls et sans art ; les loups, les renards, les chiens sauvages se réunissent, s'entendent, s'aident, se relayent et partagent la proie ; et lorsque l'éducation a perfectionné ce talent naturel dans le chien domestique, lorsqu'on lui a appris à réprimer son ardeur, à mesurer ses mouvements, qu'on l'a accoutumé à une marche régulière et à l'espèce de discipline nécessaire à cet art, il chasse avec méthode, et toujours avec succès.

Dans les pays déserts, dans les contrées dépeuplées, il y a des chiens sauvages qui, pour les mœurs, ne diffèrent des loups que par la facilité qu'on trouve à les apprivoiser ; ils se réunissent aussi en plus grandes troupes pour chasser et attaquer en force les sangliers, les taureaux sauvages, et même les lions et les tigres. En Amérique, ces chiens sauvages sont de race anciennement domestique, ils y ont été transportés d'Europe ; et quelques-uns, ayant été oubliés ou abandonnés dans ces déserts, s'y sont multipliés au point qu'ils se répandent par troupes dans les contrées habitées, où ils attaquent le bétail et insultent même les hommes : on est donc obligé de les écarter par la force et de les tuer comme les autres bêtes féroces; et les chiens sont tels en effet, tant qu'ils ne connaissent pas les hommes : mais lorsqu'on les approche avec douceur, ils s'adoucissent, deviennent bientôt familiers, et demeurent fidèlement attachés à leurs maîtres; au lieu que le loup, quoique pris jeune et élevé dans les maisons, n'est doux que dans le premier âge, ne perd jamais son goût pour la proie, et se livre tôt ou tard à son penchant pour la rapine et la destruction.

L'on peut dire que le chien est le seul animal dont la fidélité soit à l'épreuve; le seul qui connaisse toujours son maître et les amis de la maison; le seul qui, lorsqu'il arrive un inconnu, s'en aperçoive; le seul qui entende son nom et qui reconnaisse la voix domestique; le seul qui ne se confie point à lui-même; le seul qui, lorsqu'il a perdu son maître et qu'il ne peut le retrouver, l'appelle par ses gémissements; le seul qui, dans un voyage long qu'il n'aura fait qu'une fois, se souvienne du chemin et retrouve la route; le seul enfin dont les talents naturels soient évidents et l'éducation toujours heureuse.

Et de même que de tous les animaux le chien est celui dont le naturel est le plus susceptible d'impression, et se modifie le plus aisément par les causes morales, il est aussi de tous celui dont la nature est le plus sujette aux variétés et aux altérations causées par les influences physiques : le tempérament, les facultés, les habitudes du corps varient prodigieusement; la forme même n'est pas constante : dans le même pays un chien est très-différent d'un autre chien, et l'espèce est, pour ainsi dire, toute différente d'elle-même dans les différents climats. De là cette confusion, ce mélange et cette variété de races si nombreuses qu'on ne peut en faire l'énumération; de là ces différences si marquées pour la grandeur de la taille, la figure du corps, l'allongement du museau, la forme de la tête, la longueur et la direction des oreilles et de la queue, la couleur, la qualité, la quantité du poil, etc.; en sorte qu'il ne reste rien de constant, rien de commun à ces animaux que la conformité de l'organisation intérieure et la faculté de pouvoir tous produire ensemble. Et comme ceux qui diffèrent le plus les uns des autres à tous égards ne laissent pas de produire des individus qui peuvent se perpétuer en produisant eux-mêmes d'autres individus, il est évident que tous les chiens, quelque différents, quelque variés qu'ils soient, ne font qu'une seule et même espèce.

Mais ce qui est difficile à saisir dans cette nombreuse variété de races différentes, c'est le caractère de la race primitive, de la race originaire, de la race mère de toutes les autres races; comment reconnaître les effets produits par l'influence du climat, de la nourriture, etc.? comment les distinguer encore des autres effets, ou plutôt des résultats qui proviennent du mélange de ces différentes races entre elles, dans l'état de liberté ou de domesticité? En effet, toutes ces causes altèrent, avec le temps, les formes les plus constantes, et l'empreinte de la nature ne conserve pas toute sa pureté dans les objets que l'homme a beaucoup maniés. Les animaux assez indépendants pour choisir eux-mêmes leur climat et leur nourriture sont ceux qui conservent le mieux cette empreinte originaire; et l'on peut croire que, dans ces espèces, le premier, le plus ancien de tous, nous est encore aujourd'hui assez fidèlement représenté par ses descendants : mais ceux que l'homme s'est soumis, ceux qu'il a transportés de climats en climats, ceux dont il a changé la nourriture, les habitudes et la manière de vivre, ont aussi dû changer pour la forme plus que tous les autres ; et l'on trouve en effet bien plus de variété dans les espèces d'animaux domestiques que dans celles des animaux sauvages. Et comme parmi les animaux domestiques le chien est, de tous, celui qui s'est attaché à l'homme de plus près ; celui qui, vivant comme l'homme, vit aussi le plus irrégulièrement ; celui dans lequel le sentiment domine assez pour le rendre docile, obéissant et susceptible de toute impression, et même de toute contrainte, il n'est pas étonnant que de tous les animaux ce soit aussi celui dans lequel on trouve les plus grandes variétés pour la figure, pour la taille, pour la couleur et pour les autres qualités.

Quelques circonstances concourent encore à cette altération : le chien vit assez peu de temps, il produit souvent et en assez grand nombre ; et comme il est perpétuellement sous les yeux de l'homme, dès que, par un hasard assez ordinaire à la nature, il se sera trouvé dans quelques individus des singularités ou des variétés apparentes, on aura tâché de les perpétuer en unissant ensemble ces individus singuliers, comme on le fait encore aujourd'hui lorsqu'on veut se procurer de nouvelles races de chiens et d'autres animaux. D'ailleurs, quoique toutes les espèces soient également anciennes, le nombre des générations, depuis la création, étant beaucoup plus grand dans les espèces dont les individus ne vivent que peu de temps, les variétés, les altérations, la dégénération même doivent en être devenues plus sensibles, puisque ces animaux sont plus loin de leur souche que ceux qui vivent plus longtemps. L'homme est aujourd'hui huit fois plus près d'Adam que le chien ne l'est du premier chien, puisque l'homme vit quatre-vingts ans et que le chien n'en vit que dix : si donc, par quelque cause que ce puisse être, ces deux espèces tendaient également à dégénérer, cette altération serait aujourd'hui huit fois plus marquée dans le chien que dans l'homme.

Les petits animaux éphémères, ceux dont la vie est si courte qu'ils se renouvellent tous les ans par la génération, sont infiniment plus sujets que les autres animaux aux variétés et aux altérations de tout genre : il en est de même des plantes annuelles en comparaison des autres végétaux ; il y en a même dont la nature est, pour ainsi dire, artificielle et factice. Le blé, par exemple, est une plante que l'homme a changée au point qu'elle n'existe nulle part dans l'état de nature : on voit bien qu'il a quelque rapport avec l'ivraie, avec les gramens, les chiendents, et quelques autres herbes des prairies ; mais on ignore à laquelle de ces herbes on doit le rapporter ; et comme il se renouvelle tous les ans, et que, servant de nourriture à l'homme, il est de toutes les plantes celle qu'il a le plus travaillée, il est aussi de toutes celle dont la nature est le plus altérée. L'homme peut donc non-seulement faire servir à ses besoins, à son usage, tous les individus de l'univers ; mais il peut encore, avec le temps, changer, modifier et perfectionner les espèces ; c'est même le plus beau droit qu'il ait sur la nature. Avoir transformé une herbe stérile en blé est une espèce de création dont cependant il ne doit pas s'enorgueillir, puisque ce n'est qu'à la sueur de son front et par des cultures réitérées qu'il peut tirer du sein de la terre ce pain souvent amer, qui fait sa subsistance.

Les espèces que l'homme a beaucoup travaillées, tant

dans les végétaux que dans les animaux, sont donc celles qui de toutes sont le plus altérées; et comme quelquefois elles le sont au point qu'on ne peut reconnaître leur forme primitive, comme dans le blé, qui ne ressemble plus à la plante dont il a tiré son origine, il ne serait pas impossible que dans la nombreuse variété des chiens que nous voyons aujourd'hui, il n'y en eût pas un seul de semblable au premier chien, ou plutôt au premier animal de cette espèce, qui s'est peut-être beaucoup altérée depuis la création, et dont la souche a pu par conséquent être très-différente des races qui subsistent actuellement, quoique ces races en soient originairement toutes également provenues.

La nature cependant ne manque jamais de reprendre ses droits, dès qu'on la laisse agir en liberté : le froment, jeté sur une terre inculte, dégénère à la première année; si l'on recueillait ce grain dégénéré pour le jeter de même, le produit de cette seconde génération serait encore plus altéré; et, au bout d'un certain nombre d'années et de reproductions, l'homme verrait reparaître la plante originaire du froment, et saurait combien il faut de temps à la nature pour détruire le produit d'un art qui la contraint, et pour se réhabiliter. Cette expérience serait assez facile à faire sur le blé et sur les autres plantes qui tous les ans se reproduisent, pour ainsi dire, d'elles-mêmes, dans le même lieu; mais il ne serait guère possible de la tenter, avec quelque espérance de succès, sur les animaux qu'il faut rechercher, appareiller, unir, et qui sont difficiles à manier, parce qu'ils nous échappent tous plus ou moins par leur mouvement, et par la répugnance souvent invincible qu'ils ont pour les choses qui sont contraires à leurs habitudes ou à leur naturel. On ne peut donc pas espérer de savoir jamais par cette voie quelle est la race primitive des chiens, non plus que celle des autres animaux qui, comme le chien, sont sujets à des variétés permanentes; mais, à défaut de ces connaissances de faits qu'on ne peut acquérir, et qui cependant seraient nécessaires pour arriver à la vérité, on peut rassembler des indices et en tirer des conséquences vraisemblables.

LE CHAT.

Le chat est un domestique infidèle qu'on ne garde que par nécessité, pour l'opposer à un autre ennemi domestique encore plus incommode et qu'on ne peut chasser : car nous ne comptons pas les gens qui, ayant du goût pour toutes les bêtes, n'élèvent des chats que pour s'en amuser; l'un est l'usage, l'autre l'abus; et quoique ces animaux, surtout quand ils sont jeunes, aient de la gentillesse, ils ont en même temps une malice innée, un caractère faux, un naturel pervers que l'âge augmente encore et que l'éducation ne fait que masquer. De voleurs déterminés ils deviennent seulement, lorsqu'ils sont bien élevés, souples et flatteurs comme les fripons; ils ont la même adresse, la même subtilité, le même goût pour faire le mal, le même penchant à la petite rapine; comme eux ils savent couvrir leur marche, dissimuler leur dessein, épier les occasions, attendre, choisir, saisir l'instant de faire leur coup, se dérober ensuite au châtiment, fuir et demeurer éloignés jusqu'à ce qu'on les rappelle. Ils prennent aisément des habitudes de société, mais jamais des mœurs : ils n'ont que l'apparence de l'attachement; on le voit à leurs mouvements obliques, à leurs yeux équivoques; ils ne regardent jamais en face la personne aimée; soit défiance ou fausseté, ils prennent des détours pour en approcher, pour chercher des caresses auxquelles ils ne sont sensibles que pour le plaisir qu'elles leur font. Bien différent de cet animal fidèle, dont tous les sentiments se rapportent à la personne de son maître, le chat paraît ne sentir que pour soi, n'aimer que sous condition, ne se prêter au commerce que pour en abuser; et, par cette convenance de naturel, il est moins incompatible avec l'homme qu'avec le chien, dans lequel tout est sincère.

La forme du corps et le tempérament sont d'accord avec le naturel : le chat est joli, léger, adroit, propre et voluptueux; il aime ses aises, il cherche les meubles les plus mollets pour s'y reposer et s'ébattre; il est aussi très-porté à l'amour, et, ce qui est rare dans les animaux, la femelle paraît être plus ardente que le mâle; elle l'invite, elle le cherche, elle l'appelle, elle annonce par de hauts cris la fureur de ses désirs, ou plutôt l'excès de ses besoins, et lorsque le mâle la fuit ou la dédaigne, elle le poursuit, le mord, et le force pour ainsi dire à la satisfaire, quoique les approches soient toujours accompagnées d'une vive douleur. La chaleur dure neuf ou dix jours, et n'arrive que dans des temps marqués; c'est ordinairement deux fois par an, au printemps et en automne, et souvent aussi trois fois, et même quatre. Les chattes portent cinquante-cinq ou cinquante-six jours; elles ne produisent pas en aussi grand nombre que les chiennes; les portées ordinaires sont de quatre, de cinq ou de six. Comme les mâles sont sujets à dévorer leur progéniture, les femelles se cachent pour mettre bas, et lorsqu'elles craignent qu'on ne découvre ou qu'on n'enlève leurs petits, elles les transportent dans des trous et dans d'autres lieux ignorés ou inaccessibles ; et, après les avoir allaités pendant quelques semaines, elles leur apportent des souris, de petits oiseaux, et les acoutument de bonne heure à manger de la chair : mais, par une bizarrerie difficile à comprendre, ces mêmes mères, si soigneuses et si tendres, deviennent quelquefois cruelles, dénaturées, et dévorent aussi leurs petits qui leur étaient si chers.

Les jeunes chats sont gais, vifs, jolis, et seraient aussi très-propres à amuser les enfants, si les coups de patte n'étaient pas à craindre ; mais leur badinage, quoique toujours agréable et léger, n'est jamais innocent, et bientôt il se tourne en malice habituelle ; et comme ils ne peuvent exercer ces talents avec quelque avantage que sur les plus petits animaux, ils se mettent à l'affût près d'une cage, ils épient les oiseaux, les souris, les rats, et deviennent d'eux-mêmes, et sans y être dressés, plus habiles à la chasse que les chiens les mieux instruits. Leur naturel, ennemi de toute contrainte, les rend incapables d'une éducation suivie. On raconte néanmoins que des moines grecs[1] de l'île de Chypre avaient dressé des chats à chasser, prendre et tuer les serpents dont cette île était infestée ; mais c'était plutôt par le goût général qu'ils ont pour la destruction que par obéissance qu'ils chassaient ; car ils se plaisent à épier, attaquer et détruire assez indifféremment tous les animaux faibles, comme les oiseaux, les jeunes lapins, les levrauts, les rats, les souris, les mulots, les chauves-souris, les taupes, les crapauds, les

---

1. *Description des isles de l'Archipel*, par Dapper, p. 51.

grenouilles, les lézards et les serpents. Ils n'ont aucune docilité, ils manquent aussi de la finesse de l'odorat, qui, dans le chien, sont deux qualités éminentes; aussi ne poursuivent-ils pas les animaux qu'ils ne voient plus, ils ne les chassent pas, mais ils les attendent, les attaquent par surprise, et après s'en être joués longtemps, ils les tuent sans aucune nécessité, lors même qu'ils sont le mieux nourris et qu'ils n'ont aucun besoin de cette proie pour satisfaire leur appétit.

La cause physique la plus immédiate de ce penchant qu'ils ont à épier et surprendre les autres animaux vient de l'avantage que leur donne la conformation particulière de leurs yeux. La pupille, dans l'homme, comme dans la plupart des animaux, est capable d'un certain degré de contraction et de dilatation; elle s'élargit un peu lorsque la lumière manque, et se rétrécit lorsqu'elle devient trop vive. Dans l'œil du chat et des oiseaux de nuit, cette contraction et cette dilatation sont si considérables, que la pupille, qui dans l'obscurité est ronde et large, devient au grand jour longue et étroite comme une ligne, et dès lors ces animaux voient mieux la nuit que le jour, comme on le remarque dans les chouettes, les hiboux, etc., car la forme de la pupille est toujours ronde dès qu'elle n'est pas contrainte. Il y a donc contraction continuelle dans l'œil du chat pendant le jour, et ce n'est, pour ainsi dire, que par effort qu'il voit à une grande lumière; au lieu que, dans le crépuscule, la pupille reprenant son état naturel, il voit parfaitement, et profite de cet avantage pour reconnaître, attaquer et surprendre les autres animaux.

On ne peut pas dire que les chats, quoique habitants de nos maisons, soient des animaux entièrement domestiques; ceux qui sont le mieux apprivoisés n'en sont pas plus asservis : on peut même dire qu'ils sont entièrement libres; ils ne font que ce qu'ils veulent, et rien au monde ne serait capable de les retenir un instant de plus dans un lieu dont ils voudraient s'éloigner. D'ailleurs, la plupart sont à demi sauvages, ne connaissent pas leurs maîtres, ne fréquentent que les greniers et les toits, et quelquefois la cuisine et l'office, lorsque la faim les presse. Quoiqu'on en élève plus que de chiens, comme on les rencontre rarement, ils ne font pas sensation pour le nombre; aussi prennent-ils moins d'attachement pour les personnes que pour les maisons : lorsqu'on les transporte à des distances assez considérables, comme à une lieue ou deux, ils reviennent d'eux-mêmes à leur grenier, et c'est apparemment parce qu'ils en connaissent toutes les retraites à souris, toutes les issues, tous les passages, et que la peine du voyage est moindre que celle qu'il faudrait prendre pour acquérir les mêmes facilités dans un nouveau pays. Ils craignent l'eau, le froid et les mauvaises odeurs; ils aiment à se tenir au soleil, ils cherchent à se gîter dans les lieux les plus chauds, derrière les cheminées ou dans les fours; ils aiment aussi les parfums, et se laissent volontiers prendre et caresser par les personnes qui en portent : l'odeur de cette plante que l'on appelle l'*herbe-aux-chats* les remue si fortement et si délicieusement qu'ils en paraissent transportés de plaisir. On est obligé, pour conserver cette plante dans les jardins, de l'entourer d'un treillage fermé; les chats la sentent de loin, accourent pour s'y frotter, passent et repassent si souvent par-dessus qu'ils la détruisent en peu de temps.

A quinze ou dix-huit mois, ces animaux ont pris tout leur accroissement; ils sont aussi en état d'engendrer avant l'âge d'un an, et peuvent s'accoupler pendant toute leur vie, qui ne s'étend guère au delà de neuf ou dix ans ; ils sont cependant très-durs, très-vivaces, et ont plus de nerf et de ressort que d'autres animaux qui vivent plus longtemps.

Les chats ne peuvent mâcher que lentement et difficilement ; leurs dents sont si courtes et si mal posées qu'elles ne leur servent qu'à déchirer et non pas à broyer les aliments : aussi cherchent-ils de préférence les viandes les plus tendres ; ils aiment le poisson et le mangent cuit ou cru ; ils boivent fréquemment ; leur sommeil est léger, et ils dorment moins qu'ils ne font semblant de dormir ; ils marchent légèrement, presque toujours en silence et sans faire aucun bruit ; ils se cachent et s'éloignent pour rendre leurs excréments, et les recouvrent de terre. Comme ils sont propres, et que leur robe est toujours sèche et lustrée, leur poil s'électrise aisément, et l'on en voit sortir des étincelles dans l'obscurité lorsqu'on le frotte avec la main : leurs yeux brillent aussi dans les ténèbres, à peu près comme les diamants, qui réfléchissent au dehors pendant la nuit la lumière dont ils se sont, pour ainsi dire, imbibés pendant le jour.

Le chat sauvage produit avec le chat domestique, et tous deux ne font par conséquent qu'une seule et même espèce : il n'est pas rare de voir des chats mâles et femelles quitter les maisons dans le temps de la chaleur pour aller dans les bois chercher les chats sauvages, et revenir ensuite à leur habitation ; c'est par cette raison que quelques-uns de nos chats domestiques ressemblent tout à fait aux chats sauvages ; la différence la plus réelle est à l'intérieur : le chat domestique a ordinairement les boyaux beaucoup plus longs que le chat sauvage ; cependant le chat sauvage est plus fort et plus gros que le chat domestique, il a toujours les lèvres noires, les oreilles plus raides, la queue plus grosse et les couleurs constantes.

Nous terminerons ici l'histoire du chat, et en même temps l'histoire des animaux domestiques. Le cheval, l'âne, le bœuf, la brebis, la chèvre, le cochon, le chien et le chat, sont nos seuls animaux domestiques : nous n'y joignons pas le chameau, l'éléphant, le renne et les autres, qui, quoique domestiques ailleurs, n'en sont pas moins étrangers pour nous, et ce ne sera qu'après avoir donné l'histoire des animaux sauvages de notre climat que nous parlerons des animaux étrangers. D'ailleurs, comme le chat n'est, pour ainsi dire, qu'à demi domestique, il fait la nuance entre les animaux domestiques et les animaux sauvages ; car on ne doit pas mettre au nombre des domestiques des voisins incommodes tels que les souris, les rats, les taupes, qui, quoique habitants de nos maisons ou de nos jardins, n'en sont pas moins libres et sauvages, puisqu'au lieu d'être attachés et soumis à l'homme ils le fuient, et que dans leurs retraites obscures ils conservent leurs mœurs, leurs habitudes et leur liberté tout entière.

On a vu dans l'histoire de chaque animal domestique combien l'éducation, l'abri, le soin, la main de l'homme, influent sur le naturel, sur les mœurs, et même sur la forme des animaux. On a vu que ces causes, jointes à l'influence du climat, modifient, altèrent et changent les espèces au point d'être différentes de ce qu'elles étaient originairement, et rendent les individus si différents entre eux, dans le même temps et dans la même espèce, qu'on aurait raison de les regarder comme des animaux différents, s'ils ne conservaient pas la faculté de produire ensemble des individus féconds, ce qui fait le caractère essentiel et unique de l'espèce. On a vu que les différentes races de ces animaux domestiques suivent dans les différents climats le même ordre à peu près que les races humaines; qu'ils sont, comme les hommes, plus forts, plus grands et plus courageux dans les pays froids, plus civilisés, plus doux dans le climat tempéré, plus lâches, plus faibles et plus laids dans les climats trop chauds; que c'est encore dans les climats tempérés et chez les peuples les plus policés que se trouvent la plus grande diversité, le plus grand mélange et les plus nombreuses variétés dans chaque espèce; et, ce qui n'est pas moins digne de remarque, c'est qu'il y a dans les animaux plusieurs signes évidents de l'ancienneté de leur esclavage : les oreilles pendantes, les couleurs variées, les poils longs et fins, sont autant d'effets produits par le temps, ou plutôt par la longue durée de leur domesticité. Presque tous les animaux libres et sauvages ont les oreilles droites; le sanglier les a droites et raides, le cochon domestique les a inclinées et demi-pendantes. Chez les Lapons, chez les sauvages de l'Amérique, chez les Hottentots, chez les Nègres et les autres peuples non policés, tous les chiens ont les oreilles droites; au lieu qu'en Espagne, en France, en Angleterre, en Turquie, en Perse, à la Chine, et dans tous les pays civilisés, la plupart les ont molles et pendantes. Les chats domestiques n'ont pas les oreilles si raides que les chats sauvages, et l'on voit qu'à la Chine, qui est un empire très-anciennement policé et où le climat est fort doux, il y a des chats domestiques à oreilles pendantes. C'est par cette même raison que la chèvre d'Angora, qui a les oreilles pendantes, doit être regardée, entre toutes les chèvres, comme celle qui s'éloigne le plus de l'état de nature : l'influence si générale et si marquée du climat de Syrie, jointe à la domesticité de ces animaux chez un peuple très-anciennement policé, aura produit avec le temps cette variété, qui ne se maintiendrait pas dans un autre climat. Les chèvres d'Angora, nées en France, n'ont pas les oreilles aussi longues ni aussi pendantes qu'en Syrie, et reprendraient vraisemblablement les oreilles et le poil de nos chèvres après un certain nombre de générations.

FIN DU TOME PREMIER.

TABLE

DU TOME PREMIER

Pages.

INTRODUCTION. I

Discours prononcé à l'Académie française par M. de Buffon, le jour de sa réception, le 25 août 1753. 1

Réponse à M. de la Condamine, le jour de sa réception à l'Académie française, le lundi 21 janvier 1761. 11

HISTOIRE NATURELLE DE L'HOMME.

De la nature de l'homme. 15
De la puberté. 57
De l'âge viril. — *Description de l'homme*. 91
De la vieillesse et de la mort. 125
DES SENS. — Du sens de la vue. 154
    Du sens de l'ouïe. 180
    Des sens en général. 195
Variétés dans l'espèce humaine. 212

LES ANIMAUX DOMESTIQUES.

Le cheval. 445
L'âne. 467
Le bœuf. 484

La brebis 493
La chèvre 503
Le cochon, le cochon de Siam, et le sanglier 510
Le chien 515
Le chat 526

FIN DE LA TABLE DU TOME PREMIER.

PARIS. — IMPRIMERIE DE J. CLAY RUE SAINT-BENOIT, 7.